D1860837

जाने-माने इतिहासकार
कार्यविधि, दिशा और उनके छल

जाने-माने इतिहासकार : कार्यविधि, दिशा और उनके छल

अरुण शौरी

अनुवाद

शमशेर सिंह

वाणी प्रकाशन

प्रकाशन के उत्कृष्टतम 61 वर्ष

vaniprakashan.com

पेपरबैक पहला संस्करण : 2002
पेपरबैक दूसरा संस्करण : 2005
पेपरबैक तीसरा संस्करण : 2017
पेपरबैक चौथा संस्करण : 2024

वाणी प्रकाशन
4695, 21-ए, दरियागंज, नयी दिल्ली-110 002
फ़ोन : +91 11 23273167, 23275710

शाखाएँ
अशोक राजपथ, पटना-800 004, बिहार
कॉफ़ी हाउस कैम्पस, महात्मा गांधी मार्ग, प्रयागराज-211 001, उत्तर प्रदेश
महात्मा गांधी अन्तरराष्ट्रीय हिन्दी विश्वविद्यालय, वर्धा-442 001, महाराष्ट्र
36/ए, शेक्सपियर सरणी, रानी बिरला गर्ल्स कॉलेज के पास, कोलकाता-700 017, प. बंगाल
sales@vaniprakashan.in
vaniprakashan@gmail.com

JAANE-MAANE ITIHASKAR : KARYAVIDHI, DISHA AUR UNKE CHHAL
by Arun Shourie
Translated by Shamsher Singh

ISBN : 978-93-5229-666-8
Social Science

© लेखकाधीन

मूल्य : ₹ 299

इस पुस्तक के किसी भी अंश को किसी भी माध्यम में उपयोग करने के लिए प्रकाशक से लिखित अनुमति लेना अनिवार्य है।

जी.एस. ऑफ़सेट, दिल्ली-110 095 में मुद्रित

वाणी प्रकाशन का लोगो मक़बूल फ़िदा हुसेन की कूची से

कृतज्ञता-ज्ञापन

मैं एशियाई परियोजनाओं से सम्बन्धित कार्यक्रम के प्रति अत्यन्त आभारी हूँ—जो कि मेगासाय-साया न्यास द्वारा आयोजित किया जाता है और जिसके अन्तर्गत राकफ़ेलर ब्रदर्ज़ फण्ड द्वारा पुरस्कार प्रदान किया जाता है—क्योंकि उससे मुझे अपने कार्य में सहायता मिल पाई।

सीताराम गोयल के प्रति उनके अनेक सुझावों, बहुत-सी दुरुस्तियों, और सबसे अधिक, कई वर्षों से उनके द्वारा निरन्तर उत्साहवर्धन के लिए, कृतज्ञ हूँ।

पश्चिम बंगाल और केरल के अध्यापकों के प्रति भी आभार प्रकट करता हूँ, जिन्होंने उन राज्यों में पढ़ाई जा रही पाठ्यपुस्तकों के बारे में मेरा मार्गदर्शन किया।

और अन्त में भारतीय इतिहास अनुसन्धान परिषद् के स्टाफ़ सदस्यों के प्रति कृतज्ञता ज्ञापित करता हूँ, जिन्होंने परिषद् में घटित हो रही घटनाओं के बारे में सूचनाएँ दीं।

विषय-सूची

प्रस्तावना

जून-जुलाई 1998 में प्रगतिवादियों ने अच्छा-खासा गुलगपाड़ा खड़ा कर दिया। उन्होंने शोर मचाना शुरू कर दिया कि सरकार ने भारतीय इतिहास अनुसन्धान परिषद् में राममन्दिर समर्थक इतिहासकार भर दिए हैं। साथ ही उन्होंने यह भी इलज़ाम लगाया कि सरकार ने चोरी-छिपे परिषद् के उद्‌देश्यों और लक्ष्यों को भी बदल डाला है।

जैसी कि उनकी आदत है, उन्होंने एक कपटजाल फैलाकर हलचल पैदा कर दी।

अपनी एक और आदत के अनुसार उन्होंने दूसरे लोगों पर भविष्य में किसी भी समय वह कुछ करने की योजना बनाने का आरोप लगाया, जो कुछ वे स्वयं दशकों से वस्तुतः करते चले आए थे—अर्थात् किसी उद्‌देश्य को लेकर इतिहास लेखन का कार्य।

इस हलचल ने मुझे उनकी कारगुज़ारियों की जाँच-पड़ताल करने और यह देखने के लिए मजबूर कर दिया कि उन्होंने भारतीय इतिहास अनुसन्धान परिषद् जैसी संस्था का क्या हाल कर डाला था। इसके लिए मैंने उनके द्वारा लिखी गई पाठ्य पुस्तकों का अध्ययन किया।

छोटे-छोटे घोटाले भी सामने आए। करोड़ों रुपए की घपलेबाज़ियों के हम इतने आदी हो चुके हैं कि इस वृत्तान्त में उल्लिखित राशियाँ, जेबकतरों द्वारा खसोटी गई राशियों से भी कम प्रतीत होंगी। कुछ हद तक ऐसा इसलिए है क्योंकि हमारे आदर्शों में काफ़ी ढीलापन आ चुका है और कुछ इसलिए कि इन प्रतिष्ठित व्यक्तियों का असली अपराध उनके द्वारा पहुँचाए गए धन-सम्बन्धी नुकसान से नहीं जुड़ा है। उनके अपराध का सम्बन्ध उस दशा से है जिस दशा को उन्होंने संस्थाओं को पहुँचा दिया है। उनका अपराध उनकी लापरवाही में है, जिसके कारण वे सब काम मंद पड़ गए जो कि हमारे देश के लिए इतने महत्त्वपूर्ण थे। जिस तरह से वे इन संस्थाओं को इस्तेमाल कर रहे हैं, उसके लिए तो वे और ज़्यादा अपराधी हैं।

निस्सन्देह उन्होंने इन संस्थाओं का इस्तेमाल अपने सुख और आराम के लिए किया है और इसमें भी कोई संदेह नहीं कि उन्होंने एक-दूसरे की प्रतिष्ठा का

विज्ञापन करने के लिए भी इन संस्थाओं को इस्तेमाल किया है। लेकिन सबसे बुरी बात यह हुई है कि उन्होंने इन संस्थाओं पर अपने नियंत्रण का इस्तेमाल सार्वजनिक चर्चा को रोकने और लोक-नीति को अस्त-व्यस्त करने के लिए किया है।

उन्होंने यह दिखाने की कोशिश की है कि भारत की धरती शून्य पड़ी थी और उसकी शून्यता को भरा एक के बाद एक आने वाले हमलावरों ने। उन्होंने आज के भारत और उससे भी ज़्यादा हिन्दू धर्म को एक चिड़ियाघर के रूप में पेश किया है; जिसमें भाँति-भाँति के, एक-दूसरे से बिल्कुल अलग किस्म के प्राणी बसते हैं। उनका यह कहना है कि 'भारत' जैसी कोई चीज़ नहीं थी, यह तो मात्र एक भौगोलिक अभिव्यक्ति थी। इसका निर्माण तो आकर अंग्रेजों ने किया। इसके अलावा हिन्दू धर्म जैसी भी कोई चीज़ नहीं थी। यह तो मात्र वह शब्द है, जिसका इस्तेमाल अरबियों ने उन भाँति-भाँति के लोगों के लिए किया, जिनसे उनका सामना हुआ था। हिन्दू धर्म की कल्पना तो सम्प्रदायवादियों द्वारा एकरूपता आरोपित करने के लिए की गई थी। इसके लिए उन्होंने हमारे इतिहास में हिन्दू काल पर तो कालिख पोत दी है और जैसा कि हम देखेंगे, इस्लामी काल पर उन्होंने पूरी मेहनत से कलई चढ़ा दी है। उन्होंने भारत की प्राचीन सामाजिक प्रणाली को उत्पीड़न का प्रतीक कहकर उसकी घोर निन्दा की है और सर्वसत्तात्मक विचारधाराओं को समतावादी और न्यायसंगत साबित किया है।

उन्होंने हमारी प्राचीन संस्कृति का महत्त्व घटाकर, जो समन्वयवादी तत्त्व जीवित रह पाए थे, उन्हें बढ़ा-चढ़ा कर पेश किया है और उन्हीं को हमारी पूरी 'संस्कृति' सिद्ध किया है, जिसे वे 'मिली-जुली' संस्कृति कहते हैं। इस दृष्टि से यदि देखा जाए तो कौन-सी संस्कृति 'मिली-जुली' नहीं होती? हमेशा ही उन्होंने हमारे लोगों के जीवन में इन समान तत्त्वों के बारे में महत्त्वपूर्ण तथ्यों को छिपाने की कोशिश की है; और वे तथ्य ये हैं कि लगभग एक हज़ार वर्ष तक इस्लामी शासकों और उलमा द्वारा इन समान तत्त्वों को मिटा देने की ज़बरदस्त कोशिशों के बावजूद वे बचे रह पाए। इतना ही नहीं, पिछले एक सौ पचास वर्षों के दौरान अंग्रेज शासकों और मिशनरियों की लगातार इस कोशिश के बावजूद कि हम इन तत्त्वों को भुलाकर इनका त्याग कर दें, हमारे लोग इन तत्त्वों को अपने में सुरक्षित रख पाए ! बल्कि उन्होंने हमारे समाज के हर वर्ग को कुछ खास उपादानों में अपनी 'पहचान' और मूल प्रवृत्ति खोजने के लिए भड़काया और कहा कि यदि वे उन्हें अपने जीवन का हिस्सा बना लें, तो वे अपना एक अलग अस्तित्व कायम रख पाएँगे। उसके बावजूद हमारी संस्कृति के समान तत्त्व बरकरार रहे। सबसे बड़ी बात यह है कि आज के समय में इन बुद्धिजीवियों और इनके जैसे अन्य कई लोगों ने तबलीगी जमात और चर्च जैसे संगठनों के कार्यकलापों से लोगों का ध्यान हटा दिया है। ये संगठन अपनी तरफ से भरपूर कोशिश कर रहे हैं और इस उद्देश्य के लिए अनगिनत साधन लगा

रहे हैं कि उनके अनुयायी उन तमाम प्रथाओं और विश्वासों को त्याग दें जो उनके और उनके पड़ोसी हिन्दुओं के बीच समान हैं।

इन बुद्धिजीवियों और इनके हिमायतियों ने एक शैतानी ढंग से हमारे धर्म की उलटी तस्वीर पेश की है। हमारे समन्वयवादी धर्म, हमारे लोगों, हमारे देश की बहुलवादी और आध्यात्मिक तलाश को इन्होंने असहिष्णु, संकीर्णमना और दकियानूसी बताया है। दूसरी तरफ़ इस्लाम, ईसाई धर्म और मार्क्सवाद-लेनिनवाद जैसे अपवर्जक, सर्वसत्तावादी धर्मों और विचारधाराओं को सहिष्णुता, उदारता, लोकतंत्र और धर्मनिरपेक्षता के प्रतीक बताया है।

यह उनका असली अपराध है। इसी मामले में उनकी करतबबाज़ी भी देखने को मिली है। ऐसे लोग गिनती के ही हैं; उदाहरण के लिए अयोध्या विवाद के दौरान हर आए हफ्ते बाबरी मस्जिद कार्रवाई समिति के रुख के हक में एक प्रेस बयान छपता—एक हफ्ते 'प्रतिष्ठित इतिहासकारों' के नाम से, दूसरे हफ्ते 'लब्धप्रतिष्ठ समाजविज्ञानियों' के हस्ताक्षरों के अन्तर्गत और उससे अगले हफ्ते 'अग्रणी बुद्धिजीवियों' के नाम से। लेकिन हर बार होते सभी वही लोग; हमेशा वही चन्द गिने-चुने लोग; एक बयान में छह नाम होते तो अगले बयान में आठ; लेकिन सबसे ज़्यादा नामों की संख्या 42 थी, वह भी केवल एक बार। लेकिन वे कितनी हलचल पैदा कर पाए हैं और कितना अनिष्ट भी कर पाए हैं!

वे ऐसा इसलिए कर पाए हैं क्योंकि जो कुछ वे प्रस्तुत कर रहे थे—उदाहरण के लिए मार्क्सवादी 'स्थापना', जिसकी वे पाठ्यपुस्तकों में रट लगाए जा रहे थे, समय के मिज़ाज के मुताबिक थी। इसलिए कि उनके वर्ग के लोग पत्रकारिता जैसे व्यवसायों और विश्वविद्यालयों में महत्त्वपूर्ण पदों पर थे। और इसलिए भी कि शासकों ने यह पहचान लिया था कि वोट इकट्ठे करने के लिए प्रगतिशीलता की कलगियाँ लगाना नीतिसम्मत होगा। तदनुसार ऐसे व्यक्तियों को प्रोत्साहन देने में लाभ था, जिन्होंने कथित रूप से प्रगतिशीलता का कापीराइट ले रखा था।

सबसे बड़ी बात यह हुई कि उन्होंने जिस तरह का संस्थाओं पर नियन्त्रण हासिल कर लिया था, उसकी वजह से वे इतना अनिष्ट कर पाए।

लेकिन अब समय बदल गया है; कल का प्रतिबद्ध प्रगतिशील आज अविचारशील रूढ़िवादी बन गया है।

शासकों की ज़रूरतें भी बदल गई हैं; आज बैंकों का राष्ट्रीयकरण करके और प्रगितिशीलों के प्रमाणपत्रों का प्रदर्शन करके जनता को कौन मूर्ख बना सकता है?

प्रगतिशील लोग जिस सिद्धान्त पर घमण्ड करते फिर रहे थे, वह दशकों पहले आधारहीन सिद्ध हो चुका है। उस समय कोई भी व्यक्ति उसके ख़िलाफ़ कोई बात सुनने के लिए तैयार नहीं था। लेकिन आज उसका कोई नाम तक नहीं लेना चाहता! इसलिए क्योंकि प्रगतिशील लोग इसके बारे में जिस एक कसौटी को महत्त्वपूर्ण

बनाते थे, उस कसौटी पर आजमाने में यह सिद्धान्त लड़खड़ा गया है; और वह कसौटी थी उसे व्यवहार में लाने की। उनका तर्क यह था कि इस सिद्धान्त में चाहे कोई भी दोष हों, इसके बारे में कोई भी अनुभवगत प्रमाण हों लेकिन इसके मामले में जो एक बात महत्त्वपूर्ण है, वह यह है कि व्यवहार में यह सिद्धान्त खरा उतरा है, चाहे वह सोवियत संघ में हो, पूर्वी योरुप में हो या फिर चीन में। और क्योंकि इन देशों के बारे में तथ्य केवल वही थे, जिन्हें वे प्रमाणित करते थे, इसलिए उनकी दलील का विरोध करने की कोई गुंजाइश ही नहीं थी। लेकिन आज वही दलील उलटी सिद्ध हो रही है। चाहे आप इस सिद्धान्त के बारे में कितना कुछ कहें कि यह तार्किक दृष्टि से सुसंगत है, चाहे आप इसके हक में कितने भी अनुभवगत प्रमाण जुटाएँ, लेकिन सबसे महत्त्वपूर्ण बात यह है कि व्यवहार के स्तर पर यह असफल रहा है।

इस प्रकार, चलन बदल रहे हैं; शासकों का संरक्षण काफूर हो रहा है और इन प्रगतिशीलों के 'धर्मग्रन्थों' का उनके अपने उद्‌गम स्थानों पर ही खण्डन हो रहा है।

अगर उनका बाकी कुछ बचा रहा गया है तो वह है सरकारी संस्थाओं पर उनका नियंत्रण। उसके दो उपचार हो सकते हैं : एक तो यह कि बहुत-सी दूसरी संस्थाओं को खड़ा किया जाए! इसके लिए बस हमें इतना कुछ करने की जरूरत है कि कानून में थोड़े-से परिवर्तन कर दिए जाएँ, संस्थाएँ स्थापित करने और उन्हें चलाने के लिए थोड़े-से प्रोत्साहन दिए जाएँ और दूसरे लोगों पर, राज्य से बाहर के लोगों पर, यह विश्वास किया जाए कि वे भी देश का भला करने के लिए आतुर हैं। दूसरा, जिस प्रकार की संस्थाओं की इस पुस्तक में चर्चा की गई है, वैसी वर्तमान प्रतिष्ठित संस्थाओं पर इन लोगों के नियन्त्रण को कम कर दिया जाए। इसके लिए बस इतना कुछ करना ज़रूरी है कि इन लोगों ने इन संस्थाओं का जो हाल कर डाला है, उसे लिखित रूप में लाया जाए।

इतिहासकार

एक खास मनगढ़ंत कहानी

धर्मनिरपेक्षता का बीड़ा उठाने वाली नई पत्रिका 'आउटलुक' की एक चिल्लाती हुई सुर्खी इस प्रकार थी : 'रेशनल वर्सस नैशनल' (तर्कसंगत बनाम राष्ट्रीय)। 'आउटलुक' के पास उपलब्ध एक ताज़ा प्रमाण के अनुसार भारतीय इतिहास अनुसन्धान परिषद् में न केवल (सरकार द्वारा अपने) "समर्थक भर दिए गए हैं, बल्कि 1972 के संस्थागत नियमों में, जिन्हें संसद के एक अधिनियम के द्वारा कानूनी दर्जा भी दे दिया गया है, (संस्था के) उद्देश्यों के बारे में एक नई अभ्युक्ति या प्रस्ताव भी जोड़ दिया गया है। जबकि मूल संस्थागत नियमों में यह कहा गया है कि भारतीय इतिहास अनुसन्धान परिषद् का उद्देश्य होगा इतिहास अनुसंधान को एक तर्कसंगत दिशा प्रदान करना और इतिहास के वस्तुनिष्ठ और वैज्ञानिक लेखन को प्रोत्साहन देना। लेकिन नए प्रस्ताव में जिसे भारत के राजपत्र में प्रकाशित किया जाएगा, यह कहा गया है कि अब भारतीय इतिहास अनुसन्धान परिषद् 'इतिहास की वस्तुनिष्ठ और राष्ट्रीय प्रस्तुति' को 'राष्ट्रीय' दिशा प्रदान करने की कोशिश करेगा। इस प्रकार 'तर्कसंगत' को बदलकर राष्ट्रीय कर दिया गया है और 'वैज्ञानिक' को भी बदलकर 'राष्ट्रीय' कर दिया गया है..."

धर्मनिरपेक्षता का पुराने समय से बीड़ा उठाने वाले पत्र 'दि हिन्दू' में उद्घोषणा करती हुई यह सुर्खी दी गई : 'टैम्परिंग विद् हिस्टरी' (इतिहास में अनधिकृत परिवर्तन)। इस प्रकार की आशंकाएँ (कि कल्पित 'संघ परिवार' इतिहास का पुनर्लेखन करने पर तुला हुआ है) इस सम्बन्ध में एक निर्णय लिए जाने के बाद सही साबित हो चुकी हैं। मानव संसाधन विकास मन्त्रालय द्वारा–जिसके अन्तर्गत भारतीय इतिहास अनुसन्धान परिषद् आता है–एक प्रस्ताव पारित किया गया है, जिसमें नए नामांकनों के ब्यौरे देते हुए उन संस्थागत नियमों में किया जाने वाला एक संशोधन जोड़ा गया है, जिनके अन्तर्गत भारतीय इतिहास अनुसन्धान परिषद् की स्थापना की गई थी। यद्यपि इस संस्था की स्थापना इतिहास के ऐसे वस्तुनिष्ठ तथा वैज्ञानिक लेखन को प्रोत्साहन देने के लिए की गई थी, जिससे कि देश की राष्ट्रीय और सांस्कृतिक परम्परा का तथ्यात्मक मूल्यांकन करने की समझ पैदा की जा सके; लेकिन नई सरकार का आदेश यह है कि भारतीय इतिहास अनुसन्धान

परिषद् 'इतिहास की वस्तुनिष्ठ एवं राष्ट्रीय प्रस्तुति तथा व्याख्या' को राष्ट्रीय दिशा प्रदान करेगा। यह संशोधन केवल भाषागत ही नहीं है, बल्कि इस संशोधन में भाजपा के नेतृत्व वाली सरकार के इतिहास के पुनर्लेखन के इरादे को साफ तौर पर देखा जा सकता है...''

सी पी आई (एम) के मुखपत्र 'पीपुल्स डिमोक्रेसी' में इसी सम्पादकीय को दोहरा दिया गया और उसके साथ-साथ एक गुटनेता के. एन. पनिक्कर द्वारा लिखित एक लेख भी दिया गया।

'सैफ़रनाईज़ेशन आफ़ हिस्टोरिकल रिसर्च' (ऐतिहासिक अनुसन्धान का भगवाकरण) शीर्षक के अन्तर्गत लिखे गए इस लेख में श्री पनिक्कर ने इस आरोप को दोहराया कि 'रैनशल' (तर्कसंगत) शब्द को हटाकर 'नैशनल' (राष्ट्रीय) शब्द रख दिया गया था। इसके अलावा उन्होंने एक और आरोप भी लगाया कि भारतीय इतिहास अनुसन्धान परिषद् के संस्थागत नियमों में परिषद् के लिए पाँच उद्देश्यों का उल्लेख किया गया था, लेकिन संघवाहिनी द्वारा पारित प्रस्ताव में केवल दो उद्देश्यों का ही उल्लेख किया गया था।

इस आरोप का आधार तीन तथाकथित प्रमाण थे; भारतीय इतिहास अनुसन्धान परिषद् के संस्थागत नियमों को बदल दिया गया था; दूसरा, प्रस्ताव में भारतीय इतिहास अनुसन्धान परिषद् के नए सदस्यों की घोषणा करते हुए एक शब्द 'तर्कसंगत' को हटाकर चुपके-चुपके 'राष्ट्रीय' शब्द रख दिया गया था। तीसरा, यद्यपि परिषद् के मूल संस्थागत नियमों में परिषद् के लिए पाँच उद्देश्य निर्दिष्ट किए गए थे, लेकिन नए प्रस्ताव में तीन उद्देश्यों को काट दिया गया था।

'दि हिन्दू' से यह जानकारी प्राप्त करने के बाद, कि इस मामले से संबंधित 'मूल मन्त्रालय' मानव संसाधन विकास मन्त्रालय था, मैंने उस मन्त्रालय के सचिव को टेलीफोन किया। मैंने पूछा कि क्या भारतीय इतिहास अनुसन्धान परिषद् के संस्थागत नियमों को बदल दिया गया है। उन्होंने कहा कि नहीं, उन्हें नहीं बदला गया है।

दूसरी बात थी उस प्रस्ताव की जिसमें नए सदस्यों की घोषणा की गई थी। जैसा कि आपको याद होगा, आरोप यह था कि परिषद् के संस्थागत नियमों में यह उल्लेख है कि उद्देश्य है, ''इतिहास की वस्तुनिष्ठ एवं तर्कसंगत प्रस्तुति तथा व्याख्या को राष्ट्रीय दिशा प्रदान करना...'' लेकिन प्रस्ताव में उसे बदलकर यह रूप दे दिया गया है, ''इतिहास की वस्तुनिष्ठ एवं राष्ट्रीय प्रस्तुति तथा व्याख्या को राष्ट्रीय दिशा प्रदान करना...''

मेरे सामने मानव संसाधन विकास मन्त्रालय की दिनांक 6 अक्तूबर 1987 की अभ्युक्ति (संख्या एफ़ 30-28/86-यू3) मौजूद है, जो कि ग्यारह वर्ष पहले की है। इसमें भारत सरकार के उस प्रस्ताव का मूल पाठ दिया गया है, जिसमें नए

सदस्यों की घोषणा की गई है। इसमें अन्य बातों के साथ-साथ यह भी घोषित किया गया है कि 9 सितम्बर 1986 से इरफ़ान हबीब को अध्यक्ष नियुक्त किया जा रहा है। और इसके साथ-साथ प्रयोग की गई दूसरी अभिव्यक्ति इस प्रकार है : "इतिहास की वस्तुनिष्ठ और राष्ट्रीय प्रस्तुति और व्याख्या को राष्ट्रीय दिशा प्रदान करने के लिए..."

मेरे सामने मानव संसाधन विकास मन्त्रालय की दिनांक 15 मई 1991 की अभ्युक्ति (संख्या एफ 30-13/89-यू3) भी मौजूद है। इसमें भी भारत सरकार के उस प्रस्ताव का मूल पाठ दिया गया है जिसमें नए सदस्यों की घोषणा की गई है। इसमें अन्य बातों के साथ-साथ यह भी घोषित किया गया है कि 12 मार्च 1990 से इरफ़ान हबीब को फिर से अध्यक्ष नियुक्त किया जा रहा है। इसके साथ-साथ प्रयोग की गई दूसरी अभिव्यक्ति इस प्रकार है : "इतिहास की वस्तुनिष्ठ और राष्ट्रीय प्रस्तुति और व्याख्या को राष्ट्रीय दिशा प्रदान करने के लिए..."

यह ठीक है या गलत, अपने अनुमान को एक बार और आजमाने के लिए कि मैंने मन्त्रालय की उससे ठीक बाद की अभ्युक्ति भी मँगवा ली। यह दिनाँक 8 सितम्बर 1994 की थी जिसकी संख्या थी एफ़ 303/94-यू3। अन्य अभ्युक्तियों की तरह इस अभ्युक्ति में भी भारत सरकार के उस प्रस्ताव का मूल पाठ दिया गया था, जिसमें भारत सरकार के नए सदस्यों की घोषणा की गई थी। इसमें अन्य बातों के साथ-साथ यह घोषणा की गई थी कि उसी विचारधारा के एक और इतिहासकार रविन्दर कुमार को 8 सितम्बर 1990 की पूर्व तिथि से अध्यक्ष नियुक्त किया जा रहा था। इसके साथ-साथ प्रयोग की गई दूसरी अभिव्यक्ति इस प्रकार थी, "इतिहास की वस्तुनिष्ठ और राष्ट्रीय प्रस्तुति और व्याख्या को राष्ट्रीय दिशा प्रदान करने के लिए..."

इतना काम तो मैंने अपने आप कर लिया। मैंने मन्त्रालय के सचिव से अनुरोध किया कि क्या आप किसी से कहकर इससे भी पहले के वर्षों के प्रस्तावों को दिखवा सकते हैं कि उनमें कुछ अलग किस्म का उल्लेख तो नहीं है। क्या आप यह पता लगाने में मेरी मदद कर सकते हैं कि यह परिवर्तन कब किया गया?

सचिव ने 1978 अर्थात् 20 वर्ष पीछे तक के प्रस्ताव ढुँढवा लिए। उनमें से प्रत्येक में उन्हीं शब्दों का प्रयोग किया गया था।

सचिव और उसके सहयोगियों की खोज से यह सिद्ध हो गया कि–स्वयं सचिव द्वारा प्रयोग किए शब्दों में–यह सारा रहस्य 'टाइप की गलती' के कारण पैदा हो गया। किसी टाइपिस्ट ने करीब 20 वर्ष पहले धड़ाधड़ 'रैशनल' की बजाय 'नैशनल' टाइप कर दिया। क्योंकि आने वाले वर्षों में जब अलग प्रस्ताव टाइप करने को दिया जाता रहा तो प्रत्येक टाइपिस्ट वर्ष-दर-वर्ष 'रैशनल' को 'नैशनल' टाइप करता चला गया। वामपंथियों को तब कोई षड्यंत्र दिखाई नहीं दिया। लेकिन ज़रा

देखिए कि अब जब कि भाजपा सत्ता में आई, तो भाजपा सरकार से षड्यंत्रों की अपेक्षा करना, उन्हीं के शब्दों में एक ऐतिहासिक आवश्यकता थी। यह वस्तुनिष्ठ इतिहास था। यह प्रगतिशील विधितंत्र था। मैं उनसे कम से कम इतनी आशा ज़रूर कर रहा था कि वे दोबारा शर्लक होम्स की टोपियाँ लगा कर यह सिद्ध कर देंगे कि श्रीमती इंदिरा गाँधी, राजीव गाँधी, वी.पी. सिंह और नरसिंहराव सबकी सरकारों की आर.एस.एस. से साँठ-गाँठ थी, इसलिए वे सब सरकारें इस षड्यंत्र में साझेदार थीं।

तब मैंने 'आउटलुक' के सम्पादक और 'एडीटर्ज़ गिल्ड ऑफ इण्डिया' के प्रधान श्री विनोद मेहता को टेलीफोन किया। उन्होंने कहा, ''लेकिन हमारी संवाददाता का कहना है कि उसके पास मूल पाठ और बाकी हर चीज़ है।'' जो कुछ मैंने मालूम किया था वह सब उन्हें बता दिया। उन्होंने जाँच करने के बाद मुझे वापसी टेलीफोन करने का वादा किया। जब हमने दोबारा बात की तो उन्होंने कहा कि उन्होंने मूल पाठ मेरे पास भेज दिया है। लेकिन वह वर्तमान मूल पाठ है। मेरा यह कहना था कि जिस 'परिवर्तन' को लेकर 'आउटलुक' ने अपनी पूरी ख़बर छापी थी, वह कम से कम बीस वर्षों से सभी प्रस्तावों में चला आ रहा था। उन्होंने कहा कि वे मुझसे इस बारे में फिर बात करेंगे। लेकिन उन्होंने मुझसे फिर कभी बात नहीं की। अन्य दो प्रकाशनों में भी इस मनगढ़ंत बात को लेकर ख़बरें छापी गई थीं। उनके वरिष्ठ पत्रकारों से भी जब मैंने उनके विवरणों के आधार के बारे में पता लगाने का अनुरोध किया, तो उन्होंने भी मुझे वापसी जवाब देने का वादा किया, लेकिन उन्होंने भी इस बारे में मुझसे कोई बात नहीं की।

श्री के. एन. पणिक्कर की मनगढ़ंत बात के मामले में भी ठीक ऐसा ही हुआ। उन्होंने कहा था कि पाँच उद्देश्यों को घटाकर उनमें से दो उद्देश्य रहने दिए गए हैं। हर प्रस्ताव में–जिसमें 1994 का प्रस्ताव भी शामिल है; जिसके अन्तर्गत स्वयं पणिक्कर को भी भारतीय इतिहास अनुसन्धान परिषद् का सदस्य नामज़द किया गया था, जिसे वे दिनांक 22 अक्तूबर, 1994 के भारत के राजपत्र के पृष्ठ संख्या 342 पर छपा हुआ देख सकते हैं–ठीक उन्हीं वाक्यों को दोहराया गया था। केवल उन्हीं उद्देश्यों का उल्लेख किया गया था, जिनका उल्लेख 1998 में जारी किए गए प्रस्ताव में किया गया था। एक बात और : यदि आर. एस. एस. का कोई प्रकाशन मेरे साथ हुआ इंटरव्यू भी छापता है, तो वह मेरे साम्प्रदायिक होने का एक प्रमाण हो जाता है। लेकिन इन प्रगतिशीलों का योनिच्छद इतना मज़बूत है कि जब वे कम्युनिस्ट पार्टी के प्रकाशनों में अपने हस्ताक्षरित लेख भी भेजते हैं, तो भी उनका कौमार्य भंग नहीं होता।

इस प्रकार की जालसाज़ी, इस प्रकार के आरोप लगाना इस विचारधारा की मानक शैली है। षड्यंत्र की कहानियाँ गढ़ना उनका ख़ूब आज़माया हुआ हथियार है। और उनका अपना एक तंत्र है। भारतीय इतिहास अनुसन्धान परिषद् से संबंधित

उन्हीं 'तथ्यों' का उल्लेख करते हुए कई कहानियाँ प्रमुख रूप से एक के बाद दूसरे अखबार में छपती रहीं। "दि एशियन एज' के 6 जून के अंक में ख़बर थी–पुनर्गठित भारतीय इतिहास अनुसंधान परिषद् में आर.एस.एस. का पलड़ा भारी। इंडियन एक्सप्रेस में 8 जून को छपा, "मानव संसाधन विकास मन्त्रालय द्वारा भारतीय इतिहास अनुसंधान परिषद् का भगवाकरण किए जाने पर इतिहासकारों द्वारा विरोध।" हिन्दुस्तान टाइम्स में 9 जून को ख़बर छपी, "भारतीय इतिहास अनुसंधान परिषद् की नई नियुक्तियों के पीछे भगवाकरण के इरादे–" इतिहासकार। 'दि हिन्दू' में दिनांक 12 जून का सम्पादकीय, "इतिहास में की गई हेर-फेर"। इस आशय की खबर दिनांक 22 जून के 'आउटलुक' के अंक में भी छपी। जब बड़भैये बोल चुके, तब छुटभैये की बारी आई–दिनांक 21 जून के 'दि पीपुल्स डिमोक्रेसी' में छपा : 'इातिहास अनुसन्धान परिषद् का भगवाकरण'।

'आउटलुक' और दूसरे प्रकाशनों में, इसके साथ-साथ, यह आरोप भी दोहराया गया कि जिन इतिहासकारों को अब भारतीय इतिहास अनुसन्धान परिषद् में नियुक्त किया गया है, उन्होंने इस प्रस्ताव का समर्थन किया था कि बाबरी मस्जिद बनाए जाने से पहले अयोध्या में मस्जिद के स्थान पर राममंदिर था। मान लीजिए कि यह आरोप पूरी तरह से सही था, लेकिन उन सदस्यों के बारे में क्या कहा गया, जिन्हें दोबारा नामज़द नहीं किया गया? वे बौद्धिक मार्गदर्शक थे और बाबरी मस्जिद कार्रवाई समिति के प्रचारक थे। श्री चंद्रशेखर की सरकार ने प्रमाणों के आधार पर मामला सुलझाने के लिए जो बैठकें आयोजित की थीं, उनमें उन्होंने इस समिति का प्रतिनिधित्व किया था। श्री चंद्रशेखर द्वारा की गई यह एक श्रेष्ठ पहलकदमी थी, क्योंकि इस प्रकार के विवादास्पद मुद्दे प्रमाणों के आधार पर सुलझाए जाने चाहिए। इन वामपन्थी 'इतिहासकारों' ने शुरू-शुरू की बैठकों में भाग लिया था। उन्होंने समिति की ओर से 'दस्तावेज़' पेश किए थे। वस्तुतः यह कई किस्मों के कागज़-पत्रों का ढेर था। और यह जल्द ही साफ ज़ाहिर हो गया कि विश्व हिन्दू परिषद् ने जो ढेर सारे पुरातात्विक, ऐतिहासिक और साहित्यिक प्रमाण प्रस्तुत किए हैं, उनसे उक्त कागज़-पत्रों का कोई तथ्यात्मक विरोध नहीं था। बल्कि बाबरी समिति के इन मार्गदर्शकों ने जो 'दस्तावेज़' प्रस्तुत किए थे उनसे विश्व हिन्दू परिषद् के केस की और अधिक पुष्टि हो गई। दोनों पक्षों द्वारा जो प्रमाण प्रस्तुत किए गए थे, उन पर विचार करने के लिए बुलाई गई बैठक में भाग लेने का वादा करने के बाद वे उसमें उपस्थित ही नहीं हुए।

इन इतिहासकारों के पीछे हट जाने से सरकार ने दोनों पक्षों को एक-दूसरे के नज़दीक लाने और इस मुद्दे पर प्रमाण जुटाने और चर्चा शुरू करने के लिए जो पहलकदमी की थी, वह नाकाम हो गई। मस्जिद के गिराए जाने का मार्ग जितना इन 'इतिहासकारों' के भाग खड़े होने के कारण प्रशस्त हुआ उतना और किसी कारण

से नहीं। यह आखिरी कील थी; उसके बाद किसी को भी इस बात के लिए कायल नहीं किया जा सका कि किसी प्रमाण या किसी तर्क को इस मुद्दे के नज़दीक आने दिया जाएगा।

ये इतिहासकार न केवल बाबरी मस्जिद कार्रवाई समिति और बातचीत में उसके अधिवक्ताओं के सलाहकार थे, बल्कि उसके साथ-साथ उन्होंने बाबरी मस्जिद कार्रवाई के केस का समर्थन करते हुए अनेक प्रकार के बयान भी जारी किए थे—उस केस के समर्थन में जो कि उन्होंने खुद तैयार किया था। यदि मैं कहूँ तो, यह उनका खूब सधा हुआ तरीका है। वे एक ऐसी विचारधारा के लोग हैं, जिसके सदस्यों ने एक-दूसरे की पुस्तकों और 'शोध प्रबंधों' की सराहना करके एक-दूसरे को प्रसिद्ध बना दिया है।

जिन-जिन अदालतों में अयोध्या के मामले पर विचार किया जा रहा है, उनमें सुन्नी वक्फ बोर्ड द्वारा दायर किए गए वादों में इन्हीं 'इतिहासकारों' के नाम गवाहों के तौर पर दिए गए हैं—

गवाह नं. 63 : आर. एस. शर्मा
गवाह नं. 64 : सूरजभान
गवाह नं. 65 : डी. एन. झा
गवाह नं. 66 : रोमिला थापर
गवाह नं. 67 : अतहर अली (जिनका अब देहान्त हो चुका है)
गवाह नं. 70 : इरफ़ान हबीब
गवाह नं. 71 : शिरीन मूसवी, जो अलीगढ़ विश्वविद्यालय से हैं।
गवाह नं. 72 : बी. एन. पांडे (जिनका अब देहान्त हो चुका है)
गवाह नं. 74 : आर. एल. शुक्ला
गवाह नं. 82 : सुशील श्रीवास्तव
गवाह नं. 95 : के. एम. श्रीमाली
गवाह नं. 96 : सुवीरा जायसवाल
गवाह नं. 99 : सतीश चन्द्रा
गवाह नं. 101 : सुमित सरकार
गवाह नं. 102 : ज्ञानेन्द्र पाण्डे

अयोध्या मामले में उन्होंने जो धोखाबाजी की, जिसकी वजह से उनके मुवक्किलों को जितना नुकसान पहुँचा उतना और किसी को नहीं, वह उनके लक्षणों की सूचक थी। पचास वर्षों से यह समूह तथ्यों को दबाता और झूठ गढ़ता चला आया था। अब वे हमारे अतीत की घटनाओं के वस्तुनिष्ठ और तर्कसंगत अनुसन्धान को बढ़ावा देने के उद्देश्य के बारे में किस प्रकार चिंतित होने का ढोंग रच रहे थे! उनकी इस चिंता का उनकी पश्चिम बंगाल सरकार द्वारा 1989 में जारी किए गए उन

मार्गनिर्देशों के साथ कैसे तालमेल बैठाया जा सकता है जिन्हें स्वयं 'आउटलुक' द्वारा उद्धृत किया गया था, "मुस्लिम शासन की कभी आलोचना नहीं की जानी चाहिए। मुस्लिम शासकों और हमलावरों द्वारा मंदिरों को नष्ट करने का उल्लेख नहीं किया जाना चाहिए।" लेकिन उन्होंने थोक भाव से जो ये कहानियाँ गढ़ डालीं थीं कि 'आर्यों के हमले' से बौद्ध विहार नष्ट हो गए थे, उनका शामिल किया जाना अनिवार्य था, हालाँकि वास्तविकता यह है कि आर्यों ने कोई हमला किया ही नहीं था। और ऐसी मनगढ़ंत कहानियों पर यदि कोई उन्हें चुनौती देता है तो वह सम्प्रदायवादी है और 'अन्ध देशभक्त' है। भारतीय इतिहास अनुसन्धान परिषद् जैसी संस्थाओं पर ऐसे लोगों का कब्जा रहना निश्चित ही बहुत बुरी बात थी। लेकिन अन्ततः यह सिद्ध हो गया कि इसके पीछे उनकी चाल थी। इन 'इतिहासकारों' का बड़ा अपराध रही है वह साझेदारी, जो उन्होंने सच को दबाने और झूठ को उजागर करने में आपस में निभाई है। लेकिन ये लोग केवल पक्षपाती 'इतिहासकार' ही नहीं हैं। ये अव्वल दर्जे के भाई-भतीजावादी भी हैं। मैंने कुछ साल पहले अलीगढ़ मुस्लिम विश्वविद्यालय में की गई नियुक्तियों के मामले में उनमें से कुछ की करतूतों का कच्चा चिट्ठा तैयार किया था। भारतीय इतिहास अनुसन्धान परिषद् में भी उनकी करतूतें वैसी ही रही हैं, जिनकी उनसे अपेक्षा की जा सकती थी। ऐसा कैसे हुआ कि पच्चीस वर्षों तक भारतीय इतिहास अनुसन्धान परिषद् में केवल उन्हीं की विचारधारा के लोगों की नियुक्ति की जाती रही। ऐसा कैसे हुआ कि रोमिला थापर की परिषद् में चार बार नियुक्ति की गई। उसी प्रकार इरफ़ान हबीब पाँच बार और सतीश चंद्र चार बार और एस. गोपाल तीन बार परिषद् में नियुक्त किए गए...? अध्यक्ष-पद के लिए भी यही रीति अपनाई गई।

लेकिन हम कहानी में आगे बढ़ आए हैं। जब उनकी यह मनगढ़ंत बात कि "तर्कसंगत को बदलकर राष्ट्रीय कर दिया गया पकड़ में आई..." तो उनका क्या जवाब था? उनके प्रवक्ता श्री पणिक्कर ने लिखा, "क्योंकि मैं शौरी की तरह, जो दिल्ली के निवासी होते हुए भी भाजपा के उत्तर प्रदेश से संसद सदस्य हैं, मैं संसद सदस्य नहीं हूँ। मेरे पास मन्त्रालय से पता लगाने के साधन नहीं हैं कि शौरी ने जो कुछ लिखा है, वह सही है।"

यह उनकी काफी पसंदीदा चाल है; जब झूठ बोलते पकड़े जाओ तो यह फैला दो कि दूसरे व्यक्ति को तो विशेषाधिकार प्राप्त हैं। और क्योंकि आप श्रमजीवी जनता से आते हैं, इसलिए आप यह पता नहीं लगा सकते कि जिन तथ्यों का उसने उल्लेख किया है, क्या वे सत्य हैं? इसलिए जो कुछ आपने कहा, वही तथ्य बन गया। इति सिद्धम्।

प्रतिष्ठित ठेकेदार

मेरे एक लेख के जवाब में 'प्रतिष्ठित इतिहासकारों' में से एक, श्री के. एन. पणिक्कर ने लिखा, "यह एक पुराना आरोप है, जो समय-समय पर उभरकर सामने आता रहता है।" आरोप यह था कि भारतीय इतिहास अनुसन्धान परिषद् की 'टुवर्ड्ज़ फ्रीडम' (आज़ादी की ओर) परियोजना पर लगभग दो करोड़ रुपए खर्च किए गए थे लेकिन उससे कुछ ख़ास हासिल नहीं हुआ था। "लगभग एक वर्ष पहले 'टाइम्स ऑफ़ इण्डिया' के मुखपृष्ठ पर इस बारे में एक ख़बर छपी थी। तब इतिहासकारों ने कई समाचारपत्रों में छपे एक सार्वजनिक बयान के ज़रिए यह स्पष्ट किया था, कि उन्होंने भारतीय इतिहास अनुसन्धान परिषद् से कोई धन नहीं लिया है और उन्होंने पाँच वर्ष तक पूर्णतः अवैतनिक आधार पर काम किया है। जैसे ही, और यदि, उन्हें (अर्थात् मुझे) मन्त्रालय से सूचना प्राप्त होगी, कि सम्पादकों ने कोई धन प्राप्त नहीं किया है, मैं सामान्य रूप से श्री शौरी से यह अपेक्षा करूँगा कि वे सार्वजनिक रूप से क्षमा माँगें। लेकिन उनके लेख से उनकी बौद्धिक ईमानदारी और सांस्कृतिक स्तर का जैसा पता चलता है उससे मुझे नहीं लगता कि वे माफी माँगेंगे। श्री शौरी जैसे लोगों पर मानहानि का दावा करने का विकल्प किसी भी व्यक्ति की शान के ख़िलाफ होगा। लेकिन कम से कम मैं मन्त्रालय से यह अपेक्षा अवश्य करूँगा कि वह वस्तुस्थिति पर सार्वजनिक बयान जारी करे।"

काफी सख़्त और निश्चयात्मक भाषा है यह, ऐसा हर कोई सोचेगा। इस बीच हुआ यह कि 17 जुलाई, 1998 को राज्यसभा में उठाए गए एक सवाल के जवाब में मन्त्रालय ने यह कहा कि डॉ. पी.एन. चोपड़ा के मूल ग्रन्थ के बाद परियोजना का केवल एक भाग पूरा करके प्रकाशित किया जा चुका था। डॉ. पार्थसारथी गुप्ता द्वारा संपादित यह ग्रन्थ तीन भागों में था और इसकी कालावधि थी 1943 से लेकर 1944 तक। एक और सवाल के जवाब में मन्त्रालय ने सूचित किया कि "ग्रन्थ प्रकाशित होने के बाद सितम्बर, 1997 में उन्हें 25,000 रु. की राशि अदा की गई।"

दूसरे शब्दों में, डॉ. पार्थसारथी अकेले ऐसे सम्पादक थे जिन्होंने सौंपा गया काम पूरा कर लिया था। उसके लिए उन्हें 25,000 रु. की राशि अदा की गई थी।

औरों ने जो काम अपने हाथ में लिया था, उसे उन्होंने पूरा नहीं किया था। इसलिए उन्हें 25,000 रु. की राशि अदा नहीं की गई थी जो उन्हें काम पूरा होने और ग्रंथ प्रकाशित किए जाने के बाद अदा की जानी थी। इस परिस्थिति में हमारे मित्र यह दावा कर रहे थे कि वे सामाजिक कार्यकर्ताओं के तौर पर परिश्रम कर रहे थे। तभी उन्होंने कहा था कि हम अवैतनिक आधार पर काम कर रहे हैं; हमने एक पाई भी नहीं ली है।

उन्होंने कोई धन नहीं लिया था, क्योंकि उन्होंने अपना काम पूरा नहीं किया था। यह बात तो रही अलग। लेकिन हमें उनके दावे को कितना महत्त्व देना चाहिए? और इस मामले में उनका दावा यह है कि वे सामाजिक कार्यकर्त्ताओं के तौर पर परिश्रम करते रहे थे।

इनमें से प्रत्येक व्यक्ति इन सभी वर्षों के दौरान स्टाफ और अन्य सुविधाओं का लाभ उठाते रहे थे और कहने के लिए इन सुविधाओं का इस्तेमाल 'आज़ादी की ओर' परियोजना के अन्तर्गत ग्रन्थ तैयार करने के लिए किया गया था। इस स्टाफ और इन सुविधाओं पर काफी मात्रा में सार्वजनिक धन ख़र्च किया जा चुका था। क्या इस धन को उनके खाते में नहीं डाला जाना चाहिए?

इन विद्वानों द्वारा कितने स्टाफ और अनुसन्धान सहायकों का इस्तेमाल किया गया? उन पर कितनी-कितनी राशि ख़र्च की गई? इन विद्वानों को जो-जो ग्रन्थ तैयार करने थे, उनकी क्या स्थिति थी? इस बारे में मैंने पूछताछ की। वर्ष 1988-89 से 1997-98 तक की अवधि के लिए भारतीय इतिहास अनुसन्धान परिषद् के जवाब इस प्रकार थे :

विद्वान्	**इस्तेमाल किया गया स्टाफ***	**खर्च की गई राशि रु.**
सुमित कुमार	1+5	4,56,617
के. एन. पणिक्कर	1+6	4,84,973
ज्ञानेन्द्र पाण्डे	1+5	3,15,522
बिपिन चंद्रा	1+8	1,19,691
मुशीरुल हसन	1+11	7,36,159
पार्थ एस. गुप्ता	1+5	4,47,625
विमल प्रसाद	2+6	4,70,567
रवीन्द्र कुमार	1+6	4,30,826
बासुदेव चैटर्जी	12	16,88,426

**पहला अंक भारतीय इतिहास अनुसन्धान परिषद् के नियमित वेतनभोगी स्टाफ का सूचक है, और दूसरा अंक समेकित वेतन पर लगाए गए अनुसन्धान स्टाफ का।*

ये सब खर्च सीधे उन्हीं के नाम से और उन्हीं की सिफारिशों पर किए गए

थे। इसके अलावा श्री पी. एन. चोपड़ा के सम्पादकत्व के दौरान 37,15,207 रु. की राशि और श्री एस. गोपाल के सम्पादकत्व की पहली अवधि के दौरान 7,87,484 रु. की राशि भी खर्च की गई। इस प्रकार कुल मिलाकर खर्चे की यह राशि 97,23,097 रु. थी। और इसके अलावा एक करोड़ रुपए की और राशि भी इस परियोजना पर खर्च की गई थी—और वह भी इन प्रतिष्ठित विद्वानों के निर्देशों से ही खर्च की गई होगी। लेकिन आपको विश्वास करना होगा कि यह सब कुछ अवैतनिक आधार पर हुआ।

'आज़ादी की ओर' परियोजना की इस कहानी के बाद एक और बात कहना बेजा नहीं होगा। जहाँ तक इतिहास लेखन का सम्बन्ध है, हमारे नेताओं ने देश की आज़ादी हासिल करने के लिए अपने लम्बे संघर्ष के दौरान जो कुछ महसूस किया और जो अमली तौर पर किया, उसका आनेवाली पीढ़ियों के लिए 'जीवन्त वर्णन' करना जितना ज़रूरी था, उससे ज्यादा ज़रूरी और क्या हो सकता था? और ज़रा देखिए कि इन लब्धप्रतिष्ठ 'इतिहासकारों' ने इस ज़िम्मेदारी को किस तरह निभाया है। जो परियोजना चंद लाख रुपयों के खर्चे पर पाँच वर्ष में पूरी की जानी थी उसे सत्ताईस वर्षों तक घसीटा गया और उसके नाम पर एक करोड़ सत्तर लाख रुपए से भी अधिक की राशि उड़ा दी गई और जैसा कि बताया गया है कि उन पर अब भी काम चल रहा है। उन ग्रन्थों में क्या कुछ लिखा जाएगा और क्या कुछ छोड़ दिया जाएगा, उसका विचार किए बिना, इतना तो मानना ही पड़ेगा कि इसमें घोर लापरवाही हुई है।

इस कहानी में, स्वयं परिषद् के लिए भी, एक चेतावनी निहित है, क्योंकि यह पहली बार ऐसा नहीं हुआ कि आज़ादी के आन्दोलन का इतिहास लिखने की परियोजना के मामले में ठगी की गई हो और वह परिणामतः आगे प्रगति न कर पाई हो। डॉ. आर. सी. मजूमदार द्वारा तीन खण्डों में सम्पादित 'हिस्ट्री आफ़ दि फ्रीडम मूवमेंट इन इण्डिया'[1] की भूमिका और परिशिष्ट में उन्होंने यह लिखा है कि मूल परियोजना का क्या हुआ, कैसे उनके कहने पर भारतीय इतिहास आलेख परिषद् ने फरवरी, 1948 में यह प्रस्ताव पारित किया कि देश के स्वतंत्रता संघर्ष का इतिहास लिखा जाना चाहिए; किस प्रकार शिक्षा मन्त्रालय ने, जिसके प्रभारी मंत्री मौलाना आज़ाद थे, इस मामले पर तब तक कोई निर्णय नहीं लिया जब तक कि देश के तत्कालीन राष्ट्रपति डॉ. राजेन्द्र प्रसाद ने उन्हें इस मामले को आगे बढ़ाने को नहीं कहा; किस प्रकार एक सम्पादक मंडल की स्थापना की गई; किस प्रकार श्री मजूमदार को परियोजना का निदेशक नियुक्त किया गया; किस प्रकार ग्रन्थ का पहला खंड तैयार किया गया; सम्पादक मंडल को अनुमोदनार्थ ग्रंथ प्रस्तुत किए जाने पर उसकी क्या गति हुई; कैसे सरकार ने एक बार तो यह कहा कि ग्रन्थों के तैयार किए जाने की दिशा में काफी प्रगति हुई है और उसके फौरन बाद यह कहा कि पहले खंड की

प्रतियाँ मंडल के सदस्यों को भेजे जाने पर उन्होंने उसके विषय को लेकर कुछ मतभेद प्रकट किए हैं; फिर किस प्रकार अचानक मंडल को भंग कर दिया गया और परियोजना शिक्षा मन्त्रालय के एक पिछले सचिव को सौंप दी गई; किस प्रकार कुछ सदस्य अवसरवादी सिद्ध हुए...।

इसका परिणाम क्या निकला? मध्यम कोटि के ग्रन्थ तैयार हो पाए, ऐसे ग्रन्थ जिनके बारे में आगामी सरकारी नीति क्या होनी चाहिए, यह तय किया जाना था।

इसके बरअक्स अंग्रेजों के यहाँ सत्ता-अन्तरण संबंधी दस्तावेज़ों के ज़रिए उनके नज़रिए के अनुसार ग्रन्थ तैयार किए गए। उन ग्रंथों में कहा गया–हम रुकना हरगिज़ नहीं चाहते थे, हम यथासंभव जल्दी से जल्दी वहाँ से चले आना चाहते थे, हमने देश का बँटवारा रोकने के लिए एड़ी-चोटी का ज़ोर लगा लिया, हमने अपनी ओर से सत्ता सौंप दी, हमारे हाथों से आज़ादी छीने जाने की नौबत नहीं आई... और इधर भारत की ओर से भी घटनाओं का अपना वृत्तांत प्रस्तुत किया गया था। उस समय यह वृत्तांत उन लोगों की याददाश्त में अभी ताज़ा था, जिन्होंने अंग्रेजों के ख़िलाफ आन्दोलन का नेतृत्व किया था, क्योंकि उनमें से बहुत से लोग अभी जीवित थे। यह वृत्तांत उनके निजी काग़ज़ पत्रों में भी उपलब्ध था। 'स्वतन्त्रता की ओर' परियोजना को यह रिकार्ड इकट्ठा करना था। क्योंकि संस्थाओं का नियंत्रण वामपंथियों के हाथों में चला गया, इसलिए पूरी परियोजना उनकी नीति और धारणा को आगे बढ़ाने में जुट गई।

इससे यह साफ सीख मिलती है कि राष्ट्रीय कार्यों के लिए सरकारों पर या सरकारी संस्थाओं पर भरोसा मत करो। केवल देश के प्रति समर्पित व्यक्ति और छोटे-छोटे समूह ही उस काम को देश के लिए कर सकते हैं।

केवल 'आज़ादी की ओर' ही ऐसी परियोजना नहीं थी जिस पर बड़ी रकम ख़र्च किए जाने के बावजूद, वह पूरी नहीं हो पाई थी। एक 'भारत का आर्थिक इतिहास' नामक परियोजना भी थी। इस पर उन्नीस लाख, पचपन हज़ार रुपए खर्च किए जा चुके थे। लेकिन उसके बाद भी उसमें से कुछ भी प्रकाशित नहीं किया गया। यद्यपि मन्त्रालय ने राज्यसभा को बताया, "भारतीय इतिहास अनुसन्धान परिषद् द्वारा दी गई सूचना के अनुसार रेलवे और कृषि पर परियोजना के दो ग्रन्थ छपने के लिए तैयार हैं।"

एक अतारांकित प्रश्न (संख्या 3466) के जवाब में मन्त्रालय ने राज्यसभा को यह भी बताया कि वर्ष 1987-88 के दौरान प्रो. बिपिन चंद्र को 'भारतीय राष्ट्रीय कांग्रेस का इतिहास' नामक परियोजना के लिए 75,000 रुपए की राशि मंजूर की गई थी। 23.6.1989 तक उन्हें 57,000 (सत्तावन हज़ार रुपए मात्र) की राशि का भुगतान किया जा चुका है। 17,500 रुपए की बकाया राशि उन्हें अदा की जानी बाकी है, क्योंकि इस परियोजना की औपचारिक पांडुलिपि अभी प्राप्त होनी बाकी

है। जो यह दावा किया गया था कि इतिहासकार यह सारा काम पूर्णतः अवैतनिक हैसियत में करते रहे हैं, उसकी असलियत जानने के लिए यह एक झाँकी प्रस्तुत की गई है। यह तो ऐसे हुआ मानो श्री विपिन चन्द्र यह कहते फिरे हों, "देखा, मैंने 17,500 रुपए भी नहीं लिये हैं जो कि भारतीय इतिहास अनुसन्धान परिषद् ने मुझे देने थे" और जिस हद तक भारतीय इतिहास अनुसंधान परिषद् के लिए संभव था, उस हद तक सहायता करने के उसके प्रयास को भी अनदेखा मत कीजिए– "17,500 रुपए की बकाया राशि उन्हें अदा की जानी बाकी है, क्योंकि इस परियोजना की औपचारिक पांडुलिपि प्राप्त होना अभी बाकी है।"

इसलिए मैंने मन्त्रालय को लिखा, "क्या इसका यह अर्थ है कि कोई अनौपचारिक पांडुलिपि प्राप्त हो चुकी है या फिर कोई भी पांडुलिपि अभी प्राप्त नहीं हुई है? यदि कोई भी पांडुलिपि प्राप्त नहीं हुई तो नौ वर्ष बीत चुकने और विद्वान् महाशय द्वारा परियोजना के लिए 57,500 रुपए की राशि प्राप्त कर चुकने के बाद भी यदि पांडुलिपि प्रस्तुत नहीं की गई तो फिर इस संबंध में कार्रवाई क्यों नहीं की गई?"

चंद स्मरणपत्र भेजने के बाद अन्ततः मन्त्रालय ने लिखकर सूचित किया, "भारतीय इतिहास अनुसन्धान परिषद् ने इस बात की पुष्टि की है कि कोई भी पांडुलिपि, औपचारिक या अनौपचारिक, अब तक प्राप्त नहीं हुई!" जहाँ तक कार्रवाई करने का सम्बन्ध था, मन्त्रालय ने लिखा कि भारतीय इतिहास अनुसन्धान परिषद् से सूचना मँगाई जा रही है।

बाद में मुझे पता चला कि 75,000 रु. की राशि जो कि इस प्रतिष्ठित इतिहासकार को इस परियोजना–'मौखिक इतिहास परियोजना'–के लिए आबंटित की गई थी, दी जाने वाली कुल राशि का मात्र एक छोटा-सा हिस्सा थी। श्री बिपिन चंद्र को भारतीय सामाजिक विज्ञान अनुसन्धान परिषद् द्वारा दो लाख रुपए की राशि और जवाहरलाल नेहरू विश्वविद्यालय द्वारा चार लाख रुपए की अतिरिक्त राशि अदा की गई थी। इनमें से किसी भी संस्था को बदले में कोई पांडुलिपि प्राप्त नहीं हुई।

जब इस 'प्रतिष्ठित इतिहासकार' का जवाहरलाल नेहरू विश्वविद्यालय से सेवानिवृत्त होने का समय आया तो इस मामले ने वस्तुतः एक मुद्दे का रूप ले लिया। विश्वविद्यालय का, स्वाभाविक रूप से, उनकी प्रतिष्ठा का सदुपयोग किए बिना काम नहीं चल सका। इसलिए सेवानिवृत्ति के बाद उन्हें फिर से काम पर लगाने का प्रस्ताव प्रस्तुत किया गया। तत्कालीन कुलसचिव ने यह बात सामने रखी कि विश्वविद्यालय के नियमों के अनुसार सेवानिवृत्ति की बाबत देय राशि आदि का निपटारा नहीं किया जा सकता था। इसलिए जब तक चार लाख रुपए का लेखा प्रस्तुत नहीं किया जाता, तब तक श्री बिपिन चंद्र को फिर से काम पर लगाने का अनुबंध नहीं किया जा सकता और श्री बिपिन चंद्र जान-बूझकर लेख प्रस्तुत करने

की उपेक्षा करते रहे हैं। लेखा प्रस्तुत नहीं किया गया। तत्कालीन कुलपति ने मामले को ठप कर दिया।

क्योंकि भारतीय इतिहास अनुसन्धान परिषद् को, उसके द्वारा दिए गए अनुदान के बदले कुछ भी लिखा हुआ प्राप्त नहीं हुआ था, इसलिए मेरे सवाल का दूसरा हिस्सा अनुत्तरित रह गया था। भारतीय इतिहास अनुसन्धान परिषद् ने इस मामले में क्या कार्रवाई की थी? अन्ततः मुझे बताया गया, ''इस बारे में कोई कार्रवाई शुरू नहीं की गई है, क्योंकि यह बताया गया है कि डॉ. बिपिन चंद्र इस काम को अभी कर रहे हैं।'' यह स्थिति तब की थी जब कि इस प्रतिष्ठित महाशय को धन प्राप्त किए नौ वर्ष बीत चुके थे!

मेरी पूछताछ के जवाब में जो दस्तावेज़ प्रस्तुत किए गए हैं, उनसे यह पता चलता है कि यह एक रवैया-सा बन गया है। भारतीय राष्ट्रीय अनुसन्धान परिषद् ने राष्ट्रीय आन्दोलन परियोजना की शुरुआत की, जिसका ज़िक्र मैं थोड़ी देर में करूँगा। इसका उद्देश्य था 1850 के दशक के मध्य से शुरू होने वाले हमारे स्वतंत्रता संग्राम का प्रामाणिक विवरण तैयार करना। श्री बिपिन चंद्र ने 1885-86 की अवधि से संबंधित ग्रन्थ तैयार करने के लिए 12000 रुपए की राशि प्राप्त की। परिणाम? इस बारे में अब तक कोई जानकारी प्राप्त नहीं हुई। 1932-34 की अवधि से संबंधित ग्रन्थ लेखन के लिए उन्होंने 12000 रु. की एक और राशि प्राप्त की। नतीजा? ''प्रस्तुत नहीं किया गया'', यह जवाब था भारतीय इतिहास अनुसन्धान परिषद् का। लब्धप्रतिष्ठ होने के नाते श्री बिपिन चंद्र के मित्रों का एक दायरा है, जिन्हें 'आज़ादी की ओर' परियोजना का काम बाँट दिया गया था। उनके इस भारी बोझ को ढोने में उनकी सहायता करने के लिए एक 'नियमित' स्टाफ सदस्य और आठ समेकित वेतनभोगी स्टाफ सदस्य नियुक्त किए गए। परिणाम? ''ग्रन्थ अभी प्रस्तुत नहीं किया गया।''

लेकिन निष्पक्ष बात कही जाय तो यह रवैया केवल इसी प्रतिष्ठित इतिहासकार तक ही सीमित नहीं रहा। यह रवैया उस पूरी संस्था में व्याप्त था जिसमें ये 'प्रतिष्ठित इतिहासकार' नियुक्त किए गए थे और जिस पर उनका नियंत्रण था।

कांग्रेस सदस्य श्री वी.एन. गाडगिल ने भारतीय इतिहास अनुसन्धान परिषद् द्वारा हाथ में ली गई परियोजनाओं और उन परियोजनाओं का क्या हुआ, इसके बारे में राज्यसभा में एक लिखित प्रश्न पूछा। 17 जुलाई, 1998 के अतारांकित प्रश्न संख्या 3476 के जवाब में मानव संसाधन विकास मन्त्रालय ने कहा, ''भारतीय इतिहास अनुसन्धान परिषद् द्वारा प्रस्तुत की गई सूचना के अनुसार 1976 और 1992 के बीच प्रारम्भ की गई तीन मुख्य परियोजनाओं–'स्वतंत्रता की ओर' 'शिलालेखों का शब्दकोश' और 'भारत का आर्थिक इतिहास' पर पिछले पाँच वर्षों के दौरान काम जारी रहा। ये परियोजनाएँ पूरा होने की अलग-अलग

अवस्थाओं में हैं...''

सन्देहास्पद स्थिति अब सबके सामने थी। श्री गाडगिल ने आखिर 'मुख्य परियोजनाओं' के बारे में तो नहीं पूछा था और न ही उन्होंने 1972 और 1992 के बीच शुरू हुई परियोजनाओं के बारे में कोई बात पूछी थी। इसलिए मैंने पूछा, ''लेकिन 1857 और 1937 के बीच हुए राष्ट्रीय आन्दोलन के इतिहास लेखन की परियोजना का क्या हुआ? इसके अन्तर्गत कितने ग्रन्थ तैयार किए जाने थे? इनमें से प्रत्येक ग्रंथ किस-किस को लिखने के लिए दिया गया? हर विद्वान् को कितनी-कितनी राशि अदा की गई? हर ग्रन्थ पर कितनी-कितनी राशि खर्च की गई है? इस परियोजना के अन्तर्गत कितने ग्रंथ तैयार किए जा चुके हैं?

मन्त्रालय ने जवाब दिया, ''भारतीय इतिहास अनुसन्धान परिषद् ने कहा है कि 1857 और 1937 के बीच के राष्ट्रीय आन्दोलन के इतिहास लेखन से संबंधित किसी भी परियोजना की शुरुआत उसके द्वारा नहीं की गई थी।'' कितने बेवकूफाना ढंग से बात को टालने की कोशिश की गई थी। ऐसे में मुझे केवल इतना करना पड़ा कि मैंने भारतीय इतिहास अनुसन्धान परिषद् द्वारा दो दशकों से भी अधिक समय से भेजी जा रही एक के बाद दूसरी वार्षिक रिपोर्टों की ओर मन्त्रालय का ध्यान दिलाया। एक के बाद दूसरी हर रिपोर्ट में उन मुख्य परियोजनाओं की सूची दी जाती रही थी, जिनकी शुरुआत भारतीय इतिहास अनुसन्धान परिषद् द्वारा की गई थी। मैंने लिखा : कृपया वर्ष 1972-73 की 'वार्षिक' रिपोर्ट के पृष्ठ 26 से शुरू होने वाले विवरण को देखें; कृपया वर्ष 1973-74 की वार्षिक रिपोर्ट के पृष्ठ 26 से आरंभ होने वाले विवरण को देखें।

और इसका परिणाम क्या निकला? मंत्रालय ने अन्ततः यह स्वीकार किया कि इस प्रकार की परियोजना की वाकई शुरुआत की गई थी। इस परियोजना के अन्तर्गत उन्नीस ग्रन्थ तैयार किए जाने थे। उन्हें तैयार करने का काम कई विद्वानों को सौंपा गया । हमेशा की तरह बाकी सब कुछ हमारे इन लब्धप्रतिष्ठ इतिहासकारों के हाथ में था। हर ग्रन्थ के लिए 12000 रुपए लिए गए थे। परिणाम ? भारतीय इतिहास अनुसन्धान परिषद् के अपने शब्दों में नीचे एक सूची दी गई है, जिसमें हर ग्रंथ की इतिहास-अवधि, जिस विद्वान् को कार्य सौंपा गया उसके नाम, उस विद्वान् द्वारा ली गई राशि और ग्रन्थ के बारे में वस्तुस्थिति का उल्लेख किया गया है :

1.	1857 से पहले,	के. राजायन,	12000 रुपए	प्रस्तुत किया गया, लेकिन मिल नहीं पा रहा।
2.	1857-1885	एस. आर. महरोत्रा	12000 रुपए	प्रस्तुत नहीं किया गया।
3.	1885-86	बिपिन चंद्रा	12000 रुपए	प्रस्तुत नहीं किया।

4.	1896-98			लेखन कार्य किसी को नहीं सौंपा गया।
5.	1899-1902	बी. आर. ग्रोवर	12000 रुपए	प्रस्तुत किया गया और प्रकाशित।
6.	1902-1903			लेखन कार्य किसी को नहीं सौंपा गया।
7.	1903-1905			लेखन कार्य किसी को नहीं सौंपा गया।
8.	1905-1907	सुमित सरकार	12000 रुपए	प्रस्तुत नहीं किया गया।
9.	1907-1909	सुमित सरकार	12000 रुपए	प्रस्तुत नहीं किया गया।
10.	1910-1915	एम. एन. दास	12000 रुपए	प्रस्तुत नहीं किया गया।
11.	1915-1919	टी. के. रविंद्रन	12000 रुपए	प्रस्तुत नहीं किया गया।
12.	1919-1920	वी. एन. दत्ता	12000 रुपए	प्रस्तुत किया गया और प्रकाशित
13.	1920-1922	सीताराम सिंह	12000 रुपए	प्रस्तुत किया और प्रकाशनाधीन
14.	1922-1924	श्री कुमारन नायर	12000 रुपए	प्रस्तुत किया गया और प्रकाशित गया।
15.	1924-1926	अम्बा प्रसाद	12000 रुपए	प्रस्तुत नहीं किया गया।
16.	1927-1929	बिमल प्रसाद	12000 रुपए	प्रस्तुत नहीं किया गया।
17.	1930-1931	बिमल प्रसाद	12000 रुपए	प्रस्तुत नहीं किया गया।
18.	1932-1935	बिपिन चंद्र	12000 रुपए	प्रस्तुत नहीं किया गया।
19	1934-1937	गोपाल कृष्ण	12000 रुपए	प्रस्तुत नहीं किया गया।

राशि के आँकड़ों को पढ़ते समय यह याद रखें कि वह राशि सत्तर के दशक के मध्य में अदा की गई थी, जबकि उसकी कीमत आज के घोटाले के दिनों की कीमत से कहीं ज्यादा थी।

एक पत्र में डॉ. एस. आर. महरोत्रा बताते हैं कि उन्हें राशि में से एक पाई भी नहीं मिली और पूरी-की-पूरी राशि सीधे उनके एक सहयोगी को अदा की गई थी, जो उनकी सहायता कर रहा था। लब्धप्रतिष्ठ इतिहासकारों के तत्त्वावधान में परिषद् का प्रारंभ किस प्रकार हुआ, श्री महरोत्रा ने इस बारे में भी अपने पत्र में प्रकाश डाला

है। वे लिखते हैं कि शुरू-शुरू में उन्हें दो-तीन वर्षों की छोटी-सी अवधि से संबंधित दस्तावेज़ एकत्रित करने का काम सौंपा गया था। बाद में इस अवधि को बढ़ाकर तीस वर्ष कर दिया गया। उन्होंने और उनके सहयोगी ने दस्तावेज़ एकत्रित करके लगभग बीस वर्ष पहले ग्रन्थ की पांडुलिपि तैयार कर ली थी। उन्होंने भारतीय इतिहास अनुसन्धान परिषद् का इस ओर ध्यान दिलाया कि उन्हें अन्य विद्वानों की तुलना में दस से पंद्रह वर्ष की अधिक अवधि से सम्बन्धित ग्रन्थ तैयार करने का कार्य सौंपा गया था और उसके परिणामस्वरूप टाइप किए गए दस्तावेज़ों की पृष्ठ संख्या 3000 तक पहुँच गई थी। उन्होंने कहा कि इन कारणों से परिषद् को चाहिए कि वह उक्त ग्रन्थ को केवल एक खण्ड क़ी बजाय दो या तीन खंडों में प्रकाशित करे।

अपनी कही गई बात के प्रमाण के तौर पर पत्राचार का पुलिंदा पेश करते हुए वे लिखते हैं, ''वर्षों बीत गए लेकिन कई स्मरणपत्रों के बावजूद भारतीय इतिहास अनुसन्धान परिषद् इस सीधे-सादे मुद्दे पर कोई निर्णय नहीं ले सका। उसके परिणामस्वरूप पाण्डुलिपि बीस वर्षों तक पड़ी सड़ती रही। सवाल पूछे जाने से पहले तक लोग स्वयं परियोजना को ही भूल चुके थे।'' और याद रखिए कि इस परियोजना के अन्तर्गत देश के स्वतन्त्रता संघर्ष के प्रलेखन जैसा महत्त्वपूर्ण कार्य किया जाना था। इन लब्धप्रतिष्ठ विद्वानों ने परिषद् के कार्यों का संचालन करने में जिस जिम्मेदारी का परिचय दिया, यह उस पर एक जबरदस्त टिप्पणी है।

और प्रजामण्डल आन्दोलन अर्थात् रजवाड़ों में चलाए गए स्वतन्त्रता आन्दोलन के प्रलेखन की परियोजना का क्या हुआ? इसके बारे में जब मैंने पूछा, तो मन्त्रालय ने जवाब दिया कि भारतीय इतिहास अनुसन्धान परिषद् द्वारा ब्यौरे एकत्रित किए जा रहे हैं।

एक स्मरणपत्र भेजने पर मन्त्रालय ने जवाब दिया, ''भारतीय इतिहास अनुसन्धान परिषद् ने यह काम तो अपने हाथ में लिया था। लेकिन उसके बाद की सूचना तुरन्त उपलब्ध नहीं है।'' इस पर मुझे लिखना पड़ा, ''निश्चित रूप से आप इस मामले को इस तरह से तो नहीं छोड़ देना चाहेंगे। क्या इस काम पर सार्वजनिक धन की एक काफी बड़ी राशि खर्च नहीं की गई? यह काम किस-किसको सौंपा गया था? इस काम पर जनता के धन की इतनी बड़ी रकम खर्च करने का परिणाम क्या निकला?'' अन्ततः भारतीय इतिहास अनुसन्धान परिषद् ने विस्तृत सूचना भेज दी। एक तरह से सूचना दस्तूर के मुताबिक थी : यह काम परिषद् के 'लब्धप्रतिष्ठ इतिहासकारों' में से एक बहुत ही महत्त्वपूर्ण विद्वान् श्री आर. सी. शुक्ला को दिया गया था। उन्हें स्टाफ भी दिया गया। 1976 और 1982 के बीच सामग्री एकत्रित किए जाने की सूचना मिली है। चार लाख पैंतीस हज़ार रुपए की राशि खर्च की गई थी। लेकिन उसका परिणाम क्या रहा? परिषद् का जवाब था, ''परिषद् की

जानकारी के अनुसार प्रजामण्डल आन्दालेन पर कोई ग्रन्थ प्रकाशित नहीं किया गया है।''

मैंने पूछा, ''किसान आन्दोलन के प्रलेखन के काम का क्या हुआ?'' भारतीय इतिहास अनुसन्धान परिषद् ने जवाब दिया, ''चौदह ग्रन्थ तैयार किए जाने थे। इनमें से छह ग्रन्थों को तैयार करने का काम तीन विद्वानों को 12,000 रुपए प्रतिग्रन्थ के हिसाब से सौंपा गया था। इनमें से एक ग्रन्थ प्रकाशित हो चुका है, दो ग्रन्थों के बारे में बताया गया कि 'प्रस्तुत नहीं किए गए' और तीन ग्रन्थों के बारे में कहा गया, 'प्रस्तुत तो किए गए लेकिन उन्हें खोजा नहीं जा सका है।' ''

'आर्थिक आँकड़ों और सांख्यिकी से संबंधित परियोजना' का क्या हुआ जिसका कुछ वर्ष पहले तक वार्षिक रिपोर्ट में बड़ी शेखी के साथ उल्लेख किया जाता रहा था? मेरे इस सवाल के जवाब में भारतीय इतिहास अनुसन्धान परिषद् ने लिखा, ''इस परियोजना के अन्तर्गत छह ग्रन्थ तैयार किए जाने थे।'' भारतीय इतिहास अनुसन्धान परिषद् के अपने शब्दों में जिन-जिन लेखकों को जितनी-जितनी अवधि का प्रलेखन कार्य सौंपा गया था और उसके लिए उन्हें जितनी-जितनी राशि अदा की गई थी, और उसका क्या नतीज़ा निकला, इस बारे में संबंधित सूचना नीचे दी गई है—

बी. बी. चौधुरी	कृषि, किराया और राजस्व	12,000 रु.	प्रस्तुत नहीं किया गया।
एस. भट्टाचार्य	वित्तीय तथा मुद्रा नीतियाँ	12,000 रु.	प्रस्तुत नहीं किया गया।
सुरेन्द्र गोपाल	17वीं और 18वीं शताब्दी में व्यापार (देशीय और विदेशी)	12,000 रु.	प्रस्तुत नहीं किया गया।
नीलमणि मुखर्जी	19वीं और 20वीं शताब्दी में व्यापार (देशीय और विदेशी)	12,000 रु.	प्रस्तुत नहीं किया गया।
ए. के. बाग्ची	भारतीय उद्योग (1860-1939)	12,000 रु.	प्रस्तुत नहीं किया गया।
बी. बी. सिंह	श्रम, मूल्य और वेतन (1914-45)	12,000 रु.	प्रस्तुत किया गया लेकिन उसे खोजा नहीं जा सका।

संक्षेप में, प्रकाशित किए जाने वाले छह ग्रन्थों में से एक भी ग्रन्थ प्रकाशित नहीं किया गया है। पैसा बँट चुकने के बाद परियोजना का कहीं नामोनिशान ही नहीं था।

इस परियोजना के बाद इसी विषय पर एक और भी ज्यादा महत्वाकांक्षी

परियोजना हाथ में ली गई 'आर्थिक इतिहास के प्रलेखन की परियोजना।' उसका क्या हुआ? मैंने पूछा। आखिर स्वयं भारतीय इतिहास अनुसन्धान परिषद् ने ही तो इसे परिषद् द्वारा हाथ में ली गई मुख्य परियोजनाओं में से एक बताया था। परिषद् ने जवाब में कहा कि परियोजना की शुरुआत 1992 में की गई थी। 1992 और 1997 के बीच सत्रह ग्रन्थ तैयार किए जाने थे। इस पर कुल 25 लाख रुपए का खर्चा आना था। परिषद् ने बताया कि अभी तक एक भी ग्रन्थ प्रकाशित नहीं किया गया है और साढ़े उन्नीस लाख रुपए की अच्छी-खासी रकम पहले ही खर्च हो चुकी है।

मैंने पूछा, "मध्यकालीन स्रोतों से सम्बन्धित परियोजना का क्या हुआ?" कुछ खोजबीन करने के पश्चात् भारतीय इतिहास अनुसन्धान परिषद् ने निम्नलिखित सूची भेजी जिसमें यह दिखाया गया है कि किन-किन विद्वानों को काम सौंपा गया, प्रत्येक को किस-किस विषय पर काम करना था, और कितनी-कितनी राशि मंजूर की गई थी और उसका परिणाम क्या निकला :

सतीश चन्द्रा ऐण्ड कम्पनी : 'अकबर के शासन काल के प्रारंभिक स्रोत'—पूरा नहीं हुआ, राशि का उल्लेख नहीं किया गया।

इरफ़ान हबीब : 'अख़्बाराते औरंगजेब'—27,000 रुपए, पूरा नहीं हुआ।

मुनिस रज़ा : 'मुगल साम्राज्य की मान चित्रावली'—22,700 रुपए, पूरा नहीं हुआ।

अनीस फ़रुखी : ताशिरुल अकवानी—9000 रु. पूरा नहीं हुआ।

सतीश चन्द्रा : 'सामाजिक तथा आर्थिक इतिहास के दस्तावेज'—23,000 रुपए, पूरा नहीं हुआ।

पी.सरन : 'तारीखे अकबरी'—18,500 रुपए प्रस्तुत किया गया किन्तु मिल नहीं पा रहा।

लेकिन उपर्युक्त अंतिम इन्दराज के बारे में थोड़ी देर बाद और चर्चा की जाएगी।

मैंने पूछा, "बहुप्रचारित अनुवाद परियोजना का क्या हुआ?" भारतीय इतिहास अनुसन्धान परिषद् ने कहा कि इसकी शुरुआत अप्रैल, 1972 में की गई थी, जबकि 'भारतीय पुस्तक न्यास' द्वारा भारत के इतिहास और संस्कृति पर भारतीय विद्या भवन की ग्रन्थमाला का अनुवाद करने का प्रस्ताव भारतीय इतिहास अनुसन्धान परिषद् में प्राप्त हुआ। एक समिति गठित की गई जिसमें एस. गोपाल, तपन रायचौधुरी, सतीश चन्द्रा, रोमिला थापर सरीखे लब्धप्रतिष्ठ इतिहासकार शामिल थे। समिति ने यह निश्चय किया कि भारतीय विद्या भवन की पुस्तकें "भारतीय भाषाओं में अनुवाद के लिए उपयुक्त नहीं हैं"—हालाँकि वस्तुतः पिछले पचास वर्षों के दौरान तैयार की गई पुस्तकों में से यही पुस्तकें सबसे अच्छी और सबसे उत्कृष्ट हैं— और

इस प्रस्ताव पर आगे और कोई कार्रवाई न की जाए। समिति ने सुझाव दिया कि उनके स्थान पर किन्हीं और पुस्तकों को अनुवाद के लिए चुना जाए।

और ज़रा देखिए! इन लब्धप्रतिष्ठ इतिहासकारों ने जो पुस्तकें चुनीं उनमें से सबसे ज्यादा पुस्तकें स्वयं लब्धप्रतिष्ठ इतिहासकारों की और उन लेखकों की ही थीं, जिन्होंने उनकी नीति की वकालत की थी–आर. एस. शर्मा, जो भारतीय इतिहास अनुसन्धान परिषद् के एक अध्यक्ष रह चुके थे, पाँच पुस्तकें; एस. गोपाल, तीन पुस्तकें; रोमिला थापर, तीन पुस्तकें; बिपिन चन्द्र, दो पुस्तकें; इरफान हबीब, दो पुस्तकें; उनके पिता मोहम्मद हबीब, दो पुस्तकें; सतीश चन्द्रा : एक पुस्तक...ई.एम. एस. नम्बूदिरीपाद की पुस्तकें अनूदित; चालीस के दशक के दौरान भारतीय कम्यूनिस्टों के ब्रिटिश नियन्त्रक रजनी पाल्मेदत्त की पुस्तक, अनूदित...लेकिन लोकमान्य तिलक, सर यदुनाथ सरकार और आर. सी. मजूमदार की कोई भी पुस्तक नहीं...

मैंने पूछा कि इस परियोजना पर कितनी रकम ख़र्च की जा चुकी है और लेखकों को कितनी-कितनी रायल्टी अदा की गई है? मन्त्रालय ने बताया कि भारतीय इतिहास अनुसन्धान परिषद् ने इकतालीस लाख, नवासी हज़ार रुपए का ख़र्चा किया है और जिन पुस्तकों को अनुवाद के लिए चुना गया है उनके लेखकों को रायल्टी अदा नहीं की गई है।''

ये विद्वान् जिन तरीकों का इस्तेमाल करते थे, उन्हें अब तक जान चुकने के बाद मैं अपनी बात पर डटा रहा। क्या मैंने 'डटा' शब्द का गलत प्रयोग किया है? या यों कहिए मैंने फिर पूछा, ''क्या उन्हें 'रायल्टियों' के अलावा किसी और शीर्ष के अन्तर्गत कोई भुगतान किया गया?'' भारतीय इतिहास अनुसन्धान परिषद् को अन्ततः यह बताना पड़ा कि ''लेखकों को अनुवाद अधिकारों के लिए एकमुश्त राशि अदा की गई थी,'' 200 से अधिक पृष्ठों वाली पुस्तकों के लिए 1,000 प्रति भाषा, प्रति पुस्तक के हिसाब से और 200 से कम पृष्ठों वाली पुस्तकों के लिए 500 रुपए प्रति भाषा, प्रति पुस्तक के हिसाब से। इस प्रकार श्री आर. एस. शर्मा को अपनी पुस्तकों के लिए 47,000 रुपए, श्री बिपिन चंद्र को 14,000 रुपए, श्री इरफ़ान हबीब को 11,000 रुपए और सुश्री रोमिला थापर को 12,000 रुपए की राशि अदा की गई।

जैसा कि सब जानते हैं, इतिहासकारों के बीच भारतीय इतिहास अनुसन्धान परिषद् की राष्ट्रीय रत्न सदस्यता (फेलोशिप) को एक सम्मान माना जाता है। अपने काम को जारी रखने के लिए इसकी बदौलत विद्वान् को अच्छी-खासी राशि भी प्राप्त होती थी। जिस विद्वान् को राष्ट्रीय रत्न सदस्यता के लिए चुना जाता था, उसे प्रतिमास रत्न सदस्यता के तौर पर 4,000 रुपए की और उसके अलावा 1,000 रुपए की राशि साचिविक सहायता के लिए दी जाती थी। इसके अलावा तीन वर्षों के

दौरान हर वर्ष के लिए 10,000 रुपए की राशि फुटकर अनुदान के तौर पर भी अदा की जाती थी। इस समय अदा की जा रही राशियाँ इससे कहीं ज्यादा हैं। अब विद्वान् को आधारभूत "रत्न सदस्यता की बाबत 8,500 रुपए प्रतिमास मिलते हैं। रत्न सदस्यता के साथ जुड़ी शर्तों में सबसे ज्यादा बल उस परियोजना के स्वरूप पर रहता है जिस पर विद्वान् को अपनी राष्ट्रीय रत्न सदस्यता की अवधि के दौरान काम करना होता है। भारतीय इतिहास अनुसन्धान परिषद् के आधिकारिक प्रकाशन में कहा गया है, परियोजना के अन्तर्गत रत्न सदस्यता के दौरान बुनियादी या नूतन विषयों से सम्बन्धित अनुसन्धान किया जाना होता है।" रत्न सदस्यता के नियमों में कहा गया है, "किसी राष्ट्रीय रत्न सदस्य द्वारा हाथ में ली गई परियोजना विशिष्ट और पहले की किसी परियोजना से अलग और भिन्न प्रकार की होनी चाहिए।" विद्वान् को हर छह महीने में एक रिपोर्ट प्रस्तुत करनी होती थी, जो कि अब वर्ष में एक बार प्रस्तुत करनी होती है, जिसमें परियोजना की प्रगति के ब्यौरे दिए जाने होते थे। नियमों में निर्दिष्ट किया गया है, "राष्ट्रीय रत्न सदस्यता की स्वीकृति के साथ पुरस्कार की शर्तों की औपचारिक स्वीकृति भी जुड़ी रहती है।" रत्न सदस्यता की स्वीकृति देते हुए नियमों के अनुसार विद्वान् को एक विशेष फार्म पर भी दस्तखत करने होते हैं, यह बताते हुए कि उसे रत्न सदस्यता के साथ जुड़ी शर्तें मंजूर हैं।

संक्षेप में, रत्न सदस्यता की शर्तों के अनुसार हर विद्वान् को एक ऐसी विशिष्ट परियोजना पर काम करना होता है जो पहले किए गए किसी भी काम से बिल्कुल अलग हो और उस परियोजना के अन्तर्गत बुनियादी और नूतन विषयों पर अनुसन्धान किया जाना होता है। उस परियोजना को पूरा किया जाना होता है और यहाँ तक कि उसे पूरा करने की दिशा में हुई प्रगति की रिपोर्ट छमाही आधार पर और अब वार्षिक आधार पर भारतीय इतिहास अनुसन्धान परिषद् को प्रस्तुत की जानी होती है। लेकिन होता क्या रहा है? मैंने भारतीय इतिहास अनुसन्धान परिषद् से पूछा, "परिषद् द्वारा किन-किन विद्वानों को रत्न सदस्यता प्रदान की गई है? रत्न सदस्यता के दौरान किन-किन परियोजनाओं को पूरा करने के लिए वे सहमत हुए थे? इस योजना के अन्तर्गत दिए गए अनुदानों का फल क्या निकला है?"

भारतीय इतिहास अनुसन्धान परिषद् ने जवाब दिया कि 1985-1997 के बीच 22 राष्ट्रीय रत्न सदस्यताएँ प्रदान की गईं। पाँच विद्वानों ने उनका लाभ नहीं उठाया, बाकी सत्रह विद्वानों में से केवल दो ने पांडुलिपियाँ/रिपोर्टें प्रस्तुत की हैं। परिषद् को यह विश्वास है कि दो विद्वान् पांडुलिपियाँ/रिपोर्टें प्रस्तुत करने वाले हैं, बाकी तेरह विद्वानों ने जो काम हाथ में लिया था उसे पूरा करना तो दूर उन्होंने परियोजना रिपोर्ट तक प्रस्तुत नहीं की है। केवल एक विद्वान् इस योजना के अन्तर्गत अभी तक काम कर रहा है। जिन विद्वानों ने रत्न सदस्यता का लाभ उठाया था, उन्हें परिषद् के अध्यक्ष ने पत्र लिखकर अनुरोध किया था कि उन्होंने इस योजना

के अन्तर्गत जितना काम कर लिया है, उसकी रिपोर्ट वे भेज दें। उसका जवाब देने तक की तकलीफ भी मात्र दो विद्वानों ने ही उठाई।

इन लब्धप्रतिष्ठ विद्वानों और उनकी परियोजना की वर्तमान स्थिति की सूचना निम्नलिखित सूची में दी गई है :

विद्वान्	परियोजना	वर्ष	परियोजना की वर्तमान स्थिति
जी.सी. पांडे	उल्लेख नहीं	मई '85 अप्रैल '88	प्राप्त नहीं हुई।
जी.एस. तालिब	उल्लेख नहीं	अगस्त '85 फरवरी '86	दूसरी किस्त दिए जाने के बाद उनका देहांत हो गया।
के.ए. निज़ामी	उल्लेख नहीं	जनवरी '86 जनवरी '89	प्राप्त हो गई है।
देबाला मित्रा	बोधगया और उसकी मूर्तियों का इतिहास, कला वास्तुकला	नवम्बर '85 अक्तूबर '88	प्राप्त नहीं हुई।
एस. गोपाल	उल्लेख नहीं	लाभ नहीं उठाया।	
ए.आर. कुलकर्णी	इदापुर का सामाजिक आर्थिक इतिहास और मराठा इतिहासलेखन	मार्च '87 फरवरी '90	काम पूरा करने के लिए अतिरिक्त अनुदान मंजूर किया गया रिपोर्ट प्रतीक्षित।
पी.एन. चोपड़ा		लाभ नहीं उठाया।	
आर.एस. शर्मा	मध्यप्रदेश में जाति तथा राज्य प्रणालियों का विकास (वर्ष 400-800)	जून '88 मई '91	प्राप्त नहीं हुई।
सतीश चन्द्रा	भारत में राज्य और राज्य प्रणाली का स्वरूप विशेषकर 16वीं से 18वीं शताब्दी के अन्त तक	जनवरी '88 जून '91	प्राप्त नहीं हुई।
बी.बी. लाल	रामायण से संबंधित स्थलों के पुरातत्त्व की परियोजना	अगस्त, '88 जुलाई '91	प्राप्त नहीं हुई।

अमलेश त्रिपाठी	भारत में राष्ट्रवाद 1885-1947	नवम्बर '88 अक्तूबर '91	प्राप्त नहीं हुई।
एम. अख्तर अली	औरंगजेब के शासन-काल 1659-1707 के दौरान मुगल अभिजात वर्ग का ढाँचा	जन. '90 जन. '93	रिपोर्ट की प्रतीक्षा की जा रही है, अनुदान अभी ले रहे हैं।
जे.एस.ग्रेवाल	पंजाबी के सूफ़ी काव्य के सामाजिक-सांस्कृतिक आयाम	अप्रैल '94 मार्च '97	अभी अवधि को जारी माना गया है।
ए.क्यू. रफ़ीकी		लाभ नहीं उठाया	
आई. महादेवन	आदि तमिल जीवाश्म वर्णन	अक्तूबर '92 सितंबर '95	प्रतीक्षा की जा रही है।
आशिन दासगुप्ता	भारतीय समुद्री व्यापारी	सितंबर '91 अगस्त '94	प्राप्त नहीं हुई।
विष्णु मित्रा	उल्लेख नहीं	सदस्यता ग्रहण करने से पहले दिवंगत।	
नीलमणि मुखर्जी		लाभ नहीं उठाया गया।	

इस सूची से इतना तो पता चल ही जाता है कि परिषद् के कार्य-प्रबंध का स्तर कितना खराब है।

मैंने पूछा कि और किन-किन परियोजनाओं को हाथ में लिया गया है, और उनका परिणाम क्या निकला? परिषद् की सूची इस प्रकार है—

1. के. के. दत्ता—'बिहार के पुराने ज़मीदारी रिकार्ड', 12,000 रुपए, दो ग्रन्थ प्रस्तुत किए जा चुके हैं, लेकिन उन्हें खोजा नहीं जा सका है।

2. बी. रामकृष्ण—'वीरासालिंगम की रचनाएँ', 12,000 रुपए, प्रस्तुत नहीं की गई।

3. बिपिन चंद्रा—'मौखिक इतिहास परियोजना', 75,000 रुपए, भारतीय इतिहास अनुसन्धान परिषद् से 2,00,000 रुपए।

भारतीय सामाजिक विज्ञान अनुसन्धान परिषद् से और 4,00,000 रुपए जवाहरलाल नेहरू विश्वविद्यालय, पूरी नहीं हुई।

और इस प्रकार हम अपने मित्रों से फिर से मुख़ातिब होने जा रहे हैं।

लेकिन इसे किया कैसे जाए

राज्यसभा के एक सवाल के जवाब में मानव संसाधन विकास मन्त्रालय ने तीन परियोजनाओं को मुख्य बताया था। उनमें से दो का क्या हाल हुआ, यह हमने देख लिया। लेकिन तीसरी परियोजना का क्या हुआ, जो कि लेखों से संबंधित थी? मैंने पूछा तो पता चला कि यह परियोजना भी उतनी ही महत्त्वाकांक्षी थी, जितनी कि अन्य दो परियोजनाएँ, और पूरी न होने की दृष्टि से भी यह दूसरी परियोजनाओं से समानता रखती थीं। इसके अलावा इससे संबंधित रिकार्ड लब्धप्रतिष्ठ इतिहासकारों की ठेकेदारी के तौर-तरीकों की भी एक झलक प्रस्तुत करता है।

उक्त परियोजना 1987 में शुरू की गई थी। इसके अन्तर्गत भारतीय अभिलेखों की सामाजिक-आर्थिक तथा प्रशासनिक शब्दावली का शब्दकोश तैयार किया जाना था। इस शब्दकोश को नौ खंडों में तैयार किया जाना था—पारिभाषिक शब्दावली का मूल तत्त्व यह है कि हमेशा बहुत से खंडों का प्रस्ताव रखो। यह परियोजना पंद्रह वर्ष में तैयार की जानी थी। एक और मूल तत्त्व यह है कि किसे पता है कि लगभग पंद्रह वर्ष बाद पड़ताल करने के लिए कौन-कौन रह जाएगा। परियोजना के लिए बीस लाख रुपए की राशि ली जानी थी। और तीसरा तत्त्व यह है कि सार्वजनिक धन की माँग करने में कंजूसी मत बरतो।

इस परियोजना के कार्यभारी कौन थे? हमारे इन अच्छे मित्रों में से एक थे श्री आर. एस. शर्मा जो कि वामपंथियों के मुख्य प्रकाश स्तंभ और भारतीय इतिहास अनुसन्धान परिषद् के पूर्व अध्यक्ष, जो बाद में बाबरी मस्जिद स्थल को हथियाने के प्रयास में सुन्नी वक्फ बोर्ड के प्रमुख सलाहकार बन गए थे। उन्होंने कृपापूर्वक प्रधान सम्पादक बनना स्वीकार कर लिया था। उनके अलावा के. एम. श्रीमाली जो कि हालिया विवादों में इस खेमे की ओर से सबसे ज्यादा ज़बानदराज़ थे, और के. वी. रमेश ने उतनी ही कृपालुता दिखाते हुए 'मुख्य सम्पादक' होने के लिए अपनी सहमति प्रदान कर दी थी। उसके अलावा परियोजना पर निगरानी रखने के लिए ग्यारह और लब्धप्रतिष्ठ इतिहासकारों के सलाहकार बोर्ड का गठन किया गया। यह तरीका बहुत अच्छा रहता है। इससे दोस्तों को सरकारी खर्चे पर एक-दूसरे से मिलने का मौका मिल जाता है और मुख्य संदिग्ध व्यक्तियों की ज़िम्मेदारी में भी हमेशा

बिखराव बना रहता है।

काम अभी शुरू ही नहीं हुआ था कि परियोजना के दायरे को बढ़ा दिया गया। अरबी-फारसी और उर्दू अभिलेखों को भी शामिल किया जाना तय हो गया। इस नए भाग में भी और आगे विस्तार किया गया। इस परियोजना के अन्तर्गत केवल अभिलेखों को ही नहीं, बल्कि इन भाषाओं में लिखित फरमानों और अन्य वैसे दस्तावेज़ों को भी शामिल किया जाना था। ऐसा करना भी हमेशा लाभदायक रहता है, हर चंद महीनों के बाद परियोजनाओं में विस्तार करते जाओ। नई मदें मूल प्रस्ताव के लिए निर्धारित समयावधि के भीतर काम पूरा न कर पाने के लिए स्पष्टीकरण का काम देने लगती हैं। और परियोजना के इस भाग को कौन अंजाम देने जा रहा था? वह जो सबसे ज्यादा लब्धप्रतिष्ठ था; रिकार्ड बताता है। अरबी, फारसी और उर्दू अभिलेखों को संकलित करने की ज़िम्मेदारी को भारतीय इतिहास अनुसन्धान परिषद् के अनुरोध पर प्रो. इरफ़ान हबीब ने स्वीकार कर लिया। कितनी बड़ी मेहरबानी की उन्होंने। प्रत्येक विद्वान् को 'अवैतनिक हैसियत' में काम करना था—लेकिन उन विशेष अर्थों में जिन अर्थों में ये सम्मान्य विद्वान् 'अवैतनिक' शब्द का प्रयोग करते हैं। 20 सितम्बर 1990 को हुई बैठक में परियोजना की सम्पादकीय समिति ने यह निर्णय लिया कि 'मुख्य सम्पादकों' में से प्रत्येक को हर चार महीने के लिए 5,000 रुपए का मानदेय अदा किया जाएगा। प्रधान सम्पादक को भी हर चार महीने के लिए 3,000 रुपए का मानदेय अदा किया जाएगा। कितना महत्त्वपूर्ण नियम था यह कि पैसा मत लो, मानदेय लो। समिति ने यह भी निर्णय लिया, "प्रो. श्रीमाली को यह इजाजत दी जाए कि यदि भारतीय इतिहास अनुसन्धान परिषद् एक वाजिब समय के भीतर कार्य से संबंधित पुस्तकों की आपूर्ति नहीं करता, तो वे उन्हें खरीद लें!" और यह एक ऐसी अवैतनिकता थी जिसका लोभ हर विद्वान् को रहता है।

1994 तक आते-आते एक समस्या खड़ी हो गई। यद्यपि धन का खर्चा हो रहा था लेकिन रिकार्ड में दिखाने के लिए कोई प्रगति नहीं हुई थी। तत्कालीन अध्यक्ष श्री रविन्दर कुमार ने (अत्यंत लब्धप्रतिष्ठ व्यक्ति, जो कि नेहरू संग्रहालय और पुस्तकालय आदि के प्रमुख थे) एक समिति की बैठक आयोजित की जिसे रिकार्ड में सलाहकार समिति का नाम दिया गया है। लेकिन समस्या का हल क्या निकला? समिति ने यह निर्णय लिया कि एक संशोधित प्रस्ताव तैयार किया जाए! अर्थात् बचाव का एक और निश्चित साधन ढूँढ़ा जाए! उस प्रस्ताव पर बहस करने, उसका मसौदा तैयार करने, दूसरा मसौदा तैयार करने, उसे प्रसारित करने और अन्तिम रूप देने में महीनों लगाए जा सकते हैं! फिर जल्द ही यह दलील दी जा सकती है कि संशोधित प्रस्ताव में कुछ ऐसे काम हैं, जिन्हें तभी पूरा किया जा सकता है जब बजट में बढ़ोतरी की जाए...

उससे भी बेहतर यह होगा कि 'संशोधित प्रस्ताव' की बजाए 'संशोधित

मसौदा प्रस्ताव' तैयार किया जाए। और यही किया गया। एक 'संशोधित मसौदा प्रस्ताव' तैयार किया गया और जैसा कि रिकार्ड से पता चलता है, उसे ''आवश्यक कार्रवाई और अनुमोदन के लिए अध्यक्ष (रवींद्रर कुमार) को प्रस्तुत कर दिया गया।''

और वह प्रस्ताव ऐसा डूबा कि उसका कहीं नामोनिशाँ ही नहीं मिला। 31 अगस्त और 1 सितम्बर, 1998 को हुई भारतीय इतिहास अनुसन्धान परिषद् की बैठक के लिए अध्यक्ष महोदय द्वारा तैयार किए गए समीक्षा नोट में यह उल्लेख किया गया है, ''और काम को संशोधित योजना के अनुसार आगे नहीं बढ़ाया गया।''

झगड़ा करना हमेशा फायदेमन्द रहता है, ख़ासतौर पर ऐसा झगड़ा जो सिद्धान्त, व्यक्तिगत प्रतिष्ठा, और आत्मसम्मान को लेकर किया जाए। और खुशी की बात यह कि ऐसा झगड़ा हो भी गया। अनुसन्धान परियोजना समिति की एक बैठक में किसी ने—शायद इरफ़ान हबीब ने, क्योंकि रिकार्ड से मुझे पता नहीं चल पा रहा—एक आपत्ति उठाई; ''एक ऐसी समिति को, जिसमें ऐसे सदस्यों की काफी बड़ी संख्या थी जिन्हें इस प्रकार के निर्णय से लाभ पहुँचने वाला था'', सम्पादकों आदि को किए जाने वाले भुगतानों के बारे में निर्णय नहीं लेना चाहिए था। इस पर बहस-मुबाहिसा ज़ोर पकड़ गया और लोगों के मिज़ाज गरमा गए। बैठक में यह निर्णय लिया गया कि प्रत्येक मुख्य सम्पादक को उस पुस्तक का कार्य पूरा करने पर, जिसके साथ वह सम्बद्ध रहा है 25,000 रुपए का मानदेय दिया जाएगा और साथ ही यह निर्णय भी लिया गया कि भविष्य के लिए यह एक निश्चित नीति रहेगी।

बैठक में यह उल्लेख किया गया कि यह निर्णय पूरी तरह से एक पूर्व उदाहरण के अनुरूप है। बैठक के कार्यवृत्त में यह उल्लेख किया गया कि ''समिति को इस निर्णय की प्रेरणा इस जानकारी से मिली की भारतीय इतिहास अनुसन्धान परिषद् की 'आज़ादी की ओर' नाम की परियोजना के अन्तर्गत प्रत्येक ग्रंथ के संपादक को उसके योगदान के लिए 25,000 रुपए की राशि अदा की जानी थी।'' कितना अकाट्य तर्क था यह! क्योंकि सम्पादकों को इतनी राशि एक ऐसी परियोजना के लिए अदा की जानी थी, जो किसी नतीजे पर नहीं पहुँच रही थी, इसलिए उतनी राशि एक और ऐसी परियोजना के लिए क्यों न अदा की जाए, जो भी किसी नतीजे पर नहीं पहुँच रही थी!

यह निर्णय लेने के बाद पैराग्राफ के अन्त में जोड़े गए एक अहानिकर वाक्य के जरिए कार्यवृत्त में चुपके से एक और अवसर की व्यवस्था कर दी गई। कार्यवृत्त में उल्लेख किया गया, ''प्रस्ताव है कि शब्दकोश परियोजना के हर खंड को पूरा करने के लिए दो या अधिक मुख्य संपादकों को सहयोजित किया जाए।'' नौ खंडों के लिए दो मुख्य संपादकों को सहयोजित करने का मामला हर खंड के लिए दो या

उससे अधिक मुख्य संपादकों को सहयोजित करने तक जा पहुँचा!

"जहाँ तक प्रमुख संपादक का प्रश्न है (जो अब तक प्रधान संपादक के रूप में जाना जाता था, उसकी अब 'प्रमुख संपादक' के रूप में पदोन्नति हो गई) उसे प्रत्येक खंड के पूरा होने पर 30,000 रुपए मिलने चाहिए।"

श्री आर. एस. शर्मा ने, जिन्हें अपनी प्रतिष्ठा उतनी सोहती है, जितना कि उनका वामपंथ, एक टंटा खड़ा कर दिया—और किसी परियोजना में कुछ वर्षों तक ऐसा करना हमेशा लाभदायक रहता है। तब लोग आपकी मिन्नत-समाजत करेंगे और जब बाद में कुछ भी काम न होने के बारे में कोई सवाल उठाए जाएँ तो आप हमेशा यह कह सकते हैं कि मैं तो परियोजना में से कोई भी कार्य नहीं लेना चाहता था। उन्होंने परिषद् को लिख भेजा, "अनुसन्धान परियोजना समिति की बैठक में शब्दकोश परियोजना के 'लाभभोगियों' की की गई कटु आलोचना के मद्देनज़र मैं प्रमुख संपादक नहीं बना रहना चाहूँगा। न तो मैंने किसी बैठक में और न ही बैठक के बाहर किसी 'वृत्ति/लाभ' की माँग की थी और न ही मैंने परियोजना के किसी कार्य को करने के लिए कोई पारिश्रमिक लिया। जहाँ तक मुझे याद है, मुख्य संपादकों में से भी किसी ने संपादकीय समिति की किसी भी बैठक में किसी लाभ या पारिश्रमिक की माँग नहीं की थी।"

तत्कालीन प्रधानमंत्री और एस. आर. बोम्मई ने, जो कि उस समय मानव संसाधन विकास मन्त्री थे, सुविख्यात कला इतिहासकार प्रो. एस. सत्तार को भारतीय इतिहास अनुसन्धान परिषद् का अध्यक्ष चुना। एक दृष्टि से बाहर का व्यक्ति होने के नाते परियोजनाओं की ऐसी दशा को देखकर वे व्याकुल हो उठे। उन्होंने श्री शर्मा, श्री श्रीमाली और श्री रमेश को मार्च 1997 में पत्र लिखकर उनके द्वारा किए गए काम के बारे में पूछा। महीनों बीत गए लेकिन वे किसी को भी काम को आगे बढ़ाने के लिए टस से मस नहीं कर पाए। ऐसी परिस्थिति में उन्होंने 29 सितंबर 1997 को श्री आर. एस. शर्मा और इरफ़ान हबीब की मीटिंग बुलाई। उन्हें श्री श्रीमाली और श्री रमेश से दोबारा सम्पर्क करने को कहा गया।

श्री रमेश ने अब अगले हथियार का इस्तेमाल किया! माँग में बढ़ोतरी करो। थोड़ी रकम दे चुकने के बाद मूर्ख लोग हमेशा ज्यादा रकम फेंकने के लिए तैयार हो जाते हैं। उन्होंने वापसी लिख कर भेजा कि वे तभी काम कर पाएँगे जब परिषद् उनके सहायतार्थ तीन और विद्वानों को नियुक्त करे (और वे इतने मददगार साबित हुए कि उन्होंने उन तीनों के नाम भी अपनी तरफ से बता दिए!) और साथ ही उन्हें एक कम्प्यूटर सहायक और किराए का स्थान भी मुहैया करे। अध्यक्ष ने श्री रमेश को जवाबी पत्र में लिखा कि उन्हें 45,000 रुपए पहले ही अदा किए जा चुके हैं और सात वर्ष का समय भी बीत चुका है। उन्होंने पत्र में यह भी पूछा कि उन्हें काम पूरा करने में और कितना समय लगेगा। श्री रमेश ने जवाब में सूचित किया कि

जो शर्तें उन्होंने रखी थीं, यदि वे पूरी कर दी जाएँ तो उन्हें एक वर्ष और लग सकता है।

हताश होकर श्री सत्तार ने श्री इरफ़ान हबीब और श्री शर्मा से इस मामले में मदद करने की 'अपील' की। अब एक और चाल चलने का मौका उनके हाथ लग गया था। मातहत लोगों ने रास्ता रोक लिया था और वे कह रहे थे कि आगे बढ़ने का केवल एक ही उपाय है और वह यह कि बड़े साहबों की मिन्नत-समाजत की जाए और उनका एहसान सिर पर लिया जाए। श्री शर्मा ने याद दिलाते हुए कहा कि उन्होंने 'लाभभोगियों' के झगड़े को लेकर पहले से ही खुद को परियोजना से अलग कर लिया था। लेकिन अन्ततः किसी न किसी तरह से श्री शर्मा और श्री इरफ़ान हबीब श्री सत्तार से मिले और एक और—अब तक आपने अंदाज़ा लगा ही लिया होगा—संशोधित परियोजना प्रस्तुत करने के लिए सहमत हो गए।

31 अगस्त और 1 सितम्बर 1998 को हुई भारतीय इतिहास अनुसन्धान परिषद् की बैठक में बताया गया, "प्रो. शर्मा ने संशोधित परियोजना का जो विस्तृत नोट प्रस्तुत करने का वादा किया था, वह अभी तक प्राप्त नहीं हुआ। प्रो. इरफ़ान हबीब ने भी 10 मार्च, 1998 को जो विस्तृत प्रस्ताव भेजने का वादा किया था, वह उन्होंने अभी तक नहीं भेजा।" क्योंकि परियोजना के बारे में और ज्यादा पूछताछ की जाने लगी थी, इसलिए श्री आर. एस. शर्मा ने अध्यक्ष को भेजे गए दिनांक 7 जुलाई 1998 के अपने पत्र द्वारा सूचित किया, "इस समय मैं और श्री श्रीमाली भारत का विस्तृत इतिहास खंड IV भाग 2.1 लिखने में बुरी तरह से व्यस्त हैं। मैं श्रीमाली से बात करके यह पता लगाऊँगा कि क्या वे इस वर्ष इस परियोजना के लिए समय निकाल सकते हैं, हालाँकि मुझे ऐसी आशा नहीं है। परियोजना को यथाशीघ्र पूरा करने के लिए रमेश, श्रीमाली और संपादक मंडल के अन्य सदस्यों की बैठक बुलाना लाभकर सिद्ध हो सकता है।" ज़रा श्री शर्मा के लहजे पर ध्यान दीजिए : एक ऐसे व्यक्ति की तरह पेश आना तो दूर जो इस प्रकार के हालात पैदा करने के लिए ज़्यादातर ज़िम्मेदार है, वे ऐसा दिखा रहे हैं कि मानो वे अध्यक्ष पर कोई अहसान कर रहे हैं, यह कहकर कि वे श्रीमाली से बात करके पता लगाएँगे कि क्या उन्हें (अध्यक्ष) मुश्किल से उबारने के लिए कुछ किया जा सकता है—हालाँकि उनके खुद के विचार में ऐसा सम्भव नहीं है।

इसका परिणाम क्या निकला? अब तक ग्यारह वर्ष बीत चुके हैं। तीन लाख और चौहत्तर हज़ार रुपए खर्च हो चुके हैं। लेकिन अभी तक कोई भी सामग्री प्रकाशित नहीं हुई। विशेष रूप से काम पर लगाए गए 'संकलनकर्ताओं' द्वारा हज़ारों 'कार्ड' संकलित किए जा चुके हैं—और ये 'कार्ड' श्री श्रीमाली और श्री रमेश की व्यक्तिगत अभिरक्षा में रहते हैं। और अध्यक्ष को यह सलाह दी जाती है कि परियोजना को आगे बढ़ाने के लिए उन्हीं व्यक्तियों की बैठक बुलानी होगी जिन्होंने

परियोजना को ऐसी दशा में ला खड़ा किया है, और उसके साथ यह चेतावनी दी जाती है कि उनमें से एक ने जो शर्तें रखी हैं, पहले उन्हें पूरा किया जाए। जहाँ तक दूसरे महानुभाव का सम्बन्ध है–जो कि टी.वी. स्टार हैं–वे एक दूसरी परियोजना में बुरी तरह से व्यस्त हैं! और यह मत भूलिए कि यदि भारतीय इतिहास अनुसन्धान परषिद् उनसे कोई जवाबतलबी करता है और यदि वह किसी और को परियोजना सौंपने के लिए कोई कदम उठाता है, तो वह ऐसा इसलिए कर रहा है, क्योंकि ये लब्धप्रतिष्ठ इतिहासकार 'धर्मनिरपेक्ष' हैं और परिषद् अब इतिहास का भगवाकरण करने पर तुला हुआ है।

सन्दर्भ

1. आर.सी. मजूमदार, हिस्ट्री ऑफ़ दि फ्रीडम मूवमेंट इन इण्डिया, 1962; दूसरा संशोधित संस्करण, फर्मा, के. एल. मुखोपाध्याय, कलकत्ता 1971

एक उपयुक्त भेंट

श्री वी. एन. गाडगिल ने अपने एक सवाल में मंत्री से यह बताने को कहा था कि "क्या कुछ सौ पांडुलिपियाँ या तो परिषद् की अभिरक्षा से गायब हैं या पूरी तरह से क्षतिग्रस्त हो चुकी हैं। यदि ऐसा है तो सरकार ने इस मामले में क्या किया है।" राज्यसभा को दिए गए लिखित जवाब में मन्त्रालय ने कहा, "भारतीय इतिहास अनुसन्धान परिषद् ने यह सूचित किया है कि कुछेक पांडुलिपियों के बारे में ऐसा जानने में आया है कि या तो वे गायब हैं–या किन्हीं विशेष कारणों से उन्हें प्रेस में नहीं भेजा गया है। परिषद् ने यह सूचित किया है कि उसने यह पता लगाने के लिए कार्रवाई शुरू कर दी है कि क्या कोई पांडुलिपि खो गई है अन्यथा चुर गई है।"

एक और वाहियात बात : ज़रा देखिए कि किस प्रकार जो पांडुलिपियाँ गायब थीं, उनका मामला उन पांडुलिपियों से जोड़ दिया गया है जो "किन्हीं विशेष कारणों से प्रेस को नहीं भेजी गईं।" और किस प्रकार जो पांडुलिपियाँ खो चुकी हैं, उनका मामला "अन्यथा चुर गईं" पांडुलिपियों से जोड़ दिया गया है।

इसलिए मैंने मन्त्रालय को लिखकर पूछा, "कितनी पांडुलिपियाँ 'कुछेक पांडुलिपियाँ' वाक्यांश के अन्तर्गत आती हैं?" दूसरा क्या उन पांडुलिपियों के लिए जो 'गुम' हो चुकी हैं, और उन पांडुलिपियों के लिए जो "कुछ विशेष कारणों से प्रेस में नहीं भेजी गई हैं" अलग-अलग से सूचना संकलित की जा सकती है? तीसरा, यह पता लगाने के लिए कि क्या कोई पांडुलिपि खो गई है या अन्यथा चुर गई है, भारतीय इतिहास अनुसन्धान परिषद् ने कब से कार्रवाई शुरू की है? इस तथाकथित कार्रवाई की ताज़ा स्थिति क्या है? विशेष रूप से, क्या यह सही है कि मध्यकालीन भारत के अत्यंत प्रतिष्ठित इतिहासकारों में से एक डॉ. पी. सरन द्वारा प्रस्तुत की गई पांडुलिपि 'गायब' है। क्या यह सही है कि यह पता लगाने के लिए जाँच की जा रही है कि क्या स्वयं भारतीय इतिहास अनुसन्धान परिषद् के एक स्टाफ सदस्य ने ही यह पांडुलिपि चुराकर अपने नाम से छपवा ली है?

24 जुलाई, 1998 को देर रात गए मन्त्रालय से मुझे एक नहीं, दो-दो पत्र प्राप्त हुए। एक में यह कहा गया था कि इस सम्बन्ध में ब्यौरे एकत्रित किए जा

रहे हैं। उसी तारीख के एक दूसरे पत्र में कहा गया था, ''जहाँ तक गायब पांडुलिपियों का सम्बन्ध है, परिषद् ने बताया है कि उनकी जानकारी के अनुसार कोई पांडुलिपि गायब नहीं है।'' स्वाभाविक रूप से मुझे मन्त्रालय का ध्यान इस ओर आकर्षित करना पड़ा कि यह जवाब, श्री गाडगिल के सवाल के जवाब में जो कुछ कहा गया था, उससे अलग है।

लेकिन जिस विशिष्ट पांडुलिपि के बारे में, जो डॉ. परमात्मा सरन द्वारा प्रस्तुत की गई थी, मैंने मन्त्रालय का ध्यान आकर्षित किया था उसके जवाब में मन्त्रालय ने जो कुछ कहा था वह और भी अजीब था। पत्र के साथ लगे नोट में कहा गया था, ''परिषद् से इस बारे में ब्यौरे प्रस्तुत करने के लिए कहा गया है।'' उसी तारीख के दूसरे पत्र के साथ लगे नोट में कहा गया था, ''जहाँ तक डॉ. परमात्मा सरन की पांडुलिपि 'तारीखे अकबरी' (अंग्रेज़ी अनुवाद) का प्रश्न है वह परिषद में प्राप्त हुई प्रतीत नहीं होती। फिर भी अभिलेखागार में इसे ढूँढ़ने के लिए व्यापक खोज की जा रही है।''

मैंने मन्त्रालय को बताया कि उनका यह कथन अजीब-सा है। इस कथन का उस सूचना से कैसे तालमेल बैठाया जा सकता है जिसके अनुसार परिषद् की 1976-77 की वार्षिक रिपोर्ट के पृष्ठ 10 और 11 पर ''डॉ. परमात्मा सरन द्वारा आरिफ कंधारी के ग्रन्थ तारीख़े अकबरी के अंग्रेज़ी अनुवाद'' को उन ग्रन्थों में सूचीबद्ध किया गया था जो ''पहले से पूरे हो चुके हैं और परिषद् में प्राप्त हो चुके हैं।'' अब जो यह कहा जा रहा है कि ''पांडुलिपि परिषद् में प्राप्त हुई प्रतीत नहीं होती,'' उसका तालमेल उस सूचना से कैसे बैठाया जा सकता है, जिसके अन्तर्गत परिषद् की वर्ष 1997-98 की वार्षिक रिपोर्ट के पृष्ठ 9 पर यह दर्शाया गया था कि ''आरिफ कंधारी का तारीख़े अकबरी (अंग्रेज़ी अनुवाद डॉ. परमात्मा सरन) परिषद् में प्राप्त हो चुका है।''

अन्ततः भारतीय इतिहास अनुसन्धान परिषद् ने एक ऐसा कदम उठाया जो सत्य के ज्यादा नज़दीक था। परिषद् ने अपने जवाब में लिखा : हाँ वार्षिक रिपोर्टें इस बात की पुष्टि करती हैं कि डॉ. सरन द्वारा तैयार की गई पांडुलिपि वस्तुतः परिषद् में प्राप्त हुई थी। अब तक मुझे एक महत्त्वपूर्ण जानकारी मिल चुकी थी। डॉ. सरन का देहांत हो चुका था। उनके दामाद ने 1995 में परिषद् को पत्र भेजकर इस ओर ध्यान दिलाया था कि स्वयं परिषद् की वार्षिक रिपोर्टों में यह कहा गया था कि पांडुलिपि भारतीय इतिहास अनुसन्धान परिषद् में प्राप्त हो चुकी है। उसके बाद डॉ. सरन के दामाद ने यह लिखा था, ''जैसा कि हमें मालूम हुआ है, मेरे श्वसुर की यह कृति आगे चलकर भारतीय इतिहास अनुसन्धान परिषद् द्वारा प्रकाशित की जानी थी। हमें नहीं मालूम कि परिषद् ने वस्तुतः उसे प्रकाशित किया है या नहीं, यद्यपि अनुवाद कार्य पूरा हुए लगभग 20 वर्ष बीत चुके हैं। लेकिन हमें इस किस्म

की ख़बरें सुनकर क्षोभ हुआ है कि न केवल किसी और ने उनके द्वारा किए गए अनुवाद को अपने नाम से प्रकाशित करा लिया है, बल्कि यह कार्य स्वयं भारतीय इतिहास अनुसन्धान परिषद् के स्टाफ के एक सदस्य ने ही किया है...''

अब भारतीय इतिहास अनुसन्धान परिषद् ने स्वीकार किया कि 1995 में इस मामले की जाँच की गई थी। प्रकाशन अनुभाग, सहायता अनुदान अनुभाग और मध्यकालीन यूनिट के प्रमुखों से पूछा गया था कि इस पांडुलिपि का क्या हुआ। सहायता अनुदान अनुभाग ने इस बात की पुष्टि की कि पांडुलिपि प्राप्त हुई थी। प्रकाशन अनुभाग ने यह कहा था कि उन्हें पांडुलिपि भेजी ही नहीं गई। उसके बाद वह अनुभाग बाकी रह गया था जिस पर एक दृष्टि से परियोजना की निगरानी करने की ज़िम्मेदारी थी और वह अनुभाग था मध्यकालीन यूनिट। इस यूनिट के उपनिदेशक ने कहा कि पांडुलिपि उसके यूनिट में नहीं मिल पा रही। इस जवाब से असंतुष्ट तत्कालीन निदेशक ने एक बार फिर मध्यकालीन यूनिट के उपनिदेशक से आग्रह किया कि वह, ''पांडुलिपि को खोज निकालने की भरपूर कोशिश करे।''

लेकिन मित्रगण ने, जो कि सभी ''पारस्परिक सह-अपराधिता के जटिल जाल'' में उलझे हुए थे, बीच-बचाव किया और जाँच को बन्द करवा दिया।

ज़रा अंदाज़ा लगाइए कि किसने ''आरिफ कंधारी के ग्रन्थ 'तारीख़े अकबरी' के टीकासहित अंग्रेज़ी अनुवाद'' पर राजस्थान विश्वविद्यालय से पी-एच. डी. की उपाधि प्राप्त की। अंदाज़ा लगाइए कि किसने इस पुस्तक को अपने नाम से छापा है। भारतीय इतिहास अनुसन्धान परिषद् के मध्यकालीन यूनिट के उसी उपनिदेशक—तसनीम अहमद ने।

मामले की पैरवी किए जाने के कारण भारतीय इतिहास अनुसन्धान परिषद् के अध्यक्ष ने श्री सरन की पांडुलिपि की सब जगह खोज करवाई और अंदाज़ा लगाइए उसके बाद क्या हुआ। चोरी करने वाले ने यह सोचा था कि उसने इस ढंग से अपराध किया है कि उसका पता नहीं लगाया जा सकेगा। उसने डॉ. सरन की पांडुलिपि को नष्ट कर दिया था। लेकिन भारतीय इतिहास अनुसंधान परिषद् के सम्प्रति अध्यक्ष द्वारा कराई गई व्यापक खोज के परिणामस्वरूप एक और फाइल में पांडुलिपि के साठ पृष्ठ मिल गए जिस पर स्वर्गीय डॉ. सरन ने अपने हाथों से कुछ संशोधन किए थे। और सबसे ज्यादा हैरानी की बात तो यह हुई कि बीस वर्ष पहले लिखी गई पांडुलिपि असल में शब्दशः प्रस्तावना रूप में तसनीम अहमद द्वारा अपने नाम से प्रकाशित पुस्तक में समाविष्ट कर ली गई थी!

इसलिए दोनों पुस्तकों के बीच मिलान करने और ऐसी संभावनाओं का पता लगाने के लिए कि क्या इस प्रकार का चमत्कार परिषद् के उपनिदेशक श्री तसनीम अहमद द्वारा डॉ. सरन की पुस्तक को चुराने के बगैर हो सकता था, एक नई समिति का गठन किया गया!

एक-दूसरे की सिफारिश करने में कितने घिनावने काम करते रहे हैं ये सब लोग—संरक्षक भी, और उनके मातहत भी।

पुस्तक की प्रस्तावना में पहले आरिफ कंधारी के ग्रन्थ 'तारीखे़ अकबरी' के महत्त्व को स्पष्ट किया गया है। प्रतिष्ठित इतिहासकार का कहना है कि अबुल फज़ल के 'अकबरनामा' से हमें जो कुछ जानने को मिलता है, इस ग्रन्थ में उसकी पुष्टि हुई है। साथ ही इसमें ऐसी सूचना भी दी गई है, जो हमारे पास पहले नहीं थी। इसके बाद इतिहासकार ने उन सब कार्यों का ब्यौरा दिया है जो विद्वानों द्वारा कंधारी के इतिहास के बारे में पहले किए जा चुके हैं। "तारीखे़ अकबरी का अत्यन्त उत्कृष्ट सम्पादन तथा भाष्य मुइनुद्दीन नदवी, अज़हर अली देहलवी तथा इम्तियाज़ अली अर्शी द्वारा किया जा चुका है।" और आगे उल्लेख किया गया है सामयिक ज़रूरत का। "अब इस पूरे ग्रन्थ (तारीखे़ अकबरी) के अंग्रेजी अनुवाद की ज़रूरत थी।" (इस बात का कोई उल्लेख नहीं किया गया कि इस कृति का स्वयं भारतीय इतिहास अनुसन्धान परिषद् के तत्त्वावधान में डॉ. सरन द्वारा पहले ही अनुवाद किया जा चुका है।) इसके बाद प्रतिष्ठित इतिहासकार महाशय यह घोषणा करते हैं कि अब इस ज़बरदस्त ज़रूरत की पूर्ति हो गई है। "इस कार्य को अत्यन्त कुशलतापूर्वक डॉ. तनसीम अहमद द्वारा अंजाम दिया गया है। ऐसा करते समय यथार्थ परिशुद्धता का ध्यान रखा गया है और इस पुस्तक में उपलब्ध सूचना का, अन्य स्रोतों से उपलब्ध सूचना से मिलान करके आलोचनात्मक मूल्यांकन भी किया गया है।"

इतना ही नहीं। यह सबसे ज़्यादा प्रतिष्ठित इतिहासकार महोदय लिखते हैं :

"डॉ. तसनीम अहमद का अनुवाद अकबर की 450वीं वर्षगाँठ के उपलक्ष्य में आयोजित राष्ट्रीय समारोह में एक उल्लेखनीय योगदान है। मुझे विश्वास है कि जिन लोगों को एक मिलीजुली संस्कृति और एकता के निर्माण की लम्बी प्रक्रिया की फिक्र है, जिन दोनों तत्त्वों की बदौलत भारत अपने वर्तमान स्वरूप को प्राप्त कर पाया है, उनके बीच इस पुस्तक के कारण अकबर के युग में एक व्यापक रुचि बढ़ेगी।"

इस प्रकार केवल इतिहास की ही नहीं, बल्कि धर्मनिरपेक्षता और मिलीजुली संस्कृति पर आधारित एकता की आवश्यकताओं की भी पूर्ति हो गई। इस प्रस्तावना को लिखने वाले महानुभाव कौन थे? स्वयं इरफ़ान हबीब जो अन्य बातों के साथ-साथ भारतीय इतिहास अनुसन्धान परिषद् के दो बार अध्यक्ष और पाँच बार सदस्य भी रह चुके थे। और उनके द्वारा किए गए भारत के वर्णन को भी नज़रअंदाज मत कीजिए। भारत की पहचान केवल मिली-जुली संस्कृति और एकता से है, जिसके निर्माण में भारत को एक लम्बी प्रक्रिया में से गुज़रना पड़ा है। और यह एकता भी और कुछ नहीं, केवल उसी मिलीजुली संस्कृति की ही अभिव्यक्ति है और

पूर्णतः उसी पर निर्भर है। यह संस्कृति इतनी अधिक मिलीजुली है।

इस साधुवाद के बदले, अलबत्ता, उनका भी विधिवत् साधुवाद किया गया। तसनीम अहमद ने लिखा, "सबसे पहले मैं प्रो. इरफ़ान हबीब के प्रति गहरा कृतज्ञता भाव तथा व्यक्तिगत आदर तथा सम्मान प्रकट करता हूँ, जिन्होंने इस कार्य की हर अवस्था पर मुझे प्रोत्साहन तथा मार्गदर्शन प्रदान किया। अपनी अत्यावश्यक व्यस्तताओं तथा मुख्य कार्य के बाबजूद उन्होंने उदारतापूर्वक, इस कार्य के दौरान पैदा होने वाली, मेरी हर जटिल समस्या को जाँचने-परखने के लिए अपना मूल्यवान समय निकाला।"

इन लब्धप्रतिष्ठ इतिहासकारों में से एक और विद्वान् के प्रति भी लेखक महोदय अपने ऋण को नहीं भूले; तसनीम अहमद ने लिखा, "अपने श्रद्धेय गुरु प्रो. सतीश चंद्रा के प्रति मैं अत्यन्त ऋणी हूँ। उन्होंने अत्यधिक परिश्रम के साथ मेरी पुस्तक को पढ़ा और उसमें सुधार किए और उनके सुविचारित सुझावों से मैं अत्यन्त लाभान्वित हुआ हूँ।"

'कार्य के दौरान पैदा होने वाली हर समस्या की जाँच-परख'? 'पुस्तक को पढ़ने और उसमें सुधार करने में किया गया अत्यधिक परिश्रम'? दिए गए 'सुविचारित सुझाव' जिनकी वजह से लेखक महोदय 'अत्यन्त लाभान्वित' हुए? यह तो तब है जब कि पूरी की पूरी पांडुलिपि शब्दशः डॉ. परमात्मा सरन की पुस्तक में से नकल की गई!

कोई मातहत अपने संरक्षकों के समक्ष इस प्रकार नतजानु हो जाए, यह तो उस मिलीजुली संस्कृति का हिस्सा नहीं है। यह तो साफतौर पर बुद्धिमानी है। 'हर अवस्था पर मार्गदर्शन' 'सुधार' और 'सुझावों' के लिए अपने संरक्षकों का धन्यवाद करके मातहत यह सुनिश्चित कर रहा है कि उन्हें भी अपराध में शामिल कर लिया जाए, ताकि यदि किसी और कारण से नहीं तो खुद को बचाने के लिए ही सही, वे उसे भी बचा लें।

चोरी की गई सामग्री से तैयार की गई इस पुस्तक को उपयुक्त रूप से समर्पित भी किया गया : तसनीम अहमद के शब्दों में "मेरे श्रद्धेय उस्ताद प्रो. एस. नूरुल हसन की स्मृति को सादर समर्पित"—जो कि एक ऐसे 'विद्वान्' थे जो अपनी अलिखित कृतियों के लिए प्रसिद्ध थे, जो एक ऐसे सर्वकर्मकर थे, जिन्होंने शुरू-शुरू में प्रगतिशीलों द्वारा शैक्षिक संस्थाओं पर कब्जा जमाए जाने की प्रक्रिया में समन्वय कार्य किया था। जब किसी ऐसे व्यक्ति को कोई चीज़ समर्पित की जानी हो, तो कितना उपयुक्त होता है भक्त द्वारा एक चुराई हुई पांडुलिपि का समर्पण करना!

अब हमें इस बारे में जानने को क्या मिला?

31 अगस्त और 1 सितम्बर, 1998 को हुई परिषद् की बैठक के लिए तैयार किए गए नोट की शुरुआत इस प्रकार होती है, "कुछ समय से परिषद् के एक

कर्मचारी पर यह आरोप लगाया जा रहा है कि भारतीय इतिहास अनुसन्धान परिषद् की योजना के अन्तर्गत प्रो. परमात्मा सरन द्वारा अनूदित ग्रन्थ 'तारीख़े अकबरी' (स्वयं भारतीय इतिहास अनुसन्धान परिषद् के) मध्यकालीन यूनिट के उपनिदेशक द्वारा चुरा लिया गया था।" नोट में आगे कहा गया था कि इस आरोप के दोहराए जाते रहने, और अब संसद सदस्यों द्वारा सवाल उठाए जाने के कारण, अध्यक्ष महोदय ने मामले की तह तक पहुँचने के लिए 8 अगस्त, 1998 को तथ्यान्वेषी समिति का गठन किया।

इस समिति में मध्यकालीन भारत के विद्वान् इतिहासकार प्रो. के. एल. लाल, जवाहरलाल नेहरू विश्वविद्यालय के प्रो. हरबंस मुखिया और भारतीय इतिहास अनुसन्धान परिषद् के पूर्व निदेशक डॉ. टी. आर. सरीन शामिल थे। अन्य बातों के साथ-साथ यह भी पता लगाने को कहा गया था कि क्या डॉ. परमात्मा सरन की पांडुलिपि परिषद् में पाप्त हुई थी। (आपको याद होगा कि मुझे भेजे गए एक पत्र में मानव संसाधन विकास मन्त्रालय ने यह कहा था कि पांडुलिपि परिषद् में प्राप्त हुई प्रतीत नहीं होती) और साथ ही यह जाँच करने के लिए भी कहा गया था कि क्या "परिषद् के भीतर या उसके बाहर किसी व्यक्ति ने उस पांडुलिपि से किसी भी प्रकार की कोई चोरी की है।" परिषद् की अलमारियों में से पांडुलिपि के जो 62 पृष्ठ ढूँढ़ निकाले गए थे, उन्हें समिति को सौंप दिया गया था। संबंधित प्रश्नों पर समिति के जाँच-परिणाम नीचे दिए गए हैं :

"1. भारतीय इतिहास अनुसन्धान परिषद् की वर्ष 1976-77 की प्रकाशित वार्षिक रिपोर्ट (पृ. 11) के अनुसार यह स्पष्ट है कि प्रो. परमात्मा सरन द्वारा किया गया 'तारीख़े अकबरी' का अंग्रेजी अनुवाद परिषद् में प्राप्त हुआ था। इस बात की पुष्टि परिषद् की सहायता अनुदान यूनिट द्वारा प्रस्तुत की गई दिनांक 24.8.1995 की रिपोर्ट से भी हो जाती है। तब पांडुलिपि को ढूँढ़ने के लिए एक प्राथमिक जाँच भी की गई थी। हकीकत यह है कि विद्वान् इतिहासकार को पारिश्रमिक का पूरा भुगतान कर दिया गया था। (जो कि सामान्यतः तभी किया जाता है जब पूरी पांडुलिपि प्राप्त हो जाती है) और प्रो. पी. सरन को दूसरी परियोजना, पहली परियोजना के पूरा होने के बाद ही दी गई थी। यह दूसरी परियोजना मिरातुल इसतलाब के अनुवाद से संबंधित थी, जिसका कार्य प्रो. पी. सरन को फ़रवरी 1978 में सौंपा गया। इससे भी परोक्ष रूप से 'तारीख़े अकबरी' की पहले की पांडुलिपि प्राप्त होने की पुष्टि हो जाती है। इस प्रमाण के आधार पर समिति को इस बात का विश्वास हो गया है कि परिषद् में 'तारीख़े अकबरी' की पांडुलिपि प्राप्त होने के बारे में संदेह करने का कोई कारण नहीं रह जाता।

2. समिति को प्रो. पी. सरन द्वारा किए गए 'तारीख़े अकबरी' के अनुवाद के टाइप किए हुए करीब साठ पृष्ठ दिए गए थे। ये पृष्ठ प्रो. पी. सरन को सौंपे

गए अनुवाद कार्य से संबंधित फाइल में मिले थे। इन पृष्ठों का भारतीय ऐतिहासिक अनुसंधान परिषद् के एक सदस्य श्री तसनीम अहमद द्वारा प्रकाशित अनुवाद से मिलान किया गया और समिति ने प्रो. पी. सरन के अनुवाद और श्री अहमद की पुस्तक के बीच अत्यधिक समानता पाई। समिति ने यह महसूस किया कि यह समानता सांयोगिक नहीं हो सकती और चोरी की संभावना से इन्कार नहीं किया जा सकता।''

कितनी उपयुक्त भेंट थी यह अकबर की 450वीं वर्षगाँठ के उपलक्ष्य में उस ''मिलीजुली संस्कृति और एकता को, जिन दोनों तत्त्वों की बदौलत भारत अपने वर्तमान स्वरूप को प्राप्त कर पाया,''—एक चोरी की हुई पुस्तक!

उपसंहार : भारतीय इतिहास अनुसन्धान परिषद् में, अपने कार्यालय में श्री तसनीम अहमद ने एक फोटो लगा रखी है, जिसमें वे यह पुस्तक भारत के तत्कालीन राष्ट्रपति डॉ. शंकरदयाल शर्मा को भेंट करते दिखाई देते हैं! क्या खूब सधे हाथों का कमाल है यह!

जब खुद पर आ बने तो शोर मचाओ : यह 'क्षुद्र', 'व्यक्तिगत' और 'असभ्य' है

जून के अन्त और जुलाई 1998 के शुरू तक आते-आते इन लब्धप्रतिष्ठ इतिहासकारों द्वारा खड़ा किया गया 'तार्किक' बनाम 'राष्ट्रीय' का बनावटी विवाद काफी ज़ोर पकड़ चुका था। एक के बाद एक समाचारपत्र में इस मामले के बारे में लिखा जा रहा था। संसद में भी यह मामला उठाया गया। मनोज रघुवंशी ने जो 'ज़ी' टी. वी. पर 'आपकी अदालत आपका फैसला' कार्यक्रम का संचालन करते हैं, इन लब्धप्रतिष्ठत इतिहासकारों में से एक, श्री के. एम. श्रीमाली को और मुझे उक्त कार्यक्रम में इस मामले पर चर्चा करने के लिए आमंत्रित किया।

काफ़ी सच्ची भावना के साथ श्री श्रीमाली ने कहा कि उन्हें इस बात का पूरा अंदेशा है, कि जिस किस्म के व्यक्तियों के हाथों में भारतीय इतिहास अनुसन्धान परिषद् की बागडोर सौंपी जा रही है, वे ऐसे लोग हैं जो इतिहास को तोड़-मरोड़ रहे हैं और तथ्यों को दबा रहे हैं। मनोज रघुवंशी ने पूछा, "उदाहरण के लिए?"

प्राचीन भारत में गोमांस खाया जाता था, लेकिन ये लोग इस तथ्य को दबा देते हैं।

मुझे यह अभियोग कभी समझ में नहीं आया। मान लीजिए कि आज से 5000 वर्ष पहले गोमांस खाया जाता था। लेकिन कोई इस तथ्य को दबाना क्यों चाहेगा? और यदि तब गोमांस खाया जाता था तो भी उससे इस सच्चाई में कौन-सी कमी आ जाती है कि आज हिन्दू 'गाय के प्रति श्रद्धा भाव रखते हैं'। विश्व-भर में कई आदिम जातियाँ नरभक्षी थीं। लेकिन आज वे नरभक्षी नहीं हैं। अगर वे आज एक-दूसरे का भक्षण नहीं करतीं तो क्या उससे सच्चाई में कोई कमी आ जाती है?

रीति-रिवाज़ बदलते हैं, विश्वास बदलते हैं और धर्म-विधियाँ बदलती हैं। लोकनीति के लिए प्रचलित विश्वास को ही ध्यान में रखा जाता है। पैगम्बर साहब ने पहले अपने अनुयायियों को जिस किबला की तरफ़ मुँह करके सजदा करने को कहा था वह जेरुसलेम था, न कि मक्का में स्थित काबा। क्या उसका यह अर्थ है कि अब मुसलमानों के दिल में जो श्रद्धा काबा के प्रति है, वह दिखावटी है? या

फिर मामले पर दूसरी तरह से विचार करके देखिए। हज से जुड़ा हुआ हर अनुष्ठान इस्लाम-पूर्व के काफ़िर युग से चला आ रहा है। क्या उससे उन अनुष्ठानों के महत्त्व में कोई कमी आ जाती है? लोकनीति का मुद्दा यह है कि हज़ारों वर्षों से हिन्दुओं का गाय के प्रति श्रद्धाभाव रहा है। कुरआन में अल्लाह ने कुछ आयतों में मुसलमानों को अपनी शान में पशुबलि देने को तो कहा है लेकिन उसने उन्हें गौओं की बलि देने के लिए नहीं कहा है। भारत में उलमा ने कोई ऐसी हदीस ढूँढ़ने की सिरतोड़ कोशिक की, जिसमें पैगम्बर साहब ने मुसलमानों से गौओं की बलि चढ़ाने को कहा हो, लेकिन उसका कोई नतीजा नहीं निकला। इसलिए दोनों समुदायों के विश्वासों के सद्भावपूर्ण अर्थ लगाने में ज़रा-सी भी कठिनाई पेश नहीं आती। मुसलमान गाय को छोड़कर दूसरे पशुओं की बलि चढ़ाकर अल्लाह के आदेश का पालन कर सकते हैं, लेकिन समस्या तब खड़ी होती है जब मौलाना अहमद रज़ा ख़ान और अली मियाँ आदि जैसे 'मुस्लिम धर्माचार्य' गाय की ही बलि चढ़ाने पर ज़ोर देते हैं। क्योंकि हिन्दू गाय पर श्रद्धा रखते हैं, इसलिए भारत में गोहत्या करना मुसलमानों का धार्मिक कर्तव्य है। लेकिन अब हम टी. वी. कार्यक्रम की ओर लौटते हैं।

—और इसका प्रमाण क्या है? रघुवंशी ने पूछा।

श्रीमाली जी ने गर्व से कहा : इस बारे में सैकड़ों लिखित प्रमाण मौजूद हैं।

किस वेद में, किस ग्रन्थ में, किस ग्रन्थ के किस श्लोक में यह लिखा है? रघुवंशी ने पूछा।

इस पर श्रीमाली जी बोले : मैं पुस्तकें तो नहीं लाया हूँ लेकिन हर कहीं यह प्रमाण मिल जाता है।

लेकिन आप कोई एक ग्रन्थ, कोई एक श्लोक ही बता दीजिए, रघुवंशी ने दोबारा पूछा।

किसी एक श्लोक या किसी एक उद्धरण की तो बात ही क्या, श्री श्रीमाली किसी एक ग्रन्थ तक का भी नाम नहीं बता पाए।

इस बीच श्रोताओं में से कोई बीच में बोला : ये चारों वेद हैं। और उसने ग्रन्थ पेश करते हुए कहा : आपने जो कुछ कहा, उसकी पुष्टि में आप कोई एक उद्धरण पढ़कर हमें सुनाइए। श्री रघुवंशी उस सज्जन से ग्रन्थ लेकर उन्हें श्रीमाली के पास ले गए। श्रीमाली जी ने उन्हें देखने तक से इन्कार कर दिया। बल्कि वे ठिठक गए।

इसके बाद श्री रघुवंशी ने अपनी मेज़ पर जा कर वेदों में एक के बाद एक ऐसे उद्धरणों को पढ़ना शुरू किया जिनमें गोमांस न खाने के लिए सख़्त-से-सख़्त आदेश दिए गए थे।

मेरे अनुरोध पर उन्होंने स्वयं श्री श्रीमाली को वे श्लोक पढ़ने को कहा।

श्री श्रीमाली ने उन्हें पढ़ने से इन्कार कर दिया। बल्कि उसके बाद वे और

भी आक्रामक हो गए। उन्होंने कहा—अगर मुझे कोई ऐसा ग्रन्थ याद नहीं है या मैं कोई श्लोक उद्धृत नहीं कर पाया तो उससे क्या होता है। इस पर रघुवंशी जी ने कहा—लेकिन आप तो प्राचीन भारतीय इतिहास के विशेषज्ञ हैं। इस पर श्री श्रीमाली जी ने जवाब दिया—मुझे कोई श्लोक याद न होने का मेरे विशेषज्ञ होने से क्या संबंध है?

श्री श्रीमाली अपनी बात पर अटल रहते हुए बोले : यदि आप बीसियों श्लोक भी ऐसे उद्धृत करें जिनमें गोमांस खाने की मुख़ालफत की गई हो तो भी उससे यह साबित नहीं होगा कि गोमांस नहीं खाया जाता था। इस पर श्री रघुवंशी ने पूछा—जब वेदों में यह कहा गया है कि गाय की हत्या न की जाए, तो आप यह कैसे कह सकते हैं कि गोमांस खाना मना नहीं था? इस पर श्री श्रीमाली ने एक नया पैंतरा अपनाया। बोले—गोमांस खाना मना था, इसका यह अर्थ नहीं कि वह खाया नहीं जाता था। निश्चित रूप से यह बात मानदंड की की जा रही थी, उसके बारे में की जा रही थी जो अपेक्षित था, जिसके बारे में आदेश दिया गया था। माना कि हमारी दंड-संहिता हत्या करने की इजाज़त नहीं देती, लेकिन इसका यह मतलब नहीं कि हत्याएँ होती नहीं हैं, लेकिन कुछ आदमी दंड संहिता में की गई व्यवस्था के बावजूद हत्याएँ करते हैं, तो उसका यह अर्थ नहीं कि हत्याओं को एक उद्योग के रूप में अनुमति प्राप्त है।

श्री श्रीमाली बोले—मैंने यह नहीं कहा था कि वेदों में ऐसा लिखा है। मैंने कहा था, वैदिक साहित्य में ऐसा लिखा मिलता है।

इस पर श्री रघुवंशी बोले—ठीक है, आप 'वैदिक साहित्य' में से ही किसी एक पुस्तक का नाम बताइए, जिससे आपके कथन की पुष्टि होती हो। श्री श्रीमाली ने किसी पुस्तक का नाम नहीं बताया।

बहस जारी रही। श्री रघुवंशी और श्रोतागण कोई एक उद्धरण, किसी एक पुस्तक का नाम बताने को कहते रहे और श्री श्रीमाली बताने से इन्कार करते रहे, या सही शब्द का इस्तेमाल किया जाए, तो कहना होगा कि वे किसी एक पुस्तक या किसी एक उद्धरण का उल्लेख नहीं कर पाए।

यह कार्यक्रम जुलाई के तीसरे सप्ताह में प्रसारित किया गया था। साफ़ ज़ाहिर था कि श्री श्रीमाली अपना प्रभाव अच्छा नहीं छोड़ पाए थे। इसलिए उन्होंने अखबारों में कार्यक्रम की आलोचनाएँ लिखनी आरंभ कर दीं, या बल्कि एक ही आलोचना अलग-अलग अख़बारों में लिखनी आरंभ कर दी।[1]

उन्होंने आरोप लगाया, "कार्यक्रम का सम्पादन बेहूदा किस्म का था। श्री रघुवंशी अभियोक्ता और न्यायाधीश दोनों की भूमिका निभा रहे थे।"

उन्होंने लिखा, "गोमांसं खाने के सवाल को लेकर मुझ पर किए गए अत्यन्त व्यक्तिगत और कुछ सीमा तक असभ्य प्रहार की मैं परवाह नहीं करता।" व्यक्तिगत

प्रहार? असभ्य प्रहार? हर व्यक्ति शिष्ट ढंग से पेश आ रहा था। जो कुछ श्रोताओं ने पूछा, केवल एक बार बीच में बोलकर मैंने जो कुछ पूछा, श्री रघुवंशी ने एक दर्जन बार जो कुछ पूछा वह केवल इतना ही था कि श्री श्रीमाली किसी एक पुस्तक का नाम बता दें और उस एक पुस्तक में कोई एक उद्धरण बता दें, जो उनके कथन की पुष्टि कर सके। इस प्रकार के अनुरोध 'अत्यन्त व्यक्तिगत प्रहार' कैसे हो गए? किसी प्रमाण की माँग करना 'असभ्य प्रहार' कैसे हो गया?

सार की बात तो अलग, ये लोग जिस तरह से तुनक जाते हैं, ज़रा उस पर ग़ौर कीजिए। वे मिथ्यावाद फैलाते हैं, वे गाली-गलौज करते हैं, वे भर्त्सना करते हैं, वे थूक कर भाग खड़े होते हैं, लेकिन जो कुछ वे कह रहे हैं, यदि आप उसके लिए उनसे कोई प्रमाण माँगते हैं तो उन्हें ज़बरदस्त खीज हो उठती है। वे चिल्लाने लगते हैं, मुझ पर व्यक्तिगत, असभ्य प्रहार किया गया।

अब श्री श्रीमाली ने लिखा कि उनके द्वारा कोई एक उद्धरण या किसी एक पुस्तक का नाम न बता पाने का उस बात से कोई संबंध नहीं था, जो वे सामने लाना चाह रहे थे। 'दि हिन्दू' में उन्होंने लिखा :

''केवल इसलिए कि मैं किसी श्लोक का पाठ नहीं कर पाया, उसके आधार पर लोगों तक यह बात पहुँचाने की कोशिश की गई थी कि प्रचीन भारत में गोमांस खाए जाने की बात सही नहीं थी। छांदोग्य उपनिषद् में से मुझे एक श्लोक याद था, जो कि मैं बोलना चाहता था। उस श्लोक में मंत्रोच्चारण करते ब्राह्मणों की तुलना ऐसे बहुत-से कुत्तों से की गई है, जो एक दायरा बनाकर एक-दूसरे की पूँछ पकड़े आपस में खेलते रहते हैं। मुझे विश्वास है कि यदि मैंने वह श्लोक बोल दिया होता, तो वह लोगों तक न पहुँच पाता।''

संक्षेप में, कही गई बात के लिए प्रस्तुत किए गए प्रमाण से, कोई भी नई बात सामने नहीं आई। क्योंकि वह बात एक ऐसे लब्धप्रतिष्ठ विद्वान् द्वारा कही गई थी, इसलिए वह अपने आप में तथ्य थी। बहरहाल उस विद्वान् ने यदि उस तथ्य के बारे में कोई प्रमाण प्रस्तुत कर भी दिया होता तो भी उसे हटा दिया गया होता, क्योंकि जो लोग उससे अपनी कही गई बात का प्रमाण प्रस्तुत करने को कह रहे थे, वे पक्षपाती और तरफ़दारी करने वाले थे।

और निश्चित रूप से यह अवज्ञा भी थी; जो भी हो, ये मूर्ख लोग मुझे जो कुछ करने को कह रहे थे वह मुझ जैसे विद्वान् की शान के खिलाफ़ था, क्योंकि मैं इतिहासकार हूँ। ये मूर्ख मेरी दलील की बारीकियों को समझने की क्षमता ही नहीं रखते। श्री श्रीमाली द्वारा यह बात इन शब्दों में कही गई है :

''सभी के सभी लोग ऐतिहासिक जाँच के विधितंत्र के मुद्दे को समझ नहीं पा रहे थे। मेरा बल इस बात पर था कि एक इतिहासकार से यह अपेक्षा कैसे की जा सकती है कि वह किसी ऐतिहासिक समस्या के बारे में अन्तर्विरोधी प्रमाण को

स्पष्ट करे। लेकिन मेरी उस बात को जान-बूझकर निकाल दिया गया। न तो मेज़बान, न एकजुट श्रोतागण, और न ही श्री शौरी में इतनी क्षमता थी कि इतिहास लेखन की बारीकियों को वे समझ पाते ।''

चर्चा होते-होते औरंगज़ेब तक जा पहुँची। श्री रघुवंशी ने पूछा कि क्या औरंगज़ेब कट्टर मज़हबपरस्त थे या नहीं। यद्यपि श्री रघुवंशी अपने सवाल को दोहराते रहे, लेकिन श्री श्रीमाली साफ़ उत्तर नहीं दे रहे थे। श्री श्रीमाली को एक बात याद आ गई जिसकी विस्तृत चर्चा हम आगे चलकर करेंगे कि औरंगज़ेब के दरबार में कई हिन्दू कुलीन पुरुष थे। लेकिन जिन व्यक्तियों को अंग्रेज़ों ने मानोपाधियाँ दीं उनमें भी बहुत से हिन्दू कुलीन पुरुष शामिल थे और ठीक उन्हीं कारणों से जिन कारणों से औरंगज़ेब के दरबार में भी हिन्दू कुलीन पुरुष शामिल थे। लेकिन इस बात से, मिसाल के तौर पर, औरंगज़ेब द्वारा मंदिरों को तोड़े जाने के तथ्य को तो नकारा नहीं जा सकता।

जब वही सवाल मनोज ने मुझसे पूछा तो मैंने कहा कि कम से कम औरंगज़ेब के मन में इस बारे में कोई संदेह नहीं था कि उसकी सर्वप्रथम अन्तःप्रेरणा धार्मिक थी। और उसने वफ़ादारी से अपने धर्म, इस्लाम के एक महत्त्वपूर्ण तत्त्व को अमली जामा पहनाया, और वह था दूसरे धर्मों के आराधना-स्थलों को नष्ट करना।

जब रघुवंशी ने मुझसे इस बात का प्रमाण माँगा तो मैंने स्वयं औरंगज़ेब के दरबार के 'अख़बारात' से कुछ उद्धरण पढ़कर सुना दिए। कार्यक्रम में इन उद्धरणों में से एक या दो को प्रसारित किया गया।

इस वार्तालाप पर श्री श्रीमाली की टिप्पणी क्या थी?

''मेज़बान द्वारा दिखाई गई सुस्पष्ट तरफ़दारी इस बात से प्रमाणित हो जाती है कि औरंगज़ेब की तथाकथित धार्मिक कट्टरता का जो दूसरा पक्ष मैंने विस्तार-पूर्वक स्पष्ट किया था, उसे पूरी तरह से निकाल दिया गया। इस मुद्दे पर भी मनोज ने न सिर्फ जान-बूझकर मेरे द्वारा दी गई समकालीन स्रोतों पर आधारित तथ्यात्मक सूचना को निकाल दिया, बल्कि ऐसे मुद्दों पर इतिहास-लेखन में इतिहासकार की भूमिका पर मैंने जो बल दिया था, उसे भी निकाल दिया। (और यह सब कुछ उन हिन्दू कुलीन पुरुषों के बारे में था।) इसके बरअक्स शंकास्पद स्रोतों से शौरी द्वारा पढ़े गए लम्बे-लम्बे उद्धरणों को बरकरार रखा गया।''

''शंकास्पद स्रोत?'' लेकिन वे उद्धरण तो उसी व्यक्ति के दरबार के समकालीन 'अख़बारात' से लिए गए थे, जिस पर चर्चा की जा रही थी। वे उसी काल में बल्कि बहुत-से मामलों में उसी दिन जिस दिन समाचार बादशाह के पास और उसके दरबार में पहुँचते थे, लिखे गए इतिहास और विवरणों से लिए गए थे।

लेकिन यह एक मानक तरीका है—उनकी टिप्पणी को पढ़ने के बाद पाठक फिर से कार्यक्रम को देखकर अपने लिए तथ्य का सत्यापन तो कर नहीं पाएगा।

इस बात की भी संभावना नहीं है कि उसकी पृष्ठभूमि इतनी अच्छी हो कि वह किसी स्रोत की यथातथ्यता का जायज़ा ले सके। इसलिए जब कोई लब्धप्रतिष्ठ इतिहासकार यह कहता है कि स्रोत 'शंकास्पद' थे तो वे अवश्य शंकास्पद रहे होंगे।

भारतीय इतिहास अनुसन्धान परिषद् के स्टाफ ने इस बात का एक और उदाहरण पेश किया कि जब इन लब्धप्रतिष्ठ इतिहासकारों पर आ बनती है तो वे किस तरह से पेश आते हैं। इन्हीं लोगों के कहने पर विश्व पुरातत्त्व सम्मेलन ने यह निर्णय लिया कि सांस्कृतिक सम्पदाओं के विनाश और संरक्षण के बारे में क्रोशिया में विश्व पुरातत्त्व अन्तर महासम्मेलन के दौरान अयोध्या में मस्जिद के गिराए जाने पर विशेष सत्र होंगे।

इन लब्धप्रतिष्ठ इतिहासकारों में से एक ने संयोजकों से सम्पर्क करके इस विषय पर एक पेपर लिखने की पेशकश की। 3 नवम्बर, 1997 को यू. के. में प्रभारी व्यक्ति ने उक्त इतिहासकार महाशय को लिखा कि उन्हें यह प्रस्ताव सहर्ष स्वीकार है और उन्हें अपने पेपर की पूरी लिखित सामग्री 31 जनवरी तक भेज देनी चाहिए, ताकि उसे उन अन्य पेपरों में शामिल किया जा सके जो कि प्रतिभागियों में बाँटे जाने थे। उसने इतिहासकार महाशय को यह भी लिखा कि यदि उन्हें हवाई जहाज़ के किराए के मामले में किसी मदद की ज़रूरत हो तो वे 'ख' विश्वविद्यालय में 'क' से सम्पर्क कर लें और वह (प्रभारी व्यक्ति) यह देख लेगा कि इसके लिए कितना धन उपलब्ध कराया जा सकता है।

हमारे इतिहासकार महाशय ने पेपर भेज दिया। 9 फरवरी, 1998 को उन्होंने भारतीय इतिहास अनुसन्धान परिषद् को सत्र के स्थान तक के आने-जाने के हवाई किराए, 300 डालर के पंजीकरण शुल्क और 'नियमों के अन्तर्गत अनुमत्य दैनिक फुटकर खर्च' की बाबत आर्थिक सहायता के लिए आवेदन प्रस्तुत किया।

ऐसे लोगों का जैसा प्रभाव परिषद् में था, उसके चलते तीन दिन के भीतर उनके अनुरोध को स्वीकृति दे दी गई। उन्हें 20,000 रुपए का 'आंशिक यात्रा अनुदान' मंजूर कर दिया गया। 13 फरवरी, 1998 को उन्हें इस निर्णय के बारे में बता दिया गया। परिषद् के इस निर्णय के सूचनार्थ भेजे गए पत्र में उन्हें यह सुनिश्चित करने का अनुरोध किया गया कि इस धनराशि का इस्तेमाल किन्हीं अन्य स्रोतों, जिनमें 'अपनी धन व्यवस्था' भी शामिल है, से प्राप्त होने वाली धन राशि का विधिवत समायोजन करने के बाद किया जाएगा।

कुछ ही दिनों में परिषद् को यह मालूम हो गया कि वास्तव में जिन प्रतिभागियों को पेपर प्रस्तुत करने को कहा गया था, उनका खर्चा विश्व पुरातत्त्व महासम्मेलन द्वारा उठाया जाना था, जिसमें हवाई यात्रा का किराया भी शामिल था।

23 फरवरी, 1998 को इस लब्धप्रतिष्ठ इतिहासकार ने भारतीय इतिहास अनुसन्धान परिषद् को लिखा, "इस बात की संभावना है कि हवाई यात्रा के किराए

के लिए कुछ राशि दिल्ली विश्वविद्यालय या मेज़बानों द्वारा दी जाए। मुझे आशा है कि उस स्थिति में परिषद् को, मुझे मंजूर की गई राशि को यथावश्यक दूसरे खर्चों के लिए अन्तरित करने में कोई आपत्ति नहीं होगी।''

उसके बाद कोई पत्र-व्यवहार नहीं हुआ। इतिहासकार महाशय को 18,000 रुपए बतौर पेशगी दे दिए गए।

22 अप्रैल, 1998 को संयोजकों ने हमारे लब्धप्रतिष्ठ इतिहासकार को एक फैक्स भेजा, यह सूचित करते हुए कि उन्होंने हवाई टिकट भेज दिया है और वह टिकट नई दिल्ली हवाई अड्डे पर स्कैंडेनेवियन एयर लाइन्स के डेस्क से ले लिया जाए। उस फैक्स में संयोजकों ने यह भी पूछा था कि क्या लंदन में उनके ठहरने की कोई अपनी व्यवस्था है या वे यह चाहते हैं कि इस प्रकार की कोई व्यवस्था उनके (संयोजकों) द्वारा की जाए।

सम्मेलन आया और गया। हमारे मित्र महोदय दिल्ली लौट आए। क्योंकि कुछ दूसरे लोगों ने भी सम्मेलन में भाग लिया था, इसलिए अब तक परिषद् को सही-सही मालूम हो गया था कि संयोजकों द्वारा प्रतिभागियों के कौन-कौन से खर्चे उठाए गए थे। वातावरण भी बदल चुका था। एक नई सरकार बन गई थी। स्वयं परिषद् का पुनर्गठन कर दिया गया था—पुराने स्वनामधन्य इतिहासकारों के स्थान पर नए लोग आ चुके थे।

कहीं जाकर 23 जुलाई, 1998 को—संयोजकों द्वारा हवाई किराए की शुरू-शुरू में पेशकश किए जाने के आठ महीने बाद—इस प्रतिष्ठित इतिहासकार महाशय ने परिषद् को सूचित किया कि ''क्योंकि मंजूर की गई राशि काफी अपर्याप्त थी, इसलिए अपने यात्रा-खर्च को पूरा करने के लिए मुझे और स्रोत खोजने पड़े। मुझे पूरा यात्रा-अनुदान (दोनों तरफ का) मेज़बानों से मिल गया था, इसलिए यदि परिषद् द्वारा मंजूर की गई राशि मेरे दैनिक ख़र्चों की पूर्ति के लिए अन्तरित कर दी जाए, तो मैं आभारी हूँगा।''

भारतीय इतिहास अनुसन्धान परिषद् के भीतर इस मामले पर बहुत-सी चर्चा हुई, फाइल पर काफी नोट लिखे गए। संबंधित अधिकारियों द्वारा इस बात को सामने लाया गया कि राशि केवल यात्रा के लिए मंजूर की गई थी। नियमों के मुताबिक जिस उद्देश्य के लिए अनुसन्धान परियोजना समिति आदि द्वारा मंजूरी दी गई थी, उसे किसी इतर उद्देश्य के लिए राशि का इस्तेमाल नहीं किया जा सकता था। अध्यक्ष ने फाइल पर यह लिखा कि यह मामला नाज़ुक है, क्योंकि हो सकता है कि परिषद् द्वारा दूसरे विद्वानों को दैनिक भत्ता न दिया जाता रहा हो। बहरहाल यह निर्णय लिया गया, ''विद्वान् महोदय उन खर्चों का हिसाब प्रस्तुत करें जो उन्होंने किए हैं और साथ ही उन्हें अन्य स्रोतों से जो अनुदान प्राप्त हुए हैं, उनकी सूचना भी वे दें।''

तदनुसार संबंधित अधिकारी ने 14 अगस्त, 1998 को हमारे स्वनामधन्य

इतिहासकार को पत्र लिखकर अनुरोध किया कि वे उक्त दो मदों से संबंधित हिसाब-किताब प्रस्तुत करें।

हमारे स्वनामधन्य इतिहासकार चिल्ला उठे—यह मेरी शान के खिलाफ़ है, यह क्षुद्रता है!

इतिहासकार महाशय ने परिषद् को लिखा कि विश्वविद्यालय अनुदान आयोग, "एक अनुमोदित दर पर ऐसे खर्चों के लिए कुछ भत्ते देता है और छोटे-मोटे खर्चों के लिए किसी से वाउचर प्रस्तुत करने की अपेक्षा नहीं की जाती। इसलिए इस प्रकार के ब्यौरे माँगना बेजा है। मुझे यह छोटापन लगता है। इसलिए मैं अपना अनुरोध वापस ले रहा हूँ और मुझे जो राशि बतौर पेशगी दी गई थी, उसे मैं लौटा रहा हूँ।"

क्या मैं इस इतिहासकार महाशय का नाम उद्घाटित कर दूँ? लेकिन क्या वह भी छोटापन नहीं होगा? क्या वह भी 'व्यक्तिगत प्रहार' 'असभ्य प्रहार' नहीं होगा?

बहरहाल, लागू होने वाले नियम स्पष्ट हैं।

याद रखिए कि आपकी शान इतनी ऊँची है, कि जो नियम साधारण मनुष्यों पर लागू होते हैं, उन नियमों से आपको नहीं बाँधे रखा जा सकता।

दूसरा नियम : जब खुद पर आ पड़े तो बुरा मान जाओ। याद कीजिए कि किस प्रकार अभिलेखों की परियोजना के मामले में श्री आर.एस. शर्मा नाराज़गी ज़ाहिर करके जाल से निकल गए थे! क्योंकि सम्पादकों के लिए 'लाभभोगी' शब्द का प्रयोग किया गया है, इसलिए मैं परियोजना से सम्बन्धित कोई कार्य नहीं करूँगा! लेखापालों को झुकाने के लिए भी उसी युक्ति का इस्तेमाल किया गया—"...बेजा। मुझे यह छोटापन लगता है।"

तीसरा नियम और भी सशक्त हथियार है, और इसलिए जैसा कि हम देखेंगे, उसका इस्तेमाल और भी ज़्यादा किया जाता है।

सन्दर्भ

1. श्री श्रीमाली जी के निम्नलिखित बयान 10 सितम्बर 1998 के अख़बार से लिए गए हैं।

'...जिस्म के बाज़ार में खुद को बेच चुकने के बाद'

'तर्कसंगत' बनाम 'राष्ट्रीय' की जो मनगढ़ंत कहानी हमारे इतिहासकारों ने फैलाई थी, उसकी असलियत पेश करने के लिए लिखे गए मेरे एक लेख के जवाब में एक लब्धप्रतिष्ठ इतिहासकार श्री के. एन. पणिक्कर ने 'दि एशियन एज'[1] में लिखा, "यह एक पुराना आरोप है जो गाहे-बगाहे उभरकर सामने आता रहा है।" उन्होंने आगे कहा कि 'दि टाइम्स ऑफ़ इण्डिया' ने भी पिछले वर्ष 'आज़ादी की ओर' परियोजना के बारे में मुखपृष्ठ पर ख़बर छापी थी। और इतिहासकारों ने एक सार्वजनिक बयान के ज़रिए तथ्यों को स्पष्ट कर दिया था।

तबसे अब तक कई और तथ्य सामने आ चुके हैं। लेकिन इतिहासकार महाशय ने जो यह कहा कि "यह एक पुराना आरोप है", यह एक ध्यान में रखने लायक बात है। उनके बारे में कोई भी सवाल पूछने का समय कभी भी सही नहीं होता। यदि घटनाएँ अभी ताज़ा हों तो उनका जवाब हमेशा यह होता है : "लेकिन उनके बारे में तथ्य कहाँ है?" यदि आपने बीसियों ऐसे तथ्य गिना दिए जिनके प्रमाण भी उपलब्ध हों, तो उनका जवाब होता है :

"लेकिन उसने मद संख्या 21 को ध्यान में नहीं रखा है; चंद एक तथ्यों को चुनिंदा आधार पर केंद्रबिन्दु बनाने के पीछे उनका कोई खास उद्देश्य है—ऐसा लगता है।" जब पर्याप्त समय बीत जाए और आप सभी तथ्यों के बारे में प्रमाणों को एकत्रित करके उन्हें प्रस्तुत कर देते हैं तो उनका जवाब होता है : "लेकिन यह एक पुराना आरोप है। वे अब जो ये गड़े मुर्दे उखाड़ रहे हैं, उससे यह पता चलता है कि प्रतिक्रियात्मक ताकतें धर्मनिरपेक्षता और लोकतंत्र की ताकतों के मज़बूत होते चले जाने पर किस कदर सन्त्रस्त हो उठी हैं।"

और उनसे कभी कोई सही आदमी सवाल नहीं पूछता। यदि आलोचक अतीत में कभी उन्हीं में से कोई एक व्यक्ति रहा हो और वह भीतरी जानकारी के आधार पर कुछ बोले तो वे उस पर दोषारोपण करते हैं : "उसके लेखन से ही यह ज़ाहिर हो जाता है कि वह लक्ष्मण रेखा को लाँघ गया है।" और यदि वह उनमें से एक न हो तो वे चिल्ला उठते हैं : "उसको तो वामपंथियों

को सताने की आदत-सी पड़ी हुई है, वह तो विश्वबैंक में काम कर चुकने के कारण बदनाम है, वह स्वयं इस बात को स्वीकार करता है कि वह प्रतिक्रियावाद का समर्थक है...''

और हर बार वे गुस्से से भरे शब्दों की भरमार करते रहते हैं। श्री पणिक्कर ने लिखा, ''यदि वे ऐसा मानते हैं, और जैसा कि ज़ाहिराना तौर पर लगता है कि वे ऐसा मानते हैं कि एस. गोपाल, आर. एस. शर्मा, रोमिला थापर और इरफ़ान हबीब जैसे इतिहासकारों ने, जिनकी विद्वत्ता का राष्ट्रीय और अन्तरराष्ट्रीय स्तर पर अत्यन्त सम्मान किया जाता है, जोड़-तोड़ के ज़रिए ख्याति प्राप्त की है, तो उनकी मनोवृत्ति में कोई जन्मजात दोष है। या फिर यह सम्भव है कि वे अपने व्यक्तिगत अनुभव का ही प्रतिबिम्ब दूसरों में देख रहे हों कि उन जैसा व्यक्ति जो साम्प्रदायिक पुराणशास्त्र के बारे में लिखता है, एक लब्धप्रतिष्ठ पत्रकार कैसे माना जाने लगा है।''

श्री पणिक्कर ने आगे लिखा, ''आखिर में, बात रही योनिच्छद और कौमार्य की, जिसके बारे में एक अच्छा हिन्दू होने के नाते शौरी सही तौर पर चिन्तित हैं। जनता की आँखों में उनका योनिच्छद अक्षत नहीं रह पाया है; इसलिए नहीं कि वे कहाँ लिखते हैं या वे किन्हें इण्टरव्यू या अपने लेख देते हैं, बल्कि इसलिए कि वे क्या कुछ लिखते हैं। कहना न होगा कि आर.एस.एस. प्रकाशनों में उनके इण्टरव्यू और लेख इसलिए छपते हैं क्योंकि वे अत्यन्त साम्प्रदायिक होते हैं। जिस्म के बाज़ार में खुद को बेच चुकने के बाद वे यह आशा नहीं कर सकते कि उनका योनिच्छद अक्षत बना रहेगा। भाजपा के सांसद होने और हिन्दू सम्प्रदायवाद का सिद्धान्तवादी होने के नाते, यदि शौरी जी को अभी भी अपने कौमार्य के बारे में कोई गलतफ़हमी है, तो उन्हें अपने योनिच्छद की जाँच करा लेनी चाहिए।''

यह है श्री पणिक्कर का विद्वत्तापूर्ण जवाब! वस्तुतः उनके दायरों में इसे ''परखचे उड़ा देने वाला खण्डन' माना जाता है! लेकिन यह भी है कि आदमी को दूसरे की अपेक्षा बढ़-चढ़ कर अपनी बात कहनी चाहिए; दोहरे मानदण्डों में अपने विश्वास की घोषणा कर दो; कहो, हाँ मैं भी वही करता हूँ जो वह करता है। लेकिन मैं इसलिए ऐसा करता हूँ कि मैं एक ख़ास उद्देश्य में विश्वास रखता हूँ।

श्री पणिक्कर ने आगे लिखा, ''जहाँ तक मेरा सम्बन्ध है मैं उनकी तरह 'गंगा गए तो गंगाराम, और जमना गए तो जमनादास' नहीं हूँ,'' हालाँकि यह स्पष्ट नहीं हो पाया कि वे अपने किस तर्क की पुष्टि में इस मुहावरे का इस्तेमाल कर रहे थे। ''मैं कम्यूनिस्ट पार्टी के प्रकाशनों में हस्ताक्षरित लेख इसलिए भेजता हूँ, क्योंकि मैं उन्हीं आदर्शों में विश्वास रखता हूँ जिनका वह प्रतिनिधित्व करती

है—लोकतन्त्र, धर्मनिरपेक्षता और समाजवाद। ऐसा करके यदि योनिच्छद खण्डित हो जाता है तो मैं उसके लिए विलाप नहीं करता, जैसा कि शौरी करते हैं।''

यह सब कुछ उन्होंने भारतीय इतिहास अनुसन्धान परिषद् की कार्य-प्रणाली के उन तथ्यों के जवाब में लिखा, जिनकी तरफ मैंने ध्यान दिलाया था।

निश्चित रूप से एक और तथ्य परखचे उड़ा देने वाला भी था, जिसे श्री पणिक्कर ने आखिरी हथियार के तौर पर सँभालकर रखा हुआ था। एक तरह से अपने उपसंहार को उत्कर्ष पर पहुँचाते हुए उन्होंने अन्त में लिखा, ''प्रसंगवश रिकार्ड के लिए 'यह आदमी' जिसे शौरी ने 'गुट्टनेता' बताया है K.N. Panickar नहीं, बल्कि K.N. Panikkar है। यदि शौरी सही-सही तथ्य पेश नहीं कर पाए हैं तो कम से कम उन्हें मेरे नाम के हिज्जे तो सही लिखने चाहिए।''

हुआ यों था कि समाचार-पत्र में उनके नाम के हिज्जे कुछ अलग दिए गए थे। मैंने तो ये हिज्जे भारत के दिनांक 22 अक्तूबर 1994 के राजपत्र से लिए थे, जिसमें भारतीय इतिहास अनुसन्धान परिषद् में उनकी नियुक्ति घोषित की गई थी।

एक पुराना आरोप... सख्त शब्द... साहचर्य आधारित अपराध... संक्षेप में, चीखो, चिल्लाओ, किसी पर कोई लेबल चिपका दो, कोई मकसद आरोपित कर दो... यह सब कुछ करके धमकाओ।

कितने ज़ाने-पहचाने हैं ये सब हथकंडे!

जब कम्यूनिस्ट पार्टी के सामने भारत छोड़ो संघर्ष के राष्ट्रीय आन्दोलन के साथ दग़ा करके अंग्रेज़ों का साथ देने का प्रमाण प्रस्तुत किया गया तो उसने अपनी झल्लाहट इन शब्दों में निकाली, ''यह आलोचना कि कम्यूनिस्ट अपनी नीति अपने देश के हित में नहीं बल्कि सोवियत संघ के हित में तय करते हैं, न तो नई है और न मौलिक। दुनिया-भर की प्रतिक्रियावादी पार्टियाँ और उनके लेखक बहुत पुराने समय से यह ताना देते रहे हैं। मेरठ षड्यन्त्र मामले में ब्रिटिश अभियोक्ता ने भी हमारे खिलाफ़ यही मुख्य प्रसंग उठाया था। यदि आप 17 वर्ष बाद भी हमारे खिलाफ़ यही बात कहते हैं तो हमें आपसे पूछना पड़ेगा—क्या आपको यह शोभा देता है?''[2]

और हमेशा यह निर्णायक प्रमाण प्रस्तुत किया जाता रहा है कि इतिहास ने हमें सही साबित कर दिया है। कम्यूनिस्ट पार्टी का आगे कहना था, ''हमारे सब बिरादर दलों ने अपने लोगों के बीच काम करके इस मिथ्यावाद के कलंक को धो दिया। और यदि आज की दुनिया में कोई अकेली ऐसी राजनीतिक ताकत है, जो बढ़ती चली जा रही है तो वह है कम्यूनिस्ट आन्दोलन। हर देश में यदि किसी झंडे को झुकना पड़ा है तो वह है सामर्थ्य एवं दृष्टिहीन प्रति-साम्यवाद का झंडा।''

1983 के अन्त में श्री.वी.एम. तारकुंडे ने मुझे 1984 का एम.एन. राय स्मारक भाषण देने के लिए आमंत्रित किया। यह भाषण 1984 में भी उसी दिन हुआ, जिस दिन हर वर्ष हुआ करता था—अर्थात् एम.एन.राय की वर्षगाँठ के दिन। कम्यूनिस्टों ने 1942 के आन्दोलन के दौरान जो विश्वासघात किया था, मैंने उस पर लिखा था। 'इलस्ट्रेटिड वीकली' के तत्कालीन सम्पादक प्रीतीश नंदी ने मेरे भाषण के मूलपाठ को कई किस्तों में छापा। मूलपाठ में भारतीय और ब्रिटिश अभिलेखागारों से लिए गए दस्तावेज़ों को उद्धृत किया गया था। ये दस्तावेज़ कम्यूनिस्ट पदाधिकारियों की ब्रिटिश शासकों के साथ हुई गुप्त संधियों, उनके द्वारा ब्रिटिश शासकों को प्रदान की जा रही सेवाओं के बारे में प्रस्तुत की गई रिपोर्टों, उनके द्वारा किए जा रहे अनुरोधों और प्राप्त की जा रही रियायतों से सम्बन्धित थे।

ई.एम.एस. नम्बूदरीपाद झट बम्बई पहुँच गए। विशेष रूप से बुलाए गए प्रेस सम्मेलन में वे तमतमाए हुए बोले, शौरी प्रतिक्रियावादी ताकतों के लिए बोल रहे हैं। यह ताकतें धर्मनिरपेक्ष और लोकतान्त्रिक ताकतों की बढ़ती हुई एकता पर सन्त्रस्त हो उठी हैं... उनके छक्के छूटे हुए हैं कि निकट भविष्य में होने वाले चुनावों में उन्हें करारी हार का मुँह देखना पड़ेगा...

कोई भी चुनाव निकट भविष्य में नहीं होने जा रहा था। श्री तारकुंडे ने पाँच महीने पहले मुझे निमन्त्रण दिया था। पहले-पहल, भारत छोड़ो आन्दोलन में कम्यूनिस्टों की भूमिका का विषय मेरे विचार में नहीं आया था। मैंने यह सोचा था कि मैं जिस विषय पर बोलूँगा, वह होगा : 'सिद्धान्त आँखों पर पट्टी बाँध देता है', और मैं अपने तर्क के प्रमाण के तौर पर चार उदाहरण प्रस्तुत करूँगा। भाषण का समय आने तक केवल एक उदाहरण तैयार हो पाया था और वह उदाहरण 1942 के आन्दोलन के दौरान कम्यूनिस्टों की भूमिका से सम्बन्धित था। इस तरह से, जब मुझे भाषण देना था, तो मैं इस विषय पर बोला। लेकिन इस विषय के कारण 'षड्यन्त्र', 'छक्के छूटने', 'निकट भविष्य में चुनावों...' की बात खड़ी हो गई!

भारतीय कम्यूनिस्ट पार्टी ने कई पैम्फलेट छापे—अरुण शौरी के मिथ्यावादों का खंडन! इतिहास ने कम्यूनिस्टों को सही साबित कर दिया है...[3]

भारतीय कम्यूनिस्ट पार्टी के महासचिव सी. राजेश्वर राव द्वारा लिखित प्राक्कथन के प्रारंभिक शब्द थे : "यह पहली बार नहीं है कि हमारे देश में कम्यूनिस्ट आन्दोलन के खिलाफ़ मिथ्यावाद फैलाने और उस पर प्रहार करने के लिए भारत छोड़ो आन्दोलन के प्रसंग को उठाया गया है। जब कभी शासक दायरे और प्रतिक्रियावादी निहित स्वार्थ तंग हालत में होते हैं या कम्यूनिस्ट आन्दोलन तरक्की कर रहा होता है तो कम्यूनिस्ट विरोधी पूर्वाग्रहों को उभारने के लिए

गड़े मुर्दे उखाड़े जाने लगते हैं। प्रिय विषय रहता है भारतीय संयुक्त कम्यूनिस्ट पार्टी द्वारा 1942 के स्वतंत्रता संघर्ष में किया गया तथाकथित 'विश्वासघात'। इस प्रकार की बातें अतीत में, यहाँ तक कि अभी 1975 में श्रीमती इंदिरा गाँधी द्वारा लगाए गए आपातकाल के दौरान भी, कई बार की गईं।" यह आखिर में कही गई बात बेहद ढिठाई की मिसाल थी, क्योंकि महासचिव महोदय की अपनी कम्यूनिस्ट पार्टी ने ही श्रीमती इन्दिरा गाँधी के आपातकाल का समर्थन किया था!

महासचिव महोदय ने घोषित किया, "अब क्योंकि मेहनतकश लोगों के संयुक्त संघर्षों के माध्यम से वामपंथी एकता को बल मिला है और उसके ईर्दगिर्द लोकतान्त्रिक मित्रदल भी एकत्रित होने लगे हैं, इसलिए अति-प्रतिक्रियावादी चिन्ता में पड़ गए हैं। इसलिए श्री अरुण शौरी ने 1942 के प्रेत को फिर से ज़िन्दा कर दिया है, ताकि साम्यवाद-विरोध को हवा देकर कम्यूनिस्ट आन्दोलन को अलग-थलग किया जा सके।"

उक्त प्रकाशन में घोषित किया गया, "इन प्रहारों को अनदेखा भी किया जा सकता था, क्योंकि हम अच्छी तरह से जानते हैं कि हम पर इस प्रकार के प्रहार पहली बार नहीं किए गए हैं। अरुण शौरी की पत्रकारिक प्रतिभा कितनी भी प्रखर क्यों न हो, किन्तु उनकी तुलना उन लब्धप्रतिष्ठ शख़्सीयतों से नहीं की जा सकती जिन्होंने हम पर अतीत में प्रहार किया है। मेरठ षड्यन्त्र मामले के लब्धप्रतिष्ठ बैरिस्टर लांगफ़ोर्ड जेम्स ने हमें ईश्वर-विरोधी, परिवार-विरोधी, शिष्टता-विरोधी, सब कुछ कहा। यहाँ तक कि उन्होंने हमें विनोदशीलता से भी रिक्त बताया। लेकिन इतिहास ने हमें सही साबित कर दिखाया है। 1929 के उन दिनों से लेकर भारतीय कम्यूनिस्ट पार्टी मज़बूत से मज़बूततर होती चली गई है। आज कम्यूनिस्ट आन्दोलन काबिलेग़ौर ज़ोर पकड़ चुका है।" इन सब बातों का उन तथ्यों से क्या सम्बन्ध था जिनका मैंने उल्लेख किया था, और 1929 के उस बैरिस्टर से मेरा क्या लेना-देना था, यह तब भी मेरे लिए रहस्य था और आज भी रहस्य बना हुआ है। लेकिन यह सही है कि यह एक 'परखचे उड़ाने वाला खण्डन' था। और याद कीजिए इस पंक्ति को भी, "इन प्रहारों को अनदेखा भी किया जा सकता था..." यह भी एक मानक पंक्ति है। जो तथ्य उद्घाटित किए जाते रहे हैं, उनका और उनसे भी ज़्यादा उन लोगों को, जो उन तथ्यों को उद्घाटित करते रहे हैं, जवाब देना हमेशा उनकी शान के खिलाफ़ रहा है। याद कीजिए पणिक्कर साहब की महान् उदारता, "शौरी जैसे व्यक्तियों पर मानहानि का मुकदमा चलाना मेरी शान के खिलाफ है..."[4]

और सब बातों के अलावा ऐसा करने का एक कारण यह भी है कि मूर्ख किसी भी हालत में वास्तविकता को नहीं समझ पाएगा। कम्यूनिस्ट पार्टी के

प्रकाशन में आगे कहा गया, "इस अनापशनाप बात का, जो कि इतिहास और विश्व की घटनाओं के बारे में शौरी के निपट अज्ञान को दर्शाती है, खण्डन करना, मेहनत और इस प्रकाशन के कीमती स्थान को ज़ायज करना होगा।" याद कीजिए श्री श्रीमाली जी के उस कथन को कि उनकी बारिकियाँ मुझ जैसे व्यक्ति की समझ से बाहर हैं! "हम आख़िरी किस्त में उनके द्वारा कही गई नीरस अनापशनाप बातों की चर्चा नहीं करना चाहते। उनमें भी कम्यूनिस्ट विरोधी गला-सड़ा कचरा भरा पड़ा है, और वही घिसापिटा इलज़ाम लगाया गया है कि कम्यूनिस्ट तो मास्को (सोवियत संघ की बजाय) के एजेंट हैं, और इसलिए उनकी अवहेलना की जानी चाहिए। (इसके विपरीत मेरा तर्क यह था कि ठीक इसी वजह से उनके साथ सतर्कता से पेश आना चाहिए और देश को क्षति पहुँचाने और ज़हरीला प्रचार करने की उनकी क्षमता को अनेदखा नहीं किया जाना चाहिए। राष्ट्रीय आन्दोलन की दूसरी धाराओं--चाहे वह राष्ट्रीय क्रान्तिकारी धारा रही हो या गाँधीवादी किस्म की परम्परानिष्ठ धारा--से कम्यूनिस्ट पार्टी के जिन सदस्यों ने अपना मार्ग ढूँढ़ा था, उनके नामों पर और बुद्धिजीवियों की पूरी जमात पर, जिन्होंने कम्यूनिस्ट पार्टी के विभिन्न पदों को सुशोभित किया है और किसानों तथा मज़दूरों के विशाल जनसमूह पर एक सरसरी निगाह डालने से ही अरुण शौरी का मिथ्यावाद ग़लत साबित हो जाएगा। ये किसान-मज़दूर कम्यूनिस्ट पार्टी में शामिल होने और उसके लिए काम करने के बाद ही अपने जीवन को एक नई महत्ता प्रदान कर पाए। और उन सदस्यों का क्या हुआ जो कम्यूनिस्ट पार्टी को पूरी तरह से जाँचने के बाद, उसे छोड़कर चले गए, जिनमें कुछेक शीर्षस्थ पदाधिकारी भी शामिल थे? चलिए क्षण-भर के लिए यह मान भी लीजिए कि भारत के बुद्धिजीवियों ने खुद को गिराकर कम्यूनिस्ट पार्टी के विभिन्न पदों को सुशोभित किया और हर मज़दूर और किसान, पार्टी का भक्त बन गया। लेकिन उससे पार्टी द्वारा की गई अंग्रेज़ों की मदद में कौन-सी तब्दीली आ जाएगी?

और उसके बाद एक बार फिर "यह एक रुग्ण मन की उपज है" कहकर असली बात का प्रतिवाद किया गया। "और स्वयं ये मिथ्यावाद अरुण शौरी की मौलिक कल्पना नहीं हैं। ये हालात के प्रति रुग्ण और ईर्ष्यालु नज़रिए की उपज हैं, जो यह बर्दाश्त नहीं कर सकता कि एक साधारण मज़दूर और किसान, एक साधारण आदमी, देश के राजनीतिक जीवन में भाग ले और उसमें कोई अधिकार रखे..."

उपहास, तानाकशी, तिरस्कार, षड्यन्त्र और अनाम ताकतों द्वारा गुप्त धनराशि दिए जाने का आरोप और यह आरोप कि आलोचक विशेषाधिकार का मूर्तरूप है, और इसलिए इस तथ्य को बर्दाश्त नहीं कर पा रहा कि वामपंथ द्वारा किए गए संघर्षों के कारण आम जनता अपने पाँवों पर खड़ी हो रही है--इन

सब बातों की बौछार हर किसी को वैसा कुछ करने से डराने के लिए काफ़ी थी, जो इस व्यक्ति ने किया था। "यह दलील ऐसा कुछ कहने के समान होगी, 'आपने पिछली बार अपनी पत्नी को पीटना कब बन्द किया था?' समझदारी का जो मोती शौरी साहब अता फ़रमाते हुए दिखाई देते हैं, वह केवल मन का लड्डू नहीं है, जिसे वे फोड़ रहे हों। वह युवा राजनीतिक कार्यकर्ताओं के दिमाग़ों में फूट के बीज बोने की एक ख़तरनाक चाल है। और देश में बहुत से अन्य हित भी मौजूद हैं, जो इस काम के लिए धन जुटा रहे हैं, जैसा कि विभिन्न अनुवादों और अन्य मीडिया प्रचार से स्पष्ट हो जाता है।"

कहीं सामान्य कार्यकर्ता हिम्मत न हार बैठें, इसलिए आशा और विश्वास की बात करना भी ज़रूरी था : "लेकिन सच सच होता है और वह सामने आकर ही रहता है, फिर चाहे शौरी साहब कितना शोर मचाएँ—लेकिन उसके पीछे भी निश्चित ही उनका एक उद्देश्य छिपा है।"

इसके बाद ज़िक्र किया गया उन अज़ीम शख़्सीयतों का जिन्होंने असलीयत को समझा और यह स्वीकार किया कि कम्यूनिस्ट सही थे... "उन्होंने अन्तरराष्ट्रीय घटनाओं के सन्दर्भ में राष्ट्रीय घटनाओं को समझने की प्रक्रिया में से गुज़रने के बाद ही यह सब कुछ किया जो कि अरुण शौरी या दूसरे उन कम्यूनिस्ट विरोधी लेखकों और पत्रकारों के मानसिक क्षितिज से बाहर की चीज़ थी, जो अतीत में हमारे विरुद्ध मिथ्याचार फैलाते रहे हैं..." यहाँ दो महत्त्वपूर्ण बातें कही गई हैं : जो लोग उनकी आलोचना करते हैं, उनमें समझ की कमी है और वे प्राकृत रूप से कम्यूनिस्ट विरोधी हैं।

"अरुण शौरी के लिए यह महसूस कर पाना मुश्किल है, क्योंकि उनमें राजनीतिक परिप्रेक्ष्य का अभाव है"—और कोई व्यक्ति 'राजनीतिक परिप्रेक्ष्य' रखने वाला तभी माना जा सकता है जब वह उन्हीं निष्कर्षों पर पहुंचता है, जिन पर कम्यूनिस्ट पहुँचते हैं।

क्योंकि व्यक्ति में प्राथमिक राजनीतिक समझ का भी अभाव है, इसलिए जब ऐसा व्यक्ति किन्हीं तथ्यों का उल्लेख करता है, तो उनकी जाँच करना हमेशा फ़जूल होता है। मैंने 120 पृष्ठ की एक ऐसी रिपोर्ट में से व्यापक उद्धरण दिए थे, जो कि कम्यूनिस्ट पार्टी ने ब्रिटिश शासकों को प्रस्तुत की थी। इस रिपोर्ट में उस सहायता का वृत्तान्त दिया गया था जो कि पार्टी के सदस्य भारत छोड़ो आन्दोलन को विफल बनाने के लिए प्रदान कर रहे थे। पैम्फलेट में तानाकशी करते हुए कहा गया, "जहाँ तक तथाकथित 120 पृष्ठ के दस्तावेज़ का सम्बन्ध है, क्या उसके पृष्ठों की संख्या वस्तुतः 120 थी, उसके लिए गिनती करना, जैसा कि श्री शौरी ने किया लगता है, मैंने समय का अपव्यय समझा।"

इसलिए भविष्य के प्रति विश्वास प्रकट करते हुए आगे कहा गया था,

"हमें मालूम है कि अंग्रेज़ी और अन्य भाषाओं में प्रकाशित अरुण शौरी द्वारा ये चार लेख वामपंथ और अन्य लोकतांत्रिक ताकतों के बीच मनमुटाव पैदा करने के उद्देश्य से लिखे गए थे। लेकिन हमें पूरा विश्वास है कि उनका यह उद्देश्य पूरा नहीं होगा और हमारा स्वस्थ राष्ट्रीय आन्दोलन शान्ति के मार्ग पर चलते हुए राष्ट्रीय स्वतन्त्रता और समाजवाद के दृढ़ीकरण के ज़रिए सामाजिक परिवर्तन लाने के लक्ष्य की ओर निरन्तर बढ़ता चला जाएगा।"

कम्यूनिस्ट पार्टी द्वारा निकाले गए एक और प्रकाशन में लिखे गए एक लेख की शुरुआत इन शब्दों से की गई थी : अरुण शौरी की लेख शृंखला भारतीय कम्यूनिस्ट पार्टी, अन्तरराष्ट्रीय कम्यूनिस्ट आन्दोलन और सोवियत यूनियन के विरुद्ध तोड़-मरोड़, झूठी अफ़वाहों और मिथ्यावाद की एक लम्बी शृंखला है। 1944 (बल्कि उससे भी पहले) से साम्राज्यवाद और बूर्जुआवर्ग के वेतनभोगी कलमघिसाऊ और एजेंट सी. पी. आई. और सोवियत संघ...के खिलाफ़ बार-बार मिथ्यावाद का अभियान चलाते रहे हैं। हंसराज वोहरा...लांगफ़ोर्ड, वही बैरिस्टर..."कुख्यात मीनू मसानी और बाद में उनका योग्य 'शिष्य' सीताराम गोयल"...

"स्वभावतः पूरे भारत में लोग यह सवाल पूछ रहे हैं कि शौरी ने यह कुत्सित अभियान अभी क्यों शुरू किया है?..." यह सवाल पूछना बहुत फ़ायदेमन्द रहता है; जब आप तथ्यों के बारे में किसी व्यक्ति को जवाब नहीं दे पाते, तो यह पूछिए 'लेकिन अभी ही क्यों?' भारत ने 18 मई 1974 को पोखरन में पहला परमाणु विस्फ़ोट किया। इस पर कम्यूनिस्टों का दुर्जेय प्रतिनिधि लोकसभा में क्या सवाल पूछता है?

"हमें बताया गया है कि हमारे पास काफ़ी पहले यह क्षमता थी। यदि हम चाहते तो हम यह विस्फ़ोट काफ़ी पहले कर सकते थे। यदि हम यह विस्फ़ोट काफ़ी पहले कर सकते थे, तो आज से काफ़ी बाद भी कर सकते थे। मेरा प्रश्न विस्फ़ोट के समय से सम्बन्धित है। इसके समय, ख़ासतौर पर 18 मई के समय के पीछे कोई कारण तो अवश्य रहा होगा। मैं इसके बारे में स्पष्ट नहीं हूँ।"[5]

एक दूसरे को उद्धृत करके प्रभाव को बढ़ाते चले जाइए। इसका दोहरा लाभ होता है : इससे आपके कथन का महत्त्व दुगना हो जाता है और क्योंकि कामरेड को प्रमाण पुरुष के रूप में उद्धृत किया जाता है, इसलिए भविष्य के लिए उसका महत्त्व भी दुगना हो जाता है। इस प्रकार जो कुछ ई.एम.एस. नम्बूदरीपाद ने पूछा था उसे उद्धृत करते हुए पैम्फलेट, पूछे गए प्रश्न में मज़बूती ला दी गई—वही हमेशा से चला आ रहा ढीठ प्रश्न, 'लेकिन अभी ही क्यों?" प्रकाशन में आगे कहा गया, "जाने-माने कम्यूनिस्ट नेता और सी.पी.आई. (एम) के महासचिव ई.एम.एस. नम्बूदरीपाद ने सवाल किया है; 'अरुण शौरी ने भारत

छोड़ो संघर्ष आरम्भ होने के 40 वर्ष बाद, 1942 में कम्यूनिस्टों द्वारा किए गए विश्वासघात के गड़े मुर्दे अभी ही क्यों उखाड़े?' " और एक बार फिर ई.एम. एस. को उद्धृत करते हुए उत्तर में भी मज़बूती ला दी गई है! "ई.एम.एस. ने अपने मुँहतोड़ जवाब में कहा है : मँजे हुए कम्यूनिस्ट विरोधी मीनू मसानी शौरी के बचाव में झट अखाड़े में कूद पड़े हैं। स्वयं श्री शौरी और श्री मसानी जिस बात से डरते हैं वह है, विरोधी पक्ष की उन पार्टियों का, कम्यूनिस्टों का विरोध नहीं बल्कि जो उनसे सहयोग करती हैं, उनका एक दूसरे के नज़दीक आना। ठीक यही शक मुझे अपने बम्बई के प्रेस सम्मेलन में भी था..." ई.एम.एस. की बात को प्रमाण मानते हुए प्रकाशन ने विजय के स्वर में घोषित किया, "अब असली भेद खुल चुका है। ग़ैर-कम्यूनिस्ट ग़ैर-वामपन्थी, विरोधी-दलों में से काफ़ी लोगों ने, इंदिरा कांग्रेस के नेतृत्व वाली सत्तावादी ताकतों और भाजपा तथा अन्य पार्टियों जैसी दक्षिणपन्थी साम्प्रदायिक तथा विभाजक ताकत के खिलाफ़ कम्यूनिस्ट नेतृत्व वाले विरोधी पक्ष से हाथ मिला लिए हैं। इससे इन्दिरा गाँधी और उनके संगी-साथी तथा भाजपा, आर.एस.एस. और उनके सहयोगी दल भयभीत हो उठे हैं। शौरी और मसानी उनके प्रवक्ताओं के रूप में सामने आए हैं और वे कम्यूनिस्टों और ग़ैर-कम्यूनिस्ट विरोधी दलों के बीच दरार पैदा करने की बेतहाशा कोशिश कर रहे हैं। उनके इस कुत्सित प्रयास में कम्यूनिस्टों और सोवियत संघ के ख़िलाफ़ एकदम पुरानी पड़ चुकी झूठी अफ़वाहों से बढ़ कर और कौन-सा हथियार बेहतर सिद्ध हो सकता था?" इस प्रकार प्राकृत कम्यूनिस्ट-विरोध, दुष्प्रयोजन, आलोचक की हताशा—सब बातों का एक साथ ज़िक्र मिलता है यहाँ!

इसके बाद एक बार फिर साहचर्य-आधारित दोषारोपण किया गया : "अब ज़रा अरुण शौरी के पूर्ववर्ती महान् कम्यूनिस्ट विरोधियों पर भी निगाह डाल ली जाए", और इसके बाद पैम्फलेट में हंसराज वोहरा... मीनू मसानी के नाम गिनाए गए थे। ... और अब आए हैं अरुण शौरी जिन्हें प्रतिभाशाली पत्रकार माना जाता है, लेकिन जिनका एक सम्प्रदायवादी के रूप में पर्दाफ़ाश हो चुका है... और उनके लेख को किसने छापा है? दि इलस्ट्रेटिड वीकली ऑफ़ इण्डिया ने, जिसने आर.एस.एस. के एक सदस्य द्वारा लिखित लेख 'दि आर.एस.एस. विल स्टे' (आर.एस.एस. बरकरार रहेगा) भी छापा है। इस बीच उसमें और भी सैकड़ों लेख छपे होंगे। और इसलिए अब सत्य प्रकट हो गया है : "कम्यूनिस्टों को अब जाना होगा और आर.एस.एस. बरकरार रहेगा—इसी से वीकली-शौरी-मसानी की मिलीभगत साफ़ ज़ाहिर हो जाती है! यही मूल कारण है कि शौरी ने इतिहास के कूड़ेदान से साम्यवाद विरोध का फेंका हुआ हथियार उठा लिया है।"

इस प्रकार के उत्कृष्ट खण्डनों पर एक प्रकाशन में चालीस और दूसरे में

तेईस पृष्ठ खर्च किए गए थे। इन सभी खण्डनों का निष्कर्ष एक ही था और जिसमें एक साथ, विजय और चुनौती का भाव छलकता है और मसख़रेपन का रंग भी–

"भारतीय कम्यूनिस्ट पार्टी स्वतन्त्रता संघर्ष और वर्ग-युद्धों के वीरों और शहीदों की पार्टी है। शौरी और मसानी जैसे लोग जब तक चाहें साम्यवाद-विरोध की जीर्ण-शीर्ण गन्दी कमीज़ पहने रह सकते हैं, लेकिन उनका स्थान इतिहास के गोबर के ढेर में है। संयुक्त साम्राज्यवादी सेनाओं ने कमसिन सोवियत राज्य को नष्ट करने की कोशिश की। लेकिन वे असफल रहे। हिटलर ने भी कोशिश की, लेकिन बदले में खुद ही नष्ट हो गया। आज रीगन और थैचर जैसे शासक भी वही गन्दी चाल चल रहे हैं। लेकिन उनका भी वही परिणाम होगा जोकि हिटलर और मुसोलिनी का हुआ। और उनके वेतनभोगी अनुचरों का भी, जो कम्यूनिस्टों पर कीचड़ उछालते फिर रहे हैं। धर्म-न्यायाधिकरण का सामना कर रहे वयोवृद्ध गेलिलियो या कसाई गोइरिंग का सामना कर रहे हमारे अपने डिमिट्रव की तरह हम भारतीय कम्यूनिस्ट भी अपने सभी प्रतिक्रियावादी आलोचकों और उत्पीड़कों को चुनौती देते हैं और चट्टानी दृढ़ विश्वास के साथ कृतसंकल्प होकर यह घोषित करते हैं कि उसके बावजूद धरती आगे की ओर बढ़ रही है और सभी मार्ग कम्यूनिज़्म की ओर जाते हैं!" तथास्तु!

इससे दो सबक मिलते हैं। उनके झूठ को खोलने के लिए हमें उनके शाब्दिक आतंकवाद से खुद को प्रभावित नहीं होने देना चाहिए और उसके आसान उपायों में से एक उपाय यह है कि उनके गाली-गलौज भरे शब्दों को काट कर अलग कर लीजिए–फिर देखिए वे शब्द जल्द ही एक मज़ाक में बदल जाते हैं। 1984 में, प्रेस सम्मेलनों और पैम्फलेटों में मुझे निशाना बनाया गया था। 1986 में अपनी पुस्तक 'ए हिस्ट्री ऑफ़ इंडियन फ्रीडम स्ट्रगल' में ई.एम.एस. नम्बूदरीपाद ने यह स्वीकार किया कि 'भारत छोड़ो आन्दोलन' में कम्यूनिस्टों ने अंग्रज़ों को सहयोग दिया था।[6] जैसा कि हमने अभी-अभी देखा, कम्यूनिस्ट 1984 में यह कह रहे थे कि , "उसके बावजूद धरती आगे की ओर बढ़ रही है और सभी मार्ग कम्यूनिज़्म की ओर जाते हैं।" 1989 में बर्लिन की दीवार गिरा दी गई...

सन्दर्भ

1. दि एशियन एज, 7 जुलाई 1998, पृ. 13
2. कम्यूनिस्ट रिप्लाई टू दि कांग्रेस वर्किंग पार्टी चार्जिज़, लेखक भारतीय कम्यूनिस्ट पार्टी के महासचिव, पी.सी. जोशी, कलकत्ता, मार्च, 1946, संक्षिप्त संस्करण, पृ. 3-4
3. निम्नलिखित उद्धरण, भारतीय कम्यूनिस्ट पार्टी, नई दिल्ली के जून 1984 के पैम्फलेट

'अरुण शौरीज़ स्लैंडर्स, रिबट्टिड : हिस्ट्री हैज़ विंडीकेटिड दि कम्यूनिस्ट्स' और जून 1984 के भारतीय कम्यूनिस्ट पार्टी, नई दिल्ली के पैम्फलेट '1942 अगस्त स्ट्रगल ऐंड दि कम्यूनिस्ट पार्टी ऑफ़ इण्डिया' से लिए गए हैं।

4. दि एशियन एज, 7 जुलाई 1998, पृ. 13
5. लोकसभा डिबेट्स, 8 अगस्त, 1974, स्तम्भ 223
6. सोशल साइंटिस्ट प्रेस, त्रिवेन्द्रम 1986। इस अवस्था पर भी नम्बूदरीपाद ने सहयोग के जो स्पष्टीकरण दिए, उनमें तोड़मरोड़ की गई थी। देखें मेरी पुस्तक 'दि ओनली फ़ादरलैंड, ए.एस.ए. 1991, पृ. 3-11। जल्द ही उन्होंने फिर कहा कि वह एक ग़लती थी।

उनकी प्रणाली

एक परिपत्र

इस आरोप पर चर्चा करने के लिए कि इतिहास को साम्प्रदायिक रंग देकर फिर से लिखा जा रहा है, मनोज रघुवंशी ने श्री के.एम. श्रीमाली को और मुझे 'ज़ी' टेलीविज़न के 'आपकी अदालत, आपका फैसला' कार्यक्रम में आमंत्रित किया था। रघुवंशी ने 'आउटलुक' में दी गई एक रिपोर्ट को पढ़कर सुनाया। रिपोर्ट में लिखा था कि पश्चिम बंगाल माध्यमिक शिक्षा बोर्ड ने 1989 में ये अनुदेश जारी किए थे कि "मुस्लिम शासन की कोई आलोचना नहीं की जानी चाहिए। मुस्लिम शासकों द्वारा मन्दिरों के गिराए जाने का उल्लेख नहीं किया जाना चाहिए।"

रघुवंशी ने श्री श्रीमाली से पूछा कि क्या इसे इतिहास को तोड़ना-मरोड़ना नहीं कहा जाएगा। रघुवंशी ने कहा, यह सच है कि वह हमारे इतिहास का एक दुःखद काल था, लेकिन क्या उसे इतिहास से निकाल दिया जाना चाहिए? क्या ऐसा इतिहास वस्तुनिष्ठ तथा तर्कसंगत होगा? श्री श्रीमाली जी का जवाब खूब सधा हुआ था। उन्होंने कहा कि पहली बात तो यह कि उन्हें यह मालूम नहीं कि इस प्रकार का अनुदेश कभी जारी किया गया था; यदि वह जारी किया गया था तो वे उसके ख़िलाफ हैं; लेकिन यह देखना होगा कि वह अनुदेश किस सन्दर्भ में जारी किया गया था।

पश्चिम बंगाल के सम्बन्धित अध्यापकों ने कृपापूर्वक नौवीं कक्षा की पाठ्य पुस्तकों से सम्बन्धित परिपत्र मुझे भेजा है। यह परिपत्र 28 अप्रैल 1989 का है और पश्चिम बंगाल माध्यमिक शिक्षा बोर्ड द्वारा जारी किया गया है। यह बंगाली भाषा में है और इसकी संख्या है एस वाई एल/89/1

इसके शुरू में लिखा है, "पश्चिम बंगाल सरकार के सभी मान्यता-प्राप्त स्कूलों के मुख्याध्यापकों को सूचित किया जाता है कि विशेषज्ञों द्वारा की गई विधिवत् चर्चाओं और समीक्षाओं के बाद, बोर्ड द्वारा नौवीं कक्षा के लिए संस्तुत इतिहास की पाठ्य पुस्तकों में, मध्यकाल से सम्बन्धित अध्याय में निम्नलिखित संशोधन करने का निश्चय किया गया है।"

परिपत्र में आगे उल्लेख़ किया गया था, "नौवीं कक्षा की इतिहास की पाठ्य पुस्तकों के लेखकों तथा प्रकाशकों से यह अनुरोध क़िया जा रहा है कि यदि उनके

द्वारा प्रकाशित पुस्तकों में ये अशुद्धियाँ हैं, तो वे बाद के सभी संस्करणों में उक्त संशोधनों को शामिल कर लें और पहले से प्रकाशित पुस्तकों में शुद्धिपत्र चिपका दें। शुद्धिपत्र लगी पुस्तक की एक प्रति पाठ्यक्रम कार्यालय (74, रफ़ी अहमद किदवई रोड, कलकत्ता-16) में जमा करा दी जाए।'' हस्ताक्षरित '....चट्टोपाध्याय, सचिव।'

संलग्न पृष्ठों में दो कालम मौजूद हैं : अशुद्ध और शुद्ध। इतिहास-लेखन के प्रति प्रगतिवादी अपने 'वस्तुनिष्ठ' तथा 'तर्कसंगत' दृष्टिकोण के माध्यम से जो उद्देश्य प्राप्त करना चाहते हैं, उसे समझने के लिए उन परिवर्तनों पर केवल एक निगाह डालना ही काफ़ी होगा। उन परिवर्तनों में से कुछ नीचे दिए गए हैं :

पुस्तक : भारत कथा, बर्दवान एजुकेशन सोसायटी द्वारा तैयार की गई तथा सुखमय दास द्वारा प्रकाशित :

पृ. 140 अशुद्ध : ''सिन्धुदेश में अरबियों ने हिन्दुओं को 'काफ़िर' नहीं कहा था। उन्होंने गौ-हत्या पर प्रतिबन्ध लगा दिया था।''

शुद्ध : ''उन्होंने गौ-हत्या पर प्रतिबन्ध लगा दिया था,'' अंश को निकाल दें।

पृ. 141 अशुद्ध : ''चौथा, हिन्दू मन्दिरों को नष्ट करने के लिए ताकत का इस्तेमाल भी आक्रमण की अभिव्यक्ति था। पाँचवाँ, हिन्दू औरतों से ज़बरदस्ती शादी करना और शादी से पहले उन्हें मुसलमान बनाना, उलमा के रूढ़िवाद का प्रचार करने का एक और तरीका था।''

शुद्ध : यद्यपि अशुद्ध कालम के अन्तर्गत केवल 'चौथा...' से लेकर आगे तक के वाक्यों को उद्धृत किया गया है किन्तु बोर्ड का यह निर्देश है कि 'दूसरा' से लेकर 'उलमा' तक की पूरी सामग्री निकाल दी जाए।

पृ. 141 अशुद्ध : ''जो कुछ तर्कसंगत, दार्शनिक, भौतिकवादी मुतज़िल्ला था, वह ग़ायब हो गया। एक तरफ़ कुरआन और हदीस पर आधारित रूढ़िवादी सोच...''

शुद्ध : ''एक तरफ़ कुरआन और हदीस पर आधारित रूढ़िवादी सोच'' अंश को निकाल दिया जाए।

पुस्तक : भारतवर्षेर इतिहास, लेखक डॉ. नरेन्द्रनाथ भट्टाचार्य; प्रकाशक चक्रवर्ती ऐंड संस :

पृ. 89 : अशुद्ध : ''सुल्तान महमूद ने व्यापक पैमाने पर हत्याओं, लूट, बरबादी और धर्म-परिवर्तन के लिए बल का प्रयोग किया।''

शुद्ध : ''महमूद द्वारा व्यापक पैमाने पर लूट और बरबादी बरपा की

गई।'' अर्थात् हत्याओं और जबरदस्ती धर्म-परिवर्तन कराने का कोई हवाला नहीं।

पृ. 89 : अशुद्ध : ''उसने सोमनाथ के मन्दिर से 2 करोड़ दिरहम के कीमती सामान को लूटा और शिवलिंग का ग़ज़नी की मस्जिद में प्रवेश के लिए पायदान के तौर पर इस्तेमाल किया।''

शुद्ध : ''और शिवलिंग का ग़ज़नी की मस्जिद में प्रवेश के लिए पायदान के तौर पर इस्तेमाल किया'' अंश निकाल दिया जाए।

पृ. 112 अशुद्ध : ''मध्यकाल के हिन्दू-मुस्लिम सम्बन्ध एक बहुत नाजुक मुद्दा है। काफ़िरों को या तो इस्लाम अपनाना पड़ता था या फिर मौत को।''

शुद्ध : पृ. 112-13 पर जो कुछ भी छपा है उसे निकाल दिया जाए।

पृ. 113 : अशुद्ध : ''इस्लामी कानून के मुताबिक गैर-मुसलमानों को मौत और इस्लाम, दोनों में से किसी एक को चुनना होगा। केवल हनफ़ी उन्हें जिन्दगी के एवज़ में जज़िया अदा करने की इज़ाजत देते हैं।''

शुद्ध : इसे निम्नलिखित रूप में सुधार कर लिखा जाए, ''अलाउद्दीन ख़िलजी को जज़िया अदा करके हिन्दू, सामान्य जीवन व्यतीत कर सकते थे।'' इसके अलावा बाद के वाक्य 'काज़ी...', ''तैमूर के भारत में आगमन...'' निकाल दिए जाएँ।

पृ. 113 अशुद्ध : ''महमूद इस्लाम के कानून में विश्वास रखता था, जिसका सार था 'या तो इस्लाम या मौत'।''

शुद्ध : इसे निकाल दिया जाए।

पुस्तक : भारतेर इतिहास, लेखक शुभंकर भट्टाचार्य; प्रकाशक, नर्मदा पब्लिशर्स।

पृ. 181 अशुद्ध : ''हिन्दू औरतों को मुसलमान न देख सकें, इसके लिए उन्हें घरों के भीतर रहने को कहा जाता था।''

शुद्ध : इसे निकाल दिया जाए।

पुस्तक : इतिहासेर कहिनी; लेखक, नलिनी भूषण दासगुप्ता; प्रकाशक, बी. बी. कुमार।

पृ. 132 अशुद्ध : ''टाड (राजस्थानी इतिहास का प्रसिद्ध इतिहासकार) के अनुसार अलाउद्दीन की चित्तौड़ पर चढ़ाई का उद्देश्य राणा रतनसिंह की सुन्दर पत्नी पद्मिनी को हासिल करना था।''

शुद्ध : इसे निकाल दिया जाए।

पृ. 154 अशुद्ध : ''इस्लाम के हुक्म के मुताबिक ग़ैर-मुसलमानों के लिए तीन

विकल्प थे : इस्लाम मज़हब में दीक्षित हो जाओ, जज़िया अदा करो, या मौत को स्वीकार करो। इस्लामी राज्य में ग़ैर-मुसलमानों को इन तीनों में से कोई एक विकल्प अपनाना पड़ता था।''

शुद्ध : इस अंश को निकाल दिया जाए।

पृ. 161 अशुद्ध : ''शुरू-शुरू के सुल्तान हिन्दुओं को जबरदस्ती मुसलमान बना कर इस्लाम का दबदबा बढ़ाने को उत्सुक थे।''

शुद्ध : इस अंश को निकाल दिया जाए।

पुस्तक : भारतेर इतिहास; लेखक, पी. मैती; श्रीधर प्रकाशन।

पृ. 117 अशुद्ध : ''ऐसा वर्णन मिलता है कि अलाउद्दीन ने मेवाड़ की राजधानी, चित्तौड़गढ़ पर इसलिए आक्रमण किया, ताकि वह रतनसिंह की सुन्दर पत्नी पद्मिनी को हासिल कर सके।''

शुद्ध : इस अंश को निकाल दिया जाए।

पृ. 139 अशुद्ध : ''पर्दा प्रथा में आभिजात्य श्रेष्ठता की भावना निहित थी। यही कारण है कि उच्चवर्गीय हिन्दुओं ने उच्चवर्गीय मुसलमानों से इस प्रथा को अपनाया। दूसरा मत यह है कि हिन्दू औरतों को मुसलमानों से बचाने के लिए पर्दे का चलन शुरू हुआ। अधिक सम्भावना इस बात की है कि पर्दे का रिवाज इन दोनों कारणों से शुरू हुआ।''

शुद्ध : इस अंश को निकाल दिया जाए।

सबसे ज्यादा अंश 'औरंगज़ेब की धार्मिक नीति' से सम्बन्धित अध्याय में से निकालने के आदेश दिए गए। यह निर्देश दिया गया कि उसने इस्लाम का दबदबा बढ़ाने के लिए हिन्दुओं और उनके मन्दिरों के साथ जो कुछ किया या अपने शासन के मुख्य उद्देश्यों में जो-जो परिवर्तन किए, उनके बारे में कोई ज़िक्र न किया जाए। उसे एक ऐसे व्यक्ति के रूप में पेश किया जाए, जिसे संगीत, नृत्य और अपने दरबार में वेश्याओं की उपस्थिति से वितृष्णा थी, एक साधारण किस्म की और लगभग धर्मनिरपेक्ष वितृष्णा थी और इन्हीं चीज़ों को उसने निषिद्ध घोषित कर दिया। इस्लाम से सम्बन्धित जिस एकमात्र हवाले को बना रहने दिया गया वह था, ''अकबर की धार्मिक सहिष्णुता और बराबरी के व्यवहार की नीति से खुद को अलग करके औरंगज़ेब ने मुग़ल शासन को क्षति पहुँचाई।''

पुस्तक : स्वदेश सभ्यता; लेखक, डॉ. पी.के. वसु तथा एस.बी. घटक, अभिनव प्रकाशन।

पृ. 126 अशुद्ध : ''कुछ लोगों का मानना है कि मेवाड़ पर चढ़ाई करने के पीछे अलाउद्दीन का उद्देश्य था राणा रतनसिंह की पत्नी पद्मिनी को हासिल करना।''

शुद्ध : इस अंश को निकाल दिया जाए

पृ. 145 अशुद्ध : "इसके अलावा क्योंकि इस्लाम ने खुद को भारत में स्थापित करने के लिए अतिवादी और अमानवीय साधनों का इस्तेमाल किया, इसलिए इस्लाम का यह रवैया भारतीय और इस्लामी संस्कृतियों के एक-दूसरे के नज़दीक आने में बाधक बन गया।"

शुद्ध : इसे निकाल दिया जाए।

पुस्तक : भारत कथा; लेखक, जी, भट्टाचार्य; बुलबुल प्रकाशन।

पृ. 40 अशुद्ध : "मुस्लिम, भारतवासियों पर ज़बरदस्ती अपने धार्मिक विश्वास और व्यवहार लादने के लिए उत्पीड़न तथा अमानवीय साधनों का सहारा लिया करते थे।"

शुद्ध : इस अंश को निकाल दिया जाए।

पृ. 41 अशुद्ध : "इस्लाम के उदार तथा मानवोचित तत्त्वों में उत्पीड़ित हिन्दुओं को आशा की किरण दिखाई दी।"

शुद्ध : "हिन्दुओं में जातिप्रथा" से लेकर "...पर प्रहार किया गया," तक के पूरे पैराग्राफ़ को निकाल दिया जाए। उसकी बजाय ये पंक्तियाँ जोड़ दी जाएँ : "इस्लाम में जातिवाद के लिए कोई स्थान नहीं था। स्वाभाविक रूप से, इस्लाम के प्रभाव से हिन्दुओं में जातिगत भेदभाव के विरुद्ध एक जागृति उत्पन्न हुई। निम्न जातियों के उत्पीड़ित हिन्दुओं ने इस्लाम को अपना लिया।"

पृ. 77 अशुद्ध : "उसका मुख्य कार्य था काफ़िरों, विशेषकर हिन्दुओं का उत्पीड़न करना।

शुद्ध : यह और इससे पहले का वाक्य निकाल दिया जाए।

पुस्तक : भारतेर इतिहास; लेखक, ए.सी. राय; प्रकाशक प्रांतिक।

पृ. 102 अशुद्ध : "ऐसा वर्णन आया है कि अलाउद्दीन ने राणा रतनसिंह की सुन्दर पत्नी, पद्मिनी को हासिल करने के लिए चित्तौड़ पर आक्रमण किया।"

शुद्ध : इसे निकाल दिया जाए।

पृ. 164 अशुद्ध : "इस्लाम के प्रति उसकी प्रतिबद्धता ने उसे रूढ़िवादी बना दिया।"

शुद्ध : इस अंश को निकाल दिया जाए।

पुस्तक : भारत कहिनी; लेखक, जी.सी. राय चौधरी; प्रकाशक ए.के. सरकार ऐंड कं.।

पृ. 130 अशुद्ध : "यही कारण था कि उसने हिन्दुओं को मुसलमान बनाने की

नीति अपनाई, ताकि वह मुसलमानों की संख्या में बढ़ोतरी कर सके। जिन हिन्दुओं ने अपना धर्म त्यागने से इनकार कर दिया उन्हें उसने, या उसके जनरलों ने अंधाधुंध कत्ल कर दिया।''

शुद्ध : इसे निकाल दिया जाए।

संक्षेप में, कोई जबरदस्ती धर्म-परिवर्तन नहीं कराया गया, कोई हत्याएँ नहीं कराई गईं, कोई मन्दिर नहीं ढाए गए। बस इतना ही था कि हिन्दू धर्म ने एक शोषक और जातिवादी समाज को जन्म दिया था। इस्लाम एक समतावादी मज़हब था, इसलिए उत्पीड़ित हिन्दुओं ने इस्लाम मज़हब को अपना लिया।

उस काल के मुस्लिम इतिहासकार इस बात को लेकर खुशिया मना रहे थे कि ढेर सारे काफ़िरों को जहन्नुम में भेज दिया गया। मुस्लिम इतिहासकार हमेशा अपने शासक की इस बात के लिए तारीफ़ के पुल बाँधते रहते थे कि उसने मन्दिरों को नष्ट किया। उसमें हज़ारों-लाखों को इस्लाम का नूर दिखाया। 'हिदायात' जैसी कानूनी पुस्तकों में ठीक वही विकल्प निर्धारित किए गए थे जिनका इन छोटी-छोटी पाठ्य पुस्तकों में उल्लेख किया गया है। लेकिन इन सब बातों पर लीपापोती कर दी गई।

वस्तुनिष्ठ इतिहास के लिए वस्तुनिष्ठ लीपापोती की गई, और यदि कोई आज इन पाठ्य पुस्तकों में फिर से सत्य का समावेश करना चाहता है, तो वे चिल्ला उठते हैं, ''इतिहास का साम्प्रदायिक पुनर्लेखन किया जा रहा है।''

लेकिन केवल इस्लाम के मामले में ही लीपापोती नहीं की गई है, क्योंकि इस्लाम के बाद एक और महान् उद्धारक विचारधारा का शुभागमन हुआ और वह थी मार्क्सवादी-लेनिनवादी विचारधारा।

बंगाल के अध्यापकों ने कक्षा पाँच की पाठ्य पुस्तक में से निम्नलिखित उद्धरण दिए हैं :

''...रूस, चीन, वियतनाम, क्यूबा और दूसरे पूर्वी योरुपीय देशों में किसान और मज़दूर सत्ता हथियाने के बाद देश पर शासन कर रहे हैं, जबकि अमरीका, इंग्लैंड, फ्रांस और जर्मनी में मिलों और फ़ैक्टरियों के मालिक देश पर राज्य कर रहे हैं।''

''...रूस में क्रान्ति के बाद पहले शोषण-मुक्त समाज की स्थापना हुई।''

''...केवल इस्लाम और ईसाई धर्म ही ऐसे धर्म हैं, जो इन्सान के साथ सम्मान और बराबरी से पेश आए...''

इस प्रकार यह सिर्फ़ लीपापोती ही नहीं, बल्कि कोरा झूठ भी है।

परिपत्र पर आगे की कार्रवाई के लिए किए गए उपाय

जैसा कि हमने देखा है, पश्चिम बंगाल सरकार द्वारा 1989 में जारी किए गए परिपत्र का सुस्पष्ट अर्थ यह था कि भारत में इस्लामी शासन के बारे में कोई नकारात्मक उल्लेख नहीं होना चाहिए। यद्यपि तत्कालीन इस्लामी लेखकों ने मुस्लिम शासकों द्वारा मन्दिर नष्ट किए जाने, हिन्दुओं का ज़बरदस्ती धर्म-परिवर्तन कराने और हिन्दू आबादी को अशक्त बनाने के लिए की गई अन्य कार्रवाइयों पर खुशियाँ मनाई थीं, किन्तु उन सब बातों का हमारे इतिहास में कोई उल्लेख नहीं होना चाहिए। परिपत्र के साथ, जिन अंशों को निकाला जाना था, उनकी सूची भी दी गई थी और उनके स्थान पर जो पंक्तियाँ जोड़ी जानी थीं, उनका भी ब्यौरा दे दिया गया था। जिन अंशों को निकाल देने का आदेश दिया गया था उनमें भी तथ्यों को कम करके पेश किया गया था। दूसरी तरफ़ जो अंश जोड़े जाने थे उनमें जिन बातों का उल्लेख था वे पूरी तरह से झूठी थीं जैसे यह कि अलाउद्दीन खिलजी जैसे मुस्लिम शासक के शासन में हिन्दू, जज़िया अदा करके 'सामान्य जीवन' व्यतीत कर सकते थे।

पश्चिम बंगाल सरकार की सत्ता के अन्तर्गत आज जो पाठ्य पुस्तकें इस्तेमाल की जा रही हैं, उन पर करीबी दृष्टि डालने से यह पता चलता है कि इस्लामी शासन के दौरान किए गए जुल्मों के हवालों को निकाल देने के पीछे कहीं अधिक व्यापक और काफ़ी गहरा उद्देश्य था।

इन जुल्मों का तो उल्लेख नहीं ही किया गया। लेकिन उसके अलावा, अलीगढ़ आन्दोलन का ज़ोर पकड़ना, उसके उद्देश्य, इस आन्दोलन की नींव डालने में सर सय्यद अहमद की भूमिका, मुस्लिम लीग की भूमिका, अंग्रेज़ों के साथ उसका करीबी जुड़ाव, उसके द्वारा द्विराष्ट्रीय सिद्धान्त को अपनाया जाना—इन सब ब्योरों को कलकत्ता के अध्यापकों द्वारा भेजी गई आधा दर्जन पुस्तकों में से लगभग पूरी तरह से निकाल दिया गया है।

केवल एक पुस्तक 'सभ्यतार इतिहास' में जो कि डॉ. अतुलचन्द्र राय द्वारा लिखी गई है और प्रांतिक द्वारा 1998 में प्रकाशित की गई है और जो आठवीं कक्षा के लिए है, मुस्लिम लीग, लाहौर प्रस्ताव, द्विराष्ट्रीय सिद्धान्त और जिन्नाह

की 'सीधी कार्रवाई' का ज़िक्र मिलता है। इस पुस्तक में भी, सर सय्यद अहमद के बारे में जो एकमात्र ज़िक्र आया है, उसमें भी उन्हें एक महान् प्रगतिशील धर्म-सुधारक बताया गया है : "अपने पूरे जीवन में वे अन्धविश्वास तथा परम्परा, रूढ़िगत धार्मिक अनुष्ठानों, प्रथाओं और अज्ञान के विरुद्ध संघर्ष करते रहे।" उन्होंने अलीगढ़ आन्दोलन की नींव डाली, द्विराष्ट्रीय सिद्धान्त के मूल प्रवर्तक वही थे, मुसलमानों को कांग्रेस से बाहर रहने के लिए उन्होंने ही प्रोत्साहित किया था, ब्रिटिश शासकों की निगाहों में यह साबित करने के लिए कि 1857 के पूरे विद्रोह के दौरान मुसलमान किस कदर उनके वफ़ादार बने रहे, वे अपने स्वभाव और मज़हब के कारण किस कदर ब्रिटिश लोगों के प्रति वफ़ादार रहे थे और हमेशा रहेंगे, उन्होंने कई लेख और कई पुस्तकें और उनके बाद फिर कई लेख लिखे। यह सिद्ध करने के लिए कि ब्रिटिश शासकों का समर्थन करना और उनका साथ देना मुसलमानों का कर्तव्य है, उन्होंने कुरआन की आयतों की विशेष 'व्याख्याएँ' प्रस्तुत कीं—यहाँ तक कि यदि ब्रिटिश शासक उन्हें सुअर का मांस खाने को भी कहते, तो भी वे अपने धर्म के अनुसार खुशी से ऐसा करने के लिए कर्तव्यबद्ध थे[1]—इन सब बातों में से किसी एक के बारे में भी एक शब्द तक नहीं कहा गया था।

उसी तरह से, जहाँ इस 'सभ्यता के इतिहास' में राममोहन राय का उल्लेख मिलता है, केशवचंद्र सेन का उल्लेख मिलता है—जिनमें मैक्समूलर को भारत को ईसाई बनाने की काफ़ी उम्मीद दिखाई दी थी।—देवेंद्रनाथ टैगोर का उल्लेख मिलता है, वहाँ बंकिमचंद्र का कोई उल्लेख नहीं मिलता। आखिर जिन मतदातागण को हमारे प्रगतिशील नेतागण रिझाना चाहते हैं, उनके लिए आनन्दमठ के गीत वन्देमातरम् के लेखक एक अभिशाप ही तो हैं। बहुत से लोग ये सोचेंगे कि क्योंकि इस प्रकार के 'विश्वसभ्यता के इतिहास' बंगाल के लिए लिखे गए हैं, इसलिए केशवचन्द्र समेत—बंगाली शख़्सीयतों को बंगाल से बाहर के सुधारकों और नेताओं की तुलना में ज़्यादा प्रमुखता दी जानी चाहिए। लेकिन अत्यन्त व्यापक रूप से इस्तेमाल की जा रही इस पाठ्यपुस्तक के बारे में अध्यापकों ने जो बात सामने लाई है, उसे जानकर ऐसे लोगों को भी हैरानी होगी; कि जबकि स्वामी विवेकानन्द के बारे में केवल एक पंक्ति लिखी गई है, कार्ल मार्क्स के बारे में पूरी बयालीस पंक्तियाँ लिखी गई हैं।

हमारे धर्म के बारे में तीन प्रकार की चालाकी बरती गई है। पाठ्यपुस्तकों में धर्म को बदनाम किया गया है, उसमें कई बुराइयाँ बताई गई हैं और उन बुराइयों को सामने लाने से प्रगतिशीलों का उद्देश्य सिद्ध होता है। दूसरा इनमें से प्रत्येक मामले में बुराइयों के जो उदाहरण दिए गए हैं, उन्हें उन्होंने केवल हिन्दू धर्म से ही जोड़ा है। तीसरा, धर्मों में इस्लाम को हर जगह एक प्रगतिशील, उद्धारक धर्म के रूप में पेश किया गया है। अलबत्ता अन्तिम उद्धार तो 1917 में सोवियत क्रान्ति

के रूप में ही हुआ!

इतिहास-ओ भूगोल, प्रथम भाग, जो कि पश्चिम बंगाल शिक्षा अधिकार, कलकत्ता 1993 द्वारा प्रकाशित की गई है, तीसरी कक्षा की पुस्तक है, जो कि 7 या 8 वर्ष के बच्चों के लिए है। इसमें रिवाज़ी तौर पर 'व्यक्तिगत सम्पत्ति और दास प्रथा' पर एक खण्ड दिया गया है और उसकी प्रथागत मार्क्सवादी व्याख्या प्रस्तुत की गई है। अमीरों और ग़रीबों के दो अलग-अलग वर्गों में बँट जाने का कारण है व्यक्तिगत सम्पत्ति और लाभ-संचय का उद्देश्य...अपनी वृद्धि करने के लिए एक वर्ग दूसरे वर्ग से लड़ाई करता है...कुछ अपनी सम्पत्ति खो देते हैं और दूसरे लोग उनका सब कुछ हथिया लेते हैं...जो अपनी सम्पत्ति खो देते हैं, उन्हें कैदी बना कर उनसे मज़दूरों का काम लिया जाता है, वे दास बन जाते हैं, वे एकदम कंगाल होते हैं..., जो उनसे इस तरह से काम लेते हैं वे उनके मालिक बन जाते हैं... धीरे-धीरे वे मालिक, काम किए बगैर, दासों की मज़दूरी का फल भोगने लगते हैं...; इस प्रकार समाज अमीरों और गरीबों, मालिकों और दासों में बँट जाता है; अमीर, मालिक और चालबाज़ लोग इन दासों को लूटने लग जाते हैं; न केवल दासों को अपने हक से वंचित रखा जाता है, बल्कि उन पर अत्याचार भी किए जाते हैं...; कभी-कभी ये ग़रीब, ये दास जब अत्याचार को बर्दाश्त नहीं कर पाते थे तो वे विद्रोह कर देते थे; उन पर नियन्त्रण रखने के लिए अमीरों ने कानून, पुलिस और न्यायालय बनाए...। एक तीसरी कक्षा के बच्चे को कानून का पालन करने के लिए कितना सही तरह से तैयार किया जाता है।

अगले पृष्ठ पर इस वृत्तान्त को समाज के धार्मिक अनुष्ठानों और कर्मकाण्ड सम्बन्धी वृत्तान्त के साथ मिला दिया गया है। इस पृष्ठ पर दिए गए चित्र में हिन्दू पण्डितों को आग के इर्दगिर्द बैठे दिखाया गया है और नीचे लिखा है, 'यज्ञ करते हुए ऋषि'। दो वर्गों के बनने का, और उनमें से एक वर्ग के उत्पीड़न और ज़बरदस्ती दास-मज़दूर बनाए जाने का वर्णन करने के बाद और कानून, पुलिस तथा न्यायालयों को इस उत्पीड़न का साधन बताने के बाद अब पाठ्य पुस्तक तीसरी कक्षा के छात्र को बताती है, ''इन पुरोहितों को युक्ति सूझी और ये पूजा के नियमों और विधियों के निर्माण में लग गए। इस प्रकार धर्मग्रन्थ लिखे गए। और ये बच्चों को इन धर्मग्रन्थों से शिक्षा देने लगे और खुद अध्यापक बन बैठे। धीरे-धीरे उन्होंने खुद को सामाजिक सोपान की चोटी पर स्थापित कर लिया। इस प्रकार वे समाज के नेता बन गए और वे उन लोगों के सहयोगी बन गए जो विश्व पर शासन कर रहे थे।'' यह केवल सामान्य मार्क्सवादी बकवास नहीं है। यह मैकाले-मिशनरी-योजना की मार्क्सवादी अभिव्यक्ति है; ये जिन चीज़ों की श्रद्धा करते हैं उनके प्रति इनके मन में शर्मिन्दगी पैदा कर दो—उनके देवता, उनके धर्मग्रन्थ, उनकी भाषा, संस्कृति; और उस समूह के प्रति जिन पर इनके धर्म और संस्कृति

को जारी रखने का आरोप है, इनके मन में घृणा उत्पन्न कर दो।

इस प्रसंग को जारी रखा जाता है और हिन्दू धर्म को हर बुरी चीज़ के साथ जोड़ने की प्रक्रिया चौथी कक्षा के छात्रों की पाठ्य पुस्तक 'इतिहास-ओ भूगोल' (पश्चिम बंगाल विद्यालय शिक्षा अधिकार 1995, कलकत्ता) में और गहरी होती चली जाती है। पृष्ठ 10 पर मानक वृत्तान्त दिया गया है जिसके बारे में आधुनिक विद्वानों ने गम्भीर विरोध प्रकट किया है। आर्य उत्तर-पश्चिम से आए... उन्होंने चार वर्णों की स्थापना की, शूद्रों को निम्नतम वर्ण के अन्तर्गत रखा गया। वे इस देश के मूल निवासी थे और उनका रंग काला था। उन्हें शिक्षा प्राप्त करने का कोई अधिकार नहीं था।

यह सब कुछ पृष्ठ 10 पर देखने को मिलता है। पृष्ठ 17 पर हमें एक उद्धारक घटना के बारे में जानने को मिलता है। मुहम्मद साहब का जन्म होता है। वे इस्लाम मज़हब की स्थापना करते हैं... इस्लाम के कारण एक महान् सभ्यता का जन्म होता है, एक ऐसी सभ्यता का जो शैक्षिक, सांस्कृतिक दृष्टि से उन्नत है। इस्लाम एक विशाल साम्राज्य की स्थापना करता है, लेकिन विभिन्न भागों में परस्पर-सांघातिक लड़ाई के कारण इस साम्राज्य में से अलग-अलग राज्यों का आविर्भाव होता है।

फिर दो पृष्ठ बाद मुहम्मद का जन्म होता है...एक महापुरुष...उनके धर्म इस्लाम का अर्थ है 'शान्ति।' उन्होंने सबको शिक्षा दी कि वे ग़रीबों को खैरात दें और मज़दूरों को उसके हक की मज़दूरी दें। उन्होंने यह शिक्षा दी कि ग़ुलामों को दुःख या तकलीफ़ मत पहुंचाओ, कर्ज़ों पर सूद मत लो। उन्होंने मूर्तिपूजा बन्द कराई। मुहम्मद के ये मुख्य सिद्धान्त हैं। बहुत से लोगों ने मुहम्मद के धर्म को स्वीकार किया... और उसके बाद कपटपूर्वक एक सन्देश दिया जाता है : "सभी महापुरुषों ने शान्ति की शिक्षा दी है... लेकिन लोग उनके सन्देश को भूलकर आपस में लड़ाई-झगड़ा कर रहे हैं। अमीर, गरीबों की मदद करने की बजाय उन्हें धोखा देकर अपनी धन-दौलत में बढ़ोतरी करने लगे। वे धर्म के नाम पर लूटने और रक्तपात करने लगे। जब भारत में जैन और बौद्ध धर्म का प्रचार हुआ तो ब्राह्मण खतरा महसूस करने लगे। उन्होंने सोचा कि यदि लोगों ने धर्मानुष्ठानों का पालन नहीं किया तो हो सकता है कि वे उनकी आज्ञा का पालन करना और परवाह करना भी बन्द कर दें। इसलिए हिन्दू धर्म को बचाने के बहाने और समाज पर अपना नियन्त्रण बनाए रखने के लिए वे हताश हो उठे। बहुत से राजाओं ने उनकी मदद की। इस प्रकार जैन धर्म और बौद्ध धर्म का प्रभाव कम होता गया और हिन्दू धर्म का प्रभाव बढ़ता गया।"

यह सब कुछ पृष्ठ 20 पर है। पृष्ठ 25 और 26 पर अपनी ओर से थोपे गए इस सन्देश को और आगे बढ़ाया गया। मानक मार्क्सवादी 'स्थापना' को एक

बार फिर बच्चे के दिल-दिमाग़ में बैठाया जाता है। किसानों का शोषण किया जाने लगा। उनकी बचत को हथियाया जाने लगा। उनके मवेशियों और भूमि पर से उनकी मिल्कियत छीनी जाने लगी। उनकी तकलीफ़ें...ग़रीबी दिन-प्रतिदिन बढ़ने लगीं... और उसके बाद, "ईश्वर के नाम पर पण्डित पूजा और त्योहारों के लिए दक्षिणा प्राप्त करने लगे। पण्डित उत्पीड़क बन गए, दूसरों की मेहनत पर जीने लगे और दूसरों का शोषण तथा उत्पीड़न करने लगे। राजाओं और ज़मींदारों ने उनकी मदद की। शूद्र, दास और ग़रीब धार्मिक अत्याचार के कारण सबसे ज़्यादा दुःख झेलते हैं। इसी प्रकार समाज में ऊँच-नीच की शुरुआत हुई। शूद्र अछूत बन गए; उनकी सेवाओं का शोषण करने पर कोई प्रतिबन्ध नहीं था और उच्च जातियों के लोग शूद्रों का शोषण तथा उत्पीड़न करने के लिए कोई भी बहाना ढूँढ़ लेते थे। उच्च जाति के लोग कोई भी बहाना लेकर शूद्रों की हत्या करके पूरे के पूरे गाँवों का नामोनिशान तक मिटा देते थे।"

बच्चे के दिल-दिमाग़ में सन्देश को अच्छी तरह से बैठाने के लिए इस पृष्ठ पर एक चित्र भी दिया गया है जिसका शीर्षक है : धर्मीय (धार्मिक) उत्पीड़न। चित्र में दिखाया गया है कि बुश्शर्ट पहने एक आदमी एक ग़रीब को चाबुक से मार रहा है। केन्द्र-स्थान पर धोती पहने एक चोटी वाला ब्राह्मण खड़ा है, जिसके माथे पर एक धमकी भरी त्योरी चढ़ी है। वह उस चाबुक वाले आदमी को, मारने का आदेश दे रहा है।

उसके बरअक्स 'इतिहास' (प्राचीन) नामक पुस्तक में, जो कि पश्चिम बंगाल शिक्षा परिषद् द्वारा 1994 में प्रकाशित की गई है, पृष्ठ 94 पर नालन्दा के खँडहरों का एक रेखाचित्र दिया गया है। पुस्तक में इस बात की याद ताज़ा कराई गई है कि इस प्रकार के विद्यापीठ कितने महत्वपूर्ण थे, लेकिन इतिहास में, इस बारे में जान-बूझकर चुप्पी साध ली गई है, कि इस विद्यापीठ को किसने नष्ट किया। इस बारे में उल्लेख करने से उस परिपत्र का उल्लंघन जो हो जाता।

तीसरी कक्षा की पुस्तक 'इतिहास-ओ भूगोल', प्रथम भाग में पृष्ठ 32 पर बच्चे को यह शिक्षा दी गई है, "व्यक्तिगत सम्पत्ति के आविर्भाव से, समाज का एक वर्ग दूसरे वर्ग को वंचित करता रहा है। अमीरों और ग़रीबों के बीच का अन्तर बढ़ता चला गया है। इस प्रकार दुःख और कष्ट पैदा कर दिए गए हैं। दलितों के सारे अधिकार छिन गए हैं। उन्हें बहुत से तिरस्कार सहने पड़े हैं। अब तक भी लोग एक दूसरे की हत्या कर रहे हैं, अब तक भी आदमी, आदमी का शोषण कर रहा है। अब तक भी युद्ध और महायुद्ध होते हैं। यदि इस धरती पर कभी शान्ति आ जाए, यदि शोषण और उत्पीड़न रोक दिए जाएँ, यदि हर व्यक्ति बराबर-बराबर ख़ुशी और शान्ति का उपभोग कर सके, तो यह धरती कितनी अद्भुत हो जाएगी।"

बच्चों के मन में हालात के प्रति क्रोध के बीज बोने और उन हालात के लिए ऐसे तत्त्वों को, जिन्हें कम्युनिस्ट निशाना बनाना चाहते हैं, ज़िम्मेदार ठहराने की प्रक्रिया वर्षानुवर्ष अब भी जारी है। पश्चिम बंगाल शिक्षा अधिकार द्वारा 1996 में प्रकाशित इतिहास, भाग III में शोषण, समाज के विभाजन और शोषण के हथियार के रूप में धर्म के प्रयोग का वर्णनक्रम तथा मार्क्सवादी 'स्थापना' को उसी तरह से बरकरार रखते हुए, आगे चलकर 'नवचेतना के प्रादुर्भाव' का उल्लेख मिलता है। एक शोषण करने वाली व्यवस्था...ब्राह्मणों का ज़बरदस्त प्रभाव... श्रमिक वर्ग में शूद्रों का दमन..., उनके कोई अधिकार या कोई गरिमा नहीं..., शूद्रों को धार्मिक अनुष्ठान करने की भी मनाही...शोषण...ईसाई दासों का विद्रोह... स्पार्टेकस..., रोमन साम्राज्य की नींव तक हिलाकर रख देता है...ईसा मसीह के 600 वर्ष बाद एक और धर्ममत का उद्‌भव जिसके अनुसार हर मनुष्य को बराबर के अधिकार प्राप्त हैं। इस धर्ममत का प्रचार मुहम्मद द्वारा किया गया...महापुरुषों के विचारों को तिलांजलि दे दी गई... शोषण जारी रहता है।

अन्ततः लेनिन और बोलशेविक पार्टी का प्रादुर्भाव होता है... "इस प्रकार हुआ एक आम आदमी का विद्रोह नवम्बर 1917 में और श्रमिक-वर्ग के शोषण-मुक्त समाज की स्थापना हुई। टैगोर 1930 में रूस गए और कहा कि यदि वे रूस न गए होते तो वे तीर्थ स्थानों में से सब से पवित्र तीर्थस्थान के दर्शन न कर पाते..." चीनी क्रान्ति...

इंग्लैण्ड की औद्योगिक क्रान्ति... मालिक दूसरों की सम्पत्ति का हरण कर लेते हैं... श्रमिकों की आर्थिक स्थिति उत्तरोत्तर कमज़ोर पड़ती चली जाती है... देश अमीर तो हो जाते हैं लेकिन उनका नियन्त्रण केवल कुछेक लोगों के ही हाथों में रह जाता है; बाकी सब लोग मुसीबतज़दा हो जाते हैं, और उनको कुछ नहीं मिल पाता, यहाँ तक कि दो वक्त की रोटी भी नहीं... और फिर उसके बाद पृ. 32 पर ज़िक्र आता है रूसी क्रान्ति का : "पहले विश्वयुद्ध का ख़ात्मा होने से पहले नवम्बर 1917 में लेनिन और बोलशेविक पार्टी के नेतृत्व में रूसी साम्राज्य के किसानों और मजदूरों ने क्रान्ति करके ज़ार के साम्राज्य को उखाड़ फेंका और इस प्रकार सोवियत रूस में किसानों और मज़दूरों ने पहले शोषण-मुक्त शासन की स्थापना की..."

और उसके बाद ज़िक्र आता है दूसरे महायुद्ध का : "हिटलर, जापान और इटली आपस में मिल गए।" जापान भी बहुत लालची और महत्त्वाकांक्षी था और एशिया में अपना साम्राज्य स्थापित करने की योजना बना रहा था। एक्सि (जर्मनी, इटली और जापान की मैत्री) की "ब्रिटेन, फ्रांस और अमरीकी साम्राज्यवादियों" से टक्कर हो गई। पुस्तक छात्र को आगे यह बताती है, "मुद्दा यह था कि कौन विश्व का शोषण करेगा और उसे लूटेगा। दूसरे विश्वयुद्ध की शुरुआत इस प्रकार

हुई...'' बंगाल का अकाल... 1941 में जर्मनी ने सोवियत रूस पर आक्रमण किया। अपनी मातृभूमि की रक्षा करने के लिए रूसी लोगों ने हिटलर की जर्मनी से युद्ध किया और अन्ततः उसे परास्त किया। हिरोशिमा और नागासाकी पर बम गिराए जाते हैं... दूसरे विश्वयुद्ध के अन्त में, उपनिवेशों में आज़ादी के आन्दोलनों ने ज़ोर पकड़ लिया।

इस पुस्तक की तरह 'सभ्यतार इतिहास' (सभ्यता का इतिहास) में भी रूसी क्रान्ति को सभ्यता के विकास का चरमोत्कर्ष बताया गया है। एक असाधारण व्यापक क्रान्ति...

यद्यपि ये पुस्तकें 1995, 1998 आदि वर्षों में प्रकाशित की गई हैं, लेकिन उनमें स्टालिन द्वारा अवांछित तत्त्वों के 'निष्कासन' का कोई उल्लेख नहीं मिलता और न ही इस बात का कोई उल्लेख मिलता है कि उसके शासनकाल में लाखों रूसी नागरिक मौत के घाट उतार दिए गए। इस बात का भी उक्त पुस्तक में कोई उल्लेख नहीं मिलता कि चीन में माओवादी शासन काल में लाखों चीनियों की हत्या कर दी गई। इन दो शासन व्यवस्थाओं के अन्तर्गत दास श्रमिक कैम्पों के बारे में भी एक शब्द नहीं कहा गया है। और स्वभावतः, सोवियत संघ या पूर्वी योरुप के साथ तब से जो कुछ हुआ या जिस तरह से चीन ने दिवालिया साम्यवादी आर्थिक प्रणाली से खुद को अलग करके जितनी बड़ी तरक्की की, उसके बारे में भी एक शब्द नहीं कहा गया है।

इसलिए योजना केवल उतने तक सीमित नहीं थी, जितना कि परिपत्र में निर्दिष्ट किया गया था–अर्थात् परिपत्र का प्रयोजन केवल इस्लामी शासकों द्वारा भारत और भारतवासियों के साथ की गई बुराई को मिटाना ही नहीं था। उसका प्रयोजन है हमारे देश के धर्म, हिन्दू धर्म पर बुराई आरोपित करना। उसका उद्देश्य है इस्लाम को एक ऐसी महान् प्रगतिशील ताकत के रूप में पेश करना जिसने ऊँचाइयों को छुआ; उसका उद्देश्य है इस बात पर दुःख मनाना कि मानवता ने मुहम्मद जैसे प्रगतिशील व्यक्तियों के उपदेशों की कोई परवाह नहीं की–तब तक; जब तक कि 1917 में 'असाधारण तथा व्यापक' रूसी क्रान्ति नहीं हुई।

अध्यापकों का कहना है कि केरल में भी इसी प्रकार के प्रयास किए जा रहे हैं। लेकिन क्योंकि एक के बाद दूसरी पार्टी की बदल-बदल कर सरकार बनती रही है, इसलिए किसी एक नीति को लम्बे समय तक जारी नहीं रखा जा सका है। उनका कहना है कि 'विद्या का न्यूनतम स्तर परियोजना' को लेकर जो हाल में उपद्रव हुआ है, उससे स्थिति साफ़ तौर पर सामने आ जाती है।

1986 की राष्ट्रीय शिक्षा नीति में, शिक्षा के अलग-अलग चरणों को पूरा कर लेने पर बच्चों को योग्यता के जो-जो न्यूनतम स्तर प्राप्त कर लेने चाहिए उन्हें जल्दी से निर्धारित करने की आवश्यकता पर बल दिया गया था। 1990 में

इस उद्देश्य के लिए एक समिति का गठन किया गया। इस समिति ने पहली से पाँचवीं कक्षा पास करने वाले छात्रों द्वारा प्राप्त की जाने वाली योग्यताएँ निर्धारित कीं। राज्य सरकारों ने तदनुसार पाठ्यक्रम तथा पाठ्य पुस्तकों में संशोधन किया। 1993 से ज़्यादा से ज़्यादा स्कूलों में नए पाठ्यक्रम तथा नई पुस्तकें लागू की गईं।

1996 में एक बार फिर मार्क्सवादी सत्ता में आ गए। उन्होंने एक बार फिर पहली से चौथी कक्षा तक की पाठ्य पुस्तकों तथा पाठ्यक्रमों में संशोधन कर दिया। जो पाठ्य पुस्तकें और पाठ्यक्रम केवल तीन वर्ष पहले लागू किए गए थे और जिन्हें राज्य-भर के स्कूलों में लाया जा रहा था, उन्हें तिलांजलि दे दी गई। पाठ्य पुस्तकें उन अध्यापकों द्वारा तैयार की गईं जो 'शास्त्र साहित्य परिषद्' के साथ सक्रिय रूप से जुड़े थे, जो कि मार्क्सवादियों द्वारा समर्थित संस्था थी। अध्यापकों ने लिखा है, "शिक्षाविदों तथा अध्यापकों के सार्वजनिक संगठनों ने पाठ्य पुस्तकों की कड़ी आलोचना की। मुख्य आलोचना यह थी कि पाठ्य पुस्तकों में राष्ट्रीय नेताओं, समाज सुधारकों, प्राचीन कवियों तथा भारतीय संस्कृति के बारे में कोई उल्लेख नहीं था। धर्मनिरपेक्षता के नाम पर रामायण तथा महाभारत से सम्बन्धित कहानियों और कविताओं को भी निकाल दिया गया था।"

ज़्यादा सख्ती बरतने से आमतौर पर हास्यास्पद स्थितियाँ भी पैदा हो जाया करती हैं। अध्यापकों ने एक उदाहरण दिया है। केरल के एक प्रमुख कवि, महाकवि इक्किथम अच्युत्थन नम्बूदिरीपाद की एक कविता एक पाठ्यक्रम में निर्धारित की गई थी। इस कविता में अपने पुत्र के लिए चिंतित तथा उसके वियोग में घुल रही माँ पूछती है कि क्या किसी ने उसके पुत्र को देखा है, 'अम्बाडी कन्नांते निरामने'—मेरा पुत्र जो कि कृष्णवर्ण है। इस पंक्ति को निकाल दिया गया है और उसके स्थान पर 'न्जावल पज़्हाथिंते चेलाने'—न्जावल पज़्हम एक फल होता है, जिसके बारे में अध्यापक बताते हैं कि वह लाल रंग का होता है। वे लिखते हैं, "यह परिवर्तन इस प्रसिद्ध कवि की पूर्व-अनुमति के बिना कर दिया गया। ऐसा इसलिए किया गया ताकि भगवान् कृष्ण का नाम इस कविता में न आ पाए।" इसके अलावा वे बताते हैं कि 1986 की राष्ट्रीय शिक्षा नीति में कुछ महत्त्वपूर्ण घटकों की पहचान की गई थी। नया पाठ्यक्रम तैयार करते समय, भारतीय स्वतन्त्रता आन्दोलन से सम्बन्धित इन महत्त्वपूर्ण घटकों को, और राष्ट्रीय पहचान को विकसित करने के लिए ज़रूरी विषय-वस्तु और भारत की साझी सांस्कृतिक परम्परा तथा सामाजिक बाधाओं के निवारण से सम्बन्धित तत्त्वों को पाठ्यक्रम से निकाल दिया गया। चतुर्थश्रेणी की पाठ्य पुस्तकों में गाँधी जी से सम्बन्धित पाठ में उन्हें स्वतन्त्रता संग्राम के नेता के रूप में नहीं, बल्कि केवल ग़रीबों से प्यार करने वाले व्यक्ति के रूप में प्रस्तुत किया गया है। इसके लिए उस समय की एक घटना का उल्लेख किया गया है जब वे दक्षिण अफ्रीका में थे। अध्यापकों का कहना है कि उनके

बारे में जान-बूझकर 'अयाल' शब्द का प्रयोग किया गया है जिसका अर्थ है 'वह'। यह शब्द निरादरपूर्ण है। उनका कहना है कि इस शब्द का किसी सम्मानित व्यक्ति या किसी बड़े के लिए इस्तेमाल नहीं किया जाता।

शिक्षा विभाग पर जो मार्क्सवादियों का दबदबा रहा है उसके चलते, हर स्तर पर सभी पहलुओं में उसी प्रकार के परिवर्तन और प्रतिस्थापन किए जाएँगे जो कि हम बंगाल में देख चुके हैं। जो बात सबसे ज़्यादा ज़रूरी है, वह यह है कि प्रगतिशील सरकार सत्ता में बनी रहे और बाकी सब लोग उसकी कारगुज़ारियों पर कोई ध्यान न दें।

सन्दर्भ

1. इन मुद्दों पर सर सय्यद के लेखों से लिए गए निदर्शी, उद्धरणों के लिए देखें मेरी पुस्तक 'इंडियन कन्ट्रावर्सीज़', ए.एस.ए. 1991, हार्पर कोलिन्स 1997, अध्याय VII

‘हमें सकारात्मक पहलुओं को ही ध्यान में रखना चाहिए’

बंगाल में इन विद्वानों की स्थिति को निश्चय ही इसलिए बल मिला है, क्योंकि वहाँ सी. पी. आई. (एम) लम्बे समय से सत्ता में है। किन्तु उनका दबदबा केवल उस राज्य की शिक्षण तथा अनुसन्धान संस्थाओं तक ही सीमित नहीं है। इसलिए यदि राष्ट्रीय स्तर पर भी उसी ‘प्रणाली’ को विद्यार्थियों के गले उतारा जा रहा है, तो उसमें कोई हैरानी की बात नहीं है। बौद्धिक आचार की खिंचावट इतनी प्रबल है और एक शिक्षक के भविष्य के लिए नियन्त्रक माफिया इतना घातक हो सकता है कि यद्यपि कोई अध्यापक उनकी बातों और ‘स्थापनाओं’ से पूरी तरह से सहमत न भी हो, तो भी वह उन्हीं की बातों को दोहराने लग जाएगा। अन्यथा राष्ट्रीय शिक्षा अनुसन्धान और प्रशिक्षण परिषद् द्वारा उसकी पाण्डुलिपि को पाठ्यपुस्तक के तौर पर स्वीकार ही नहीं किया जाएगा। उदाहरण के लिए; उसकी समीक्षा ही नहीं की जाएगी।

श्री एस. एन. झा की पुस्तक ‘सोसाइटी, स्टेट एंड गवर्नमेण्ट’ ग्यारहवीं कक्षा के छात्रों के लिए राष्ट्रीय शिक्षा अनुसन्धान तथा प्रशिक्षण परिषद् द्वारा निर्धारित पाठ्य पुस्तक है।[1] ये लेखक महोदय भी उसी ‘प्रतिबद्ध लेखन’ के गढ़, जवाहरलाल नेहरू विश्वविद्यालय से जुड़े हैं, जिस पर हम विचार करने जा रहे हैं। उस संस्था में, और उन नियन्त्रकों के बीच काम करते हुए, चाहे उनके विचार जो भी हों, लेकिन युवाओं को संस्कृति की शिक्षा देने के लिए उन्होंने जो कुछ पाठ्यपुस्तक में लिखा है, वह उसी ढाँचे में फिट बैठता है।

पुस्तक में लेखक ने कृपापूर्वक इस बात का तो उल्लेख ज़रूर कर दिया है कि सोवियत संघ धराशायी हो गया है और पूर्व जर्मनी का पश्चिम जर्मनी के साथ विलयन हो गया है, लेकिन 1996 में भी इस पुस्तक में सोवियत प्रणाली का औचित्य स्थापित किया गया है और जब सोवियत संघ और अन्य समाजवादी राज्यों के धराशायी होने के उललेख को टाला नहीं जा सका, तो पुस्तक में कर्तव्यपरायणता के साथ ‘धराशायी’ शब्द को उद्धरण चिह्नों के भीतर लिख दिया गया।

तब उल्लेख किया गया, हमेशा की तरह, उस महान् घटना का : “हालाँकि

कई विद्वानों द्वारा समाजवाद पर काफ़ी बहस की गई और उसकी अर्थपूर्ण व्याख्या प्रस्तुत की गई... लेकिन समाजवाद 1917 तक केवल विचारों की दुनिया तक ही सीमित रहा।'' प्रो. साहब छात्रों को बताते हैं, 1917 में ''ये विचार रूसी क्रान्ति के ठोस आधार बन गए। इससे राज्य तथा सरकार को ऐसे ढंग से संगठित करने का मौका मिल पाया कि जिससे समाजवाद के आदर्शों को कार्यरूप दिया जा सका। समाजवादी राज्यों के गठन में 1949 में हुई चीनी क्रान्ति एक और युगान्तकारी घटना थी। इन क्रान्तियों ने बहुत से उन राज्यों के लिए, जिन्होंने समाजवादी पद्धति को अपनाया, एक आदर्श प्रस्तुत किया।''[2]

समाजवाद के प्रचारकों तथा विज्ञापकों के अवचेतन में एक घटना को दूसरी घटना से जोड़ने की प्रवृत्ति हमेशा से रही है : ''रूसी और चीनी क्रान्तियों के दशकों के दौरान उपनिवेशवाद की समाप्ति का भी दौर चला... समाजवाद-प्रयोग को तीसरे विश्व में भी समर्थन प्राप्त हुआ।''[3]

आगे ज़िक्र आता है चमत्कारिक प्रसार का : ''1984 में प्रकाशित प्रामाणिक सर्वेक्षणों से पता चला कि 15 समाजवादी राज्य विश्व के एक चौथाई क्षेत्र में फैले हुए हैं और उनकी आबादी विश्व की आबादी की एक तिहाई के बराबर है। ये राज्य विश्व के लगभग सभी महाद्वीपों में फैले हुए हैं। विभिन्न क्षेत्रों—आर्थिक, सामाजिक, राजनीतिक और सैनिक क्षेत्रों—में प्राप्त की गई उपलब्धियों के आधार पर इनमें से बहुत से राज्यों ने विश्व में अपना स्थान बना लिया है...''[4]

समाज तथा शासन का आर्थिक आधार : अतः उत्पादन के साधनों का राष्ट्रीयकरण कर दिया गया, जिसकी वजह से कामगारों का उत्पादन की ताकतों पर नियन्त्रण स्थापित हो पाया...

समाजवादी राज्यों को संगठित करने के विशेष तरीके : उन प्रथाओं और रीति-रिवाजों का त्याग जो ग़ैर-समाजवादी राज्यों, ऐसे राज्यों का अंग हैं, जो किसी सहमत विचारधारा के आधार पर संगठित नहीं हैं, और ऐसी प्रथाएँ और रीति-रिवाज उनमें इसलिए पाए जाते हैं क्योंकि उन्होंने वे कार्य नहीं किए हैं, जोकि समाजवादी राज्यों ने किए हैं। इसलिए समाजवादी राज्यों में राजनीतिक दलों को संगठित करने का भी एक विशेष तरीका होता है :

''क्योंकि समाजवादी समाज ऐसी अवस्था को प्राप्त कर लेंगे जहाँ बहुत से वर्गों की बजाय केवल एक वर्ग, अर्थात् सर्वहारा वर्ग होगा, इसलिए उनमें बहुत से राजनीतिक दलों के लिए भी कोई स्थान नहीं होगा। और केवल एक ही विचारधारा का पालन किया जाना होता है। समाजवादी समाजों में आमतौर पर एक ही राजनीतिक दल होता है। ऐसे कुछेक राज्यों में ही एक से अधिक दल रहे हैं।''[5]

पाठ्यपुस्तक में कहा गया है कि यह सही है कि कुछ समाजवादी राज्यों में दो या उससे अधिक दल रहे हैं किन्तु दूसरे दल मुख्य दल के सहायक दल

थे और वे एक ही विचारधारा को आगे बढ़ाने के लिए प्रयत्नशील रहे। इसके अलावा ऐसे राज्य में राजनीतिक दल 'केवल चुनावी क्षेत्र में अल्पकालिक चुनावी लाभों' के लिए काम नहीं करता। पाठ्यपुस्तक में आगे कहा गया है, ''एक महत्त्वपूर्ण भूमिका है समाजवादी आदर्शों के अग्रणी के रूप में काम करना और न केवल समाजवादी विचारधारा का प्रतिनिधित्व करना बल्कि यह भी सुनिश्चित करना कि वह विचारधारा समाज और राज्यतन्त्र में भी प्रतिबिम्बित हो। किसी भी और प्रणाली में इस प्रकार की भूमिका निभाने वाले दल को 'विरोधी विचारधारा दमनकारी समूह' कह कर उसकी निन्दा की जाएगी, क्योंकि वह सर्व-सत्तात्मक राज्य का मुखबिर भी होगा और प्रवर्तक भी। लेकिन हमारी पाठ्य पुस्तक में इस भूमिका पर ऐसे शब्दों का मुलम्मा चढ़ा दिया गया है, जिनसे कोई ऐसा नागरिक भी शर्मिन्दगी महसूस करने लगेगा जो कि सोवियत संघ के दिनों में पूर्णतः प्रतिबद्ध रहा होगा। पाठ्यपुस्तक में आगे कहा गया है कि दल, दल-नेतृत्व और सशस्त्र सेनाओं के बीच 'एक व्यक्तिगत सम्पर्क' बनाए रखता है। दल ''महत्त्वपूर्ण संस्थाओं में लोगों की नियुक्ति के बारे में लिए गए निर्णयों में भी अपने असर का इस्तेमाल करता है...''[6]

जब दल को ऐसी भूमिका निभानी होती है तो वह ढीली-ढाली, बिखरी-बिखरी कार्यपद्धति सम्बन्धी बूर्जुआ धारणाओं से खुद को लड़खड़ाने नहीं देता। इसलिए हमारी पाठ्यपुस्तक में ऐसे शब्दों में निम्नलिखित बात कही गई है, मानो वे सीधे स्टालिन की नियमपुस्तक में से लिये गए हों–

''दल की भूमिका सम्बन्धी ऐसी संकल्पना होने पर स्वाभाविक रूप से, उसके लक्ष्यों की प्राप्ति के लिए एक शक्तिशाली तथा दृढ़ नेतृत्व की ज़रूरत पड़ेगी। दल की विचारधारा को आगे बढ़ाने और समाज के हितों को पूरा करने के लिए उसे एक खण्डित और ढीले-ढाले ढाँचे की बजाय एक अनुशासित तथा एकीकृत ढाँचे की ज़रूरत पड़ती है। इसलिए ऐसे दल का एक अखण्ड ढाँचा होता है।''[7]

अब स्टालिन को पृष्ठभूमि में ले जाकर लेनिन का स्मरण किया जाता है।

''दल के ढाँचे सम्बन्धी आवश्यकताओं और दल के सदस्यों की प्रतिभागिता के बीच लोकतान्त्रिक केन्द्रवाद के सिद्धान्त द्वारा तालमेल बैठाया जाता है, जिसका प्रतिपादन लेनिन ने किया था। लेकिन सुदृढ़ नेतृत्व तथा दल के एकीकृत ढाँचे का यह अर्थ नहीं कि दल के सदस्यों अर्थात् कामगारों की प्रतिभागिता पर किसी प्रकार का कोई प्रतिबन्ध होता है...''[8]

दल के भीतर हर स्तर पर चुनाव होते हैं। अपने विचारों को व्यक्त करने की आज़ादी होती है...पाठ्यपुस्तक में आगे कहा गया है, ''इस प्रकार दल के संगठन ने दल के सदस्यों तथा इकाइयों की प्रतिभागिता के साथ कड़े अनुशासन तथा एकीकृत ढाँचे को जोड़ दिया। इस प्रकार का डर केन्द्रीय नीति तथा सार्वजनिक

माँगों के लिए ट्रांसमीटर का काम कर पाया और सदस्यों को गाँवों की दिन-प्रतिदिन की समस्याओं से परिचित करा पाया और वह दल की शाखाएँ बनाने में मदद कर पाया तथा सार्वजनिक शिक्षा आन्दोलन में भाग ले पाया...''[9]

और दल के भीतर के लोकतन्त्र में केवल इतना कुछ ही नहीं है। पाठ्यपुस्तक में आगे कहा गया है, ''अलग-अलग सदस्य संगठन में नेतृत्व को दरकिनार कर के दल के उच्चतर निकायों को अपील और शिकायत भी कर सकते हैं''—हालाँकि इस बात के ढेरों सबूत मिलते हैं कि जिन व्यक्तियों ने ऐसा कुछ करने की कोशिश की उनका क्या हश्र हुआ। ''व्यक्तिगत अपीलें और शिकायतें उच्चतम स्तर, यहाँ तक कि केन्द्रीय समिति के अध्यक्ष तक को की जा सकती हैं...'' जिनका लगभग वैसा ही स्वागत किया जाता है जैसा कि मुगल शासन के दीवाने आम में किया जाता था।[10]

इतना कुछ ज्ञान प्राप्त कर लेने के बाद अब बारी आती है वास्तविकता के स्तर पर कुछ रियायत बरतने की। सिद्धान्त की इतनी विस्तृत रूपरेखा प्रस्तुत करने के बाद, उसके कार्यान्वियन में जो खामी रह गई, अब आगे उसका उल्लेख किया गया है!

''दल का ऐसा संगठन ऊपर से लेकर नीचे तक अत्यन्त केन्द्रीकृत होता है, या सम्भवतः मंशा ऐसी होती है कि वह केन्द्रीकृत हो। किन्तु वास्तविक कार्यकरण में यह व्यवस्था नीचे के स्तरों से लोगों की प्रतिभागिता को प्रोत्साहन नहीं देती, जैसी कि सिद्धान्ततः व्यवस्था गई है। दल के उच्चतर स्तर समाज की वास्तविकताओं से कट जाते हैं और वे समाज में हो रहे सामाजिक-आर्थिक तथा सांस्कृतिक परिवर्तनों के प्रति वास्तव में संवेदनशील नहीं होते। दल का संगठन कड़ा और बहुत बड़ा हो जाता है। ऐसी स्थिति में राजनीतिक दल लोगों और सरकार के बीच एक कड़ी के तौर पर काम करने के महत्त्वपूर्ण कर्तव्य का निर्वाह नहीं कर पाता। दल सरकार का अंग बन जाता है। दूसरे प्रकार की पथ-भ्रष्टताएँ (जैसे भ्रष्टाचार और दंभी नेतृत्व) भी पैदा हो जाती हैं, जो ऐसे बहुत बड़े संगठन में पैदा होनी स्वाभाविक भी हैं, जिस पर सार्वजनिक नियन्त्रण नहीं होता। सोवियत संघ के धराशायी हो जाने के बाद सोवियत संघ की कम्यूनिस्ट पार्टी के कार्यकरण की कमज़ोरियाँ प्रकाश में आई हैं।''[11]

अगले चुनाव, जिनके बारे में हम जानते हैं, यदि अप्रासंगिक नहीं सिद्ध हुए, तो कम से कम उनमें लोकतान्त्रिक, राजनीतिक दलों के चुनावों की तरह, कोई काल समीकरण भी नहीं रह पाया :

''क्योंकि समाजवादी समाज यह दावा करता है कि उसके तहत केवल एक आर्थिक वर्ग अर्थात् सर्वहारा वर्ग होता है, इसलिए अलग-अलग आर्थिक वर्गों के बीच कोई प्रतियोगिता नहीं होती। एकमात्र विचारधारा एक ही वर्ग के हितों को

पूरा करती है। इसलिए चुनावों की वास्तविक प्रक्रिया दल के संगठन की अलग-अलग इकाइयों के भीतर घटित होती है। सरकारी संस्थाओं में इस प्रकार का चुनावी चयन, विधायिका की तरह केवल दल के उम्मीदवारों तक ही सीमित होता है। अलग-अलग दलों के उम्मीदवारों में कोई प्रतियोगिता नहीं होती..."[12]

उसी कारण से, प्रतिकारी संस्थाओं, नियन्त्रण, सन्तुलन और शक्ति पार्थक्य का सारा झमेला जो कि बूर्जुआ लोकतन्त्रों को बिगाड़कर रख देता है, समाप्त हो जाता है :

"क्योंकि सत्ता का संगठन (क) एक ही विचारधारा के प्रति दृढ़ प्रतिबद्धता पर आधारित होता है, इसलिए सत्ता-केन्द्रीकरण का कोई अन्देशा नहीं रहता। राज्य सत्ता राज्य संगठन के प्रत्येक स्तर पर प्रतिनिधि निकायों में निहित होती है। प्रतिनिधि निकायों के पास कम से कम औपचारिक रूप से, सभी शक्तियाँ होती हैं और वे शक्तियाँ सरकार की कार्यकारिणी और न्यायिक शाखाओं को प्राप्त नहीं होतीं..."[13]

"(क) एक ही विचारधारा के प्रति दृढ़ प्रतिबद्धता" का उल्लेख इस प्रकार किया गया है, मानो कुल मिलाकर सभी नागरिक स्वेच्छा से प्रतिबद्ध हों! और समाजवादी राज्यों के विशेष तरीके से चुने गए वे निकाय 'प्रतिनिधि निकाय' बन जाते हैं। और उससे "सत्ता के केन्द्रीकरण का अन्देशा" भी नहीं रह जाता।

जो बात सत्ता-पार्थक्य जैसे सिद्धान्तों के मामले में लागू होती है, वह न्यायपालिका जैसी संस्था के मामले में और भी ज़्यादा लागू होती है। पूरी आबादी के उस विचारधारा के प्रति प्रतिबद्ध हो चुकने के बाद और विचारधारा के कार्यान्वयन के लिए उपकरण के रूप में दल के उपलब्ध होने पर और दल के भीतर लोकतान्त्रिक व्यवस्था सुनिश्चित हो जाने के बाद पूरी व्यवस्था को न्यायपालिका जैसी बूर्जुवा संस्था के रहम पर नहीं छोड़ा जा सकता। इसलिए "मार्क्सवादी विश्लेषण के अनुसार, राज्य के अन्य कार्यों तथा साधनों के साथ-साथ, कानून तथा न्याय भी सामाजिक-आर्थिक स्थितियों को प्रतिबिम्बित करते हैं। इसलिए समाजवादी समाज में न्यायपालिका भी समाजवाद तथा साम्यवाद के निर्माण में भाग लेती है। इस संकल्पना के अनुसार न्यायपालिका, विचारधारा की रक्षक होती है। कानून 'राजनीतिक निर्णयों' को प्रवर्तित करने का कार्य करता है। राज्य की नीतियाँ कानून से ज़्यादा महत्त्वपूर्ण होती हैं। किसी व्यक्ति के अधिकारों तथा उसकी स्वतन्त्रता की रक्षा करने की बजाय, कानून सामाजिक हितों की रक्षा करता है। राज्य तथा दल, नागरिकों के अधिकारों के रक्षक होते हैं और सरकार की संस्थाएँ समाज के हितों का प्रतिनिधित्व करती हैं। इस प्रणाली के अन्तर्गत, न्यायपालिका संविधान की रक्षक नहीं होती, जैसी कि वह भारत या अमरीका में है।"[14]

ऐसी व्यवस्था के चलते न्यायाधीश न्यायपालिका के 'दूसरे कार्यों' पर अपना

ध्यान केन्द्रित करने के लिए मुक्त रह पाएँगे।

"न्यायपालिका का दूसरा कार्य है यह सुनिश्चित करना कि सरकार द्वारा जो भी कानून और नियम बनाए जाएँ, उन्हें विधिवत रूप से प्रवर्तित किया जाए। न्यायपालिका उन संस्थाओं का अभिन्न अंग है जो समाजवादी समाज तथा राज्यप्रणाली की रक्षा करने के लिए जिम्मेदार हैं। इस प्रकार न्यायपालिका के, नियम-प्रवर्तन सम्बन्धी कार्य पर ही ज़्यादा बल रहता है।"[15]

ढाँचे की शिखर संस्था के गठन के पीछे भी एक तर्क है :

"समाजवादी राज्य में ऐसा कोई उच्चतम न्यायालय नहीं होता जो संविधान के 'रक्षक' के रूप में कार्य करे (यूगोस्लाविया को छोड़कर जहाँ इस प्रकार का एक न्यायालय था)। जैसा कि हमने ऊपर देखा, समाजवादी राज्य 'सत्ता पार्थक्य' का समर्थन नहीं करता, जैसा कि अमरीका के संविधान में हमें देखने को मिलता है। एकमात्र संस्थाएँ जिन्हें 'वैधानिकता' का मामला तय करने के अधिकार प्राप्त हैं, वे हैं प्रतिनिधि विधानमण्डल या उनकी स्थायी समितियाँ। रूमानिया तथा हंगरी के प्रतिनिधि निकायों ने इस कार्य को करने के लिए विशेष निकायों की स्थापना की। समाजवादी राज्यों में एक संस्था होती है जो प्रोक्योरेसी (प्राधिकरण) कहलाती है। यह संस्था समाजवादी वैधता की दृष्टि से संविधान के पालन की देखरेख करती है। यह एक केन्द्रीकृत निकाय होता है और वह प्रतिनिधि निकायों या उनकी स्थायी समितियों के प्रति जवाबदेह होता है।"[16]

विशिन्स्की ने इस प्रकार के निरूपण की सराहना की होती! जरा शास्त्रीय तटस्थता पर ग़ौर कीजिए : 'वैधानिकता' तथा 'समाजवादी वैधता' दोनों शब्दों को उद्धरण चिह्नों के भीतर रखा गया है। इसके अलावा समाजवादी विधायिकाओं तथा स्थायी समितियों का 'प्रतिनिधि निकायों' के रूप में वर्णन किए जाने पर भी ग़ौर कीजिए।

क्योंकि पुस्तक नब्बे के दशक में प्रकाशित की गई और वह भी दिल्ली में, इसलिए 'महाप्रयोग' का जो हश्र हुआ, उसे नज़रअन्दाज़ नहीं किया जा सकता था। लेकिन इस 'महाप्रयोग' के नाम पर जिन राज्यों की नींव डाली गई थी, उनके बारे में सब कुछ मालूम हो चुकने के बाद भी हमारे विद्वान् महोदय ने उनके धराशायी होने के बारे में, जल्दबाज़ी में किसी निष्कर्ष पर पहुँचना उचित नहीं समझा। वे टिप्पणी करते हैं :

"यह विघटन क्यों हुआ? कौन-सी ताकतें इसके लिए ज़िम्मेदार थीं? ये ऐसे जटिल प्रश्न हैं जिनका टीकाकारों द्वारा विश्लेषण किया जाएगा। यहाँ केवल इतना कहना काफ़ी होगा कि समाजवादी राज्य तथा शासन-प्रणाली को एक गहरा धक्का पहुँचा है।"[17]

बहरहाल, विद्वान् महोदय अन्त में छात्र को यह सलाह देते हैं : "हमें हालिया

घटनाओं के प्रभाव में न आकर समाजवादी राज्य-प्रणाली के सकारात्मक पहलुओं को ध्यान में रखना चाहिए। एक वैकल्पिक ढाँचे के तौर पर समाजवादी गुट के विकास के कारण विश्व-भर में समाजवादी सरोकारों के प्रति प्रबल चेतना जाग्रत हो गई थी। यहाँ तक कि ग़ैर-समाजवादी गुट को अपनी नीतियों में परिवर्तन लाने पड़े और वे भी समाजवादी सरोकारों के प्रति संवेदनशील हो उठे थे। जब तीसरे विश्व के देशों को आजादी मिली तो समाजवादी राज्य ने उनके समक्ष आशा की एक नई तस्वीर पेश की। समाजवादी गुट ने अन्तरराष्ट्रीय राजनीति में एक सन्तुलन बनाए रखने में मदद की जिससे तीसरे विश्व के राज्यों को प्रारम्भिक चरणों में खुद को मज़बूत बनाने में मदद मिली, जिसकी उन्हें उस समय सबसे ज़्यादा जरूरत थी। राजनीतिक तथा आर्थिक दृष्टि से, भारत को जो सोवियत संघ की मदद मिली, वह उसके लोकतन्त्र को मजबूत बनाने और उसकी बाहरी सीमाओं की रक्षा के सन्दर्भ में सुविदित है। एक देश तथा एक सन्तुलनकारी ताकत के रूप में सोवियत संघ के धराशायी हो जाने के बाद, इस समय जो एकध्रुवीय विश्व उभरकर सामने आया है, उसके प्रभाव के बारे में कई आशंकाएँ उठ रही हैं।''[18] अफ़सोस है कि एक आदर्शलोक का अपसरण हो गया या कहिए कि उसे एक ''गहरा धक्का पहुँचा''!

सन्दर्भ

1. राष्ट्रीय शैक्षिक अनुसन्धान और प्रशिक्षण परिषद् नई दिल्ली, 1996।
   जब तक अन्य था उल्लेख न किया जाए, इस अध्याय में उल्लिखित पृष्ठ संख्याएँ, इसी प्रकाशन की है।
2. पृ. 83
3. पृ. 83
4. पृ. 83
5. पृ. 85
6. पृ. 85
7. पृ. 85-86; 8. पृ. 86; 9. पृ. 86
10. पृ. 86-87; 11. पृ. 87; 12. पृ. 87; 13. पृ. 87
14. पृ. 88; 15. पृ. 88
16. पृ. 89
17. पृ. 90; 18. पृ. 90

परोक्ष रूप से झूठ फैलाओ, और सच का रूपान्तर कर दो

ज्यों-ज्यों कोई दिल्ली के नज़दीक पहुँचता जाता है, या ज्यों-ज्यों इस बात की सम्भावनाएँ बढ़ती जाती हैं कि छात्र को ज़्यादा से ज़्यादा सामान्य जानकारी मिलती रही होगी, त्यों-त्यों ये प्रचारक ज़्यादा से ज़्यादा भ्रामक होते चले जाते हैं। लेकिन जिस 'दलनीति' को ये फैलाते हैं वह एक जैसी रहती है; हिन्दू धर्म जैसी कोई चीज़ नहीं, यह ब्राह्मणवाद है; ब्राह्मणवाद का मतलब है असहिष्णुता और उत्पीड़न—उत्पीड़न बौद्धों का, जैनियों का और अलबत्ता शूद्रों का; इस्लाम का अर्थ है शान्ति, समानता, भाईचारा, एकेश्वरवाद की ओर उत्थान; वामपंथ का अर्थ है, समानता, स्वतंत्रता और हर चीज़ ठीक-ठीक; क्रान्ति का मतलब है किसानों और मज़दूरों का शासन!

इन 'लब्धप्रतिष्ठ इतिहासकारों' में से एक अधिक महत्त्वपूर्ण इतिहासकार श्री आर.एस. शर्मा ने ग्यारहवीं कक्षा के छात्रों के लिए निर्धारित राष्ट्रीय शिक्षा अनुसन्धान तथा प्रशिक्षण परिषद् की पाठ्य पुस्तक 'एनशेंट इण्डिया' (प्राचीन भारत)[1] में कहा है, ब्राह्मणों की ओर से प्रतिक्रिया की शुरुआत अशोक की नीति के परिणामस्वरूप हुई। "इसमें कोई संदेह नहीं कि अशोक ने एक सहिष्णु नीति अपनाई और लोगों से ब्राह्मणों का भी सम्मान करने को कहा। लेकिन उसने पशु-पक्षियों की हत्या को वर्जित कर दिया और महिलाओं द्वारा किए जाने वाले दिखाऊ अनुष्ठानों का मज़ाक उड़ाया। इससे स्वाभाविक रूप से ब्राह्मणों की आमदनी पर असर पड़ा। बौद्ध धर्म तथा अशोक के बलि-विरोधी रवैए ने स्वाभाविक रूप से ब्राह्मणों को नुकसान पहुँचाया, जो कि विभिन्न प्रकार की बलियों में उन्हें प्राप्त होने वाली दक्षिणाओं पर गुज़र करते थे। इसलिए अशोक की सहिष्णु नीति के बावजूद ब्राह्मणों के मन में उसके प्रति एक प्रकार का विद्वेष पैदा हो गया। स्पष्ट था कि वे उसकी सहिष्णु नीति से सन्तुष्ट नहीं थे। वे वस्तुतः एक ऐसी नीति चाहते थे जो उनके हक में होती और उनके वर्तमान हितों तथा विशेषाधिकारों को कायम रखती। जो नए राज्य मौर्य साम्राज्य के अधःपतन के बाद बने उनमें से कुछ पर ब्राह्मणों का शासन था..."[2]

'स्वाभाविक रूप से' 'स्पष्ट था' 'वे वस्तुतः... चाहते थे', और इन सब अभिव्यक्तियों के प्रयोग के बाद हमें जानने को मिलता है तो बस 'एक प्रकार का विद्वेष'। ये बातें 'स्वाभाविक' और 'स्पष्ट' कैसे हो गईं? क्या इसलिए क्योंकि उन्हें इन कुछेक पंक्तियों में भी तीन बार दोहरा दिया गया है, और क्योंकि वे पुनरुक्तियाँ हैं; ब्राह्मण बलियों में उन्हें प्राप्त होनेवाली दक्षिणाओं पर गुज़र करते थे। अशोक ने बलियों को वर्जित कर दिया; स्पष्ट है कि इससे ब्राह्मणों की आमदनी पर असर पड़ा होगा; इसलिए, स्वाभाविक था कि ब्राह्मणों को अशोक के प्रति 'एक प्रकार का विद्वेष' पैदा हो जाता! ब्राह्मणों की आमदनी का कितना हिस्सा बलियाँ चढ़ाने के समय दी जाने वाली दक्षिणाओं से प्राप्त होता था—इस बारे में कुछ भी नहीं कहा गया है। यदि लोग वास्तव में बलि चढ़ाने के व्यसनी हो गए थे, तो उनमें से कितनों ने वर्जना का पालन किया होगा। इस बात को ध्यान में रखते हुए कि 2300 वर्ष पहले संचार तथा परिवहन व्यवस्था आदिम किस्म की रही होगी और राज्य के कारिन्दों की उपस्थिति बहुत विरल रही होगी, अशोक ने अपनी वर्जना का पालन किस प्रकार कराया होगा, इस बारे में कुछ नहीं कहा गया। लेकिन यह सब 'स्पष्ट रूप से', 'स्वाभाविक रूप से' और 'वस्तुतः' हुआ।

प्रमाण की बात तो अलग रही, ज़रा ग़ौर कीजिए कि किस प्रकार जुमलों को एक-दूसरे के साथ जोड़कर दोषारोपण किया गया है। हिन्दू धर्म का अर्थ है ब्राह्मणवाद। ब्राह्मणों का लक्ष्य है, आमदनी कमाना। और उन्हें आमदनी बलियों के समय किए जाने वाले अनुष्ठानों से प्राप्त होती है। इसलिए हिन्दू धर्म के पर्याय ब्राह्मणवाद में अशोक के प्रति विद्वेष स्वाभाविक है। और इस्लामी हमलावरों और धर्मोत्साहियों ने भारत में ही नहीं, बल्कि केन्द्रीय एशिया तथा अफगानिस्तान में भी दिखाई देने वाले हर बौद्ध ढाँचे को जिस तरह से नष्ट कर दिया, उसके बारे में शर्मा साहब क्या फ़रमाते हैं? श्री शर्मा के पास उसके बारे में कहने के लिए केवल दो वाक्य हैं :

"तुर्की हमलावर मठों का धनमाल हासिल करने के लिए लालयित हो उठे। ये मठ हमलावरों के लालच का ख़ास निशाना बने। तुर्कों ने नालन्दा में बहुत से बौद्ध भिक्षुओं को मार डाला, यद्यपि कुछ भिक्षु नेपाल और तिब्बत को बच निकलने में सफल हो गए।"[3]

पूर्ण विराम! पहले तो इतिहासकार महोदय ने मठों के नष्ट किए जाने के बारे में वही आम सफ़ाई पेश की—'आर्थिक प्रयोजन'—और उसके बाद वे बुनियादी धार्मिक आवेग की बात करते हैं, जिससे प्रेरित होकर तुर्कों ने मठों पर हमले किए। बौद्ध धर्म, बुद्ध के बावजूद मर्तिपूजा का पर्याय बन गया और इस्लाम मोमिन को दूसरे धर्मों के पूजा स्थलों को नष्ट करने और ख़ास तौर पर उनकी मूर्तियों को चूर-चूर करने के लिए बाध्य करता है। दूसरा, इस आधारभूत विश्वास का चलताऊ

ज़िक्र करने के बाद लब्धप्रतिष्ठ इतिहासकार तुर्कों को ब्राह्मणों के समकक्ष ला खड़ा करते हैं। तुर्क भी लालच में आकर वही कुछ कर रहा था, जो कुछ ब्राह्मण ने उससे पहले किया था। इति सिद्धम्!

और हमेशा एक और प्रकार के 'सन्तुलन' का भी इस्तेमाल किया जाता है। पाठ्यपुस्तक में तर्कों के बारे में तीन पंक्तियों में वर्णित इन दो वाक्यों से पहले उससे छह गुना स्थान में एक पूरे पैराग्राफ में हिन्दू शासकों द्वारा बौद्धों के उत्पीड़न का वर्णन किया गया है! और उस पैराग्राफ में हिन्दू शासकों का प्रयोजन पूर्णतः धार्मिक है!

अब ऐसा नहीं कि इन इतिहासकार महोदय ने उस आन्तरिक भ्रष्टाचार पर कूची फेर दी हो, जिसने बुद्ध धर्म को कमज़ोर बना दिया था। वे कहते हैं, बौद्ध भिक्षु जन-जीवन की मुख्य धारा से कट गए थे। उन्होंने पाली को त्याग कर, जो जनभाषा थी, बुद्धिजीवियों की भाषा, संस्कृत को अपना लिया।'' उन्होंने मूर्ति पूजा आरम्भ कर दी। श्रद्धालुओं द्वारा चढ़ाई गई भेंटों, और उसके साथ-साथ मिलने वाले राजकीय अनुदानों के कारण भिक्षुओं ने आरामदेह जीवन अपना लिया। उसके अलावा मठों में महिलाएँ भी थीं। कुल मिलाकर मठ ''ऐसे-ऐसे भ्रष्टाचारों का केन्द्र बन गए जिन पर गौतम बुद्ध ने पूरी तरह से रोक लगा रखी थी।''[4] यह कार्यान्वयन की एक और दुर्भाग्यपूर्ण कमी थी—सम्भवतः मार्क्सवाद-लेनिनवाद के मामले में स्टालिन द्वारा कराई गई हत्याओं की तरह?

लेकिन इस ह्रास के लिए भी कौन दोषी है और यह ह्रास किस किस्म का था? इतिहासकार महोदय हमें बताते हैं, ''हम देखते हैं कि शुरू-शुरू में हर धर्म सुधार की भावना से प्रेरित होता है, लेकिन बाद में उन्हीं अनुष्ठानों और धर्मक्रियाओं से वशीभूत हो जाता है जिनकी उसने शुरू में भर्त्सना की होती है। बौद्ध धर्म में भी इसी प्रकार का रूपान्तरण हो गया। वह ब्राह्मणवाद की उन्हीं बुराइयों का शिकार हो गया, जिनके ख़िलाफ उसने शुरू-शुरू में लड़ाई लड़ी थी।''[5] इसलिए बुराई का असली बीज 'ब्राह्मणवाद' में है। वाकई ब्राह्मणवाद अपने आप में ही बुरा है; और बौद्ध धर्म इसलिए पिछड़ गया क्योंकि वह गन्दगी के गड्ढे में जा गिरा...आज हर विवाद के लिए इस किस्म की मानक दलील पेश की जाती है। 150 वर्षों तक ईसाई धर्म प्रचारक इस आरोप को लेकर हिन्दू धर्म की भर्त्सना करते रहे कि यह जाति के आधार पर लोगों का बँटवारा करता है। वे ईसाई धर्म की भूरि-भूरि प्रशंसा करते रहे कि उसने अपने अनुयायियों के बीच से जातिवाद को निरासित कर रखा है। और अब जब कि उन्हें यह डर लगने लगा है कि उनके अनुयायी उन्हें इसलिए छोड़कर जा रहे हैं, क्योंकि वास्तव में उन्होंने इन सब भेद-भावों को बनाए रखा है—जैसे कि निम्न जातियों के लिए चर्च में अलग बैठने का स्थान, धर्माधिकारी वर्ग में अन्य पिछड़े वर्गों का अत्यल्प प्रतिनिधित्व

आदि--तो उन्हें अवश्य ही 'दलित ईसाइयों' के लिए आरक्षणों की माँग करनी चाहिए, हालाँकि वे अब तक यह कहते रहे थे कि परिभाषा के अनुसार ईसाई धर्म में, इस (दलित) वर्ग का कोई अस्तित्त्व ही नहीं है। अब आप अन्दाज़ा लगाइए कि इस बात का दोषी कौन है? ईसाई धर्म प्रचारकों का यह आरोप है कि यह सब चारों तरफ से हिन्दू धर्म से घिरा होने का परिणाम है!

इसी 'नीति' को श्री शर्मा के कामरेड इतिहासकार श्री सतीश चन्द्रा ने भी ग्यारहवीं कक्षा के छात्रों के लिए निर्धारित और राष्ट्रीय शिक्षा अनुसन्धान और प्रशिक्षण परिषद् द्वारा प्रकाशित पाठ्य पुस्तक 'मीडियावल इण्डिया'[6] (मध्यकालीन भारत) में अपनाया है। इस पुस्तक में भी हमें यह जानने को मिलता है कि "न केवल बौद्ध धर्म तथा जैन धर्म के सिद्धान्तों को बौद्धिक स्तर पर चुनौती दी जाती थी, बल्कि कई अवसरों पर हिंसा भड़क उठती थी और बौद्ध तथा जैन मन्दिरों पर ज़बरदस्ती कब्ज़ा कर लिया जाता था।" सतीश चन्द्रा साहब 'बौद्ध धर्म की भीतरी घटनाओं' की भी बात करते हैं—पराभौतिक प्रश्नों के बारे में फिर से अटकलें लगाए जाने से लेकर मंत्रोच्चारण तक, रहस्यवाद में डूबने से लेकर गुप्त अनुष्ठानों तक। कुल मिलाकर इसका परिणाम क्या निकला? सतीश चन्द्रा साहब फ़रमाते हैं, "बौद्ध धर्म का इतना अधिक पतन नहीं हुआ जितनी अधिक उसने ऐसी शक्लें अख्तियार कर लीं जिनकी वजह से उसमें और हिन्दू धर्म में भेद करना मुश्किल हो गया।"[7]

संक्षेप में, एक तरफ भ्रष्टाचार और बुराई और दूसरी तरफ शोषण हिन्दू धर्म के साथ ही जुड़े हुए हैं और उसी में निहित हैं। हिन्दू धर्म ब्राह्मणवाद है; ब्राह्मणवाद वह 'वाद' है, जो ब्राह्मणों के हितों की आपूर्ति करता है। इन हितों की आपूर्ति केवल निचली जातियों के लोगों के शोषण और उत्पीड़न द्वारा ही की जा सकती है। इसलिए हिन्दू धर्म अनिवार्यतः जनसामान्य के शोषण और उत्पीड़न की व्यवस्था है। इति सिद्धम्!

इसके बरअक्स, इस्लामी शासकों द्वारा किये जाने वाले आक्रमणों, हत्याकांडों और उनके द्वारा की जाने वाली बरबादियों को तीन परतों वाले छन्नों में से गुज़ारकर पाक-साफ कर दिया जाता है। पहला, बरबादी के लिए व्यक्तियों को ज़िम्मेदार ठहरा दिया जाता है, धर्म को नहीं। व्यक्तियों के मामले में भी, यह बताया जाता है कि कुछेक व्यक्तियों ने—जो कि छिटपुट अपवाद थे—ऐसी हरकत की। तीसरा, उन्होंने जो आक्रमण किए, मन्दिरों को नष्ट किया, और जो मूर्तियाँ तोड़ीं, वह किसी धार्मिक विश्वास के कारण नहीं, बल्कि शासक होने के नाते उन्हें अपने विरोधियों को दबाना था, जो कि हिन्दू थे, और इसलिए भी, कि इन आक्रामक कार्रवाइयों के पीछे कुछ ऐहिक कारण थे, जैसे मन्दिरों के धन-माल का लालच और विजित क्षेत्र पर राजनीतिक दबदबा कायम करना आदि।

इस प्रकार श्री सतीश चन्द्रा की 'मध्यकालीन भारत' पुस्तक पढ़ने वाले ग्यारहवीं कक्षा के छात्रों को यह जानने को मिलता है कि "विजय के प्रारम्भिक चरण में बहुत से नगरों को लूटने और मन्दिरों को ख़ास निशाना बनाने का कुछ कारण तो उस विजय को यथातथ्य सिद्ध करना होता था और कुछ उन विपुल ख़ज़ानों को हथियाना जो कि उन मन्दिरों में कथित रूप से होते थे। इस अवधि के दौरान कई हिन्दू मन्दिर मस्जिदों में बदल दिए गए..."[8]

अल्लाह न करे, कि इस्लाम को इन सब बातों से कुछ लेना-देना हो!

इसके बाद श्री सतीश चन्द्रा ने तो स्वयं शरीअत पर ही मुलम्मा चढ़ाकर रख दिया है! उनका कहना है, "हिन्दुओं, जैनियों आदि के मन्दिरों और पूजास्थलों आदि के प्रति उनकी नीति शरीअत पर आधारित थी जिसमें 'इस्लाम के समानान्तर नए पूजा स्थलों के निर्माण की मनाही थी। लेकिन शरीअत में पुराने मन्दिरों की मरम्मत की इजाज़त दी गई थी, 'क्योंकि इमारतें हमेशा के लिए नहीं टिकी रह सकतीं।' इसका यह अर्थ हुआ कि गाँवों में मन्दिरों के निर्माण पर कोई रोक नहीं थी, क्योंकि वहाँ इस्लाम का कोई चलन नहीं था। उसी प्रकार मन्दिरों का निर्माण घरों के एकान्त स्थानों में भी किया जा सकता था। लेकिन युद्ध के समय इस उदार नीति का पालन नहीं किया जाता था। इसलिए इस्लाम के शत्रुओं के साथ, चाहे वे मानव हों अथवा देवी-देवता, युद्ध करके उनका नाश कर दिया जाता था। लेकिन शान्ति के समय तुर्की राज्य-क्षेत्रों और उन इलाकों में जहाँ राजा मुस्लिम शासन को स्वीकार कर लेते थे, हिन्दू अपने धर्मानुष्ठान खुलेआम और आडम्बरपूर्ण ढंग से किया करते थे।"[9]

ज़रा इतिहासकारों के हस्तकौशल पर ग़ौर कीजिए। मन्दिरों की मरम्मत कराने की इजाज़त है। मन्दिरों का गाँवों में निर्माण किया जा सकता है! मन्दिरों का घरों के 'एकान्त स्थानों' में भी निर्माण किया जा सकता है। इस प्रकार 'उदार नीति' एक ऐसा मानदण्ड है जिसका केवल युद्ध के समय में ही त्याग किया जाता है! ऐसे समय में जिनसे युद्ध किया जाता है और जिनका नाश किया जाता है, वे हर हाल में 'इस्लाम के दुश्मन' होते हैं। शान्ति के समय जो कि ऐसा समय होता है जो सामान्यतः बना रहता है, वह मानदंड कायम रहता है—अर्थात् "हिन्दू अपने धर्मानुष्ठान खुलेआम और आडम्बरपूर्ण ढंग से करते हैं।"

इनमें से प्रत्येक दावा सरासर झूठा है। लेकिन ये इतिहासकार संस्थाओं पर अपने नियन्त्रण के ज़रिए जब एक बार बौद्धिक यथातथ्यता के मानदण्ड निर्धारित कर देते हैं तो जो व्यक्ति उनके झूठ को चुनौती देता है, चाहे वह उसी काल के सबसे ज़्यादा जाने-माने इस्लामी इतिहासकारों का हवाला देकर ही चुनौती क्यों न दे, वह हमेशा ग़लत होता है।

सतीश चन्द्रा जी आगे लिखते हैं, "रूढ़िवादी ब्रह्मविज्ञानियों के एक वर्ग

के दबाव के बावजूद, इस व्यापक सहिष्णुता की नीति को सुल्तानी राज्य के दौरान बनाए रखा गया, यद्यपि उसमें कभी-कभी चूक भी हो जाती थी।"[10] इस छोटे से वाक्य में तीन परोक्ष संकेत मिलते हैं; पहला तो यह कि आक्रमण का दबाव ब्रह्मविज्ञानियों द्वारा केवल रूढ़िवादी ब्रह्मविज्ञानियों, और उन रूढ़िवादी विज्ञानियों के भी एक वर्ग द्वारा डाला जाता था; सुल्तानी राज्य के दौरान 'व्यापक सहिष्णुता' की नीति को बनाए रखा गया; तीसरा। और यदि कोई आक्रमण होता भी था, तो उसे 'कभी-कभार की चूक' माना जा सकता है।

और उसके बाद प्रथागत सन्तुलन की तकनीक को काम में लाया गया है; सतीश चन्द्रा जी फ़रमाते हैं, "कभी-कभी युद्धबन्दियों का धर्म-परिवर्तन कराया जाता था, या यदि अपराधी इस्लाम को अंगीकार कर लेते थे तो उनका दंड माफ़ कर दिया जाता था।" "फ़िरोज ने एक ब्रह्मण को इस्लाम के पैग़म्बर को गाली देने के अपराध में प्राणदण्ड दिया। (यह एक ऐसा कथन है जो समकालीन वृत्तान्तों से झूठा सिद्ध हो जाता है—सम्बन्धित ब्राह्मण को इसलिए प्राणदण्ड नहीं दिया गया था कि उसने इस्लाम के पैग़म्बर को गाली दी थी, बल्कि इसलिए कि उसने अपनी धार्मिक प्रथाओं को त्यागने और इस्लाम को अंगीकार करने से इनकार कर दिया था)। दूसरी तरफ़ कुछ ऐसे मामले जानने को मिलते हैं जिनमें कुछ मुसलमानों का धर्म-परिवर्तन कराकर उन्हें हिन्दू बनाया गया। महान् वैष्णव सुधारक चैतन्य ने कई मुसलमानों का धर्म-परिवर्तन कराया था। अलबत्ता ब्रह्मविज्ञानी इस्लाम-धर्म-त्याग को मृत्युदंड अपराध मानते थे।"[11]

चैतन्य ने कितने लोगों का धर्म-परिवर्तन कराया? और ऐसे लोगों की संख्या उन लाखों हिन्दुओं की तुलना में कितनी थी जिनके धर्म-परिवर्तन पर तत्कालीन मुस्लिम इतिहासकारों ने खुशियाँ मनाई थीं? क्या केवल ब्रह्मविज्ञानी ही इस्लाम-धर्म-त्याग को मृत्युदण्ड अपराध मानते हैं? क्या इस आशय का आदेश स्वयं पैग़म्बर साहब ने नहीं दिया था? क्या हदीस दर हदीस में इस बात का उल्लेख नहीं मिलता कि स्वयं पैग़म्बर साहब उन व्यक्तियों के साथ किस तरह से पेश आते थे जो एक बार इस्लाम को अपना चुकने के बाद फिर से अपनी परम्परागत धार्मिक प्रथाओं को अपना लेते थे? क्या स्वयं अल्लाह ने यह आदेश नहीं दिया है :

"उसके बाद अगर वे अपनी पीठ मोड़ लेते हैं, तो वे तुम्हें जहाँ भी मिलें, उन्हें पकड़कर कत्ल कर डालो।"[12]

जब पैग़म्बर साहब ने यह फ़रमाया था कि, "जो कोई भी अपने इस्लामी मज़हब को बदलता है, उसे कत्ल कर डालो?"[13] क्या हदीस दर हदीस इस बात को प्रमाणित नहीं करती कि पैग़म्बर साहब ने ही इस आदेश को लागू किया था? याद कीजिए, उन कबायलियों के साथ क्या हुआ था! इस कबीले के कुछ सदस्यों ने पैग़म्बर साहब के पास आकर इस्लाम कबूल कर लिया। मदीना की आबोहवा

उन्हें रास नहीं आई। पैग़म्बर साहब ने उन्हें दुधारू ऊँटनियों के झुण्ड में जाकर दवाई के तौर पर उनका दूध और पेशाब पीने का आदेश दिया। अपनी बीमारी से ठीक होने के बाद, उन्होंने इस्लाम धर्म त्याग दिया और गड़ेरिए को मारकर, वे ऊँटनियाँ लेकर भाग गए। पैग़म्बर साहब ने उन्हें पकड़वाया। उसके बाद उन्होंने उनके हाथ और पैर काटने और उनकी आँखों को लोहे की गरम सलाख़ों से दाग़ने का आदेश दिया। उन्होंने यह आदेश दिया कि उनके हाथों और पैरों को न दाग़ा जाए ताकि उनका खून बहते-बहते ही उनकी मृत्यु हो जाए। और हदीस में लिखा है, "जब उन्होंने पीने के लिए पानी माँगा, तो उन्हें पानी नहीं दिया गया।"[14]

जब स्वयं पैग़म्बर साहब इस तरह से पेश आए हों, और इस प्रकार का आदेश दिया हो, तो क्या मुसलमान के लिए सुन्नत का पालन करना अनिवार्य नहीं हो जाता? दूसरी तरफ़, क्या किसी हिन्दू धार्मिक ग्रन्थ में इस प्रकार का आदेश दिया गया है? क्या कोई ऐसा हिन्दू-धर्म-गुरु हुआ है, जिसने उन लोगों के प्रति जिन्होंने कोई दूसरा धर्म अपना लिया हो, इस प्रकार का व्यवहार किया होगा? इस प्रकार का व्यवहार करने वाले संतों का अनुयायी बनना तो दूर, क्या हिन्दुओं ने उनका सम्मान तक भी किया है? फिर भी दोनों धर्मों को एक-दूसरे के समानान्तर रख कर देखा जाता है। जहाँ तक उस ब्राह्मण के कत्ल का सवाल है, जिसके बारे में हमारे लब्धप्रतिष्ठ इतिहासकार सतीश चन्द्रा साहब यह फ़रमाते हैं कि उसने इस्लाम के पैग़म्बर को गाली दी थी, स्वयं फ़िरोजशाह के दरबारी शमसुद्दीन बिन सिराजुद्दीन के ग्रन्थ 'तारीखे फ़िरोजशाही' में प्राणदण्ड का वर्णन इस प्रकार किया गया है :

"सुल्तान को एक ख़बर पहुँचाई गई कि दिल्ली में एक ऐसा वृद्ध ब्राह्मण (ज़ुनारदार) था जो सरेआम अपने घर में मूर्तियों की पूजा करने पर ज़िद पकड़े रहा। नगर के लोग, जिनमें मुसलमान और हिन्दू, दोनों शामिल थे, मूर्तियों की पूजा करने के लिए उसके घर जाया करते थे। ब्राह्मण ने एक फलक (मुहरका) बनवा रखा था, जो भीतर से और बाहर से राक्षसों के और दूसरे प्रकार के चित्रों से ढँका था... तदनुसार, एक आदेश जारी किया गया कि ब्राह्मण को उस फलक समेत फ़िरोजाबाद में सुल्तान के दरबार में पेश किया जाए। न्यायाधीशों, धर्माचार्यों, सभा सदस्यों और वकीलों को बुलाया गया और उनकी राय जानने के लिए ब्राह्मण का मामला उनके सामने प्रस्तुत किया गया। उनका जवाब यह था कि कानून के प्रावधान स्पष्ट हैं; या तो ब्राह्मण को मुसलमान बनना होगा, या उसे जला दिया जाना चाहिए। उसे सच्चा ईमान (सच्चा धर्म, इस्लाम) स्पष्ट किया गया और सही रास्ता बता दिया गया, लेकिन उसने उसे अंगीकार करने से इनकार कर दिया। दरबार के द्वार पर लकड़ियों का ढेर लगाने का आदेश दे दिया गया। ब्राह्मण के हाथ-पाँवों को बाँधकर उसे उस ढेर में डाल दिया गया। फलक को सबसे ऊपर

रखकर ढेर को आग लगा दी गई। इस किताब का लेखक दरबार में मौजूद था और उसने अपनी आँखों से प्राणदंड दिए जाने का दृश्य देखा। ब्राह्मण के फलक को दो जगह पर आग दी गई, उसके सिर और उसके पाँवों की तरफ़। लकड़ियाँ सूखी थीं और आग पहले उसके पाँवों तक पहुँची जिससे उसकी एक चीख़ निकल गई। लेकिन शोलों ने जल्द ही उसके सिर को अपनी चपेट में ले लिया और उसे स्वाह कर डाला। सुल्तान के कानून और सदाकत पर टिके रहने पर ग़ौर कीजिए। वे कानून के फ़रमानों से ज़रा भी विचलित नहीं हुए!''

सतीश चन्द्रा साहब फरमाते हैं, ''कुल मिलाकर तलवार के बल पर लोगों को मुसलमान नहीं बनाया गया। यदि ऐसा हुआ होता तो दिल्ली क्षेत्र की हिन्दू आबादी को सबसे पहले मुसलमान बनाया जाता। मुस्लिम शासकों को यह एहसास हो गया था कि हिन्दू धर्म इतना मज़बूत है कि उसे ताकत से नष्ट नहीं किया जा सकता। दिल्ली के प्रसिद्ध सूफ़ी सन्त शेख़ निज़ामुद्दीन औलिया का कहना था, 'कुछ हिन्दू यह जानते हैं कि इस्लाम सच्चा ईमान है, लेकिन वे इस्लाम को कूबुल नहीं करते।' बरानी का भी यह कहना है कि ताकत को इस्तेमाल करने की कोशिश का हिन्दुओं पर कोई असर नहीं पड़ा।''[15]

धर्म-परिवर्तन कराए जाने के बारे में श्री सतीश चन्द्रा द्वारा दिया गया स्पष्टीकरण इस प्रकार है : ''इस्लाम में धर्म-परिवर्तन राजनीतिक लाभों या आर्थिक फ़ायदों के लिए कराया जाता था या व्यक्ति अपनी सामाजिक स्थिति को सुधारने के लिए धर्म-परिवर्तन करता था। कभी-कभी ऐसा भी होता था कि जब कोई बड़ा शासक या कबीले का प्रमुख अपना धर्म-परिवर्तन कर लेता था तो उसकी प्रजा भी उसके दृष्टान्त का अनुकरण करती थी।'' श्री सतीश चन्द्रा कहते हैं कि ''कभी-कभी सूफ़ी सन्तों की भी धर्म-परिवर्तन कराने में भूमिका रहती थी, हालाँकि आमतौर पर उनका धर्म-परिवर्तन कराने से कोई सरोकार नहीं होता था और वे अपने प्रवचनों में हिन्दुओं और मुसलमानों, दोनों का स्वागत करते थे।'' यदि ये लब्धप्रतिष्ठ इतिहासकार महोदय इन सूफ़ियों के वृत्तान्तों को पढ़ें तो उन्हें यह मालूम हो जाएगा कि वे किस तरह इस्लाम की सेनाओं के अग्रदूतों का काम किया करते थे। इसलिए श्री सतीश चन्द्रा दोषमुक्ति का प्रमाणपत्र देते हुए यह निष्कर्ष निकालते हैं : ''इस प्रकार धर्म-परिवर्तन का कारण व्यक्तिगत, राजनीतिक और कुछ मामलों में क्षेत्रीय तत्त्व हुआ करते थे, जैसे कि पंजाब और पूर्वी बंगाल आदि में।''[16]

जो कुछ स्वयं उस समय के मुस्लिम इतिहासकारों ने कहा था, उससे हमारे इन इतिहासकार महोदय के उक्त दावों का तालमेल कहाँ तक बैठता है? उन मुस्लिम इतिहासकारों के अनुसार ये 'कभी-कभार की चूकें' कितनी होती थीं? और सबसे ज़रूरी बात यह कि उनके कथनानुसार उस समय के शासकों को कौन-सा प्रयोजन प्रेरित करता था?

सन्दर्भ

1. राष्ट्रीय शैक्षिक अनुसन्धान और प्रशिक्षण परिषद्, नई दिल्ली, 1996
2. आर.एस. शर्मा : एन्शण्ट इण्डिया, एन.सी.ई.आर.टी., नई दिल्ली, 1996, पृ. 112
3. वही, पृ. 78
4. वही, पृ. 121-122
5. वही, पृ. 78
6. राष्ट्रीय शैक्षिक अनुसन्धान और प्रशिक्षण परिषद्, 1996
7. सतीश चन्द्रा , मीडियावल इण्डिया, एन.सी.ई.आर.टी., नई दिल्ली, 1996, पृ. 32
8. वही, पृ. 85
9. वही, पृ. 85
10. वही, पृ. 85-86
11. वही, पृ. 86
12. कुरआन, 4.91
13. सहिह बुख़ारी 84.57
14. सहिह बुख़ारी 82.794-7, सहिह मुस्लिम, 4130-7
15. सतीश चन्द्रा, वही, पृ. 86
16. वही, पृ. 86

क्या ये सब लेखक भी सम्प्रदायवादी थे?

एक लेखक लिखते हैं, "इसमें कोई सन्देह नहीं कि भारत में बौद्ध धर्म का पतन मुसलमानों के आक्रमणों के कारण हुआ। इस्लाम 'बुत' का दुश्मन था। जैसा कि हर व्यक्ति जानता है कि 'बुत' एक अरबी शब्द है, जिसका अर्थ है मूर्ति। किन्तु ऐसे कम लोग होंगे जो यह जानते हैं कि 'बुत' शब्द 'बुद्ध' के अरबी अपभ्रंश से निकला है। इस प्रकार इस शब्द के उद्गम से यह पता चलता है कि मुस्लिम मत में मूर्ति पूजा को बौद्ध धर्म के साथ जोड़ा जाने लगा था। इस प्रकार मूर्तियों को तोड़ने का मिशन बौद्ध धर्म को नष्ट करने का मिशन बन गया। इस्लाम ने न केवल भारत में बल्कि जहाँ-जहाँ भी उसका पदार्पण हुआ, उसने वहाँ-वहाँ बौद्ध धर्म का नाश किया। इस्लाम के प्रादुर्भाव से पहले बौद्ध धर्म पूरे एशिया का धर्म होने के साथ-साथ बक्त्रिया, पार्थिया, अफग़ानिस्तान, गान्धार और चीनी तुर्किस्तान का भी धर्म था..."

क्या यह सब आर.एस.एस. विचारधारा के किसी साम्प्रदायिक इतिहासकार ने लिखा है?

लेकिन इस्लाम ने हिन्दू धर्म पर भी गहरा प्रहार किया। तो फिर ऐसा कैसे हुआ कि वह भारत में बौद्ध धर्म का तो ध्वंस कर सका किन्तु हिन्दू धर्म का नहीं? लेखक का कहना है कि हिन्दू धर्म को राज्य का संरक्षण प्राप्त था। वह लिखता है, "ब्राह्मण शासकों द्वारा बौद्धों का इतना उत्पीड़न किया गया कि जब इस्लाम का आगमन हुआ तो उन्होंने इस्लाम को कबूल कर लिया। इससे मुसलमानों की जनसंख्या तो बढ़ती चली गई, लेकिन उसके साथ-साथ बौद्धों की जनसंख्या घटती चली गई। लेकिन इससे भी ज़्यादा महत्त्वपूर्ण कारण यह था कि यद्यपि मुसलमानों ने ब्राह्मणों और बौद्धों, दोनों को कत्ल किया, लेकिन दोनों धर्मों के पौरोहित्य के स्वरूप में अन्तर था–और यह अन्तर इतना अधिक है कि उसी में इस बात का पूरा कारण समाया हुआ है कि ब्राह्मणवाद तो इस्लामी हमले के बाद बचा रह गया, लेकिन बौद्ध धर्म बचा नहीं रह सका।"

हिन्दुओं के लिए प्रत्येक ब्राह्मण भावी पुरोहित होता था। उसके लिए किसी

पुरोहिताभिषेक का विधान नहीं था। न ही किसी और औपचारिकता का विधान था। हर गृहस्थी में धर्मानुष्ठान होते रहते थे—नैवेद्य, विशेष मन्त्रों का उच्चारण, तीर्थ यात्राएँ। प्रत्येक ब्राह्मण परिवार ने किसी न किसी वेद को कंठस्थ करना अपना लक्ष्य बना रखा था...उसके बरअक्स बौद्ध धर्म ने अपने पुरोहित वर्ग के लिए पुरोहिताभिषेक तथा एक विशेष प्रशिक्षण आदि का विधान कर रखा था। इस प्रकार जब हमलावरों ने ब्राह्मणों की हत्या की तो हिन्दू धर्म चलता रहा। लेकिन जब उन्होंने बौद्ध भिक्षुओं की हत्या की तो स्वयं धर्म की हत्या हो गई।

बौद्ध भिक्षुओं की हत्याओं, उनके विहारों, विश्वविद्यालयों तथा पूजा स्थलों के विध्वंस का वर्णन करते हुए लेखक लिखता है :

"मुसलमान हमलावरों ने बौद्ध विश्वविद्यालयों का विध्वंस कर डाला, जिनमें कुछ के नाम हैं : नालन्दा, विक्रमशिला, जगद्दाला, उदन्तपुरी। उन्होंने उन बौद्ध मठों को धराशायी कर दिया जिनके साथ देश घनिष्टता से जुड़ा हुआ था। भिक्षु हज़ारों की संख्या में नेपाल, तिब्बत और देश से बाहर दूसरे स्थानों को पलायन कर गए। बहुत से भिक्षुओं को तो मुस्लिम कमाण्डरों ने तत्काल मार डाला। किस प्रकार बौद्ध पुरोहित मुस्लिम हमलावरों की तलवार का शिकार हो गए इसका वर्णन स्वयं मुस्लिम इतिहासकारों द्वारा किया गया है। एक मुसलमान जनरल द्वारा 1197 में बिहार पर अपने आक्रमण के दौरान की गई बौद्ध भिक्षुओं की हत्याओं के प्रमाणों का श्री विन्सेंट स्मिथ द्वारा सारांश रूप में इस प्रकार वर्णन किया गया है : "बहुत-सी मात्रा में लूट का माल हथिया लिया गया और 'सिर मुँडे ब्राह्मणों' अर्थात् बौद्ध भिक्षुओं की हत्या करके इस तरह से सफ़ाया कर दिया गया कि जब विजेता किसी ऐसे सक्षम व्यक्ति की तलाश करने लगा जो कि मठों के पुस्तकालयों में मौजूद पुस्तकों के विषय के बारे में बता सकता, तो एक भी ज़िन्दा व्यक्ति ऐसा नहीं मिल सका जो उन पुस्तकों को पढ़ सकता। हमें बताया गया है कि खोज करने पर यह जानने में आया कि पूरा किला और नगर एक कालिज था और हिन्दी भाषा में कालिज को बिहार कहते हैं।"

"इस्लामी हमलावरों ने बौद्ध पुरोहितों की इतने बड़े पैमाने पर हत्याएँ कीं। जड़ों पर ही कुठाराघात किया गया, क्योंकि बौद्ध पुरोहितों की हत्या करके इस्लाम ने बौद्ध धर्म की ही हत्या कर डाली। भारत में बौद्ध धर्म पर पड़ी यह सबसे बड़ी विपत्ति था..."

इन पंक्तियों के लेखक हैं बी.आर.अम्बेडकर।[1]

लेकिन आज यह फैशन हो गया है कि बौद्ध धर्म के विलोप का कारण हिन्दुओं द्वारा बौद्धों के उत्पीड़न को बताया जाता है, और उनके मठों का विध्वंस करने के लिए हिन्दुओं को ज़िम्मेदार ठहराया जाता है। और सच बात तो यह है कि मार्क्सवादी इतिहासकार जो इस प्रकार का मिथ्याचार फैलाते रहे हैं, इस

मनगढ़न्त बात को सिद्ध करने के लिए लेशमात्र भी प्रमाण नहीं जुटा पाए हैं। एक ख़ास मामले में, रोमिला थापर ने तीन अभिलेखों का हवाला दिया था। कभी न थकने वाले श्री सीताराम गोयल ने उनके बारे में पता लगाया। इनमें से दो अभिलेखों का तो बौद्ध विहारों और उनके विध्वंस से कोई सम्बन्ध ही नहीं था। और बाकी के जिस एक अभिलेख में किसी एक पदार्थ के नष्ट किए जाने का उल्लेख था, उसे विशेषज्ञों ने एक बनावटी अभिलेख करार दिया था। बहरहाल उस अभिलेख में जो विवरण दिया गया था, उसमें और इतिहासकार द्वारा कही गई बात के बीच दिन-रात का अन्तर था।

कुछ जैन पुरोहितों ने एक ऐसे स्थान पर कब्ज़ा कर लिया जहाँ एक शिवलिंग की पूजा होती थी। शैव पुरोहितों ने उन्हें वह स्थान ख़ाली करने को कहा। जैन पुरोहितों ने कहा कि यदि शैव कोई चमत्कार कर दिखाएँगे तो वे उस स्थान को ख़ाली कर देंगे। शैवों ने चमत्कार कर दिखाया और उसके बाद शैव पुरोहितों ने उस स्थान पर दोबारा कब्जा करके अपनी मूर्ति की पुनःस्थापना कर दी। यह मामला उस जैन राजा के पास ले जाया गया, जिसका उस इलाके पर शासन था। शैवों ने जो कुछ किया था, उस राजा ने उसका समर्थन किया। श्री गोयल ने बार-बार इतिहासकार से कोई अतिरिक्त प्रमाण देने को कहा और उनसे यह आग्रह किया कि अन्यथा वे यह स्पष्ट करें कि कुल मिलाकर उस अभिलेख का जो आशय था, उसे उन्होंने दबाने की कोशिश क्यों की थी। लेकिन जवाब के लिए उनके द्वारा की गई प्रतीक्षा बेकार गई।

मार्क्सवादियों ने हिन्दुओं द्वारा बौद्ध मठों के नष्ट किए जाने के बारे में केवल दो और मामलों का हवाला दिया है। जैसा कि पता चला, इनके बारे में भी प्रतिकूल स्पष्टीकरण दिए गए। मार्क्सवादियों से इन मामलों में भी कई बार कहा गया कि वे जो अपनी तरफ़ से गढ़ी गई बात फैला रहे हैं उसका वे कारण बताएँ। लेकिन कोई फल नहीं निकला। इतना ही नहीं, श्री सीताराम गोयल ने तो उन्हें यहाँ तक कहा कि वे कोई भी ऐसा हिन्दू ग्रन्थ बताएँ जिसमें हिन्दुओं को दूसरे धर्मों के पूजा स्थलों को तोड़ने का आदेश दिया गया हो, जैसा कि बाइबिल में दिया गया है या ढेरों इस्लामी नियम पुस्तकों में दिया गया है। श्री गोयल ने उनसे कहा कि वे एक भी ऐसे व्यक्ति का नाम बता दें जिसका हिन्दुओं ने ऐसे पूजा स्थल को तोड़ने के लिए सम्मान किया हो, जब कि इस्लामी इतिहासकारों द्वारा और इस्लामी जनश्रुति संकलनों में हर ऐसे मुस्लिम शासक और हमलावर का गुणगान किया गया है जिसने ऐसा काम किया था। श्री गोयल के अनुरोध का जवाब केवल अहंकारी चुप्पी से दिया गया है।[2]

लेकिन अब मैं एक दूसरी बात करना चाहूँगा। एक बार शैक्षिक निकायों में जमकर बैठ जाने के बाद और विश्वविद्यालयों में अपना कब्ज़ा जमा लेने और

यह तय कर चुकने के बाद कि क्या-क्या पढ़ाया जाएगा, कौन-कौन सी किताबें निर्धारित की जाएँगी, कौन-कौन से सवाल पूछे जाएँगे, कौन-कौन से जवाब स्वीकार्य होंगे, इतिहासकारों ने अन्ततः यह भी तय कर लिया कि वस्तुतः इतिहास था क्या! क्योंकि यह सिद्ध करना कि हिन्दू धर्म भी असहिष्णु था, उनकी वर्तमान सुविधा और राजनीति के मुआफिक आता है, इसलिए श्री अम्बेडकर ने इस्लामी आक्रमणों के बौद्ध धर्म पर पड़ने वाले भयंकर प्रभाव के बारे में जो कुछ कहा है, उससे वे कतराकर निकल जाना चाहेंगे। उन्होंने अपनी पुस्तक 'थाट्स आन पाकिस्तान'[3] में इन हमलों और मुस्लिम शासन के बारे में जो कुछ कहा है, उसे भी वे पूरी तरह से दबा देना चाहेंगे। लेकिन उन्होंने 'ब्राह्मणवाद' की जो भर्त्सना की है और यह विचार व्यक्त किया है कि मौर्यों द्वारा स्थापित बौद्ध भारत पर ब्राह्मण शासकों ने सुनियोजित ढंग से आक्रमण करके उसे समाप्त कर डाला, उसे वे ज़रूर उद्धृत करेंगे।

इस प्रकार वे तथ्यों को दबा देते हैं और दूसरे तथ्य अपनी तरफ़ से गढ़ लेते हैं। एक लेखक ने एक मामले पर जो कुछ कहा है उसे वे दबा देते हैं, जब कि उसी लेखक ने दूसरे मामले पर जो कुछ कहा है उसे वेद वाक्य मानने का वे आग्रह करेंगे। और जब कोई यह जताने की कोशिश करता है कि वास्तव में क्या हुआ था, तो वे एक साथ खड़े होकर चिल्ला उठते हैं : यह इतिहास के पुनर्लेखन का षड्यन्त्र है, इतिहास को तोड़ने-मरोड़ने का कुचक्र है। लेकिन सच को दबा कर और झूठ को आरोपित करके इतिहास को तो स्वयं वही तोड़ते-मरोड़ते रहे हैं।

और उनकी ये 'स्थापनाएँ' तो हाल में गढ़ी गई हैं। याद कीजिए बौद्ध मठों के ग़ायब होने की बात को। वर्तमान इतिहासकारों के पितामह माने जाने वाले श्री. डी. डी. कोसाम्बी ने इन मठों के विलोप का क्या स्पष्टीकरण दिया था?[4] कोसाम्बी साहब ने लिखा, "बुद्ध का मूल सिद्धान्त भ्रष्ट होकर लामावाद में बदल गया और मठ, विशिष्ट और एक जगह पर केन्द्रित लम्बी दूरी की 'ऐयाशी' के व्यापार से बँध कर रह गए जिसका वर्णन हम 'पेरिप्लस' में पढ़ते हैं। यह व्यापार समाप्त होता चला गया और इसका स्थान आबाद 'गाँवों' के साथ सामान्य और सरल स्थानीय वस्तु-विनिमय ने ले लिया। मठ भी अपना आर्थिक और धार्मिक कार्य कर चुकने के बाद लुप्त हो गए।" और लोग अवनति के गर्त में चले गए। कोसाम्बी साहब ने लिखा, "जिन लोगों की उन्होंने बर्बरता से निकलने में मदद की थी, (यद्यपि पश्चिमी घाटों पर आज भी आदिवासी जातियाँ मौजूद हैं) जिन्हें उन्होंने पहली सामान्य लिपि और सामान्य भाषा दी थी और लोहे का इस्तेमाल करना और हल चलाना सिखाया था, वे अपनी आदिम पूजा-पद्धतियों को नहीं भूले थे।"

यही मानक मार्क्सवादी स्पष्टीकरण है—आर्थिक कारण, ऐतिहासिक कार्यों

की पूर्ति और उसके बाद लोप और यहाँ तक कि उनके घर लौट कर 'आदिम पूजा-पद्धतियों' के आरम्भ कर देने पर अनुताप की भावना। लेकिन आज इन स्थापनाओं से काम नहीं चलता। आज ज़रूरत है इस बात की कि लोगों को यह विश्वास दिलाया जाए कि हिन्दू भी असहिष्णु थे, कि हिन्दुओं ने भी दूसरों के पूजा-स्थलों को नष्ट किया...

या एक और शख़्सीयत को लीजिए—जो हमारे इतिहास, संस्कृति और धर्म से ओतप्रोत हैं। उन्होंने अफग़ानिस्तान और उससे परे के क्षेत्र के बारे में भी लिखा है। उन्होंने लिखा है कि उन क्षेत्रों के लोगों ने एक ख़ास घटना घटने तक न तो बौद्ध धर्म और न उससे जुड़े ढाँचों को नष्ट किया। यह घटना कौन-सी थी? वे लिखते हैं :

"अत्यन्त प्राचीन काल में इस तुर्की जाति ने बार-बार भारत के पश्चिमी प्रान्तों पर विजय प्राप्त की और दूर-दूर तक अपने राज्यों की स्थापना की। वे बौद्ध होते थे, या फिर भारतीय क्षेत्र पर कब्ज़ा कर लेने के बाद बौद्ध बन जाते थे। कश्मीर के प्राचीन इतिहास में इन प्रसिद्ध तुर्की राजाओं का उल्लेख मिलता है, जैसे हुष्क, युष्क और कनिष्क। इसी राजा कनिष्क ने बुद्ध धर्म के उत्तरी सम्प्रदाय महायान की नींव डाली। काफ़ी समय बाद उनमें से अधिकतर ने मुस्लिम धर्म को अपना लिया और मध्य एशिया में उन्होंने मुख्य बौद्ध पीठों जैसे कन्धार और काबुल स्थित पीठों को नष्ट कर डाला। मुस्लिम धर्म में दीक्षित होने से पहले वे उन देशों की विद्या और संस्कृति को आत्मसात् कर लेते थे, जिन पर वे विजय प्राप्त करते थे और दूसरे देशों की संस्कृति को आत्मसात् करके वे सभ्यता को प्रसारित करने का प्रयास करते थे। लेकिन जब से उन्होंने मुस्लिम धर्म को अपनाया है, तब से केवल युद्ध ही उनकी अन्तःप्रेरणा बनकर रह गया है। उनमें विद्या और संस्कृति के ज़रा से भी अवशेष नहीं रह गए हैं। उसके विपरीत जो-जो देश उनके नियन्त्रण में आते जाते हैं, उनकी सभ्यता धीरे-धीरे समाप्त होती चली जाती है। आधुनिक अफग़ानिस्तान और कन्धार आदि के बहुत से स्थानों पर अब भी उनके बौद्ध पूर्वजों द्वारा निर्मित अद्‌भुत स्तूप, मठ, पूजास्थल तथा विशालकाय मूर्तियाँ मौजूद हैं। उनके तुर्की मिश्रण और मुस्लिम धर्म में दीक्षित हो जाने के परिणामस्वरूप वे मन्दिर आदि लगभग भग्नावस्था में हैं और वर्तमान अफ़गान और समवर्गी जातियाँ इतनी असभ्य और निरक्षर हो गई हैं कि वास्तुकला की उन प्राचीन कृतियों का अनुकरण करना तो दूर, वे उन्हें जिन्नों आदि जैसी अलौकिक आत्माओं की रचनाएँ मानते हैं..."

आप जानना चाहेंगे कि इन पंक्तियों के लेखक कौन हैं? ये वही लेखक हैं जिन्हें तीन-चार वर्ष पहले धर्मनिरपेक्षवादी अपना बना लेना चाहते थे—स्वामी विवेकानन्द।

और ज़रा इन इतिहासकारों की चालाकी पर ध्यान दीजिए। उनका यह कहना है कि राष्ट्रीय एकता के हित में ऐसे तथ्यों और वृत्तान्तों पर पर्दा पड़े रहने देना चाहिए। उनकी याद ताज़ा करने से मुसलमानों को ठेस पहुँचेगी और हिन्दुओं के मन में ये बातें वैर के बीज बो देंगी। लेकिन इसके साथ-साथ वे बौद्ध मन्दिरों के हिन्दुओं द्वारा नष्ट किए जाने का मिथक गढ़ने से भी बाज़ नहीं आते। इस तरह के गढ़े गए मिथक के कारण क्या बौद्धों और हिन्दुओं के बीच दूरी पैदा नहीं हो जाएगी? ख़ासतौर पर जब कि यह वृत्तान्त ज़रा-सा भी तथ्य पर आधारित नहीं है, ऐसे में क्या इसके कारण हिन्दुओं के मन में कटुता पैदा नहीं हो जाएगी? स्वामी जी ने एक और तथ्य की तरफ भी ध्यान दिलाया था जिसकी चर्चा आजकल नहीं होती है : और वह था आन्तरिक क्षय। बुद्ध ने—हमारे युग में गाँधीजी की तरह, हमें जो पहली और अन्तिम सीख दी वह यह थी कि हमें अपने आचरण को बदलना चाहिए, और उन्हें जो अन्तर्दृष्टि प्राप्त हुई थी उसे हम अपने व्यवहार के ज़रिए महसूस करें। लेकिन लोग ऐसा हरगिज़ नहीं करना चाहते। उन्हें तो ऊपरी-ऊपरी औपचारिकताओं में रुचि रहती है : जाप करने के लिए कुछेक शब्द, तीर्थयात्रा, और ऐसी मूर्ति जो उन्हें, उनके किये से मुक्ति दिला सके। लोग बुद्ध की आडम्बरहीन शिक्षा को सुनते ही जनसभा से बाहर चले जाते थे—क्योंकि उसमें किसी भी प्रकार का तामझाम पूरी तरह से निषिद्ध था। आज ठीक उसी वजह से लोग गाँधीजी का त्याग करते जा रहे हैं। इसके पीछे क्या कोई हिंसा या षड्यन्त्र काम कर रहा है?

धर्म, भिक्षुओं तथा मठों पर ही केंद्रित होकर रह गया और भिक्षुओं तथा मठों का अपकर्ष होने लगा, जैसा कि अवरुद्ध समूहों और संस्थाओं के साथ हमेशा होता ही है। स्वयं श्री अम्बेडकर ने इस तत्त्व की ओर इशारा किया है, हालाँकि वे इस अपकर्ष के लिए भी इस्लाम द्वारा की जाने वाली बरबादियों को ज़िम्मेदार ठहराते हैं। मुस्लिम हमलावरों द्वारा भिक्षुओं की हत्या किए जाने के बाद सभी प्रकार के व्यक्तियों—विवाहित और अधकचरे पुरोहितों, को उनके स्थान पर लाया जाने लगा। अम्बेडकर साहब लिखते हैं, कि उसका वही परिणाम हुआ जो होना था; "ज़ाहिर है कि नए बौद्ध पुरोहित वर्ग में न तो गरिमा थी और न विद्वत्ता और वे अपने प्रतिस्पर्द्धियों, ब्राह्मणों के सामने टिक नहीं पाते थे, जिनमें चातुर्य भी उतना ही था जितनी कि विद्वत्ता।"

स्वामी विवेकानन्द, श्रीअरविन्द और जिन अन्य विद्वानों ने हमारे लोगों के धार्मिक विकास की दिशा के बारे में गहन चिन्तन किया है, उन्होंने खुद मठों द्वारा की गई अपनी दुर्दशा का विशेष उल्लेख किया है। स्वामी जी ने लिखा कि "लोगों ने बुद्ध की पुरातन शिक्षा को तिलांजलि दे दी थी। बुद्ध ने किसी ईश्वर और ब्रह्माण्ड के किसी शासक के बारे में कोई शिक्षा नहीं दी थी और लोग अज्ञानी थे और उन्हें

किसी शासक औषधि की ज़रूरत थी, इसलिए उन्होंने फिर से अपने देवी-देवताओं, राक्षसों-बेतालों का सहारा लेना शुरू कर दिया और भारत में बौद्ध धर्म में काफ़ी गड़बड़झाला पैदा हो गया।" स्वामीजी आगे लिखते हैं कि "हम जिस विकास का श्रेय बुद्ध के अद्‌भुत व्यक्तित्त्व और उनकी श्रेष्ठ शिक्षा को देते हैं, उसका कारण वस्तुतः वे मन्दिर थे जिनका निर्माण किया गया, वे मूर्तियाँ थीं जिनकी स्थापना की गई और वे तड़क-भड़क वाले धर्मानुष्ठान थे जो देश के सम्मुख प्रस्तुत किए गए।"[5] जल्द ही मूल सन्देश की अद्‌भुत नैतिक शक्ति जाती रही और उसमें से जो कुछ बाकी बचा रहा उसमें अन्धविश्वासों और धर्मानुष्ठानों और उन प्रथाओं से भी 'सौ गुना अशिष्ट प्रथाओं' का समावेश हो गया जिन प्रथाओं को बौद्ध धर्म दबाना चाहता था और जो एक साथ "बुरी, अस्वच्छ और अनैतिक थीं..."

स्वामी विवेकानन्द बुद्ध को 'वेदान्त का मूर्तरूप' मानते थे। वे हमेशा बुद्ध के बारे में बहुत ऊँची बातें करते थे। उसी वजह से बाद में चलकर जो बौद्ध धर्म का हाल हुआ उसे लेकर वे भावावेश में आ जाते थे : "वह भ्रष्टाचार का पुंज हो गया, जिसके बारे में मैं इन श्रोतागण के सामने कुछ नहीं बोल सकता...", "बौद्ध धर्म के बाद जो घिनौनापन पैदा हो गया था, उसका आपके सामने वर्णन करने के लिए न तो मेरे पास समय है और न अभिरुचि। विकृत बौद्ध धर्म के प्रभाव में अत्यन्त घिनौने धर्मानुष्ठान होने लगे, ऐसी-ऐसी पुस्तकें लिखीं गईं जो मनुष्य के हाथों लिखी गईं और उसके मस्तिष्क द्वारा कल्पित अत्यन्त अश्लील पुस्तकें हो सकती थीं और धर्म के नाम पर उसके अत्यन्त वहशी रूप देखने में आए"...[6]

सुधार करना उनके जीवन का लक्ष्य था, और इसी कारण स्वामी विवेकानन्द ने उन ख़ामियों पर गहन चिन्तन किया जिन्होंने बौद्ध धर्म को कमज़ोर बना दिया था, और उनकी अन्तर्दृष्टि से हमें आज तक कई सबक सीखने को मिलते हैं। उन्होंने कहा कि प्रत्येक सुधार आन्दोलन का अनिवार्यतः नकारात्मक तत्त्वों पर दबाव पड़ता है। लेकिन यदि कोई सुधार आन्दोलन केवल नकारात्मक तत्त्वों पर दबाव डालने का ही काम करता रहता है, तो वह जल्दी मर जाता है। बुद्ध के बाद उनके अनुयायी नकारात्मक तत्त्वों पर ही दबाव डालते रहे, जब कि लोगों को ज़रूरत थी सकारात्मक तत्त्वों की, जिनसे उनका उत्थान हो पाता।

स्वामीजी आगे लिखते हैं, "हर आन्दोलन किसी असामान्य विशेषता के बल पर विजयी होता है, लेकिन जब उसका पतन होता है, तो वही गर्व का विषय उसकी कमज़ोरी का मुख्य तत्त्व बन जाता है।" उन्होंने कहा कि बौद्ध धर्म मठवासीय व्यवस्था थी। इस व्यवस्था ने उसे संगठनात्मक प्रेरक शक्ति तो प्रदान की, लेकिन जल्द ही उल्टे किस्म के परिणाम हावी हो गए। वे आगे कहते हैं कि मठवासीय व्यवस्था की स्थापना से, "यह दुष्प्रभाव पड़ा" कि बजाय इसके कि श्रद्धा, आचरण

पर अवलम्बित होती, "भिक्षु का वेश ही सम्मान का पात्र बन गया।" वे आगे लिखते हैं, "और फिर ये मठ धनाढ्य बन गए। पतन का असली कारण यही था... कुछ मठों में सौ, हज़ार तक भिक्षु रहने लगे थे। कभी-कभी तो एक ही इमारत में बीस-बीस हज़ार भिक्षु होते थे, और ऐसी इमारतें बड़ी-बड़ी अति विशाल हुआ करती थीं..." इससे एक तरफ़ तो भीतर ही भीतर भ्रष्टाचार को बल मिलने लगा और उससे यह आन्दोलन संगठनात्मक समस्याओं में उलझता चला गया। दूसरी तरफ, समाज श्रेष्ठ व्यक्तियों से रिक्त होता चला गया।[7]

स्वामी विवेकानन्द कहते हैं कि मठवासीय व्यवस्था के प्रारम्भ से ही पुरुषों और महिलाओं के बीच असमानता की प्रथा शुरू हो गई थी। फिर धीरे-धीरे बौद्ध धर्म में बाह्याचार (धर्म के नाम पर महिलाओं से असंयमित मेल-जोल रखना) के रूप में भ्रष्टाचार ने प्रवेश किया और उसे बरबाद करके रख दिया। इस प्रकार के पैशाचिक धर्मानुष्ठान किसी भी आधुनिक तन्त्र विद्या में देखने को नहीं मिलते..."[8]

जब कि बुद्ध ने यह उपदेश दिया था कि हमें तात्त्विक अटकलों और दार्शनिक पहेलियों से दूर रहना चाहिए, क्योंकि ये हमें व्यवहार से विमुख कर देंगी—फिर भी बौद्ध भिक्षु तथा विद्वान् इन्हीं प्रश्नों को लेकर रहस्यमय बहसों में खो गए।[9] इसका परिणाम तुरन्त सामने आ गया। स्वामी विवेकानन्द आगे स्पष्ट करते हैं, "अत्यधिक दार्शनिक हो जाने के कारण उनके हृदय की विशालता जाती रही।"

श्रीअरविन्द एक और तत्त्व की ओर संकेत करते हैं और वह था अन्तर्निहित असामंजस्य। उन्होंने बौद्ध धर्म के बौद्धिक, नैतिक और आध्यात्मिक दृष्टिकोणों के अत्यधिक कड़ेपन के बारे में लिखा है, और यह कि किस "प्रकार इसकी कड़ी प्रतिज्ञाओं और उससे भी अधिक कड़े निषेधों का भारतीय धार्मिक चेतना के सहज लचीलेपन और बहुतरफ़ा भावप्रवणता तथा अत्यन्त सामासिक गुण के साथ सामंजस्य नहीं बैठ पाया। यह एक महान् पंथ तो था, लेकिन इसमें इतना लचीलापन नहीं था कि यह लोगों के दिलों को बाँधे रख पाता..."[10]

ऐसे तत्त्वों में बौद्ध धर्म के लुप्त हो जाने के पूरे कारण मिल जाते हैं। लेकिन आज के धर्मनिरपेक्षवादियों के विवरण में उनका उल्लेख नहीं मिलता, क्योंकि उनका काम एक ही 'धारणा' से चल जाता है और वह यह कि हिन्दुओं ने बौद्धों को कुचलकर रख दिया, हिन्दुओं ने उनके मन्दिरों को नष्ट कर दिया...

एक के बाद दूसरे महत्त्वपूर्ण मामले में—चाहे वह आर्यों और द्रविड़ों के बीच फूट डालने का मामला हो, इस्लामी आक्रमणों के स्वरूप का, इस्लामी शासन के स्वरूप का, या फिर स्वतन्त्रता संघर्ष के स्वरूप का—सभी में यही विशेषता मिलती है—तथ्य को छिपा लो, मिथ्या की ओर संकेत कर दो। पिछले तीस वर्षों के इतिहास लेखन का यही असली घोटाला है। और इन लब्धप्रतिष्ठ इतिहासकारों के लिए यह

घोटाला कर पाना इसलिए सम्भव हो पाया, क्योंकि उन्होंने भारतीय इतिहास अनुसन्धान परिषद् जैसी संस्थाओं पर अपना नियन्त्रण कायम कर लिया था। इसलिए झूठ को खत्म करने के लिए इस नियन्त्रण को ख़त्म किया जाना चाहिए।

सन्दर्भ

1. बी.आर. अम्बेडकर 'दि डिक्लाइन ऐंड फ़ाल आफ़ बुद्धिज़्म'', डॉ. बाबा साहब अम्बेडकर : राइटिंग्स ऐंड स्पीचिज़, खंड III, महाराष्ट्र सरकार, 1987, पृ. 229-38
2. श्री सीताराम गोयल के इन इतिहासकारों से हुए आदान-प्रदान को उनकी पुस्तक 'हिन्दू टेम्पल्स, व्हाट हैपण्ड टु देम : दि इस्लामिक एवीडेंस, वायस ऑफ़ इण्डिया, 1993 में उद्धृत किया गया है।
3. बी.आर. अम्बेडकर : थाट्स आन पाकिस्तान, थैकर ऐण्ड कम्पनी, बम्बई, 1941
4. अगले विवरण के लिए देखें डी.डी. कोसाम्बी की पुस्तक 'मिथ ऐण्ड रिऐलिटी', पापुलर प्रकाशन, बम्बई, 1962, 1983 पुनःमुद्रण, पृ. 100
5. स्वामी विवेकानन्द : कलेक्टिड वर्क्स, उदाहरण के लिए खंड I, पृ. 139, खंड III, पृ. 216-17
6. कलेक्टिड वर्क्स, उदाहरण के लिए, खंड III, पृ. 265
7. कलेक्टिड वर्क्स, उदाहरणार्थ खंड III, पृ. 533-34, खंड V, पृ. 230
8. कलेक्टिड वर्क्स, उदाहरणार्थ खंड IV, पृ. 326, खंड V, पृ. 317, खंड VI, पृ. 224-25, खंड VII, पृ. 119, 215-16
9. इस प्रकार कोसाम्बी की टिप्पणी सही है, लेकिन उनकी मंशा के विपरीत अर्थों में कोसाम्बी का यह कहना है (कोसाम्बी, पृ. 14) कि शंकराचार्य के खंडनों से यह पता चलता है कि वे बुद्ध के मूल सिद्धान्त के बारे में कुछ नहीं जानते थे। शंकराचार्य उन्हीं सिद्धान्तों का खण्डन कर रहे थे जो बौद्धों द्वारा उनके समय में प्रस्तुत किए जा रहे थे और इन सिद्धान्तों का बुद्ध की मूल शिक्षा से कोई सम्बन्ध नहीं था।
10. श्रीअरविन्द, दि फ़ाउण्डेशंस आफ़ इण्डियन कल्चर, श्रीअरविन्द आश्रम, पांडिचेरी, 1968, पृ. 75, 160-61, 192-93

'सामान्य सहिष्णुता' की नीति!

लब्धप्रतिष्ठ इतिहासकार श्री सतीश चन्द्रा ग्यारहवीं कक्षा के विद्यार्थियों को तसल्ली देते हुए कहते हैं, "रूढ़िवादी ब्रह्मविज्ञानियों के एक वर्ग के दबाव के बावजूद सुल्तान-शासन के दौरान सामान्य सहिष्णुता की इस नीति को बनाए रखा गया।" क्या सचमुच?

हमें उस समय के इस्लामी इतिहासकारों के वृत्तान्तों में, अर्थात् उन्हीं अधिकृत विद्वानों के वृत्तान्तों में, जिनकी पुस्तकों के आधार पर हमारे लब्धप्रतिष्ठ इतिहासकारों ने अपनी 'धारणाएँ' बनाई होंगी, हमें किस प्रकार का वर्णन पढ़ने को मिलता है। वे कौन-कौन सी घटनाओं पर खुशियाँ मनाते हैं? उन इस्लामी अधिकृत विद्वानों के अनुसार वे कौन-से प्रयोजन थे जो उस समय के शासकों को प्रेरित करते थे?

सौभाग्यवश, निर्भीक लेखक श्री सीताराम गोयल ने अपनी निर्णायक पुस्तक 'हिन्दू टेम्पल्स : व्हाट हैपन्ड टु देम, दि इस्लामिक एवीडेन्स,'[1] खंड II के चार सौ पृष्ठों में उन दिनों के अग्रणी इस्लामी इतिहासकारों के ग्रन्थों से उद्धरण और प्रमाण एकत्रित किए हैं। ढेर सारे प्रमाणों में से एक छोटा-सा प्रमाण यह दिखाने के लिए काफी है कि हमारे लब्धप्रतिष्ठ इतिहासकार कितना कुछ छिपा लेते हैं।

सुल्तान जलालुद्दीन ख़िलजी (1290-1296), ज़ियाउद्दीन बर्नी की पुस्तक 'तारीख़े फिरोज़शाही' (लेखन काल 1285-86), झाईं (राजस्थान) : "वर्ष अहमद 689 (1290 ईस्वी), में सुल्तान ने सेना लेकर रणथम्बोर की तरफ़ कूच किया...उसने झाईं पर कब्ज़ा कर लिया। उसने मूर्ति-मन्दिरों को नष्ट किया और मूर्तियों को तोड़ा और जला डाला..."

विदिशा (मध्यप्रदेश) : "इस समय कर्रा क्षेत्र का शासन अलाउद्दीन सँभाल रहा था और उसने सुल्तान की अनुमति से भैलसान (भिलसा) की तरफ कूच किया। उसने कुछ ऐसी कांस्य मूर्तियों को कब्ज़े में ले लिया जिनकी हिन्दू पूजा करते थे, और उन्हें कई प्रकार के मूल्यवान लूट के माल के साथ तोहफ़ों के तौर पर सुल्तान को भेज दिया। ये मूर्तियाँ बदायूँ द्वार पर रख दी गईं, ताकि निष्ठावान मोमिन उन पर पैर रख कर जा सकें..." (इसी आशय की रिपोर्ट निज़ामुद्दीन अहमद

बिन मुहम्मद मुकीम अल-हर्बी की पुस्तक 'तबकाते-अकबरी' में भी दी गई है।)

सुलतान अलाउद्दीन ख़िलजी (1296-1316), तारीख़े फ़िरोजशाही में :

सोमनाथ (गुजरात) : "हकूमत के तीसरे साल के शुरू में उलुग ख़ान और नुसरत ख़ान ने अपने अमीरों, जरनैलों, और बहुत बड़ी फ़ौज के साथ, गुजरात के ख़िलाफ कूच किया... पूरा गुजरात हमलावरों का शिकार हो गया और वह मूर्ति; जिसे सुल्तान महमूद की विजय और उसके द्वारा मनत (की मूर्ति) को नष्ट किए जाने के बाद ब्राह्मणों ने सोमनाथ के नाम से हिन्दुओं द्वारा पूजा के लिए स्थापित किया था, दिल्ली लाई गई और उसे इस तरह से रख दिया गया कि लोग उस पर पाँव रखकर जा सकें..." (इसी आशय की रिपोर्ट 'तबकाते-अकबरी' और मुल्ला अब्दुल कादिर बदायूँनी की पुस्तक 'मुन्तख़ाबाते-तवारीख़' में भी दी गई है। मुन्तख़ाबाते-तवारीख में यह भी उल्लेख किया गया है कि मन्दिर के स्थान पर एक मस्जिद का निर्माण किया गया।)

सुल्तान फ़िरोज़शाह तुग़लक (1351-1388) : फ़िरोज़शाह के दरबारी शमसुद्दीन बिन सिराजुद्दीन की 'तारीख़े फ़िरोजशाह' :

पुरी (उड़ीसा) : "तलाश ख़त्म हो जाने पर सुल्तान का ध्यान जाजनगर के राय की तरफ़ गया। जिस महल में वह रहता था उसमें दाख़िल होने पर सुल्तान को वहाँ बहुत-सी शानदार इमारतें देखने को मिलीं। बताया जाता है कि राय के किले के अन्दर एक पत्थर की मूर्ति थी जिसे काफ़िर जगन्नाथ कहते थे और उसकी उपासना करते थे। सुल्तान फ़िरोज ने महमूद सुबुक्तग़ीन का अनुकरण करते हुए मूर्ति को वहाँ से उखाड़ा और वह उसे दिल्ली ले गया जहाँ उसने उसे एक बदनाम जगह पर रखवा दिया..."

जाजनगर (उड़ीसा) : मूर्तियों और इस्लाम के दुश्मनों को नष्ट करने और पद्म तालाब के नज़दीक हाथियों की तलाश के लिए जौनपुर से विजय पताकाओं की रवानगी हुई... सुल्तान ने जाजनगर को देखा जिसकी सभी यात्रियों ने प्रशंसा की थी। जिन सैनिकों को जाजनगर के इर्द-गिर्द के इलाकों को नष्ट करने के लिए तैनात किया गया था, उन्होंने तलवारों और भालों से काफ़िरों का मानमर्दन कर दिया। उस इलाके में जहाँ कहीं मन्दिर और मूर्तियाँ थीं, उन सबको मुसलमानों के घोड़ों ने अपने खुरों से रौंद डाला... "फ़तह हासिल करने, समुद्री यात्रा करके जगन्नाथ के मन्दिर को नष्ट करने और बुतपरस्तों को क़त्ल करने के बाद विजय पताकाओं की दिल्ली की तरफ़ रवानगी हुई..."

'सिरात फिरोज़शाही' में इस्लाम की ख़िदमत में प्राप्त की गई उपलब्धियों का भी निम्न प्रकार से वर्णन किया गया है :

"अल्लाह ने, जो कि एकमात्र सच्चा खुदा है और जिसका और कोई प्रकट रूप नहीं है, इस्लाम के बादशाह को पूर्वी समुद्र तट पर स्थित इस पुराने मन्दिर

को नष्ट करके समुद्र में डुबोने की ताकत बख़्शी, और उसके नष्ट हो जाने के बाद सुल्तान ने जगन्नाथ की मूर्ति की नाक में छेद करने और उसे धरती पर पटक-पटक कर उसका अपमान करने का आदेश दिया। उन मूर्तियों को खुदवाया, जिनकी बहुदेववादी जाजनगर के राज्य में पूजा किया करते थे और उन्हें जगन्नाथ की मूर्ति की तरह सुन्नियों और मुसल्लिस (नमाज करने वालों) के रास्तों पर मस्जिदों के सामने फिंकवा दिया और हर मस्जिद के प्रवेश-द्वार पर बिछवा दिया ताकि मूर्तियों के धड़ और पहलू उतरते, चढ़ते, अन्दर जाते और बाहर निकलते मुसलमानों के पाँवों के जूतों से रौंदे जा सकें।''

स्वयं सुल्तान फ़िरोजशाह द्वारा लिखी गई किताब 'फतूहाते फ़िरोज़शाही' में उसने यह अंकित किया है कि किस तरह से उसने यह आदेश दिया कि ''इस्लाम के जिन शासकों की धन-दौलत और कृपा से काफ़िर देशों पर विजय प्राप्त की गई, जिनके परचम बहुत-सी सर ज़मीनों पर लहराए, और जिनके तहत मूर्ति-मन्दिर गिराए गए, मस्जिदें और मिम्बर (प्रवचन मंच) निर्मित और प्रतिष्ठित किए गए, उनका खुत्बा (धर्मोपदेश) में विवरण दिया जाए और उनकी पाप-मुक्ति के लिए नमाज पढ़ी जाए।

दिल्ली और उसके आस-पास के इलाकों में बुतपरस्ती को ख़त्म करने के लिए सुल्तान फ़िरोज़शाह ने जो कदम उठाए थे, उनके बारे में वह लिखता है :

''हिन्दू और बुतपरस्त, ज़रे-ज़िम्मिया (इस्लामी राज्य में ग़ैर-इस्लामी नागरिकों द्वारा दिया जाने वाला धन) अदा करने और उन्हें और उनके परिवारों को प्रदान की गई सुरक्षा के बदले जजिया अदा करने के लिए सहमत हो गए थे। अब उन लोगों ने पैग़म्बर साहब की शरीअत, जिसमें यह कहा गया है कि ऐसे मन्दिरों को बर्दाश्त न किया जाए, के ख़िलाफ नगर और उसके आस-पास के इलाकों में नए मूर्ति-मन्दिरों का निर्माण कर लिया है। ख़ुदाई रहनुमाई से मैंने उन इमारतों को नष्ट कर डाला और कुफ्र के उन सरबराहों को, जो दूसरों को बहका कर ग़लत रास्ते पर ले जा रहे थे, मौत के घाट उतार दिया और निचले तबकों के लोगों को तब तक कोड़े लगवाता और दंडित कराता रहा जब तक कि यह बुराई पूरी तरह से मिट नहीं गई। नीचे इसकी एक मिसाल दी गई है। मलूह गाँव में एक तालाब है जिसे वे कुंड कहते हैं। यहाँ उन्होंने मूर्ति-मन्दिर बनवा लिये थे और कुछ खास दिनों हिन्दू घोड़ों पर सवार होकर और हथियारों से लैस होकर वहाँ जाया करते थे। उनकी औरतें और बच्चे भी पालकियों और बैलगाड़ियों में सवार होकर वहाँ जाया करते थे। वहाँ वे हज़ारों की संख्या में इकट्ठे होकर मूर्ति पूजा किया करते थे...जब इसकी खुफ़िया खबर मेरे कानों तक पहुँची तो मेरी धार्मिक भावनाओं ने मुझे इस घोटाले और इस्लामी मज़हब के प्रति इस अपराध को रोकने के लिए प्रेरित किया। सभा के दिन मैं व्यक्तिगत रूप से वहां गया और यह आदेश

दिया कि इन लोगों के सरबराहों और इस घृणित कार्य को बढ़ावा देने वालों को मौत के घाट उतार दिया जाए। मैंने आम हिन्दुओं को कोई कठोर दंड देने से मना कर दिया लेकिन मैंने उनके मूर्ति-मन्दिरों को नष्ट करने और उनके स्थान पर मस्जिदें खड़ी किए जाने का आदेश दे दिया। मैंने दो फलते-फूलते कस्बों की नींव डाली जिनमें से एक का नाम तुग़लकपुर और दूसरे का सलारपुर था। जहाँ पर काफ़िर और बुतपरस्त बुतों की पूजा किया करते थे, अब वहाँ अल्लाह के करम से मुसलमान सच्चे खुदा की नमाज पढ़ा करते हैं। अब वहाँ हम्दो सना (ईश स्तुति) और नमाज़ के लिए अज़ां सुनाई देती है और वह जगह जो पहले कभी काफ़िरों का घर हुआ करती थी, अब वहाँ मोमिनों की रिहायश है जो वहाँ अपने कायदों को दोहराते हैं और हम्दो सना (ईश स्तुति) करते हैं... मुझे यह ख़बर मिली थी कि कुछ हिन्दुओं ने सलीहपुर गाँव में एक नए मूर्ति-मन्दिर का निर्माण कर लिया था और वे वहाँ मूर्तियों की पूजा कर रहे थे। मैंने कुछ व्यक्तियों को वहाँ भिजवाकर उस मूर्ति-मन्दिर को नष्ट करा दिया और इस प्रकार वे जिस तरह से लोगों को ग़लत रास्ते पर चलने के लिए ख़तरनाक ढंग से उकसा रहे थे, मैंने उनकी इस हरकत को बन्द करा दिया।''

और अपने पड़ोसी गाँव गोहाना के बारे में फ़िरोज़शाह लिखता है :

गोहाना (हरियाणा) : ''कुछ हिन्दुओं ने गोहाना गाँव में एक नया मूर्ति-मन्दिर खड़ा कर लिया था और मूर्तिपूजक वहाँ इकट्ठे होकर मूर्तिपूजा के धर्मानुष्ठान किया करते थे। इन लोगों को पकड़कर मेरे सामने लाया गया। मैंने यह आदेश दिया कि इस बुरे काम को कराने में जो लोग सरबराह हैं, उनके पतित आचरण की सार्वजनिक रूप से घोषणा की जाए और उन्हें महल के प्रवेश-द्वार के सामने मौत के घाट उतार दिया जाए। मैंने यह भी आदेश दिया कि काफ़िरों के ग्रन्थों, उनकी मूर्तियों और उनकी पूजा में इस्तेमाल होने वाले बरतनों को सबके सामने जला दिया जाए। बाकी लोगों को सज़ाएँ और धमकियाँ देकर अनुष्ठान आदि करने से रोक दिया गया जिससे सभी लोगों को यह चेतावनी मिल सके कि कोई भी ज़िम्मी (मुस्लिम राज्य में रहने वाला ग़ैर-मुस्लिम नागरिक) इस प्रकार की अनैतिक प्रथाओं का पालन नहीं कर सकता।''

मुहम्मद कासिम हिन्दू शाह फ़रिश्ता अपनी पुस्तक 'तारीख़े फ़रिश्ता' में, हिमाचल प्रदेश स्थित नगरकोट, कांगड़ा में सुल्तान फ़िरोजशाह तुगलक के बारे में यह बयान करता है : ''... वहाँ से बादशाह नगरकोट के पहाड़ों की तरफ़ कूच कर गया जहाँ उसे ओलों और बर्फ़ के तूफ़ान ने आ घेरा। नगरकोट के राजा ने कुछ नुकसान उठाने के बाद आत्म-समर्पण कर दिया लेकिन उसके अधिकार-क्षेत्र उसे लौटा दिए गए। दिवंगत बादशाह के सम्मान में नगरकोट का नाम बदल कर मुहम्मदाबाद रख दिया गया... कुछ इतिहासकारों का कहना है कि इस मौके पर

फ़िरोज़शाह ने नगरकोट की मूर्तियों को तोड़ा और उनके टुकड़ों को गोमांस में मिलाकर और उन्हें थैलियों में भरवाकर ब्राह्मणों के गलों से बाँध दिया और फिर उन ब्राह्मणों को शिविर में घुमाया गया। यह भी कहा जाता है कि उसने नौशाबा की मूर्ति को मक्का में सड़क पर फेंकने के लिए भिजवा दिया ताकि वह हाजियों के पैरों तले रौंदी जा सके। यह भी कहा जाता है कि फ़िरोजशाह ने एक लाख टके भक्तों और मन्दिर के नौकरों में बाँटने के लिए दिए।''

क्या ये विवरण उन प्रयोजनों के बारे में शक की कोई गुंजाइश छोड़ते हैं, जो इन सुल्तानों को प्रेरित करते थे? क्या ये विजय की भावना के साथ दिए गए जोश भरे विवरण यह दावा करने की कोई गुंजाइश छोड़ते हैं कि दिल्ली के सुल्तानों ने 'सामान्य सहिष्णुता' की नीति अपनाई थी?

याह्य बिन अहमद बिन अब्दुल्लाह सरहदी की 'तारीखे मुबारकशाही' में, सुल्तान शमसुद्दीन अल्तमश (1210-1236) : "... इसके बाद उसने उज्जैन की तरफ़ रुख किया और उसे फ़तह कर लिया और महाकाल के मूर्ति-मन्दिर को गिराने के बाद वह विक्रमजीत के बुत और उसके साथ दूसरे बुतों और पीठिकाओं पर स्थित मूर्तियों को उखाड़कर राजधानी में ले आया और उन्हें जामा मस्जिद के सामने बिछवा दिया, ताकि लोग उन पर पैर रख कर जा सकें।'' (इस आशय के विवरण 'तबकाते अकबरी', 'मुन्तखाबाते तवारीख' और 'तारीख़े फ़िरोज़शाही' में भी मिलते हैं।)

मुहम्मद बिहामद ख़ान की 'तारीख़े मुहम्मदी' में सुल्तान नसीरुद्दीन मुहम्मद शाह तुग़लक (1389-1412) :

"इतिहासकारों ने लिखा है कि अहमद सन् 792 (1389-90 ई.) के मुबारक साल में सुल्तान नसीरुद्दीन ने कालपी नाम की जगह पर जहाँ घिनावने काफ़िरों का निवास था, पैग़म्बर मुहम्मद के नाम पर मुहम्मदाबाद नगर की स्थापना की और मन्दिरों को गिरवाकर वहाँ अल्लाह की इबादत के लिए मस्जिदें बनवाईं। उसने महल, मकबरे और स्कूल बनवाए और काफ़िरों के भ्रष्ट आचरण को समाप्त करके पैग़म्बर मुहम्मद की शरीअत को बढ़ावा दिया...''

अहमद यादगार की 'तारीख़े शाही' में सुल्तान सिकन्दर लोधी (1489-1517) :

"सुल्तान सिकन्दर बहुत ही पाक ज़िन्दगी बसर किया करता था... उसके शासन काल में इस्लाम का बहुत ज़्यादा सम्मान था। काफ़िर मूर्तिपूजा करने या पवित्र नदियों में स्नान करने का साहस नहीं जुटा पाते थे। उसके पवित्र शासनकाल के दौरान मूर्तियों को ज़मींदोज़ कर दिया जाता था। उसने नगरकोट की प्रस्तर मूर्ति को जिसने (पूरे) विश्व को बहका रखा था, लाकर कसाइयों के हवाले कर दिया, ताकि वे उससे मांस तोल सकें।''

शेख़ रज़ाकुल्लाह मुश्ताक की 'वाकियाते मुश्तकी' में भी इस आशय का

विवरण दिया गया है। उसमें सिकन्दर लोधी द्वारा मथुरा में किए गए नेक कार्यों का भी उल्लेख किया गया है :

"उसने काफ़िरों के मन्दिरों को नष्ट करा दिया। मथुरा में जिस जगह काफ़िर स्नान किया करते थे वहाँ कुफ्र का नामोनिशाँ तक मिटा दिया गया। उसने वहाँ लोगों के ठहरने के लिए सरायों का और बहुत से पेशेवरों, जैसे बावर्चियों, नानबाइयों और हलवाइयों की दुकानों का निर्माण कराया। यदि कोई हिन्दू ग़लती से भी स्नान करने के लिए चला जाता था तो उसे अपने अंगों से वंचित होना पड़ता था और उसे सख़्त से सख़्त सज़ा दी जाती थी। इस जगह पर कोई हिन्दू अपना मुंडन नहीं करा सकता था। कोई भी नाई किसी हिन्दू के नज़दीक नहीं जाता था, फिर चाहे वह कितना भी पैसा देने के लिए तैयार हो..."

'तबकाते-अकबरी' में, सुल्तान सिकन्दर लोधी का, जब वह मन्दरायल (मध्यप्रदेश) में था, इस प्रकार वर्णन किया गया है :

"उसके बाद उसने खुद मन्दरायल के किले की घेराबन्दी कर ली। जो लोग किले के अन्दर थे उन्होंने उसके साथ एक सन्धि पर हस्ताक्षर करने के बाद किले को उसके हवाले कर दिया। सुल्तान ने मन्दिर गिरवाकर उनके स्थान पर मस्जिदें खड़ी करा दीं...और तब वर्षाऋतु के समाप्त होने के बाद उसने सन् अहमद 912 (1506-07 ई.) में उदित नगर के किले पर चढ़ाई कर दी... यद्यपि किले के भीतर के लोगों ने माफ़ी माँगने की बहुत कोशिश की, लेकिन उसने उनकी एक नहीं सुनी। किले को कई जगहों पर तोड़कर उसे फ़तह कर लिया गया... फ़तह हासिल होने पर सुल्तान ने अल्लाह का शुक्रिया अदा किया—उसने मन्दिरों को गिरवाकर उनके स्थान पर मस्जिदों का निर्माण करवाया..."

अबुल्लाह की 'तारीख़े दाउदी' में, सुल्तान सिकन्दर लोधी का, जब वह मथुरा (उत्तर प्रदेश) में था, इस प्रकार ज़िक्र हुआ है :

"वह इतना धर्मोत्साही मुसलमान था कि उसने काफ़िरों के अनेक प्रकार के पूजा स्थानों को गिरवा दिया, और उनकी एक निशानी तक नहीं छोड़ी। उसने मथुरा में, जो कि बुतपरस्तों की खान माना जाता है, मन्दिरों को पूरी तरह से नष्ट कर डाला और हिन्दुओं के दूसरे प्रमुख पूजास्थलों को सरायों और मंडलों में परिवर्तित कर दिया। इन मन्दिरों की मूर्तियाँ कसाइयों को मांस तोलने के वज़न के तौर पर इस्तेमाल करने के लिए दे दी गईं। मथुरा के सभी हिन्दुओं को सिर और दाढ़ी मुँडाने और स्नान आदि करने से सख़्त मना कर दिया गया..."

और उसके बाद धौलपुर (मध्यप्रदेश) में :

"उस वर्ष सुल्तान ने ख़वास ख़ान को धौलपुर के किले पर कब्ज़ा करने के लिए भेजा। वहाँ के राजा ने आगे बढ़कर युद्ध में मुक़ाबला किया और हर रोज़ लड़ाई चलती रही। जैसे ही जहाँपनाह ने शाही फ़ौज का मुकाबला करने में धौलपुर

के राय के दृढ़ प्रदर्शन के बारे में सुना, तो वह व्यक्तिगत रूप से वहाँ गया। लेकिन उसके धौलपुर के नज़दीक पहुँचते ही, राय ने बिना लड़ाई किए ही भाग खड़ा होने का निश्चय कर लिया—उसने (सिकन्दर ने) अपनी कामयाबी के लिए अल्लाह का शुक्रिया अदा किया और शाही फ़ौजों ने हर तरफ़ लूटपाट की और डाके डाले और जो पेड़ और बग़ीचे धौलपुर को छाया प्रदान करते थे, उन्हें फ़ौजों ने सात-सात कोस तक उखाड़ फेंका। सुल्तान सिकन्दर वहाँ एक महीने तक रुका रहा और एक मूर्ति-मन्दिर के स्थान पर उसने मस्जिद का निर्माण कराया और उसके बाद वह आगरा की तरफ़ रवाना हो गया...''

'तबकाते-अकबरी' में सुल्तान महमूद बिन इब्राहीम शर्की (1440-1457) :

''कुछ समय के बाद वह जिहाद की मंशा से उड़ीसा की तरफ रवाना हो गया। उसने उस प्रान्त के अड़ोस-पड़ोस के स्थानों पर आक्रमण किया और उन्हें उजाड़ दिया और मन्दिरों को गिराने के बाद उन्हें नष्ट कर डाला...''

'तबकाते-अकबरी' में मालवा के सुल्तान महमूद ख़िलजी (1436-1469) :

चित्तौड़गढ़ (राजस्थान) : ''भीम दरिया को पार करने के बाद उसने इलाके को उजाड़ना और लोगों को बन्दी बनाना शुरू कर दिया। यह काम वह रोज़ाना चित्तौड़ को अभियान दल भेजकर किया करता था। उसने मन्दिरों को गिराकर मस्जिदों का निर्माण करना शुरू कर दिया। वह हर पड़ाव पर 2-3 दिन रुकता था।''

'मुन्तख़ाबाते तवारीख़' में जलालुद्दीन मुहम्मद अकबर परदशाह ग़ाज़ी (1556-1605) :

''नगरकोट के मन्दिर पर जो कि नगर के बाहर था, शुरू-शुरू में ही कब्ज़ा कर लिया गया...इस मौके पर बहुत से पर्वतवासी दमकती हुई तलवारों के शिकार बन गए। मन्दिर के गुम्बज पर जो सुनहरी छत्र बना था उसे उन्होंने तीरों से छलनी कर डाला...लगभग 200 काली गौओं को, मुसलमानों ने मार डाला। गौओं का वे अत्यधिक सम्मान करते हैं और इनकी वे वस्तुतः पूजा करते हैं और इन्हें मन्दिर को भेंट कर देते हैं; जिसे वे अपना आश्रय स्थल मानते हैं। और जबकि तीर और गोलियाँ रह-रह कर लगातार बारिश की बूँदों की तरह बरस रही थीं, मुसलमानों ने धर्मोत्साहवश और मूर्तिपूजा के प्रति घोर घृणा होने के कारण, अपने जूतों में लहू भर-भर कर उसे मन्दिर के दरवाज़ों और दीवारों पर फेंका...''

और दक्षिण में भी इसी दृश्य का प्रदर्शन हो रहा था। सुल्तान अलाउद्दीन मुजाहिद शाह बहमनी (1375-1378), का 'तारीख़े फ़रिश्ता' में दिया गया विवरण :

विजयनगर (कर्नाटक) : ''इस मौके पर मुजाहिद शाह ने उन मस्जिदों की मरम्मत कराई जिन्हें अलाउद्दीन ख़िलजी के अधिकारियों ने बनवाया था। उसने बुतपरस्तों के बहुत से मन्दिरों को तुड़वा डाला और इस इलाके को उजाड़ डाला;

उसके बाद वह फ़ौरन बीजानगर रवाना हो गया... बादशाह उनका पीछा करता हुआ चला गया और ऐसे में वह एक जलखंड के किनारे जा पहुँचा और केवल वही खंड उसे उस किले से अलग किए हुए था जिसमें राय निवास करता था। इसी स्थल के पास एक टीला था जिस पर एक मन्दिर बना हुआ था। उस पर सोने और चाँदी के पत्तर चढ़े थे, जिनमें जवाहरात मढ़े थे। हिन्दू इस मन्दिर के प्रति अगाध श्रद्धा रखते थे और इस इलाके की भाषा में इसे 'पुट्टक' कहा जाता था। इस मन्दिर को नष्ट करना अपना धार्मिक कर्त्तव्य समझकर बादशाह उस टीले पर चढ़ा और इमारत को गिराकर उसके भीतर की कीमती धातुओं पर टँके जवाहरात को अपने कब्ज़े में ले लिया..."

सुल्तान अहमद शाह वली बहमनी (1422-1435), 'तारीख़े फ़रिश्ता' में :

विजयनगर (कर्नाटक) : "अहमदशाह ने हिन्दू राजधानी को घेरने का इन्तज़ार किए बग़ैर खुले इलाके को उजाड़ डाला और अपने चचा तथा पूर्ववर्ती बादशाह, मुहम्मद शाह तथा बीजानगर के रायों के बीच हुए समझौते के विरुद्ध उसने आदमियों, औरतों और बच्चों को, उन पर रहम खाए बिना, मौत के घाट उतार डाला। जब कभी कत्ल किए गए लोगों की संख्या बीस हज़ार तक पहुँच जाती थी तो वह तीन दिन तक पड़ाव डाल लेता था और उस रक्तरंजित घटना का जश्न मनाता था। इसके अलावा उसने मूर्ति-मन्दिरों को तोड़ा और ब्राह्मणों के मंडलों को नष्ट कर डाला। इन कार्रवाइयों के दौरान पाँच हज़ार हिन्दुओं के एक निकाय ने अपनी धार्मिक इमारतों के नष्ट किए जाने और अपने देवताओं का अपमान किए जाने पर क्रुद्ध होकर, एक साथ, बादशाह को, जो कि उनके सभी कष्टों का निमित्त था, मार डालने के प्रयास में अपने जीवन को न्योछावर करने की शपथ ली..."

सुल्तान मुहम्मद शाह II बहमनी (1463-1482), 'तारीखे फ़रिश्ता' में :

कोण्डापल्ली (आन्ध्रप्रदेश) : "किले को देखने गए बादशाह ने धर्म के कार्य के तौर पर मूर्ति-मन्दिर को तोड़ डाला और उसमें धर्मानुष्ठान कराने वाले कुछ ब्राह्मणों को अपने हाथों से मार डाला। उसके बाद उसने मन्दिर की नींव पर एक मस्जिद के निर्माण का आदेश दिया और मिम्बर (प्रवचन मंच) पर चढ़कर नमाज़ के कुछ शब्द दोहराए, ख़ैरात बाँटी और अपने नाम से ख़ुत्बः पढ़ने का आदेश दिया। ख़्वाजा महमूद गवान ने उसके बाद यह स्पष्ट किया कि क्योंकि जहाँपनाह ने ख़ुद अपने हाथों से कुछ काफ़िरों को कत्ल किया था, इसलिए उनके लिए ग़ाज़ी का ख़िताब अख़्तियार करना वाजिब होगा। यह एक ऐसा ख़िताब था जिस पर महमूदशाह को गर्व था। अपनी जाति में से महमूदशाह पहला बादशाह था जिसने किसी ब्राह्मण की हत्या की थी..."

एक दूसरे धर्म के पवित्र मन्दिरों के मलबे के ऊँचे से ऊँचे ढेरों के बीच,

एक दूसरे धर्म के श्रद्धेय व्यक्तियों की लाशों के ऊँचे से ऊँचे ढेरों के बीच इस किस्म के अनेक और उदाहरण देखने को मिलते हैं। फिर भी हमारे लब्धप्रतिष्ठ इतिहासकारों की समझ में यह एक 'सामान्य सहिष्णुता' की नीति थी। सहिष्णुता की एक ऐसी नीति जो कि शुद्ध धर्मनिरपेक्ष इरादों से संचालित थी!

मन्दिरों के विनाश के बारे में ढेरों प्रमाण जुटाने के बाद सीताराम गोयल टिप्पणी करते हैं :

"अल बिलाधुरी से शुरू करके, जो कि नौवीं शताब्दी के उत्तरार्द्ध में अरबी-भाषा में लिखा करता था, सैय्यद महमूदुल हसन तक जो कि बीसवीं शताब्दी के चौथे दशक में अंग्रेज़ी में लिखा करता था, हमने बारह सौ वर्षों से भी अधिक समय के अस्सी इतिहासों से उद्धरण दिए हैं। हमारे उद्धरणों में इकसठ बादशाहों, तिरसठ सैनिक कमाण्डरों और चौदह ऐसे सूफ़ियों का उल्लेख है जिन्होंने बड़े-छोटे एक सौ चव्वन स्थानों पर, जो कि पश्चिम में खुरासान से लेकर पूर्व में त्रिपुरा तक और उत्तर में ट्रांसोक्सियाना से लेकर दक्षिण में तमिलनाडु तक फैले हुए थे, ग्यारह सौ वर्षों तक हिन्दू मन्दिरों को नष्ट किया। अधिकतर मामलों में मन्दिरों को नष्ट करने के बाद उनके स्थान पर और प्रायः मन्दिरों की निर्माण सामग्री से मस्जिदें, मदरसे और ख़ानकाहें आदि बनवाई गईं। सम्बन्धित मूर्तिभंजक को यह तौफ़ीक देने के लिए कि वह इस पवित्र कार्य द्वारा मुहम्मद द्वारा चलाए मज़हब की खिदमत कर पाया, हर बार अल्ला का शुक्रिया अदा किया जाता था।"[2]

और बरबादियाँ लूट के लालच या केवल राजनीतिक आधिपत्य कायम करने के लिए ही नहीं की जाती थीं। उनकी अन्तःप्रेरणा धार्मिक होती थी–अर्थात् ये बरबादियाँ अल्लाह के हुक्म की तामील करने और पैग़म्बर साहब की सुन्नत पर अमल करने के लिए की जाती थीं। श्री गोयल ने सही कहा है–

"इस्लामी आक्रान्ताओं के हाथों मन्दिरों की बरबादी का सिलसिला सातवीं शताब्दी के मध्य से लेकर अठारहवीं शताब्दी के अन्त तक, ग्यारह सौ साल से भी अधिक समय के लिए जारी रहा। यह सिलसिला उत्तर में सिंकिआंग से लेकर दक्षिण में तमिलनाडु तक और पश्चिम में सेइस्तान से लेकर पूर्व में असम तक के, हिन्दू संस्कृति के समूचे आश्रय क्षेत्र में चलता रहा।

"निरन्तर मूर्तिभंजकों के मन में यही दृढ़ विश्वास बना रहा कि वे अपने मज़हब के उच्चतम सिद्धान्तों को कार्यरूप दे रहे हैं। साथ ही उन्होंने यह भी सुनिश्चित किया कि जिसे वे पुण्य कार्य का ऊँचा दर्जा देते थे, उसका रिकार्ड भी रखा जाए। रिकार्ड की भाषा स्वतः स्पष्ट है। वह इस बात का कोई सन्देह नहीं छोड़ती कि उन्होंने जो कुछ किया, उसे करने में वे बहुत गर्व अनुभव करते थे।

"यह बात कल्पनातीत है कि जिस किस्म का व्यवहार एक लम्बे समय

तक और एक बहुत बड़े इलाके में लगातार और बराबर बना रहा, उसका कारण उस विश्वास की एक स्थापित प्रणाली के अलावा कोई और हो सकता है, जो कि किसी दूसरे विचार को मन में आने देने की कोई गुंजाइश ही नहीं छोड़ता। जितनी बड़ी संख्या में छोटे और बड़े मन्दिर नष्ट किए गए या अपवित्र किए गए या जिन्हें मुस्लिम स्मारकों में बदल दिया गया, उन पर दृष्टिपात करने से आर्थिक या राजनीतिक स्पष्टीकरण यदि कपटपूर्ण नहीं, तो कम से कम व्यर्थ की कवायद अवश्य प्रतीत होते हैं। ये स्पष्टीकरण सत्य का आभास तक नहीं देते।''[3]

इस पुस्तक के पूरे 16वें अध्याय में श्री गोयल एक के बाद एक ऐसी घटनाएँ प्रस्तुत करते हैं जिनका उल्लेख पैगम्बर साहब के जीवनी-लेखकों ने अत्यन्त गर्व के साथ किया और जिनमें स्वयं पैगम्बर साहब द्वारा मन्दिरों के विध्वंस का उल्लेख किया गया है। जो कुछ पैग़म्बर साहब किया करते थे, उसे सुन्नत की परिभाषा दी गई है और कुरआन तथा सुन्नत वे दो मुख्य स्रोत हैं जिनके अनुसार प्रत्येक मोमिन को अपना आचरण व्यवस्थित करना चाहिए। श्री सीताराम गोयल का निष्कर्ष अकाट्य है। वे लिखते हैं–

''इस प्रकार मूर्तियों तथा मूर्ति-मंदिरों के बारे में कुरआन में जो कुछ निर्धारित किया गया था उसमें, इस विषय के सम्बन्ध में पैग़म्बर साहब के व्यवहार, या उनकी सुन्नत को भी जोड़ दिया गया और इस प्रकार मूर्तिभंजन के बारे में इस्लामी धर्म-विज्ञान पूरा हो गया। तब से मूर्तिभंजन इस्लाम के धर्म-विज्ञान का प्रमुख एवं स्थायी अंग बन गया।

''अल्लाह ने मूर्तियों और उनकी पूजा की भर्त्सना की थी। उसके पैग़म्बर ने मूर्तियों को तुड़वाया या जलवाया और उनके मन्दिरों को नष्ट करवाया।

''पैग़म्बर ने कुछ बारीकियाँ अपनी तरफ़ से जोड़ दीं। काफ़िरों के मन्दिर गिरवाकर जो मस्जिदें बनवाई जानी होती थीं, उनके लिए उन्होंने मन्दिरों के स्थान और सामग्री का उपयोग करवाना शुरू कर दिया। बहुत से मामलों में मूर्तियाँ मस्जिदों की सीढ़ियों पर रखवा दी जाती थीं ताकि अल्लाह के निवास-स्थानों में आते-जाते मोमिन उन्हें रौंद कर जा सकते। ये कृत्य भी पवित्र पूर्वोदाहरण बन गए और इस्लामी आक्रान्ताओं को जहाँ कहीं मूर्तियाँ मिल जाती थीं, वहीं वे इन्हीं पूर्वोदाहरणों का अनुकरण करते थे।''[4]

संक्षेप में जो कुछ भी किया जाता था, वह कोई सांयोगिक 'ग़लती' नहीं होती थी। अल्लाह ने यह हुक्म दिया था कि दूसरे धर्मों के पूजाघरों को नष्ट कर दिया जाए। जहाँ कहीं ऐसा करना आवश्यक और नीति-अपेक्षित होता था वहाँ 'पैग़म्बर साहब' इस आदेश का हर मौके पर पालन करते थे। और जो कुछ पैग़म्बर साहब करते थे, वह सुन्नत है और कुरआन तथा सुन्नत एक ऐसा आदर्श प्रस्तुत करते हैं जिसके आधार पर मोमिनों को अपना आचरण व्यवस्थित करना होता है।

यही कुछ इन शासकों, आक्रान्ताओं और सन्तों ने किया। यह वही कुछ है जो उनके और उनके इतिहासकारों के कथनानुसार वे कर रहे थे।

और इसी को हमारे लब्धप्रतिष्ठ इतिहासकार छिपा देते हैं।

सन्दर्भ

1. वायस ऑफ़ इण्डिया, दिल्ली 1993। इस अध्याय में दिए गए सभी उद्धरण श्री गोयल की अनुमति से उनके इस सूक्ष्म तथा प्रश्नातीत अध्ययन से लिए गए हैं।
2. सीताराम गोयल, वही, पृ. 245
3. वही, पृ. 35
4. वही, पृ. 371

परख-कसौटी

इन इतिहासकारों में से अपेक्षाकृत अधिक लब्धप्रतिष्ठ माने जाने वाले इतिहासकारों में से एक, श्री सतीश चन्द्रा द्वारा ग्यारहवीं कक्षा के विद्यार्थियों के लिए लिखी गई और राष्ट्रीय शिक्षा अनुसन्धान तथा प्रशिक्षण परिषद् द्वारा प्रकाशित इतिहास की पाठ्य पुस्तक 'मीडियावेल इण्डिया' (मध्यकालीन भारत) में भी शुरू से लेकर आख़िर तक इतिहास-लेखन की यही बानगी देखने को मिलती है। सतीश चन्द्रा जी फ़रमाते हैं, "इस प्रकार, इस अवधि के दौरान सिक्खों और मुग़ल शासकों के बीच किसी प्रकार के टकराव का वातावरण नहीं था। और न ही हिन्दुओं का योजनाबद्ध रूप से उत्पीड़न किया गया। इसलिए सिक्खों या किसी भी समूह या समुदाय के सामने, हिन्दुओं का हिमायती बनकर उनके धार्मिक उत्पीड़न के ख़िलाफ़ लड़ने का अवसर नहीं आया। सिक्ख गुरुओं और मुग़ल शासकों के बीच जो कभी-कभार संघर्ष छिड़ा, वह धार्मिक न होकर व्यक्तिगत और राजनीतिक था। अपने शासनकाल के आरम्भ में शाहजहाँ द्वारा कुछ कट्टरपन के प्रदर्शन और उसके कुछेक असहिष्णु कार्यों, जैसे 'नए' मन्दिरों को नष्ट कराने, के बावजूद, उसका नज़रिया तंग नहीं था। और उसके शासनकाल के आख़िरी दौर में अपने उदार पुत्र दारा के प्रभाव से तो उसके नज़रिए में और भी नरमी आ गई थी।"[1]

अगर यह बात थी तो इन लब्धप्रतिष्ठ इतिहासकारों को गुरु ग्रन्थ साहब में जो कुछ निम्नलिखित पंक्तियों में उद्गार व्यक्त किए गए हैं, उनके बारे में, गुरुनानक के बारे में, और उनकी झुलसाती हुई पुकार के बारे में क्या कहना है–

खुरासान खसमाना कीआ हिन्दुस्तानु डराइया
आपै दोसू न देई करता जामु करि मुग़ल चड़ाइया
ऐती मार पई करलाणे तैं की दरदु न आइया।

करता तू सभना का सोई
जे सकता सकते कउ मारे ता मनि रोसु न होई

सकता सिहु मारे पै वगै खसमै सा पुरसाई
रतन विगाड़ि विगोए कुत्ती मुइया सार न काई

—मुहल्ला 1.360

[इस्लाम को सिर पर उठा लेने के बाद, तुमने हिन्दुस्तान को भय में डुबो दिया है... उन्होंने ऐसे-ऐसे जुल्म ढाए हैं, फिर भी तुम्हारी करुणा पर कोई प्रभाव नहीं पड़ा...यदि बलवान, बलवान पर आक्रमण करे, तो दिल नहीं जलता लेकिन जब बलवान निस्सहाय लोगों को कुचल देते हैं, तो निश्चित रूप से उससे जवाब तलबी की जानी चाहिए, जिसे उन निस्सहायों की रक्षा करनी चाहिए थी...ऐ मालिक, इन कुत्तों ने हीरे जैसे हिन्दुस्तान को नष्ट कर दिया है (और लोगों के मन में उनका इतना अधिक भय बैठ गया है कि) जिनकी हत्या कर दी गई है उनके बारे में कोई नहीं पूछता। उसके बावजूद तुम बिल्कुल ध्यान नहीं दे रहे...]

इन लब्धप्रतिष्ठत इतिहासकारों को गुरुनानक द्वारा किए गए उन युवा दुल्हनों के विवरण के बारे में क्या कहना है, जिनके यौवन, जवाहरात और सतीत्व का आक्रान्ताओं ने, बाबर के आदेश से हरण कर लिया है? गुरुनानक के इस विलाप के बारे में उन्हें क्या कहना है—

इकना वखत खुआई अहि इकन्हा पूजा जाई
चउके विणु हिन्दवाणीआँ किउ टिके कढहि नाइ
रामु न कबहू चेतिओ हूणि कहणि न मिलै खुदाई

—मुहल्ला 1.417

[हिन्दुओं को मुसलमानों की नमाज़ के समय प्रार्थना करने से मना कर दिया गया है। हिन्दू समाज को स्नान और तिलक से वंचित कर दिया गया है। वे लोग भी, जिन्होंने कभी 'राम' का नाम नहीं लिया, 'खुदा खुदा' चिल्लाने के बावजूद राहत नहीं पा सकते...जो थोड़े बहुत लोग बाबर की जेलों में जीवित बचे रहे गए हैं वे विलाप कर रहे हैं...इस धरती पर उजाड़ छा गया है। पूरी की पूरी जातियों को मिटाकर रख दिया गया है, उनका घोर अपमान किया गया है...[2]]

यह विवरण किन्ही लब्धप्रतिष्ठ इतिहासकारों द्वारा नहीं, बल्कि गुरु नानक द्वारा दिया गया है। यह ऐसा विवरण नहीं जो कि सदियों पहले के रिकार्डों को देख कर लिखा गया हो, बल्कि तात्कालिक घटनाओं का, जिनके चश्मदीद गवाह स्वयं गुरु नानक थे, प्रमाण है यह विवरण...

तो फिर कह दें ये लब्धप्रतिष्ठ इतिहासकार कि गुरु नानक की यह पुकार, उनका यह विलाप मात्र एक आडम्बर था। और गुरु गोविन्द के पूरे जीवन का अभियान गहरी धार्मिक अन्तःप्रेरणा से उद्भूत न होकर मात्र 'व्यक्तिगत और

राजनीतिक' कारणों का परिणाम था, और इसलिए इस सम्बन्ध में स्वयं उनके द्वारा दिए गए स्पष्टीकरण, उनके आवेगपूर्ण और मर्मस्पर्शी स्पष्टीकरण भी मात्र एक धोखा हैं।

अकबर सहिष्णुता के प्रतीक हैं। "अपने शासनकाल के आरम्भ में कुछ कट्टरपन और कुछेक असहिष्णु कार्यों...के बावजूद" शाहजहाँ उदार हृदय बने रहते हैं।[3] इस उदारवाद का विरोध केवल 'कट्टरवादी तत्त्वों' द्वारा किया जाता है। इस मामले में भी श्री सतीश चन्द्रा 'सन्तुलन' बनाए रखते हैं। ये कट्टरवादी तत्त्व हमेशा 'दो प्रमुख धर्मों, हिन्दू धर्म और इस्लाम' में एक साथ पाए जाते हैं।[4] दोनों पक्ष एक ही सांसारिक मकसद से इस्लामी शासकों की उदारता को रद्द करने का प्रयास करते हैं, और वह है उदार नीति का विरोध करना, क्योंकि उससे उनके संस्थापित हितों को खतरा पहुँचता है।

अलबत्ता औरंगज़ेब के कट्टरपन को पूरी तरह से नकारा नहीं जा सकता। इसलिए स्पष्टीकरण पर स्पष्टीकरण—धर्मनिरपेक्ष स्पष्टीकरण—गढ़ लिये जाते हैं। श्री सतीश चन्द्रा टिप्पणी करते हुए कहते हैं, "बाद में, अपने शासनकाल के ग्यारहवें वर्ष (1669) में औरंगज़ेब ने कई ऐसे कदम उठाए जिन्हें अति नैतिक कहा जाता है, लेकिन जिनमें से बहुत से कदम वास्तव में आर्थिक तथा सामाजिक किस्म के थे, और वे अन्धविश्वासों के विरुद्ध उठाए गए थे... इसी किस्म के और बहुत से नियम जारी किए गए जिनमें से कुछ नैतिक किस्म के थे और कुछ का उद्देश्य सादगी की भावना पैदा करना था..."[5]

स्वाभाविक रूप से औरंगजेब द्वारा मन्दिरों पर मन्दिर नष्ट किए जाने के लिए सबसे ज़्यादा लम्बे स्पष्टीकरणों की ज़रूरत पड़ी। सबसे पहले तो हमें बताया जाता है कि जो कुछ औरंगज़ेब ने किया उसके अन्तर्गत केवल शरीअत के पुराने आदेश को ही दोहराया गया कि नए मन्दिरों का निर्माण नहीं किया जाएगा और "मन्दिरों के बारे में यह आदेश कोई नया नहीं था।" इस आदेश से उस स्थिति की मात्र पुनः पुष्टि की गई, जो कि सुल्तानों के राज्यकाल में विद्यमान थी, उस काल में जो कि, आपको स्मरण होगा, 'सामान्य सहिष्णुता' का काल था! श्री सतीश चन्द्रा जी एक और स्पष्टीकरण देते हैं : "व्यवहार में इस (आदेश) के अन्तर्गत स्थानीय अधिकारियों के लिए इस बात की काफ़ी गुंजाइश रहती थी कि वे 'लम्बे समय से चले आ रहे मन्दिरों' शब्दों का अपनी मर्ज़ी से अर्थ लगा सकें।"[6]

इसके बाद औरंगज़ेब के अपराध को कम करके दिखाने के लिए एक तीसरी परिस्थिति भी गढ़ ली गई है। गुजरात प्रान्त के राज्यपाल के तौर पर कार्य करते हुए औरंगज़ेब द्वारा मन्दिरों के नष्ट कराए जाने और उसके द्वारा शरीअत के स्थायी आदेश के दोहराए जाने का उल्लेख कर चुकने के बाद सतीश चन्द्रा जी फ़रमाते हैं, "लेकिन ऐसा दिखाई नहीं देता कि नए मन्दिरों के निर्माण पर प्रतिबन्ध लगाने

के औरंगज़ेब के आदेश के परिणामस्वरूप उसके शासनकाल के आरम्भ में बड़े पैमाने पर मन्दिरों को नष्ट किया गया हो।'' वे आगे कहते हैं, ''ऐसा लगता है कि कई हल्कों, जैसे मराठों, जाटों आदि से राजनीतिक विरोध का सामना होने पर ही औरंगज़ेब ने एक नया रुख अख़्तियार कर लिया।'' जब 'उसे स्थानीय तत्त्वों से संघर्ष' करना पड़ा तो वह 'दंड के उपाय और चेतावनी के तौर पर लम्बे समय से चले आ रहे हिन्दू मन्दिरों को भी नष्ट करना जायज़' मानने लगा।[7] इस प्रकार, पहली बात तो यह कि यह आदेश पुराना था। दूसरा, स्थानीय अधिकारियों को उसकी व्याख्या करने में छूट रहती थी! और तीसरा, इस आदेश को भी 'शासन काल के आरम्भ में' कार्यान्वित नहीं किया गया। चौथा, जब औरंगज़ेब को राजनीतिक विरोध का सामना करना पड़ा और जब उसे स्थानीय तत्त्वों से संघर्ष करना पड़ा, तभी उसे हिन्दू मन्दिरों को नष्ट करना उचित लगने लगा! पाँचवाँ, यह 'नया रुख'—मात्र रुख़—भी केवल 'अपनाया गया' लगता है!

इसके अलावा सतीश चन्द्रा जी हमें यह बताते हैं कि औरंगज़ेब ने ऐसा इसलिए किया क्योंकि ''वह मन्दिरों को विद्रोही विचारों, अर्थात् ऐसे विचारों के प्रचार-केन्द्रों के रूप में देखने लगा था जो कट्टरवादी तत्त्वों को स्वीकार्य नहीं थे। यही कारण था कि बनारस में काशी विश्वनाथ के मन्दिर और मथुरा के मन्दिर को नष्ट किया गया।'' आगे श्री सतीश चन्द्रा बल देकर कहते हैं, ''इन मन्दिरों को नष्ट करने के पीछे राजनीतिक प्रयोजन भी था... इसी सन्दर्भ में पिछले 10 से 12 वर्षों के दौरान उड़ीसा में बनाए गए बहुत से मन्दिरों को भी नष्ट किया गया।'' और उसके बाद वे कहते हैं, ''लेकिन यह सोचना ग़लत है कि मन्दिरों की आम तबाही के आदेश दिए गए थे।'' लेकिन इस बात का ख़याल करते हुए कि कहीं कोई व्यक्ति तत्कालीन इतिहासकारों के उद्धरण प्रमाण के तौर पर पेश न कर दे, इसलिए जो कुछ वस्तुतः किया गया उसकी रूपान्तरित व्याख्या प्रस्तुत करते हुए एक वाक्य जोड़ दिया गया है! ''लेकिन विद्वेष की अवधियों के दौरान स्थिति अलग हुआ करती थी।''[8]

तो सामान्य निष्कर्ष यह है जो कुछ औरंगज़ेब ने किया उससे ''उसके पूर्ववर्ती शासकों द्वारा अपनाई गई सामान्य सहिष्णुता की नीति को धक्का पहुँचा।''[9] और स्वयं औरंगजेब ने भी धर्मनिरपेक्ष कारणों से ही ऐसा किया। और इन कारणों से मजबूर होकर भी उसने केवल कम-से-कम अवधि के लिए, केवल उतने वर्षों के लिए ऐसा किया जितने वर्षों के दौरान 'स्थानीय तत्त्वों' के कारण विद्वेष भड़क उठा था। और अन्ततः श्री सतीश चन्द्रा यह निष्कर्ष निकालते हैं, ''ऐसा लगता है कि औरंगज़ेब का मन्दिरों को नष्ट करने का जोश 1679 के बाद ठंडा पड़ गया, क्योंकि हमें दक्षिण में 1681 और 1707 में हुई उसकी मृत्यु के बीच बड़े पैमाने पर मन्दिरों की तबाही के बारे में कोई जानकारी नहीं मिलती।''[10]

हाँ, औरंगज़ेब ने जज़िया लगाया था, लेकिन सतीश चन्द्रा जी हमें आगाह करते है, "लेकिन इसका उद्देश्य हिन्दुओं को मुसलमान बनने पर मजबूर करने के लिए कोई आर्थिक दबाव डालना नहीं था, क्योंकि इसका भार हल्का सा पड़ा।" अपनी इस बात की पुष्टि के लिए श्री सतीश चन्द्रा, यों कहिए, अपनी ओर से दो प्रमाण भी प्रस्तुत करते हैं। पहला, "महिलाओं, बच्चों, विकलांगों और द्ररिद्रों को, अर्थात् उन लोगों को जिनकी आय गुज़ारा साधनों से कम थी, और सरकारी सेवा में रत व्यक्तियों को भी जज़िया से छूट दे दी गई थी।"[11] और औरंगज़ेब भी उन से कर कैसे वसूल कर सकता था, "जिनकी आय गुज़ारा साधनों से कम थी।" और उन लोगों से जो सरकार की सेवा में रत थे, अर्थात् उन लोगों से जो कि उसके हितों की पूर्ति पहले से कर रहे थे और जो इस्लामी राज्य के सेवक थे, वह भेदमूलक और अपमानजनक कर कैसे वसूल करता? श्री सतीश चन्द्रा जो दूसरा प्रमाण देते हैं वह यह है कि "इस कर के कारण हिन्दुओं के अत्यन्त अल्प वर्ग ने ही अपना धर्म-परिवर्तन किया।"[12] लेकिन क्या ऐसा इसलिए नहीं हुआ हो सकता कि हिन्दुओं की अपने धर्म के प्रति दृढ़ आसक्ति थी और वे अपने धर्म पर अटल थे, बजाय इसके कि उसमें औरंगज़ेब की उदारता का कोई हाथ था?

और जज़िया 'किसी कठिन वित्तीय स्थिति' का मुकाबला करने के लिए नहीं लगाया गया था। श्री सतीश चन्द्रा का स्वयं का यह कहना है कि वस्तुतः यह "राजनीतिक और वैचारिक दोनों कारणों से" दोबारा लगाया गया था। राजनीतिक कारण इस अर्थ में था कि जज़िया लगाने का उद्देश्य "राज्य को बचाने के लिए मुसलमानों को, मराठों और राजपूतों के विरुद्ध, जो लड़ाई पर उतारू हो गए थे, और सम्भवतः दकन के मुस्लिम राज्यों, विशेषकर गोलकुंडा के विरुद्ध एकजुट करना था, जो कि काफ़िरों से मिला हुआ था।"[13] यहाँ दोहरी बराबरी की बात कही गई है। एक तो यह कि औरंगज़ेब केवल मुसलमानों को एकजुट करने की कोशिश कर रहा था। ठीक उसी तरह से जैसे उसका विरोध करने वाले लोग मराठों और राजपूतों से एकजुट हो गए थे। और हर हालत में जो लोग उसका विरोध कर रहे थे वे काफ़िर ही थे!

और 'वैचारिक' अन्तःप्रेरणा क्या थी? यह अन्तःप्रेरणा 'वैचारिक' तो ज़रूर थी, लेकिन 'विचारधारा' इस्लाम को छोड़कर बाकी सब कुछ थी।

इसके अलावा श्री सतीश चन्द्रा खुलासा करते हैं, 'जज़िया ईमानदार और धर्मभीरु मुसलमानों द्वारा एकत्रित किया जाना होता था, जो ख़ासतौर पर इस उद्देश्य के लिए नियुक्त किए गए थे और उसकी राशि उलमा के लिए आरक्षित थी।"[14] क्योंकि जज़िया की राशि उलमा के पास चली जाती थी, इसलिए कर एकत्रित करने का कारण ऐहिक था—यह "एक प्रकार की धर्मविज्ञानियों को, जिनके बीच

काफ़ी बेरोजगारी थी, दी जाने वाली रिश्वत थी,'' और दूसरा, क्योंकि कर की वसूली 'ईमानदार, धर्मभीरु मुसलमानों' द्वारा की जाती थी, इसलिए इस बात का पक्का यकीन किया जा सकता था कि वे विचारशील थे और कुरआन में वर्णित अल्लाह की तरह किसी भी ऐसे व्यक्ति पर इतना बोझ नहीं डालते थे, जिसे वह बर्दाश्त न कर सकता।

सतीश चन्द्राजी कहते हैं कि कुछ आधुनिक लेखकों की राय में औरंगज़ेब द्वारा उठाए गए कदमों का उद्देश्य भारत को एक दारुल-इस्लाम देश में बदलना था, लेकिन वास्तव में यद्यपि औरंगज़ेब इस्लाम धर्म को अपनाने के लिए प्रोत्साहित करने को जायज़ मानता था। फिर भी लेकिन योजनाबद्ध रूप से या बड़े पैमाने पर ज़बरदस्ती धर्म-परिवर्तन कराने के प्रयासों के बारे में प्रमाण नहीं मिलता।''[15]

और अन्ततः एक ऐसा महत्त्वपूर्ण प्रमाण जो कि धर्मनिरपेक्षवादियों का बहुत पसंदीदा प्रमाण है—याद कीजिए टी. वी. कार्यक्रम में श्री श्रीमाली द्वारा कही गई बात : ''न ही हिन्दू कुलीनों के साथ कोई भेदभाव किया जाता था। एक हालिया अध्ययन से यह पता चलता है कि औरंगज़ेब के शासन काल के उत्तरार्द्ध में, आभिजात्य वर्ग में हिन्दुओं की संख्या बराबर बढ़ती चली गई। यहाँ तक कि मुसलमानों को मिलाकर अभिजात वर्ग में हिन्दुओं की संख्या एक तिहाई तक पहुँच गई, जबकि शाहजहाँ के शासन काल में यह संख्या एक चौथाई थी।''[16] तदनुसार ब्रिटिश साम्राज्य की तरफ़ से यह दावा किया जा सकता है कि उस दौरान जो उपाधियाँ—राय साहिब, राय बहादुर, नाइटहुड आदि दी गईं उनमें से लगभग 98% उपाधियाँ पाने वाले लोग भारतीय थे, कि उन्हें ये उपाधियाँ इसलिए प्रदान की गईं क्योंकि ये भारतीय वफ़ादारी के साथ ब्रिटिश साम्राज्य की सेवा कर रहे थे, ठीक उसी तरह से जैसे औरंगज़ेब अपने अभिजात वर्ग में उन्हीं लोगों को शामिल कर रहा था जो वफ़ादारी से उसके उद्देश्यों की पूर्ति कर रहे थे। लेकिन यह मामला इतना तफ़सीली है कि जिसे लेकर ग्यारहवीं कक्षा के छात्र, स्वाभाविक रूप से किसी भ्रम में नहीं पड़ना चाहेंगे।

हमारे धर्मनिरपेक्षवादी लब्धप्रतिष्ठ इतिहासकारों का औरंगज़ेब के बारे में अन्तिम जायज़ा इससे और अधिक तदनुभूतिक नहीं हो सकता था। पहली बात तो यह कि श्री सतीश चन्द्रा बल देकर कहते हैं कि ''औरंगज़ेब की राजनीतिक नीतियों का आधार उसके धार्मिक विश्वासों को नहीं माना जा सकता।'' उनका कहना है कि यह सही है कि औरंगज़ेब एक 'कट्टरपंथी मुसलमान' था। यह भी सही है कि वह ''कानून का शब्दशः सख़्ती से पालन कराना चाहता था।'' लेकिन वह शासक भी था और वह अपने ''साम्राज्य को मज़बूत बनाने और उसमें विस्तार करने को उत्सुक था।'' कट्टरपंथी मुसलमान होने के नाते उससे यह अपेक्षित था कि वह हिन्दुओं के साथ कड़ाई से पेश आता। लेकिन दूसरी तरफ़ शासक होने

के नाते उसके लिए यह ज़रूरी था कि "जहाँ तक सम्भव हो, वह हिन्दुओं का अपने प्रति समर्थन" बनाए रखता। कभी-कभी इन दोनों अन्तःप्रेरणाओं–एक तरफ़ उसके धार्मिक विचार और विश्वास और दूसरी तरफ़ साम्राज्य की ज़रूरतें–"के प्रभाव में आकर वह अन्तर्विरोधी नीतियाँ अपना लेता था, जिससे साम्राज्य को नुकसान पहुँचता था।"[17]

इसके बाद हमारे लब्धप्रतिष्ठ इतिहासकार महोदय मराठों, जाटों और गोलकुंडा तथा बीजापुर के ख़िलाफ की गई सैनिक कार्रवाइयों का ज़िक्र करते हैं। हर मोड़ पर वे यह दिखाने की भरसक कोशिश करते हैं कि इन विद्रोहों के प्रति औरंगज़ेब के रवैये से उसकी धार्मिक अन्तःप्रेरणा का कोई सम्बन्ध नहीं था। बल्कि हमें यह बताया जाता है कि औरंगज़ेब की धार्मिक नीति को उन विद्रोहों के सन्दर्भ में देखा जाना चाहिए जो उसके साम्राज्य के लिए चुनौती बनते जा रहे थे। इस प्रकार, श्री सतीश चन्द्रा का अन्तिम निष्कर्ष यह है–

"औरंगज़ेब की धार्मिक नीति को सामाजिक, आर्थिक और राजनीतिक सन्दर्भ में देखा जाना चाहिए। औरंगज़ेब का नज़रिया रूढ़िवादी था और उसने शरीअत के ढाँचे के भीतर बने रहने की कोशिश की। लेकिन इस शरीअत का विकास भारत से बाहर और बहुत ही अलग किस्म की परिस्थितियों में हुआ था और उसे भारत में कड़ाई से लागू नहीं किया जा सकता था। बहुत से अवसरों पर अपनी ग़ैर-मुस्लिम प्रजा की भावनाओं का सम्मान न कर पाने, शरीअत के प्रावधानों के अनुसार, मन्दिरों के प्रति और जज़िया को फिर से लागू करने सम्बन्धी उसकी नीति से उसे मुसलमानों को अपने पक्ष में करने, या शरीअत पर आधारित राज्य के प्रति अधिक वफ़ादारी की भावना पैदा करने में कोई मदद नहीं मिली। दूसरी तरफ़ इस नीति ने हिन्दुओं में से कुछ को उससे विमुख कर दिया और उन वर्गों के हाथों को मज़बूत कर दिया जो राजनीतिक या अन्य कारणों से मुग़ल साम्राज्य के ख़िलाफ़ थे। अपने आप में धर्म विवाद का विषय नहीं था। औरंगज़ेब की मौत से छह वर्ष के भीतर जज़िया समाप्त कर दिया गया और नए मन्दिरों के निर्माण पर प्रतिबन्ध ढीले कर दिए।"[18]

सतीश चन्द्रा जी अपने निष्कर्ष में कहते हैं, "अन्त में साम्राज्य का ह्रास तथा पतन आर्थिक, सामाजिक, राजनीतिक और संस्थागत कारणों से हुआ।" ज़रा ध्यान दीजिए कि धार्मिक कारणों का कोई उल्लेख नहीं किया गया। अकबर कुछ समय के लिए विघटन की ताकतों को नियन्त्रण में रख पाया, लेकिन उसके लिए समाज के ढाँचे में बुनियादी परिवर्तन लाना सम्भव नहीं था, ऐसा हमारे लेखक महोदय का कहना है। इसलिए–

"जब औरंगज़ेब तख़्त पर बैठा, तब तक विघटन की सामाजिक-आर्थिक ताकतें पहले से ज़ोर पकड़ चुकी थीं। औरंगज़ेब में इतनी दूरदर्शिता तथा

राजनीतिमत्ता नहीं थी कि वह ढाँचे में बुनियादी परिवर्तन ला पाता या उन नीतियों पर चल पाता जो कुछ समय के लिए विभिन्न तत्त्वों में समन्वय स्थापित कर पातीं।

"इस प्रकार औरंगज़ेब परिस्थितियों का शिकार भी था और उसकी वजह से ऐसी परिस्थितियाँ पैदा भी होती चली गईं, जिनका वह आगे चलकर शिकार बना।"[19]

कितना आदर्श रूप है तदनुभूति का!

सबसे पहली बात जो सामने आती है वह है दोहरे मानदंड की। हम जल्द ही देखेंगे कि किस प्रकार, बिना किसी प्रमाण के हमारे लब्धप्रतिष्ठ इतिहासकार प्राचीन भारत के बारे में और इस बारे में कि वह युग तनावों, अन्याय तथा उत्पीड़न का युग था, बड़ी-बड़ी बातें कहते हैं; लेकिन औरंगज़ेब और सुल्तानों के राज्य काल के जैसे मामलों में यही इतिहासकार दीदा-दानिस्ता तथ्यों से भी अपनी आँखें बन्द कर लेते हैं। संक्षेप में, उनके इतिहास एक फार्मूले पर आधारित हैं : इस्लाम-पूर्व भारत को कलह-ग्रस्त देश के रूप में, एक ऐसे देश के रूप में प्रस्तुत किया जाए, जो एक ऐसी सामाजिक तथा राजनीतिक प्रणाली में जकड़ा हुआ था, जो अन्याय, परले दर्जे की गैर-बराबरी तथा उत्पीड़न से भरपूर थी—फिर चाहे उसके कोई प्रमाण उपलब्ध हों या नहीं; और इस्लामी युग को एक ऐसे युग के रूप में प्रस्तुत किया जाए जिसमें मिलीजुली संस्कृति फली-फूली और यह एक ऐसा युग था जिसमें सामान्य सहिष्णुता की नीति आमतौर पर अपनाई जाती थी। और यदि उससे कोई विचलन होता था, तो वह व्यक्तिगत भूलों का परिणाम होता था। ऐसी भूलों का जिनके कारण पूरी तरह से ऐहिक हुआ करते थे!—भले ही इसके भी कोई प्रमाण उपलब्ध हों या नहीं।

दूसरी बात जो उभरकर सामने आती है, वह है प्रसारण और संगीत। याद कीजिए औरंगज़ेब से सम्बन्धित उन अंशों को जिन्हें इतिहास की पुस्तकों में से निकाल देने का आदेश पश्चिम बंगाल सेकेंडरी बोर्ड ने दिया था और औरंगज़ेब की उस छवि का जिसे छात्रों तक पहुँचाने की पूरी व्यवस्था बोर्ड ने की। उसकी छवि एक ऐसे शासक के रूप में पेश की गई जिसने संगीत आदि पर प्रतिबन्ध साधारण और ऐहिक अरुचि के कारण लगाया और जब वह दूसरों के ख़िलाफ़ कोई कार्रवाई करता था तो ऐसे कारण से, जो साफ तौर पर समझ में आता था और जो पूरी तरह से ऐहिक था और वह था अपने साम्राज्य की रक्षा करने का। और याद कीजिए कि किस तरह से बोर्ड ने यह सुनिश्चित किया था कि हिन्दुओं के प्रति उसकी (औरंगज़ेब की) किसी भी नीति के उल्लेख के साथ-साथ यह बात याद दिला दी जाए कि वह सामान्य नियम का अपवाद थी, ख़ास तौर पर अकबर की धार्मिक सहिष्णुता तथा बराबरी के व्यवहार के सन्दर्भ में हमारे दिल्ली निवासी

लब्धप्रतिष्ठ इतिहासकार ने कितनी वफ़ादारी से बंगाल में प्राथमिक पाठ्य पुस्तकों के लिए जारी किए गए मार्ग-निर्देशों का पालन किया!

इन विवरणों और खुलासों में जो तीसरी बात उभरकर सामने आती है, वह यह है कि वे किस प्रकार इश्तियाक हुसैन कुरेशी जैसे व्यक्ति की पुस्तकों का अंधानुकरण करते हैं। जैसा कि सर्वज्ञात है कुरेशी साहब दिल्ली विश्वविद्यालय में इतिहास पढ़ाया करते थे और तब वे पाकिस्तान चले गए। वहाँ जाकर वे इस्लामीकरण के शुरू-शुरू के एक प्रबल समर्थक बन गए। उन्हें इस बात का श्रेय प्राप्त है और वे स्वयं भी अपने को यह श्रेय देते हैं कि वे पाकिस्तान के उद्देश्यों सम्बन्धी संकल्प के प्रारूपकारों में से एक थे। इस संकल्प को पाकिस्तान की संविधान सभा ने 1949 में पारित किया था और यह इस्लामीकरण का स्रोत बन गया। वे लियाकत अली ख़ान की सरकार में मन्त्री बने और बाद में पाकिस्तान हिस्टोरिकल सोसायटी के अध्यक्ष भी बने। आगे चलकर उन्हें सितारा-ए-पाकिस्तान के उच्च सम्मान से अलंकृत भी किया गया।

अपनी पुस्तक 'दि मुस्लिम कम्युनिटी ऑफ़ दि इंडो-पाकिस्तान सबकांटिनेंट' (भारत-पाकिस्तान उप-महाद्वीप का मुस्लिम समुदाय) में कुरेशी साहब औरंगज़ेब द्वारा दोबारा जज़िया लागू किए जाने के बारे में यह टिप्पणी करते हैं–

"जब आलमगीर (प्रथम) ने 115 वर्ष के वक्फ़े के बाद फिर से जज़िया लागू किया तो उसके बाद धर्म-परिवर्तन करने वालों की संख्या में कोई अचानक तेज़ी नहीं आई। आँकड़े उपलब्ध न होने के कारण किसी निश्चित निष्कर्ष पर पहुँचना तो मुश्किल है लेकिन मुजद्दिदे-अल्फ़-ए-थानी जैसे, जज़िया को फिर से लागू करने के प्रबल समर्थक धर्मपत्र में भी इस प्रकार की कोई दलील नहीं दी गई थी कि जज़िया को समाप्त करने से इस्लाम के प्रचार पर किसी तरह का असर पड़ा था, और न ही बदायूँनी ने, जिसने अकबर के द्वारा परम्परानिष्ठा को त्यागने पर दुःख मनाया था और न केवल जज़िया को हटाने की बल्कि साम्राज्य के कार्यों में बढ़ते हुए हिन्दुओं के असर की भी निंदा की थी–यह कहा कि जज़िया को हटाने से इस्लाम के प्रसार में कोई बाधा पड़ी है। इस बात का कोई रिकार्ड नहीं मिलता कि जज़िया को हटाने से या उसके दोबारा लागू करने से धर्म-परिवर्तन की गति में कोई विशेष अन्तर आया था। यदि कोई परिवर्तन आया होता तो वह इतिहासकारों, विशेषकर बदायूँनी जैसे व्यक्तियों की निगाह से न बच पाता, जिसने अपने इत्हिास में वह सब कुछ कहा जो कि अकबर की धार्मिक नीतियों के विरुद्ध कहा जा सकता था।

"यदि जज़िया ग़ैर-मुसलमानों पर एक कमरतोड़ बोझ रहा होता तो उसके कारण लोगों ने धर्म-परिवर्तन कर लिया होता। लेकिन यह कोई भारी बोझ नहीं था। यह केवल हृष्ट-पुष्ट पुरुष-बालिग़ों पर लागू किया जाता था, जिनके पास खुद

के और अपने परिवारों के भरण-पोषण ख़र्च को पूरा करने के बाद फालतू धन बचा रह जाता था। धार्मिक वर्ग, जैसे पुरोहितों और भिक्षुओं को जज़िया से छूट दी गई थी। निर्धारित आय के अनुसार जज़िया की वसूली बारह, चौदह और अड़तालीस दिरहमों की स्थानीय मुद्रा में की जाती थी। कर-निर्धारण में नरमी बरती जाती होगी, ऐसा दिखाई देता है, क्योंकि किसी भी समय जज़िया राजस्व का महत्त्वपूर्ण स्रोत नहीं बन पाया और ग़ैर-मुस्लिम आबादी के एक बहुत बड़े प्रतिशत को किसी न किसी कारण से छूट प्राप्त थी। चाहे कर भारी भी हो, यदि वह बर्दाश्त करने लायक हो तो, लोग उससे बचने के लिए अपना धर्म-परिवर्तन नहीं करना चाहते, लेकिन जब वह भारी न हो तो धर्म-परिवर्तन का कोई प्रलोभन नहीं रह जाता। इसलिए इस बात की सम्भावना दिखाई नहीं देती कि जज़िया से इस्लाम में धर्म-परिवर्तन की प्रक्रिया में कोई खास मदद मिली हो।''[20]

और हमारे लब्धप्रतिष्ठ इतिहासकार कहते हैं—

''हमें बताया जाता है कि तख़्त पर बैठने के बाद औरंगज़ेब ने कई बार जज़िया को फिर से लागू करने के बारे में विचार किया लेकिन राजनीतिक विरोध के कारण उसने ऐसा कदम नहीं उठाया। अन्ततः 1679 में, अपने शासन-काल के बाईसवें वर्ष में, उसने जज़िया फिर से लागू कर दिया। इस कदम को उठाने के पीछे औरंगज़ेब के प्रयोजनों के बारे में इतिहासकारों के बीच काफी चर्चा हुई है। पहले तो हम यह देखें कि जज़िया लगाने का प्रयोजन क्या-क्या नहीं था। इसका प्रयोजन कोई आर्थिक दबाव डालना नहीं था, जिससे मजबूर होकर हिन्दू, इस्लाम धर्म को अपना लेते। लोगों पर इसका भार बहुत हल्का पड़ा। महिलाओं, बच्चों, विकलांगों और ग़रीबों को अर्थात् उन लोगों को जिनकी आय गुजारा-ख़र्च के साधनों से कम थी, उन्हें इससे छूट दे दी गई थी। इसके अलावा उन लोगों को भी छूट दे दी गई थी जो सरकारी सेवा में थे। इस कर की वजह से हिन्दुओं के किसी बड़े वर्ग ने वस्तुतः अपना धर्म भी नहीं बदला। यद्यपि ऐसा कहा जाता है कि जज़िया से होने वाली आय अच्छी-खासी थी लेकिन औरंगज़ेब ने बहुत से उपकरों की वसूली न करके, जिन्हें अब्वाब कहा जाता था और जिनकी शरीअत के अंतर्गत इजाज़त नहीं थी, और इसलिए जिन्हें गैर-कानूनी समझा जाता था, एक बहुत बड़ी धनराशि का त्याग कर दिया था। वस्तुतः जज़िया राजनीतिक और वैचारिक दोनों कारणों से फिर से लागू किया गया था। इसका उद्देश्य राज्य को बचाने के लिए मुसलमानों को, मराठों और राज़पूतों के विरुद्ध, जो लड़ाई पर उतारू हो गए थे और सम्भवतः दकन के मुस्लिम राज्यों, विशेषकर गोलकुंडा के विरुद्ध एकजुट करना था जो कि काफ़िरों से मिला हुआ था। दूसरा, जज़िया ईमानदार और धर्मभीरु मुसलमानों द्वारा एकत्रित किया जाना होता था जो ख़ास तौर पर इस उद्देश्य के लिए नियुक्त किए गए थे। और उसकी राशि उलमा के लिए आरक्षित

थी। इस प्रकार यह, धर्मविज्ञानियों के लिए जिनके बीच काफ़ी बेराज़गारी थी, एक बहुत बड़ी रिश्वत थी।''[21]

उसके बाद इतिहासकार महाशय इस कर को लागू करने से सम्बन्धित कमजोरियों का उल्लेख करते हैं और उनका अन्तिम निर्णय उतना ही विचारशील है जितना कि कुरेशी का :

''कुछ आधुनिक लेखकों का यह विचार है कि औरंगज़ेब द्वारा उठाए गए कदमों का उद्देश्य भारत को दारुल हर्ब अर्थात् काफ़िरों के देश से दारुल इस्लाम अर्थात् मुसलमानों का देश बनाना था। यद्यपि औरंगज़ेब इस्लाम धर्म को अपनाने के लिए प्रोत्साहित करने को जायज़ मानता था लेकिन योजनाबद्ध रूप से या बड़े पैमाने पर ज़बरदस्ती धर्म-परिवर्तन कराने के प्रयासों के प्रमाण नहीं मिलते और न ही हिन्दू कुलीनों के साथ कोई भेदभाव किया जाता था।''[22]

उसी प्रकार श्री कुरेशी भी उसी पुस्तक में इस बात पर बल देते हैं कि औरंगज़ेब के पास गोलकुंडा और बीजापुर के ख़िलाफ़ युद्ध छेड़ने के सिवाय और कोई चारा नहीं था। वे अपनी टिप्पणी में कहते हैं :

''सुल्तानी राज्य अपने क्षेत्रों के भीतर शान्ति बनाए रखने में भी अक्षम थे। मराठों ने इन राज्यों पर डाके डाल-डाल कर खुद को युद्ध के लिए शक्तिशाली बना लिया था। इसके अलावा, यद्यपि मराठों की ताकत सुल्तानी राज्यों की कीमत पर बढ़ती चली गई थी, फिर भी सुल्तानी राज्यों का मराठों के साथ गुप्त गठबन्धन था और वे मराठों की धन तथा रसद से सहायता करते रहते थे। गोलकुंडा में तो स्थिति और भी ख़राब थी, क्योंकि वहाँ की वास्तविक सत्ता दो ब्राह्मण पदाधिकारियों मदन्ना और अकन्ना के हाथों में थी, जिनके अप्रीतिकर शासन से सुल्तानी राज्यों की मुस्लिम आबादी अप्रसन्न थी। वस्तुतः वह तो मराठों की और भी अधिक प्रबल समर्थक थी। ऐसी परिस्थितियों में सुल्तानी राज्यों को यों ही छोड़ देना नासमझी होती।''[23]

अपनी पुस्तक 'उलमा इन पालिटिक्स' (राजनीति में उलमा) में श्री कुरेशी ने लौटकर फिर से उसी विषय को लिया है और यह टिप्पणी की है :

''दकन के सुल्तानी राज्यों को मराठों ने इतना कमज़ोर बना दिया था कि वे तेज़ी से अराजकता में डूबने लगे। अपनी कमज़ोरी की वजह से वे मराठों के लिए साधनों का भंडार बन गए, और मराठों को जिस चीज़ की भी ज़रूरत होती थी उसे वे इन क्षेत्रों से हथिया लेते थे। इसके अलावा उनका मराठों से इसलिए भी गठबन्धन था, क्योंकि उनके मन में यह विकृत विचार घर कर गया था कि मुग़लों से ख़तरा टल जाने के बाद मराठों से और आसानी से निपटा जा सकता है। मराठों की गतिविधियों की क्षमताओं का यह बहुत ही कम आकलन था। जहाँ तक आलमगीर का सम्बन्ध था, उसके पास और कोई विकल्प नहीं

था। मराठे और सुल्तानी राज्य एक ही समस्या के दो पहलू थे और उन्हें एक-दूसरे से अलग नहीं किया जा सकता था। जो यह कहते हैं कि सुल्तानी राज्यों को मराठों के ख़िलाफ़ कार्रवाई करने के लिए रज़ामन्द किया जा सकता था या वे मराठों के ख़िलाफ आड़ का काम कर सकते थे, वे स्थिति की वास्तविकताओं की उपेक्षा कर देते हैं।''[24]

हमारे लब्धप्रतिष्ठ इतिहासकार का निर्णय भी हूबहू ऐसा ही है। वे कहते हैं :

''मराठों के ख़िलाफ़ दकनी राज्यों के साथ एकजुट न हो पाने के लिए, या उन पर विजय प्राप्त करने के लिए औरंगज़ेब की आलोचना की जाती है और यह तर्क दिया जाता है कि ऐसा करके औरंगज़ेब ने अपने साम्राज्य को इतना बड़ा बना लिया कि वह अपने बोझ से ही दब गया। 1636 ई. की सन्धि स्वयं शाहजहाँ के शासनकाल के दौरान ही टूट जाने के बाद औरंगज़ेब और दकनी राज्यों के बीच दिलों का मिलाप 'एक मनोवैज्ञानिक असम्भावना' थी। तख़्त पर बैठने के बाद औरंगज़ेब ने दक्षिण में ज़ोरदार आक्रामक नीति पर चलना बन्द कर दिया था। वास्तव में जब तक उससे सम्भव हो सका उसने दकनी राज्यों को फतह करके उन्हें अपने साम्राज्य में मिलाने की कार्रवाई को टाले रखा। मराठों की बढ़ती हुई मराठा शक्ति, गोलकुंडा से मदन्ना और अकन्ना द्वारा शिवाजी को दी जा रही मदद, और इस भय के कारण मजबूर होकर ऐसी कार्रवाई करनी पड़ी कि कहीं बीजापुर पर शिवाजी और गोलकुंडा का आधिपत्य न कायम हो जाए, जहाँ मराठों का प्रभुत्व था। औरंगज़ेब को मजबूर होकर ऐसी कार्रवाई करनी पड़ी बाद में विद्रोही शहज़ादे अकबर को आश्रय देकर सांभा जी ने एक तरह से औरंगज़ेब को चुनौती ही दे डाली। औरंगज़ेब को इस पर जल्द ही एहसास हो गया कि जब तक पहले बीजापुर और यदि सम्भव हो तो गोलकुंडा पर भी विजय हासिल न कर ली जाए तब तक मराठों से नहीं निपटा जा सकेगा।''[25]

श्री सतीश चन्द्रा जी इस बात को तो मानते हैं कि ''सम्भवतः औरंगज़ेब के लिए ज़्यादा समझदारी की बात यह होती कि वह अपने सबसे बड़े बेटे शाह आलम की सलाह मानकर बीजापुर और गोलकुंडा के क्षेत्रों के कुछ भागों को कब्ज़े में करके उनसे समझौता कर लेता और दक्षिण कर्नाटक पर उनका शासन बना रहने देता जो कि बहुत दूर का इलाका था और जिस पर निगरानी रखना मुश्किल था।'' लेकिन औरंगज़ेब की मजबूरियों के बारे में उनकी समझ श्री कुरेशी की समझ से अलग नहीं है।

श्री कुरेशी ने इस बात पर भरपूर बल दिया है कि औरंगज़ेब ने कोई नए कानून लागू नहीं किए और यह कि उसके बाद साम्राज्य के धराशायी होने के लिए उसकी धार्मिक नीतियों को ज़िम्मेदार नहीं ठहराया जा सकता। उनका कहना है कि :

"उपमहाद्वीप में मुस्लिम साम्राज्य कई सदियों तक चलता रहा था। इस्लाम के रूढ़िवादी कानून कभी कम और कभी ज़्यादा सम्यक् ढंग से लागू किए गए थे। आलमगीर (प्रथम) ने कोई नए कानून नहीं बनाए थे। इन सदियों के दौरान जज़िया केवल एक सौ पन्द्रह साल के लिए ही हटाया गया था। अनधिकृत मन्दिरों को गिराने के आदेश शाहजहाँ के शासन काल में भी दिए गए थे और आलमगीर ने उन्हें पहली बार लागू नहीं किया था। यदि साम्राज्य आलमगीर (प्रथम) की मृत्यु के बाद ताश के महल की तरह भरभराकर धराशायी हो गया तो उसके मुख्य कारण आलमगीर की धार्मिक नीतियों में न ढूँढ़ कर, कहीं और ढूँढ़े जाने चाहिए, हालाँकि उसकी इन नीतियों की भी साम्राज्य के विघटन में कुछ भूमिका अवश्य थी।"[26]

हमारे लब्धप्रतिष्ठ इतिहासकार महादेय ने भी एक के बाद एक प्रसंग में लगभग इन्हीं शब्दों को दोहराया है :

"मन्दिरों के बारे में औरंगज़ेब का आदेश नया नहीं था। जो स्थिति सुल्तानों के शासन काल में थी और जिसे शाहजहाँ ने भी अपने शासन काल के आरम्भ में दोहराया था, उसी की पुनः पुष्टि औरंगज़ेब के आदेश द्वारा की गई थी..." और अलबत्ता जज़िया भी पहली बार नहीं लगाया गया था; उसे 115 वर्षों के वक्फ़े के बाद फिर से लागू किया गया था।[27]

और ऐसी और भी अनेक दलीलें दी गई हैं। इस प्रकार औरंगज़ेब की नीतियों के लिए दिए गए 'स्पष्टीकरण' ठीक वैसे ही हैं, जो कि श्री कुरेशी द्वारा दिए गए हैं। सिर्फ़ कमी है तो उस श्रद्धाभाव की जो कि श्री कुरेशी द्वारा औरंगज़ेब के प्रति व्यक्त किया गया है।

चौथी बात है उस बेशर्मी की, जिस बेशर्मी से हमारे इतिहासकार प्रमाण को दबा देते हैं और ऐसा करने के बाद चुपके से बीच में झूठी बातों का समावेश कर देते हैं। मात्र एक उदाहरण के तौर पर याद कीजिए, किस प्रकार श्री सतीश चन्द्रा मन्दिरों के सन्दर्भ में औरंगज़ेब के कारनामों के वर्णन के बाद यह निष्कर्ष निकालते हैं : मन्दिरों को नष्ट करने का आदेश कोई नया नहीं था; यह आदेश केवल नए मन्दिरों तक ही सीमित था और वर्तमान मन्दिरों पर लागू नहीं था। स्थानीय अधिकारियों को अपनी मर्ज़ी के मुताबिक आदेश की व्याख्या करने की काफ़ी छूट रहती थी, औरंगज़ेब ने 'नया रुख' तभी अपनाया जब उसे राजनीतिक विद्वेष का सामना करना पड़ा और जब वह इस निष्कर्ष पर पहुँच गया कि मन्दिर ऐसे केन्द्र बन चुके हैं जहाँ से 'विद्रोही विचारों' का प्रचार किया जा रहा है, और मन्दिरों को नष्ट करने की प्रक्रिया कमोबेश विद्रोहों की अवधि तक ही सीमित रहती थी। और अन्ततः "ऐसा लगता है कि औरंगज़ेब का मन्दिरों को नष्ट करने का जोश 1679 के बाद ठंडा पड़ गया, क्योंकि 1681 और 1707 में हुई उसकी मृत्यु के बीच हमें दक्षिण में बड़े पैमाने पर मन्दिरों के नष्ट किए जाने की जानकारी

नहीं मिलती।''

इस दावे का स्वयं औरंगज़ेब के 'अख़बारात' में किए गए उल्लेख और उस समय दर्ज किए गए अन्य वृत्तान्तों के साथ कैसे तालमेल बैठाया जा सकता है? इनमें से कुछ वृत्तान्त नीचे दिए गए हैं :

25 मई 1679– ''जोधपुर के मन्दिरों को नष्ट करने के बाद ख़ाने जहान बहादुर अपने साथ मूर्तियों से भरी कई गाड़ियाँ लेकर लौट आया। शहंशाह ने यह आदेश दिया कि मूर्तियों को, जो कि अधिकतर सोने, चाँदी, पीतल, ताँबे या पत्थर की बनी हुई थीं और जिनमें जवाहरात जड़े हुए थे, दरबार के प्रांगण में और जामा मस्जिद की सीढ़ियों के नीचे बिखेर दिया जाए, ताकि लोग उन पर पाँव रख कर जा सकें।''

जनवरी-फरवरी 1680–''महाराणा के महल (उदयपुर में) के सामने के शानदार मन्दिर को, जो कि उस युग की उत्कृष्ट इमारतों में से एक था और जिस पर काफ़िरों का बहुत ज़्यादा धन खर्च हुआ था, नष्ट कर दिया गया और उसकी मूर्तियों को तोड़ दिया गया।'' ''24 जनवरी को शहंशाह उदयसागर झील को देखने गया और उसके किनारों पर बने तीनों मन्दिरों को गिराने का आदेश दिया।'' ''29 जनवरी को हसन अली ख़ान ने सूचित किया कि उदयपुर के आस-पास के 172 और मन्दिरों को नष्ट कर दिया गया है।'' ''22 फरवरी को शहंशाह चित्तौड़ को देखने गया और उसके आदेश से वहाँ के 63 मन्दिरों को नष्ट कर दिया गया।''

2 अगस्त 1680–''पश्चिमी मेवाड़ में सोमेश्वर के मन्दिर को नष्ट करने का आदेश दिया गया।''

10 अगस्त 1680–''अबू तुरब ने दरबार में लौटकर यह सूचित किया कि उसने आमेर में 66 मन्दिरों को गिरवा दिया है।''

सितम्बर 1687–''गोलकुंडा पर कब्जा होने के बाद शहंशाह ने अबुर्रहीम ख़ान को हैदराबाद नगर का नियन्त्रक नियुक्त किया और उसे ये आदेश दिए गए कि वह काफ़िरों की प्रथाओं और नई (विधर्मी) रीतियों का दमन करें और मन्दिरों को नष्ट करके उनके स्थानों पर मस्जिदें बनवाए।''

सिरका 1690–''के.एन. साणे ने शक 1838 के वार्षिक इतिवृत्त में पृ. 133-135 पर एलोरा, त्रिम्बकेश्वर, नरसिंहपुर और पंढरपुर, जेजूरी और यवत (मुलेश्वर) में औरंगज़ेब द्वारा मन्दिरों के नष्ट किए जाने (यद्यपि नरसिंहपुर में मन्दिर को नष्ट करने के प्रयास को साँपों, बिच्छुओं और अन्य ज़हरीले कीड़ों द्वारा और जेजूरी में देवता द्वारा विफल कर दिया गया।) की घटनाओं का उल्लेख किया गया है।''

1693–''शहंशाह ने वादनगर में हितेश्वर, जिसे नागर ब्राह्मणों का विशेष

अभिभावक माना जाता है, के मन्दिर को नष्ट करने का आदेश दिया।''

3 अप्रैल 1694–''शहंशाह को दिल्ली के एक गुप्त समाचार लेखक से यह पता चला कि जयसिंहपुर में बैरागी, मूर्तियों की पूजा किया करते हैं। नियन्त्रक ने जब इसके बारे में सुना तो वह वहाँ गया और श्रीकृष्ण बैरागी को गिरफ़्तार करके 15 मूर्तियों के साथ अपने घर ले गया। इस पर राजपूत इकट्ठे होकर नियन्त्रक के घर पहुँचे। वहाँ उन्होंने नियन्त्रक के तीन पियादों को घायल कर दिया और स्वयं नियन्त्रक को भी पकड़ने की कोशिश की। नियन्त्रक ने बैरागी को मुक्त कर दिया और ताँबे की मूर्तियाँ स्थानीय सूबेदार को भिजवा दीं।''

1698 का मध्य–''हमीदुद्दीन ख़ान बहादुर जिसे बीजापुर के मन्दिर को नष्ट करने और उसके स्थान पर मस्जिद बनवाने के लिए भेजा गया था, इस आदेश को पूरा करने के बाद दरबार लौट आया और शहंशाह ने उसकी प्रशंसा की।''

''किसी भी मन्दिर को किसी भी समय नष्ट किया जा सकता है, क्योंकि वह अपनी जगह से चल कर कहीं और नहीं जा सकता।'' औरंगज़ेब ने जुलफिकार ख़ान और मुग़ल ख़ान से कहा था।

''इस इलाके (महाराष्ट्र) के मकान बहुत ही मज़बूत हैं और सिर्फ़ पत्थर और लोहे के बने होते हैं। मेरे प्रयाण के दौरान सरकारी बसूले चलाने वालों के पास इतनी शक्ति और क्षमता (अर्थात् समय) नहीं रह जाती कि वे रास्ते में दिखाई देने वाले काफिरों के मन्दिरों को नेस्तनाबूद कर सकें। तुम्हें कोई ऐसा परम्परानिष्ठ दारोगा नियुक्त करना चाहिए जो बाद में फ़ुर्सत से उन्हें नष्ट करके उनकी बुनियादों को खोद डाले।'' 'कालियाते औरंगज़ेब' में रुहिल्ला ख़ान से औरंगज़ेब।

1 जनवरी 1705–''शहंशाह ने मुहम्मद ख़लील और बसूला चलाने वालों के दारोग़ा ख़िदमत राय को...बुलाकर यह आदेश दिया कि वे पंढरपुर के मन्दिर को नष्ट कर दें और वहाँ के शिविर में कसाइयों को ले जाकर मन्दिर में गौओं की हत्या कराएँ... तदनुसार इस आदेश को पूरा किया गया।''

लब्धप्रतिष्ठ इतिहासकार महोदय ने मूल स्रोतों से जानकारी प्राप्त करने की तकलीफ़ गवारा नहीं की। उन्हें ये सब इंदराज सर जदुनाथ सरकार की विख्यात पुस्तक 'हिस्टरी आफ़ औरंगज़ेब' के तृतीय खंड के एक ही संक्षिप्त परिशिष्ट में मिल जाते। वह इतिहास 1928 से प्रचलन में है।[28] हमारे लेखक महोदय ने, जिन्होंने अपनी पुस्तक 1996 में लिखी थी, आसानी से उस प्रमाण की उपेक्षा कर डाली जो औरंगज़ेब-काल के साधारण पाठक की निगाह में भी आ जाता।

लेकिन इसमें कोई रहस्य की बात नहीं है। भारत में प्रगतिशील इतिहास-लेखन के दो स्तम्भ हैं : एक तो ऐसा प्रमाण गढ़ना जो हिन्दुओं को

असहिष्णु सिद्ध कर सके, और दूसरा, इस्लामी सम्प्रदायवाद के प्रति सम्मान तथा तदनुभूतिपूर्ण उदारता प्रकट करना।

आप धर्मनिरपेक्ष इतिहास-लेखन के प्रति प्रतिबद्ध हैं या नहीं, इसकी कसौटी यह है कि आप औरंगज़ेब का पक्षपोषण करते हैं या नहीं।

सन्दर्भ

1. सतीश चन्द्रा, मीडियावेल इण्डिया, नेशनल कौंसिल ऑफ़ एजुकेशनल रिसर्च ऐण्ड ट्रेनिंग, दिल्ली 1996, पृ. 223
2. ये उद्धरण मात्र उदाहरण के तौर पर दिए गए हैं। ऐसे अनेक उदाहरण और दिए जा सकते हैं। इस विषय पर विस्तृत चर्चा के लिए देखें के.पी. अग्रवाल की पुस्तक 'गुरु ग्रन्थ साहब और इस्लाम'।
3. सतीश चन्द्रा, वही, पृ. 223
4. वही, पृ. 223
5. वही, पृ. 229-30
6. वही, पृ. 230
7. वही, पृ. 231
8. वही
9. वही
10. वही
11. वही, पृ. 232
12. वही
13. वही
14. वही
15. वही, पृ. 232-33
16. तही, पृ. 233
17. वही
18. तही
19. वही, पृ. 255
20. आई.एच. कुरेशी : दि मुस्लिम कम्युनिटी ऑफ़ दि इंडो-पाकिस्तान सबकांटिनेंट, रेनेसाँ पब्लिशिंग हाउस द्वारा 1985 में पुनः मुद्रित, पृ. 80-81,
21. सतीश चन्द्रा, पृ. 232
22. वही, पृ. 332-33
23. आई. एच. कुरेशी : दि मुस्लिम कम्युनिटी आफ़ दि इंडो-पाकिस्तान सबकांटिनेंट, पृ. 185

24. आई.एच. कुरेशी : उलमा इन पालिटिक्स, रेनेसाँ पब्लिशिंग हाउस, दिल्ली द्वारा 1985 में पुनः मुद्रित, पृ. 105-106
25. सतीश चन्द्रा, पृ. 254
26. आई.एच. कुरेशी : दि मुस्लिम कम्युनिटी ऑफ़ दि इंडो-पाकिस्तान सबकांटिनेंट, पृ. 186-87
27. सतीश चन्द्रा, पृ. 230-32
28. जदुनाथ सरकार : हिस्टरी ऑफ़ औरंगज़ेब, खंड III, ओरिएंट लांगमैन, नई दिल्ली. 1972 में पुनः मुद्रित, पृ. 185-89

घटनाओं के विलोप से लेकर, समानान्तर वर्णन और दोषमुक्ति तक

जिस किसी का कुरआन से, हदीस से और शरीअत के इतिहास से ज़रा-सा भी परिचय है, वह यह जानता है कि इस्लाम में मोमिनों और काफ़िरों के बीच का अलगाव इस्लाम का सारतत्त्व है।[1] हमारे लब्धप्रतिष्ठ इतिहासकारों का मुख्य सरोकार है इस्लाम को इस प्रकार की धारणाओं और उनसे व्युत्पन्न मुहिमों और कृत्यों से दोषमुक्त सिद्ध करना। जब उन्हें मुस्लिम नेताओं और शासकों के कार्यों को स्वीकार करने के लिए मजबूर होना पड़ता है तो ऐसे कार्यों के लिए वे व्यक्तियों की कमज़ोरियों और त्रुटियों को ज़िम्मेदार ठहरा देते हैं। इसके अलावा, जैसा कि हमने अभी देखा है, उन व्यक्तियों द्वारा ऐसे कदम उठाए जाने के कारण बताने के लिए वे लम्बे-लम्बे स्पष्टीकरण देते हैं। बार-बार वे इस बात पर बल देते हैं कि उन कार्रवाइयों की प्रेरणाएँ स्वयं उनके द्वारा पीड़ित लोगों के कार्य और रवैये हुआ करते थे। और जब कभी वे मुसलमानों की असहिष्णुता या कट्टरता का ज़िक्र कर देते हैं तो वे निश्चित रूप से मामले का साधारणीकरण कर देते हैं और हमेशा हिन्दुओं की बात भी बीच में ला देते हैं।

राष्ट्रीय शिक्षा अनुसन्धान तथा प्रशिक्षण परिषद् द्वारा प्रकाशित बारहवीं कक्षा की इतिहास की पुस्तक के लेखक हमारे पुराने मित्र, लब्धप्रतिष्ठ इतिहासकार श्री बिपिन चंद्रा जी हैं।[2] अपने प्राक्कथन में परिषद् के निदेशक महोदय लिखते हैं कि पाठ्यपुस्तक का पहले का पाठान्तर श्री बिपिन चन्द्रा द्वारा एक सम्पादक मण्डल के तत्त्वावधान में तैयार किया गया था। आपको यह जानकर हैरानी नहीं होगी कि सम्पादक मण्डल में हमारे सुपरिचित मित्रगण एस. गोपाल, एस. नूरुल हसन, सतीश चन्द्रा और रोमिला थापर शामिल थे।

अलीगढ़ आन्दोलन की नींव डालने में सय्यद अहमद ख़ान की भूमिका और यह सुनिश्चित करने के लिए कि मुसलमान अंग्रेजों के प्रति वफ़ादार बने रहें और कांग्रेस और नवजात राष्ट्रीय आन्दोलन से दूर रहें, उनके द्वारा किए गए अनवरत प्रयासों, आधुनिक युग में द्विराष्ट्रीय सिद्धान्त के प्रवर्तक के रूप में उनकी भूमिका

का विवरण लेखनीबद्ध किया गया है। उसी तरह से मुस्लिम लीग की भूमिका का विवरण भी लेखनीबद्ध किया गया है। लेकिन दोनों ही मामलों में लम्बे-लम्बे स्पष्टीकरण भी साथ में दिए गए हैं, जो वास्तव में सय्यद अहमद ख़ान और मुस्लिम लीग को निर्दोष सिद्ध करने के प्रयास प्रतीत होते हैं। चुनांचे हमें सय्यद अहमद ख़ान के बारे में यह जानने को मिलता है :

"अपने जीवन के आखिरी दिनों वे अपने अनुयायियों को, ज़ोर पकड़ रहे राष्ट्रीय आन्दोलन में शामिल होने से रोकने के लिए हिन्दुओं के प्रभुत्व की बात करने लगे थे। यह एक दुर्भाग्यपूर्ण बात थी, यद्यपि वे सम्प्रदायवादी नहीं थे। वे केवल इतना चाहते थे कि मुसलमानों के मध्यम तथा उच्चवर्गों का पिछड़ापन समाप्त हो जाए। उनकी राजनीति उनके इस विश्वास का परिणाम थी कि तुरन्त ही राजनीतिक प्रगति सम्भव नहीं थी क्योंकि ब्रिटिश सरकार को आसानी से हटाया नहीं जा सकता था। दूसरी ओर अधिकारियों की तरफ़ से किसी भी प्रकार का वैर गैर-शैक्षिक प्रयास के लिए, जो उनकी निगाह में समय की आवश्यकता थी, ख़तरनाक सिद्ध हो सकता था। वे ऐसा मानते थे कि भारतीय तभी विदेशी शासन को सफलतापूर्वक चुनौती दे सकते थे, जब वे अपनी सोच तथा अपने व्यवहार में उतने ही आधुनिक बन जाते जितने कि अंग्रेज़ थे। इसलिए उन्होंने भारतीयों और विशेषकर शैक्षिक रूप से पिछड़े हुए मुसलमानों को यह सलाह दी कि वे आने वाले कुछ समय के लिए राजनीति से दूर रहें। उन्होंने कहा कि अभी राजनीति का समय नहीं आया। वस्तुतः वे अपने कॉलिज और शिक्षा-प्रचार के प्रति इतने प्रतिबद्ध हो चुके थे कि वे उनके लिए बाकी सब हितों का बलिदान करने के लिए तैयार थे। इसके परिणामस्वरूप रूढ़िवादी मुसलमानों को अपने कॉलिज का विरोध करने से रोकने के लिए, उन्होंने धार्मिक सुधार के हित में, अपने आन्दोलन तक को त्याग दिया। इसी कारण से वे ऐंसा कुछ नहीं करना चाहते थे, जिससे सरकार नाराज़ हो जाती और दूसरी तरफ़ जिससे सम्प्रदायवाद तथा अलगाववाद को बढ़ावा मिलता। लेकिन यह यकीनन एक गम्भीर राजनीतिक ग़लती थी, जिसके बाद के वर्षों में नुकसानदेह नतीजे देखने में आए। इसके अलावा उनके कुछ अनुयायियों में उनकी जैसी उदारता नहीं रही और बाद में उनमें इस्लाम तथा उसके अतीत का गौरवगान करने की प्रवृत्ति पैदा हो गई और साथ ही वे दूसरे धर्मों की आलोचना भी करने लगे।"[3]

दूसरे शब्दों में, यह मात्र एक राजनीतिक ग़लती थी—एक ऐसी ग़लती जिसके बहुत बड़े-बड़े कारण थे। इसी प्रकार मुस्लिम लीग के मामले में भी यद्यपि उसके नितान्त अवसरवाद, उसके द्वारा अंग्रेजों की जी-हजूरी करने, तथा अनजान जनता को भड़काने के लिए धर्म का इस्तेमाल करने आदि का उल्लेख किया गया है। फिर भी यह दिखाने की कोशिश की गई है कि मुस्लिम लीग ने अंग्रेजों के

उकसाने पर ही ऐसी राजनीति अपनाई। इसके अलावा इस बात को भी बार-बार दोहराया गया है कि इस राजनीति को 'हिन्दू सम्प्रदायवादियों' के कार्यकलापों से बल मिला, चुनांचे हमें यह बताया गया है :

"मुस्लिम लीग के प्रचार को, हिन्दुओं में हिन्दू महासभा जैसी साम्प्रदायिक संस्थाओं के होने से, लाभ पहुँचा। यह घोषित करके कि हिन्दू अलग से एक राष्ट्र हैं और भारत हिन्दुओं का देश है, हिन्दू सम्प्रदायवादियों के स्वर में भी मुस्लिम सम्प्रदायवादियों की प्रतिध्वनि सुनाई देने लगी। चुनांचे उन्होंने भी द्वि-राष्ट्रीय सिद्धान्त को स्वीकार कर लिया। अल्पसंख्यकों के मन से, बहुसंख्यकों के प्रभुत्व का भय दूर करने के लिए उन्हें पर्याप्त सुरक्षा प्रदान करने की नीति का उन्होंने सक्रिय विरोध किया।"[4]

इतना ही नहीं श्री बिपिन चन्द्रा उसी मानक धर्मनिरपेक्षवादी 'धारणा' की फेरी भी लगाते हैं। एक क्षण में तो दोनों सम्प्रदायवादों को बराबरी के स्तर पर पर ला खड़ा किया जाता है और दूसरे ही क्षण यह कहा जाता है कि वास्तव में हिन्दू सम्प्रदायवाद 'कम जायज़' था और इसलिए, इसका यह निष्कर्ष निकाला जा सकता है कि बाद में जो परिणाम निकला उसके लिए हिन्दू सम्प्रदायवाद ज़्यादा ज़िमेदार था। श्री बिपिन चन्द्रा जी इस बात को यों व्यक्त करते हैं :

"एक दृष्टि से तो हिन्दू सम्प्रदायवाद का औचित्य और भी कम था। हर देश में, धार्मिक या भाषाई या राष्ट्रीय अल्पसंख्यकों ने अपनी संख्यागत स्थिति के कारण किसी-न-किसी समय यह महसूस किया कि उनके सामाजिक और सांस्कृतिक हितों को नुकसान पहुँच सकता है। लेकिन जब बहुसंख्यकों ने अपने वचन अथवा कर्म से यह प्रमाण दे दिया कि ये भय आधारहीन हैं, तो अल्पसंख्यकों के भय दूर हो जाते रहे हैं। लेकिन यदि बहुसंख्यक लोगों का एक वर्ग साम्प्रदायिक या वर्ग प्रतिबद्ध हो जाता है और अल्पसंख्यकों के ख़िलाफ बोलना या काम करना शुरू कर देता है, तो अल्पसंख्यक स्वाभाविक रूप से असुरक्षित महसूस करने लगते हैं। तब अल्पसंख्यकों का साम्प्रदायिक या वर्गीय नेतृत्व मज़बूत हो जाता है। उदाहरण के लिए तीस के दशक में मुस्लिम लीग केवल उन क्षेत्रों में मज़बूत थी जहाँ मुस्लिम अल्पसंख्या में थे। दूसरी तरफ़ उत्तर-पश्चिमी सीमा प्रान्त, पंजाब, सिन्ध और बंगाल जैसे इलाकों में जहाँ मुसलमान बहुसंख्या में थे और इसलिए अपेक्षाकृत अधिक सुरक्षित महसूस करते थे, वहाँ मुस्लिम लीग कमज़ोर बनी रही। दिलचस्प बात तो यह है कि साम्प्रदायिक समूह—हिन्दू और मुसलमान, दोनों—कांग्रेस के विरुद्ध हाथ मिलाने से नहीं हिचके। उत्तर-पश्चिमी सीमा प्रान्त, पंजाब, सिंध और बंगाल में हिन्दू सम्प्रदायवादियों ने मुस्लिम लीग और अन्य साम्प्रदायिक समूहों की ऐसे मन्त्रिमण्डल बनाने में मदद की जिन्होंने कांग्रेस का विरोध किया। विभिन्न साम्प्रदायिक समूहों में जो एक और विशेषता समान थी, वह थी सरकार समर्थक

रवैया अपनाने की उनकी प्रवृत्ति। यह बात ध्यान देने लायक है कि जो साम्प्रदायिक समूह और पार्टियाँ हिन्दू तथा मुस्लिम राष्ट्रवाद की बात करती थीं, उनमें से किसी ने भी विदेशी शासन के विरुद्ध संघर्ष में सक्रिय भाग नहीं लिया। वे दूसरे धर्मों के नेताओं और राष्ट्रवादी नेताओं को अपने वास्तविक शत्रुओं के रूप में देखते थे।

''साम्प्रदायिक समूह तथा पार्टियाँ आम जनता की सामाजिक तथा राजनीतिक माँगों से भी खुद को दूर रखती थीं। इन माँगों को, जैसा कि हमने ऊपर देखा, उत्तरोत्तर राष्ट्रवादी आन्दोलन उठा रहा था।...''[5]

श्री बिपिन चन्द्रा बार-बार इस बात पर ज़ोर देते हैं कि राष्ट्रवादी आन्दोलन का स्वरूप ही ऐसा था, जिसकी वजह से मुसलमान अलग-थलग पड़ गए और राष्ट्रीय आन्दोलन के इसी स्वरूप के कारण ही मुसलमानों की एक बहुत बड़ी संख्या राष्ट्रीय आन्दोलन में शामिल नहीं हुई और अन्त में उसने मुस्लिम लीग को अपना समर्थन प्रदान किया। इसलिए एक बार फिर दोष हिन्दुओं के माथे मढ़ दिया जाता है।

श्री बिपिन चन्द्रा, सय्यद अहमद खान के इस प्रचार का उल्लेख करते हुए, कि हिन्दू और मुस्लिम दो अलग-अलग राष्ट्र हैं, और उनके हित आपस में मेल नहीं खाते और हिन्दू मुसलमानों पर हावी जो जाएँगे और उनका हित अंग्रेज़ों का साथ देने में है, इस बारे में अपना मत प्रकट करते हुए कहते हैं, ''ये विचार अलबत्ता अवैज्ञानिक थे और वास्तव में इनका कोई आधार नहीं था।'' वे आगे लिखते हैं, ''एक ही वर्ग तथा क्षेत्र के मुसलमान और हिन्दू एक-दूसरे के ज़्यादा निकट थे, बनिस्बत दूसरे वर्गों और दूसरे क्षेत्रों के सहधर्मियों के।''[6] उसके बाद मुसलमानों के शिक्षा, व्यापार तथा उद्योग में पिछड़ेपन और उसके परिणामस्वरूप उन पर कायम हुए 'प्रतिक्रियावादी बड़े-बड़े ज़मींदारों''[7] के प्रभुत्व का ज़िक्र करते हुए बिपिन चन्द्रा कहते हैं कि इन्हीं कारणों से मुसलमानों के बीच अलगाववादी सोच पैदा हो गई। उसके बाद शुरू होती है उन्हीं बातों की शृंखला, जो कि हमेशा कही जाती हैं। पहले, वे कहते हैं, ''जिस ढंग से उन दिनों स्कूलों और कॉलिजों में भारतीय इतिहास पढ़ाया जाता था, उसकी वज़ह से भी शिक्षित हिन्दुओं और मुसलमानों के बीच साम्प्रदायिक भावनाएँ पैदा हो गईं।'' इन इतिहासों में जो-जो विषय पढ़ाए जाते थे, उनमें ख़ामी यह थी कि वे उस धर्मनिरपेक्ष नीति का समर्थन नहीं करते थे, जिसका समर्थन करना इन लब्धप्रतिष्ठ इतिहासकारों ने उसके बाद से अनिवार्य कर दिया। इस बारे में हमारे इतिहासकार महोदय के फ़ैसले का नीचे उल्लेख किया गया है :

''उनमें इस तथ्य को उजागर नहीं किया गया कि प्राचीन तथा मध्यकालीन राजनीति, बाकी सब जगहों की राजनीति की तरह, आर्थिक और राजनीतिक हितों पर आधारित थी, न कि धार्मिक विचारों पर। शासक और विद्रोही भौतिक हितों और महत्वाकांक्षाओं के दाँवपेंच को छिपाने के उद्देश्य से उस पर ऊपरी रंग चढ़ाने

के लिए, धार्मिक आग्रहों का इस्तेमाल किया करते थे। इसके अलावा ब्रिटिश और साम्प्रदायिक इतिहासकारों ने भी भारत में मिली-जुली संस्कृति की धारणा पर प्रहार किया।"[8]

लेकिन अगले ही वाक्य से ज़िम्मेदारी का बोझ हमेशा की तरह हिन्दुओं पर डाल दिया गया है। बिपिन चन्द्रा जी लिखते हैं :

"इतिहास का हिन्दू साम्प्रदायिक नज़रिया भी इस मिथक पर आधारित था कि भारतीय समाज और संस्कृति प्राचीन काल में महान् तथा आदर्श ऊँचाइयों पर पहुँच चुके थे, जहाँ से उनका मध्यकाल के दौरान मुस्लिम शासन तथा प्रभुत्व के कारण स्थायी रूप से और लगातार ह्रास होता चला गया। भारतीय अर्थव्यवस्था तथा प्रौद्योगिकी, धर्म तथा दर्शन, कला तथा साहित्य, संस्कृति तथा समाज और फलों, सब्ज़ियों तथा वेशभूषा के विकास में मध्यकाल के बुनियादी योगदान को नकार दिया गया।"[9]

ध्यान दीजिए कि मुस्लिम इतिहासकारों के बारे में और उन इतिहासकारों ने भारत के बारे में जो कुछ कहा, उसके बारे में एक शब्द भी नहीं कहा गया है। वे इतिहास-पुस्तकें मुस्लिम समुदाय का विजयोल्लास-सूचक साहित्य थीं, ठीक उसी तरह से जैसे शाह वली उल्लाह और शेख़ अहमद सरहंदी जैसी बाअसर शख़्सीयतों द्वारा रचा गया साहित्य। जिन लोगों ने 10वीं शताब्दी के अंत में और 20वीं शताब्दी के आरम्भ में मुस्लिम विचारधारा को वस्तुतः ढाला और नियन्त्रित किया—जैसे कि मौलाना अहमद रज़ा ख़ान जैसी शख़्सीयतें—जिनके द्वारा लिखे गए ढेरों ग्रन्थों के बारे में एक शब्द तक नहीं कहा गया।

तीन पैराग्राफ बाद श्री बिपिन चन्द्रा न केवल कुछ अनाम हिन्दू सम्प्रदायवादी इतिहासकारों को, बल्कि पूरे राष्ट्रीय आन्दोलन के स्वरूप को और इस आन्दोलन के महानतम नेताओं के चरित्र को भी अपना निशाना बनाते हैं। हमारे इतिहासकार महोदय ने उनका आकलन इस प्रकार किया है :

"यद्यपि जंगजू राष्ट्रवाद...हर दृष्टि से एक महान् अग्रगामी कदम था, लेकिन राष्ट्रीय एकता के विकास की दृष्टि से यह एक पश्चगामी कदम था। कुछ जंगजू राष्ट्रवादियों के भाषणों और लेखन में उग्र धार्मिक तथा हिन्दुत्व का रंग था। उन्होंने प्राचीन भारतीय संस्कृति पर तो बल दिया और मध्यकालीन संस्कृति का उल्लेख तक नहीं किया। उन्होंने भारतीय संस्कृति तथा भारतीय राष्ट्र को हिन्दू धर्म तथा हिन्दुओं से अभिन्न माना। उन्होंने मिली-जुली संस्कृति के तत्त्वों को तिलांजलि देने की कोशिश की। उदाहरण के लिए तिलक द्वारा शिवाजी तथा गणपति से जुड़े त्यौहारों का प्रचार, अरविन्द घोष द्वारा भारत की माता के रूप में और राष्ट्रवाद की धर्म के रूप में अर्द्धरहस्यवादी संकल्पना, आतंकवादियों का देवी काली के सामने शपथ लेना और विभाजन विरोधी आन्दोलन की शुरुआत गंगा

स्नान से करना मुसलमानों को नहीं सुहाया। वस्तुतः इस प्रकार के कार्य उनकी धार्मिक भावना के विरुद्ध थे और मुसलमान होने के नाते उनसे इन और इस प्रकार के अन्य कार्यकलापों के साथ जुड़ने की अपेक्षा नहीं की जा सकती थी। और न ही मुसलमानों से यह अपेक्षा की जा सकती थी कि वे उस समय पुरजोश ख़ुशी ज़ाहिर करते जब वे शिवाजी या प्रताप का न केवल उनकी ऐतिहासिक भूमिका के लिए बल्कि ऐसे 'राष्ट्रीय' नेताओं के रूप में भी अभिवादन होते देखते जिन्होंने 'विदेशियों' से लोहा लिया। किसी भी परिभाषा के अनुसार अकबर या औरंगज़ेब को विदेशी करार नहीं दिया जा सकता था, जब तक कि किसी को इस आधार पर विदेशी न करार न दिया जाता कि वह मुसलमान है। वास्तव में प्रताप और अकबर के बीच या शिवाजी और औरंगज़ेब के बीच के संघर्ष को उसकी विशेष ऐतिहासिक पृष्ठभूमि में देखा जाना चाहिए था। अकबर या औरंगज़ेब को 'विदेशी' और प्रताप और शिवाजी को 'राष्ट्रीय' वीर घोषित करना अतीतकालीन इतिहास में 20 वीं शताब्दी के भारत के साम्प्रदायिक दृष्टिकोण को प्रस्तुत करना था। यह न केवल अमान्य इतिहास था, बल्कि राष्ट्रीय एकता पर एक प्रहार भी था।''[10]

वे जल्दी-जल्दी एक बात कहते हैं और फिर उसको काट भी देते हैं। वे कहते हैं, ''इसका यह अर्थ नहीं कि जंगजू राष्ट्रवादी मुस्लिम विरोधी थे या पूर्णतः साम्प्रदायिक थे।'' 'ऐसा हरग़िज नहीं,'' वे कहते हैं उनमें से अधिकतर जिनमें तिलक भी शामिल थे, हिन्दू-मुस्लिम एकता के हक में थे। वे आगे कहते हैं कि 'भारतमाता' की कल्पना आधुनिक थी और ''उसका धर्म से कोई सम्बन्ध नहीं था।'' यह बात भारत सम्बन्धी उनकी कल्पना के ठीक विपरीत है, जिसके बारे में हमारे इतिहासकार महोदय ने यह कहा है कि भारत उनके लिए एक प्राचीन, शाश्वत राष्ट्र है जिसका मूल तत्त्व हिन्दू धर्म है। इस प्रकार हमारे इतिहासकार के आकलन के अनुसार राष्ट्रवादी लगभग धर्मनिरपेक्षवादी थे। वाकई! उनमें से जो सबसे अधिक साहसी थे उनकी प्रेरणा इतनी आधुनिक थी, कि उसे विदेशी कहा जा सकता है। बिपिन चन्द्रा जी फ़रमाते हैं, ''यहाँ तक कि क्रान्तिकारी आतंकवादी भी वास्तव में योरुपीय क्रान्तिकारी आन्दोलन से प्रेरित थे, जैसे कि रूस, आयरलैण्ड और इटली के आन्दोलनों से न कि काली या भवानी की पूजा पद्धति से।'' लेकिन इसके बावजूद उन्होंने जो कुछ किया उसका कुल नतीजा यह निकला कि उससे राष्ट्रीय एकता भंग हुई। एक बात को कहने और फिर उसे काटने की प्रक्रिया के समाप्त होने के बाद हमारे इतिहासकार महोदय वापस अपने मूल फैसले पर लौट आते हैं :

''लेकिन जैसा कि पहले कहा गया है, जंगजू राष्ट्रवादियों के राजनीतिक कार्यों और विचारों में एक ख़ास हिन्दुत्व की रंगत थी। यह रंगत ख़ासतौर पर हानिकर सिद्ध हुई क्योंकि चतुर अंग्रेजों और अंग्रेज समर्थक प्रचारकों ने हिन्दुत्व

की रंगत से लाभ उठाते हुए मुसलमानों के दिलों में ज़हर भर दिया। इसका परिणाम यह निकला कि बहुत से शिक्षित मुसलमानों ने या तो ज़ोर पकड़ते राष्ट्रवादी आन्दोलन से खुद को अलग कर लिया या फिर उसके विरोधी हो गए और इस प्रकार आसानी से अलगाववादी नज़रिए के शिकार बन गए। हिन्दुत्व की रंगत ने हिन्दू सम्प्रदायवाद के वैचारिक रास्ते भी खोल दिए और इस प्रकार राष्ट्रवादी आन्दोलन के लिए अपने कार्यकर्त्ताओं के भीतर से हिन्दू साम्प्रदायिक, राजनीतिक और वैचारिक तत्त्वों को दूर करना मुश्किल हो गया। इससे मुस्लिम राष्ट्रवादियों में भी इस्लाम की रंगत आ गई।''[11]

यह तो शुक्र हुआ कि उन राष्ट्रवादियों में हिन्दुत्व की रंगत आ जाने के बावजूद बहुत बड़ी संख्या में 'उन्नतिशील मुस्लिम बुद्धिजीवी' ...स्वदेशी आन्दोलन और राष्ट्रवादी कांग्रेस में शामिल हो गए और क्रान्तिकारी आतंकवादियों के सहयोगी बन गए। उकसावे में न आकर के उन्होंने कितनी बड़ी मेहरबानी की। कारण? ''इसका कारण यह था कि राष्ट्रीय आन्दोलन अपने दृष्टिकोण और विचारध बुनियादी तौर पर धर्मनिरपेक्ष बना रहा।'' ऐसा कहना है हमारे इतिहासकार मह का।[12]

बिपिन चन्द्रा साहब हमें यह समझाते हैं कि इस सम्बन्ध में हिन्दू सुधारकों का प्रभाव भी कुछ इसी प्रकार का था। उनके प्रयासों का उल्लेख करते हुए वे फ़रमाते हैं :

''इसके अलावा सुधारक, सांस्कृतिक परम्परा के धार्मिक तथा दार्शनिक पहलुओं पर एकतरफ़ा बल देते थे। और फिर ये पहलू सब लोगों की साझी विरासत नहीं थे। दूसरी तरफ़ कला और वास्तुशिल्प, साहित्य, संगीत, विज्ञान और प्रौद्योगिकी आदि पर, जिनमें लोगों के सभी वर्गों ने समान भूमिका निभाई थी, पर्याप्त बल नहीं दिया जाता था। इसके अलावा हिन्दू सुधारक भारतीय अतीत के बारे में अपनी प्रशंसा केवल प्राचीन काल तक ही सीमित रखते थे। यहाँ तक कि स्वामी विवेकानन्द जैसा उदार व्यक्ति भी केवल इसी अर्थ में भारतीय आत्मा या भारत के अतीत की उपलब्धियों की बात करता था। सुधारक भारतीय इतिहास के मध्यकाल को अनिवार्यतः ह्रास का युग मानते थे। यह बात न केवल इतिहास विरुद्ध थी, बल्कि सामाजिक और राजनीतिक रूप से हानिकारक भी थी। इससे लोगों के मन में दो अलग-अलग जातियों की धारणा पैदा होती चली गई। उसी प्रकार प्राचीन काल और धर्मों की अविवेचित प्रशंसा निचली जातियों के लोगों को पूरी तरह से स्वीकार्य नहीं थी। वे सदियों से अत्यन्त विनाशकारी जातीय उत्पीड़न का शिकार बनते चले आए थे जो कि सुनिश्चित रूप से प्राचीन काल में ही प्रारम्भ हुआ था। इन सब बातों का यह नतीजा निकला कि इसकी बजाय कि सभी भारतीय अपने अतीत की भौतिक और सांस्कृतिक उपलब्धियों पर समान रूप से गर्व कर पाते और उनसे

प्रेरणा प्राप्त कर पाते, अतीत कुछ ही लोगों की विरासत बनकर रह गया। इसके अलावा स्वयं अतीत पक्षपात के आधार पर कई ख़ानों में बँटा हुआ था। मुस्लिम मध्यम वर्ग के बहुत से लोगों ने तो अपनी परम्पराओं और गर्व के क्षणों को पश्चिम एशिया के इतिहास में खोजने की कोशिश की। जो हिन्दू, मुस्लिम, सिक्ख और पारसी, और बाद में निम्नजातीय हिन्दू भी, सुधार-आन्दोलनों से प्रभावित हुए, वे उत्तरोत्तर खुद को एक-दूसरे से अलग समझने लगे। दूसरी तरफ़ जो आम मुस्लिम तथा हिन्दू जनता पारम्परिक तौर-तरीके अपनाकर चल रही थी, और जिस पर सुधार आन्दोलनों का कोई असर नहीं पड़ा था, वह फिर भी आपस में मिल-जुलकर रह रही थी हालाँकि वह अपने अलग-अलग धार्मिक अनुष्ठानों को अंजाम देती रही। कुछ हद तक मिली-जुली संस्कृति के विकास की जो प्रक्रिया सदियों से जारी थी, वह रुक गई, यद्यपि अन्य क्षेत्रों में भारतीय लोगों के एकीकरण में तेज़ी आ गई। इस तथ्य के बुरे पहलू उस समय प्रकट हुए जब यह पाया गया कि राष्ट्रीय चेतना के त्वरित विकास के साथ-साथ एक और चेतना—सम्प्रदायिक चेतना—मध्यम वर्गों में विकसित होने लगी थी। निश्चित रूप से आधुनिक काल में सम्प्रदायवाद के पैदा होने के और भी बहुत से कारण थे किन्तु इसमें कोई सन्देह नहीं कि धार्मिक सुधार आन्दोलन का जैसा स्वरूप था, उसकी वजह से भी कुछ हद तक सम्प्रदायवाद को बढ़ावा मिला।''[13]

जब इस किस्म के राग अलापे जाते हैं कि ''इस्लाम अमन का मज़हब है,'' ''कुरआन और पैगम्बर साहब यह शिक्षा देते हैं, 'तुम्हें तुम्हारा मज़हब मुबारक और मुझे मेरा' और उनके जवाब में कुरआन की ऐसी आयतें उद्धृत की जाती हैं, ऐसी हदीस और फ़तवे उद्धृत किए जाते हैं जिनमें मोमिनों को यह निर्देश दिया गया है कि वे काफ़िरों से तब तक दूर बने रहें, उनका बहिष्कार करते रहें; तब तक उनका दमन और उत्पीड़न करते रहें जब तक वे हार मानकर इस्लाम को नहीं अपना लेते, तो ऐसे में धर्मनिरपेक्षवादी क्या कहते हैं। इस पर उनका यह कहना होता है : नहीं, नहीं, किसी परम्परा को समझने के लिए हमें, जो कुछ उस परम्परा का विश्वासी कहता है उस पर एतबार करना चाहिए। लेकिन जब बात हिन्दू धर्म की आती है, तो उसके बारे में जो कुछ वे अर्थात् ये प्रगतिशील लोग, कहते हैं, जो कि धर्म और परम्परा से मुक्त हो चुकने का दावा करते हैं, उस पर एतबार कर लेना चाहिए।

अगर ''मुस्लिम मध्यवर्ग के बहुत से लोगों ने अपनी परम्पराओं और गर्व के क्षणों को पश्चिम एशिया के इतिहास में खोजने की कोशिश की'' तो यह हमारे नेताओं और सुधारकों द्वारा राष्ट्रवादी आन्दोलन को हिन्दुत्व की रंगत देने का नतीजा था?

जब मोमिन पश्चिम एशिया में स्थित काबा की तरफ़ एक दिन में पाँच

बार मुख़ातिब होता था, तो क्या उससे पहले इन हिन्दू सुधारकों को उसे इसके लिए भड़काने की ज़रूरत पड़ती थी? जब वह मक्का और मदीना को ही पवित्र स्थान मानता था, क्या उससे पहले भी उसे हिन्दू सुधारकों या राष्ट्रवादी नेताओं द्वारा भड़काए जाने की ज़रूरत पड़ती थी? अरबी को सर्वाधिक श्रद्धा की पात्र भाषा के रूप में अंगीकार करने के लिए भी क्या किसी मोमिन को हिन्दू सुधारकों या राष्ट्रवादी नेताओं द्वारा भड़काए जाने की ज़रूरत पड़ती थी? क्या स्वयं अल्लाह ने बार-बार मोमिन को कुरआन में याद नहीं दिलाया कि उसने अरबी में अपना इलहाम भेजा है :

> "ये खुली हुई किताब की आयतें हैं
> हमने इसे अरबी में, कुरआन के रूप में
> उतारा है..." (12.1.2)

और फिर,

> "हम जानते हैं कि वे
> (तुम्हारे बारे) में कहते हैं,
> 'उसको तो बस एक आदमी
> सिखाता-पढ़ाता है' हालाँकि
> जिसकी ओर वे धृष्टतापूर्वक
> संकेत करते हैं, उसकी भाषा
> विदेशी है और यह भाषा,
> स्पष्ट अरबी है..." (16.103)

और फिर,

> "और इस तरह हमने इसे
> अरबी 'कुरआन' के रूप में उतारा है"... (20.113)

और फिर,

> "और निस्सन्देह यह इलहाम (कुरआन)
> सारे संसार के रब का उतारा हुआ है
> जिसे लेकर मज़हब और सच्चाई
> की आत्मा उतरी है
> तेरे हृदय और मन पर
> ताकि तुम साफ़-साफ़ अरबी भाषा में
> सावधान कर सको" (26.192-95)

औ फिर,

> "कुरआन भी ऐसा
> जो अरबी (भाषा) में है।..." (39.28)

और फिर,

“एक ऐसी किताब
जिसकी आयतें खोल-खोलकर
बयान की गई हैं
एक कुरआन, जो अरबी में है...” (41.3)

और फिर,

“यदि हम अरबी के अलावा, इसे
किसी (और भाषा के) कुरआन
के रूप में भेजते
तो वे (काफ़िर लोग) कहते
‘इसकी आयतें खोल-खोलकर
बयान क्यों नहीं की गईं’?
यह क्या कि एक (किताब) तो
अरबी में नहीं है और एक (पैग़म्बर)
अरबी है...” (41.44)

और फिर,

“और इस तरह (ऐ नबी!)
हमने प्रेरणावश तुम्हारे पास
एक अरबी कुरआन भेजा है...” (42.7)

और फिर,

“हमने इसे अरबी
कुरआन बनाया है...”(43.3)

और फिर,

“और इससे पहले,
मूसा की किताब रही है
एक मार्ग-निर्देश और
दयालुता की किताब के रूप में
और यह (कुरआन उसकी)
तसदीक करने वाली किताब है
अरबी भाषा में...” (46.12)

जब स्वयं अल्लाह मोमिन को यह याद दिलाए, कि उसने एक ‘अरबी कुरआन’ या ‘अरबी में कुरआन’ उसके पास भेजा है तो उसे अरबी भाषा को बेचारी भारतीय भाषाओं से ऊपर रखने के लिए हिन्दू सुधारकों की तरफ़ से और ज़्यादा उकसाए जाने की क्या ज़रूरत है?

एक मोमिन से यह अपेक्षा की जाती है कि वह अरब निवासियों को एक चुनिंदा जाति माने और उसकी बात को ग़ौर से सुने और उस पर श्रद्धा रखे। क्या ऐसा करने से पहले उसे 'हिन्दुत्व की रंगत' जैसी किसी उकसाहट की ज़रूरत है, जो कि इन सुधारकों और नेताओं द्वारा कथित रूप से दी गई है? क्या स्वयं पैग़म्बर साहब ने हर मोमिन को यह हिदायत नहीं की कि जो कोई अरबियों से नफ़रत करता है वह उनसे, स्वयं पैगम्बर साहब से, नफ़रत करता है? क्या स्वयं पैग़म्बर साहब ने यह चेतावनी नहीं दी थी कि "जो अरबियों के साथ दग़ा करेगा उसे मैं अपनी मध्यस्थता से वंचित कर दूँगा और उसे मेरा प्यार भी हासिल नहीं होगा।" क्या स्वयं पैग़म्बर साहब ने यह चेतावनी नहीं दी कि "अन्तिम घड़ी के आ पहुँचने की निशानियों में से एक निशानी यह होगी कि अरबी लोगों का नाश हो जाएगा?" क्या स्वयं पैग़म्बर साहब ने सब मोमिनों को सावधान नहीं किया कि "तीन कारणों से अरबियों से प्रेम करो; क्योंकि मैं अरबी हूँ, कुरआन अरबी में है और जन्नत के निवासी अरबी (भाषा) बोलेंगे।"[14]

अगर कोई मोमिन पश्चिम एशिया से प्रेरणा की प्रत्याशा करता है, तो क्या इसका कारण यह है कि हिन्दुओं ने उसे ऐसा करने के लिए भड़काया है, या कि वह इसलिए ऐसा करता है क्योंकि हदीस में ऐसी हिदायत की गई है। "अल्लाह ने अब्राहम के बेटे इस्माइल के बच्चों को श्रेष्ठ मानकर चुना। इस्माइल के वंशजों में से अल्लाह ने कुरेशियों (पैग़म्बर साहब का कबीला) को श्रेष्ठ जाति के रूप में चुना। कुरेशियों में से अल्लाह ने बानू हाशिम (पैग़म्बर साहब का कुल) को श्रेष्ठ कुल के रूप में चुना और बानू हाशिम में से अल्लाह ने मुहम्मद को सर्वश्रेष्ठ मानव के रूप में चुना..."

केवल अरबियों का ही नहीं, बल्कि अरबियों में भी कुरेशियों का सम्मान करने के लिए क्या मोमिन को हिन्दू सुधारकों और राष्ट्रवादी नेताओं द्वारा भड़काया जाता है? क्या उसके लिए इतना ही पर्याप्त नहीं कि स्वयं पैग़म्बर साहब ने यह घोषित कर दिया था कि "मोमिनों को क़ुरेशियों का ताबेदार रहना पड़ेगा और खिलाफ़त कुरेशी का हक है?"[15] जब अल्लाह ने कह दिया हो कि उसने कुरआन अरबी में भेजा है और स्वयं पैग़म्बर साहिब ने स्पष्ट रूप से घोषणा की हो कि कुरान कुरेशियों की अरबी में अर्थात् कुरेशियों की उपभाषा में भेजा गया है, जोकि अन्य कबीलों द्वारा बोली जाने वाली अरबी से अलग है, तो क्या मोमिन को हिन्दू सुधारकों और धार्मिक नेताओं द्वारा उकसाए जाने की ज़रूरत है कि वह कुरेशियों को सर्वश्रेष्ठ समझे?[16]

जिस किसी का इस्लाम से ज़रा भी परिचय है, उसे ये सब बातें सुस्पष्ट हो जाएँगी। और न ही ये कोई गूढ़ सिद्धान्त हैं। ये ऐसी धारणाएँ हैं, जो कि कहना चाहिए, मोमिन के मुसलमान बनाए जाने के क्षण से माँ के दूध के साथ घुट्टी में

पिला दी जाती हैं। मोमिनों को उनकी भूमि, उनकी भाषा, उनकी पोशाक, उनके पुराने विश्वासों से ज़बरदस्ती अलग करके उन्हें अरबी लोगों, अरब देश, अरबी भाषा, अरबी जनश्रुतियों और दन्तकथाओं की ओर प्रवृत्त करने के प्रति इस्लाम के आग्रह को देखकर हर पर्यवेक्षक आक्रान्त हो जाता है। इस्लाम में धर्मांतरित व्यक्तियों के मन पर इस बुनियादी आग्रह ने जो गहरे दाग़ छोड़े हैं' उसका मर्मस्पर्शी वर्णन वी.एस. नायपाल ने हाल में अपनी पुस्तक 'बियांड बिलीफ़' में किया है। एक के बाद एक पवित्र स्थान पर एक के बाद एक वार्तालाप में यह सत्य उभरकर सामने आया है। मोमिनों के बीच अपनी यात्राओं का उल्लेख करते हुए श्री नायपाल ने इस आग्रह के परिणामों का हृदयविदारक वर्णन किया है। जो कुछ मोमिनों ने श्री नायपाल को बताया उस पर मनन करने के बाद वे टिप्पणी करते हैं : "इस्लाम मूलतः एक अरबी धर्म है। हर ऐसा व्यक्ति जो अरबी नहीं है और मुसलमान है, वह धर्मान्तरित मुसलमान है। इस्लाम केवल अन्तःकरण का विषय या निजी आस्था नहीं है। यह बहुत बड़ी-बड़ी माँगें करता है। एक धर्मांतरित व्यक्ति का विश्व के प्रति नज़रिया बदल जाता है। उसके पवित्र स्थान अरबी देशों में हैं; उसकी पवित्र भाषा अरबी है। इतिहास के बारे में उसका विचार बदल जाता है। वह अपने विचार को ख़ारिज कर देता है। चाहे वह पसन्द करे या न करे, वह अरबी इतिहास का हिस्सा बन जाता है। धर्मान्तरित व्यक्ति का जो कुछ अपना होता है, उससे उसे विमुख होना पड़ता है..."

जिस किसी ने इस्लाम से जुड़ी उपर्युक्त बातों पर ज़रा-सी भी नज़र डाली है वह इस उन्मूलन, अरबियों, अरब देश, अरबी भाषा और अरबी जनश्रुतियों और दन्तकथाओं के प्रति मोमिनों के प्रवृत्त होने से आक्रान्त हो जाता है। कुरआन और हदीस इसकी माँग करते हैं। आज उपमहाद्वीप में सबसे व्यापक इस्लामी संगठन तबलीग़ी जमात है। उसका एकमात्र उद्देश्य है उन प्रथाओं, रीति-रिवाजों और विश्वासों के सभी चिह्नों को मिटा देना, जो अभी तक मुसलमानों और उनके ग़ैर-मुसलमान पड़ोसियों के बीच साझे हैं। लेकिन हमारे लब्धप्रतिष्ठ इतिहासकार की निगाह में भारत से विमुख होकर मोमिनों का पश्चिम एशिया की ओर अभिमुख होना इस्लाम के कारण नहीं है—बल्कि इसलिए है क्योंकि हमारे सुधारक और नेताओं ने राष्ट्रीय आन्दोलन को जो हिन्दुत्व की रंगत दी, उसी ने मुसलमानों को ऐसा करने पर आमादा कर दिया!

क्या किसी ऐसे भारतीय को, जो इस्लाम में धर्मान्तरित हुआ है, काफ़िरों से दूर रहने और काफ़िरों के तौर-तरीकों की हर निशानी को त्यागने के लिए हिन्दू सुधारकों या राष्ट्रवादी नेताओं के उकसावे की ज़रूरत होती है? भारत में इस्लाम के आगमन के समय से ही इस्लामी प्रचारकों और सुधारकों का केवल एक ही लक्ष्य रहा है; हर समन्वयवादी विचार तथा व्यवहार को निरस्त करना। धर्मान्तरण

के क्षण से ही, बल्कि स्वयं धर्मान्तरण अनुष्ठान के हिस्से के तौर पर ही, धर्मान्तरित व्यक्ति से ऐसे काम कराए जाते हैं जो कि उसके हिन्दू अतीत से सभी सम्बन्धों को तोड़कर—बुरी तरह से तोड़कर—रख दें। अली मियाँ और अन्य लोगों ने जो कारण बताया है—कि हिन्दू गाय को पूज्य मानते हैं—ठीक उसी कारण से गोमांस का इस सम्बन्ध-विच्छेद में विशेष स्थान होता है। धर्मपरिर्वतन के बाद जो भोज होता है, उसमें नए धर्मान्तरित व्यक्ति को खुलेआम और सार्वजनिक रूप से गोमांस खाने पर मजबूर किया जाता है। या यदि आप चाहें तो यह भी कह सकते हैं कि उसे गोमांस खाने के लिए प्रेरित किया जाता है।

क्या मुसलमान को काफ़िरों और बुतपरस्तों से खुद को दूर रखने के लिए किसी हिन्दू सुधारक या राष्ट्रवादी नेता के आग्रह का इन्तजार करना पड़ता है? क्या उसे स्वयं कुरआन से ही यह मालूम नहीं हो जाता कि "वे सबसे ख़राब प्राणी हैं," और "उन्हें हमेशा जहन्नुम की आग में रहना पड़ेगा?"[17] क्या उसे स्वयं कुरआन से ही ज्ञात नहीं हो जाता कि वे (काफ़िर) 'फ़साद और उत्पीड़न' के निमित्त हैं," और यह कि वे अल्लाह के मार्ग में उसके (मोमिन के) लिए रुकावट पैदा करते हैं और इसलिए उनकी हत्या कर दी जानी चाहिए, क्योंकि "फ़साद और उत्पीड़न हत्या से बदतर होते हैं" और वे तब तक मोमिनों से युद्ध करते रहेंगे जब तक कि वे मोमिनों को अपने 'दीन' से विमुख नहीं कर देते?[18] क्या कुरआन उन्हें यह शिक्षा नहीं देता कि काफ़िरों की एकमात्र इच्छा यह होती है कि "तुम भी उनकी तरह अपने 'दीन' को ठुकरा दो और उनके बराबर हो जाओ।" और इसलिए मोमिन को उनमें से किसी को अपना दोस्त नहीं बनाना चाहिए, जब तक कि वे अपने दीन को त्यागकर इस्लाम को अंगीकार न कर लें?[19] क्या इस निष्कर्ष पर पहुँचने से पहले कि काफ़िर उसकी हत्या करने का षड्यन्त्र रच रहे हैं, क्या उसे किसी दयानन्द या किसी तिलक के उकसावे की ज़रूरत पड़ती है? क्या उसे स्वयं अल्लाह ने कुरआन में यह हिदायत नहीं की कि "काफ़िर (मोमिनों को) अल्लाह के मार्ग से रोकने के लिए धन-दौलत ख़र्च करते हैं और ये इसी प्रकार ख़र्च करते रहेंगे?"[20]

क्या मुसलमान को कुरआन से ही यह जानने को नहीं मिल जाता कि आदमियों में से तुम मोमिनों के सबसे ज़बरदस्त दुश्मन यहूदियों और शिर्क करने वालों (अनेकेश्वरवादी) को पाओगे?[21] हिन्दुओं और राष्ट्रीय संघर्ष से दूर रहने के लिए क्या किसी मुसंलमान को इस बात की अपेक्षा रहती है कि कोई हिन्दू राष्ट्रवादी स्वतन्त्रता संघर्ष को हिन्दुत्व के रंग में रँग दे? क्या स्वयं अल्लाह ने यह घोषित नहीं किया, "ऐ ईमान लाने वालो! सचमुच 'मुशरिक' (अनेकेश्वरवादी) तो नापाक हैं..."[22] जब अल्लाह ने स्वयं पैग़म्बर साहिब को इस आधार पर अपनी दिवंगत माता के लिए दुआ करने से मना कर दिया कि वह मृत्यु के समय काफ़िर थी,

तो क्या किसी मुसलमान को हिन्दुओं और उनसे जुड़ी हर चीज़ से परहेज़ करने के लिए मात्र हिन्दू नेताओं के उकसावे की ज़रूरत पड़ेगी?[23]

ये इतिहासकार हमसे यह अपेक्षा करते हैं कि हम उनकी यह बात मान लें कि मुसलमानों ने राष्ट्रवादी संघर्ष में भाग लेने से इसलिए गुरेज़ किया, क्योंकि तिलक ने उसे गणपति महोत्सव का रंग दे दिया। लेकिन क्या मुसलमानों को ऐसा करने के लिए किसी तिलक द्वारा राष्ट्रवादी संघर्ष को ऐसा रंग दिए जाने की ज़रूरत थी? क्या स्वयं अल्लाह ने उनसे यह नहीं कहा कि स्वयं उसी ने काफ़िरों को जान-बूझकर गुमराह किया है, और उसने एक ख़ास उद्देश्य के लिए ऐसा किया है? क्या स्वयं अल्लाह ने उनसे यह नहीं कहा कि स्वयं उसी ने अल्लाह में मुसलमानों के विश्वास को परखने के लिए काफ़िरों को उनके रास्ते पर डाल दिया है? क्या स्वयं अल्लाह ने यह घोषित नहीं किया कि काफ़िरों द्वारा की गई किसी भी अच्छाई को वह कभी कोई महत्त्व नहीं देगा?[24]

क्या किसी मोमिन को किसी तिलक या अरविन्द या किसी गाँधी के इस आशय के फ़ैसले का इन्तजार रहता है कि यह स्वतन्त्रता संघर्ष हिन्दुओं द्वारा हिन्दुओं के लिए छेड़ा गया आन्दोलन है, इसलिए उसे उसमें भाग लेने से गुरेज़ करना चाहिए? क्या पैग़म्बर साहब ने एक के बाद एक हदीस में यह हिदायत नहीं की कि हर ख़ास और आम मौकों पर यह तय करने के लिए कि उसे क्या करना चाहिए और क्या नहीं, एक ही कसौटी का इस्तेमाल करना चाहिए, और वह यह है कि उसे यह देखना चाहिए कि काफ़िर क्या कर रहे हैं, और फिर उसका उलट करना चाहिए।[25]

हर मुसलमान जिस क्षण अपने दीन को जान जाता है, उसी क्षण उसे सब बातें मालूम हो जाती हैं—आख़िर यह विषय 'दीन' के सारभूत विषयों में से ही तो एक है। और फिर ये सब बातें तो ऐसे विचार और उपदेश हैं जो दीन के बुनियादी स्रोतों—कुरआन और हदीसों में शुरू से लेकर अन्त तक देखने को मिलते हैं। हमारे इतिहासकार इन सब बातों से अपनी आँखें पूरी तरह से बन्द कर लेते हैं। वे मिली-जुली संस्कृति की रट लगाए रहते हैं। उनका यह आरोप है कि राष्ट्रवादी नेताओं ने स्वतन्त्रता आन्दोलन को हिन्दुत्व का रंग देकर और राष्ट्रवादी इतिहासकारों ने इतिहास पढ़ाने के अपने तरीके से मुसलमानों को स्वतन्त्रता संघर्ष से विमुख कर दिया। श्री बिपिन चन्द्रा राष्ट्रवादी नेताओं के प्रति जो रवैया अपनाते हैं, उसके बरअक्स जब वे अहरारों की बात करते हैं, तो यह लब्धप्रतिष्ठ इतिहासकार महोदय उनके आन्दोलन को 'जंगजू राष्ट्रवादी अहरार आन्दोलन' का नाम देते हैं। जब वे देवबन्द के दारुल उलूम की बात करते हैं तो वे हमें यह याद दिलाते हैं कि "इसी प्रकार की राष्ट्रवादी भावनाएँ देवबन्द स्कूल के नेतृत्व में परम्परागत मुस्लिम उलमा के एक वर्ग में जाग्रत हो रही थीं।"[26]

अहरारों और देवबन्द के दारुल उलूम जैसी संस्थाओं के वास्तविक प्रभाव के बारे में किए गए ऐसे वर्णनों से व्यक्ति इस निष्कर्ष पर पहुँचता है कि या तो इतिहासकार महाशय पाठकों को धोखा दे रहे हैं या फिर उनके साहित्य और उनकी राजनीति से पूरी तरह अनभिज्ञ हैं। अहरारों, देवबन्द स्कूल, यहाँ तक कि मुफ़्ती किफ़ायतुल्लाह जैसे व्यक्ति का भी कुल मिलाकर यह रवैया था कि एक अलग पाकिस्तान की माँग करके मुस्लिम लीग इस्लाम को उपमहाद्वीप के केवल एक कोने तक सीमित कर रही थी, जबकि वास्तव में पूरा उपमहाद्वीप इस्लाम का दबदबा कायम करने के लिए खुला था। अहरार किसी राष्ट्रवादी नज़रिए से जिन्नाह को दोषी नहीं ठहरा रहे थे और न ही वे उसे कट्टर इस्लामी होने का दोषी ठहरा रहे थे। इसके विपरीत जिन्नाह के लिए उनका मशहूर शेर था :

"इक काफ़िरा के वास्ते इस्लाम को छोड़ा
यह कायदे आज़म है कि है काफ़िरे आजम।"

लेकिन इनमें से किसी भी बात का उल्लेख करने से सम्प्रदायवाद की दृष्टि से हिन्दुओं और मुसलमानों के बीच बराबरी कायम करने में हमारे लब्धप्रतिष्ठ इतिहासकार महोदय को अपने प्रयास में दिक्कत पड़ती। इसलिए उन्होंने तथ्यों को नज़रअन्दाज़ करना ही उचित समझा।

यह नज़रअन्दाज़ करने की प्रक्रिया हर मोड़ पर देखी जा सकती है। पुस्तक में इकबाल पर भी एक पैराग्राफ मौजूद है। लेकिन केवल यह बताने के लिए कि इकबाल "आधुनिक भारत के महानतम कवियों में से एक" थे। हमारे इतिहासकार महोदय के आकलन के अनुसार उनमें स्वामी विवेकानन्द और एम.एन. राय का मिला-जुला रूप देखने को मिलता था! छात्रों को बताया जाता है, "स्वामी विवेकानन्द की तरह उन्होंने निरन्तर परिवर्तन और अनवरत सक्रियता पर बल दिया और आत्म-समर्पण, निष्क्रिय चिन्तन तथा निश्चेष्ट सन्तोष की भर्त्सना की। उन्होंने ऐसा गतिशील दृष्टिकोण अपनाने पर बल दिया जिससे विश्व को बदलने में मदद मिले। बुनियादी तौर पर वे मानवतावादी थे।" और पैराग्राफ के अन्त में चुपके से एक पंक्ति जोड़ दी गई है, "अपनी पहले की कविता में उन्होंने देशभक्ति का गुणगान किया यद्यपि बाद में उन्होंने मुस्लिम अलगाववाद को बढ़ावा दिया।"[27] काश कि हमारे लब्धप्रतिष्ठ इतिहासकार ने भले ही इकबाल के अपने राजनीतिक साहित्य, और इस्लाम सम्बन्धी उनके साहित्य, या यहाँ तक कि उनकी रचना 'शिकवा' को भी न सही, कम-से-कम पाकिस्तान में उन पर लिखी गई ढेरों पुस्तकों में से किसी एक को पढ़ने का कष्ट किया होता, काश कि उन्होंने खुद से यह सवाल करने का कष्ट किया होता कि पाकिस्तानी इतिहासकार, राजनैतिक विज्ञानी और राजनीतिज्ञ पाकिस्तान की रचना में उन्हें इतना महत्त्वपूर्ण स्थान क्यों देते हैं, और उनसे यह पूछा होता कि क्या वे बिना किसी आधार के ऐसा कर रहे हैं?

उसी तरह से बिपिन चन्द्रा जी छात्रों को यह शिक्षा भी देते हैं कि "हमें आस्था और प्रणाली के रूप में धर्म के एक पहलू—जिसे लोग अपने व्यक्तिगत विश्वास के हिस्से के तौर पर अपनाते हैं—और धर्माधारित सामाजिक-राजनीतिक पहचान की विचारधारा के रूप में उसके दूसरे पहलू के बीच जो कि सम्प्रदायवाद है, ज़रूर फ़र्क करना चाहिए।"[28] लेकिन पैग़म्बर से लेकर नीचे तक इस्लाम के उलमा के बारे में हमारे इतिहासकार महोदय क्या कहना चाहेंगे, जो यह घोषणा करते हैं कि इस्लाम में जीवन के सभी पहलू शामिल हैं और इस्लाम केवल कुछ व्यक्तिगत आस्थाओं से जुड़े रहना ही नहीं है। हमारे इतिहासकार महोदय 1400 वर्षों से चले आ रहे उनके इन दावों के बारे में क्या कहना चाहेंगे कि इस्लाम, शब्द के व्यापकतम अर्थों में, एक विचारधारा है? उलमा का यह कहना है कि मोमिनों को उसी तरह से अपने राजनीतिक जीवन को नियन्त्रित करना चाहिए, उन्हें उसी तरह से अपने राज्य की व्यवस्था करनी चाहिए, उन्हें उसी तरह से इसके (इस्लाम धर्म के) अनुसार अपने कानून बनाने चाहिएं, जिस तरह से उन्हें अपने जीवन के अन्य, अधिक व्यक्तिगत, पहलुओं को और इस्लामी समुदाय के जीवन के विभिन्न पहलुओं को इसके अनुसार नियन्त्रित करना होता है? श्री बिपिन चन्द्रा ने छात्रों के लिए धर्म के दो पहलुओं के बीच जो फ़र्क बताया है कि "हमें आस्था और प्रणाली के रूप में धर्म के एक पहलू—जिसे लोग अपने व्यक्तिगत विश्वास के हिस्से के तौर पर अपनाते हैं—और धर्माधारित सामाजिक-राजनीतिक पहचान की विचारधारा के रूप में उसके दूसरे पहलू के बीच फ़र्क करना चाहिए"—उसी फ़र्क के आधार पर क्या इस्लाम अपनी स्वयं की परिभाषा के अनुसार ही सम्प्रदायवाद नहीं है?

श्री बिपिन चन्द्रा केवल इसी बुनियादी तथ्य को ही नज़रअन्दाज़ नहीं करते, वे मामले में और भी गड़बड़ पैदा कर देते हैं। वे कहते हैं, "धर्म सम्प्रदायवाद का कारण नहीं है और न ही सम्प्रदायवाद धर्म द्वारा प्रेरित होता है। धर्म उस हद तक सम्प्रदायवाद का अंग बन जाता है जिस हद तक वह ग़ैर-धार्मिक क्षेत्रों में उत्पन्न होने वाली राजनीति की आवश्यकताएँ पूरी करता है। सम्प्रदायवाद को सही तौर पर धर्म में राजनैतिक व्यापार कहा गया है। 1937 के बाद सम्प्रदायवादियों द्वारा धर्म का एक संघटनकारी तत्त्व के तौर पर इस्तेमाल किया गया।"[29]

ज़रा अन्तिम वाक्य पर ग़ौर कीजिए : "1937 के बाद सम्प्रदायवादियों द्वारा धर्म का एक संघटनकारी तत्त्व के तौर पर इस्तेमाल किया गया।" 1937 के बाद इसे इस्तेमाल करना किसने शुरू किया? इसे इस्तेमाल करने वाले जिन्नाह और उनकी मुस्लिम लीग थे; या एक शब्द में कहें तो इसे इस्तेमाल करने वाले मुस्लिम सम्प्रदायवादी थे। लेकिन दोनों समुदायों को बराबरी पर रखने की अपनी प्रतिबद्धता को निभाते हुए हमारे लब्धप्रतिष्ठ इतिहासकार 'सम्प्रदायवादियों' शब्द

का सामान्य अर्थों में प्रयोग करते हैं और इस प्रकार वे छात्र को यह संकेत देना चाहते हैं कि हिन्दुओं और मुसलमानों, दोनों समुदायों में से सम्प्रदायवादी 1937 के बाद लोगों को संघटित करने के लिए धर्म का इस्तेमाल करने लगे।

इस तरह जो सामान्य धारणाएँ छात्रों के मन में बैठाई जाती हैं, वे इस प्रकार हैं : सभी धर्मों में सम्प्रदायवाद को जन्म देने की समान सम्भावनाएँ रहती हैं; मुसलमानों में सम्प्रदायवाद इस्लाम में निहित किसी तत्त्व के कारण नहीं, बल्कि आकस्मिक कारणों से पनपा; खास तौर पर यह हिन्दू सुधारकों और राष्ट्रवादी नेताओं के सम्प्रदायवाद के कारण भड़का। हिन्दू सुधारकों और राष्ट्रवादी नेताओं का सम्प्रदायवाद मुस्लिम नेताओं के सम्प्रदायवाद की अपेक्षा कम वाजिब था; इसलिए हिन्दू सम्प्रदायवाद मुस्लिम सम्प्रदायवाद का पहला कारण भी था और उसकी अपेक्षा अधिक निन्दनीय थी।

एक के बाद एक प्रकरण—समाज सुधार से लेकर संविधान निर्माण तक—उन पिष्टोक्तियों से भरा पड़ा है, जिन्हें इन सज्जनों ने एक परिपाटी का रूप दे दिया है। समाज सुधारकों में अम्बेडकर पर तो काफ़ी कुछ लिखा गया है लेकिन नारायण गुरु के बारे में एक शब्द भी नहीं। और छात्र को यह जानने को मिलता है कि संविधान का निर्माण 'जवाहरलाल नेहरू और बी. आर अम्बेडकर के नेतृत्व में संविधान सभा' द्वारा किया गया।[30]

और अलबत्ता हमें ऐसे प्रतिबद्ध इतिहाकार महोदय से यह अपेक्षा ही नहीं करनी चाहिए कि वे चालीस के दशक में कम्युनिस्टों की भूमिका के बारे में हमें सच्चाई बताते। क्रिप्स मिशन का आगमन होता है और वह विफल हो जाता है। अखिल भारतीय कांग्रेस कमेटी 'भारत छोड़ो' प्रस्ताव पारित करती है। नेताओं को पकड़-पकड़ कर जेलों में डाल दिया जाता है। देश में स्वतः विरोध और हिंसा की ज्वाला भड़क उठती है। हमारे इतिहासकार महोदय लिखते हैं कि अंग्रेज़ अभूतपूर्व दमन का सिलसिला आरम्भ कर देते हैं।

"अपनी तरफ़ से सरकार ने 1942 के आन्दोलन को कुचलने के सभी हरबे इस्तेमाल करने शुरू कर दिए। उसके दमन की कोई सीमा नहीं थी। प्रेस पर पूरी तरह से पाबन्दी लगा दी गई। प्रदर्शनकारी जन-समूह पर मशीनगनों से गोलियाँ चलाई गईं और यहाँ तक कि हवाई जहाज़ों से बम गिराए गए। बन्दियों को यातनाएँ दी गईं। पुलिस और गुप्त पुलिस का बोलबाला था। बहुत से नगरों और महानगरों में सेना तैनात कर दी गई। 10,000 से भी अधिक लोग पुलिस और सेना की गोलीबारी में मारे गए। विद्रोही गाँवों को दण्ड के रूप में भारी रकमें अदा करनी पड़ीं। ग्रामीणों पर सामूहिक रूप से कोड़े बरसाए गए। भारत ने 1857 के विद्रोह के बाद इतना ज़बरदस्त दमन नहीं देखा था।"[31]

इस 'अभूतपूर्व दमन', इस असीम दमन की जय-जयकार कौन कर रहा

था? कौन इसमें मदद कर रहा था? हमारे इतिहासकार महोदय फ़रमाते हैं, "सामान्य रूप से छात्र, किसान और मज़दूर इस 'विद्रोह' की रीढ़ की हड्डी थे, जबकि उच्चवर्ग और अधिकारीगण सरकार के वफ़ादार बने रहे।" लेकिन कम्यूनिस्ट पार्टी ऑफ़ इण्डिया की क्या भूमिका थी? क्या उसके शीर्ष पदाधिकारियों ने अंग्रेज़ सरकार के अधिकारियों के साथ, जिनमें गृह विभाग के अपर सचिव सर रिचर्ड टाटनहैम, और देशीय सदस्य सर रेगिनाल्ड मैक्सवेल भी शामिल थे, गुप्त बैठकें नहीं कीं? इस असीम दमन का निर्देश देने वाले यही दो शीर्ष अधिकारी थे। उन 'प्रगति रिपोर्टों' का क्या हुआ जो कि कम्यूनिस्ट पार्टी ऑफ़ इण्डिया नियमित रूप से अंग्रेजों को प्रस्तुत करती रहती थी और जिनमें 1942 के आन्दोलन को विफल बनाने के लिए उसके कार्यकर्त्ताओं द्वारा किए गए अच्छे कार्यों के बारे में सूचना दी जाती थी?[32]

हमारे लब्धप्रतिष्ठ इतिहासकार महोदय ने इस बारे में एक शब्द भी नहीं लिखा।

और इस प्रकार गढ़ा गया वस्तुनिष्ठ इतिहास!

सन्दर्भ

1. कुछ निदर्शी उद्धरणों के लिए देखें मेरी पुस्तक 'दि वर्ल्ड ऑफ़ फतवाज़ ए.एस.ए. तथा 'हार्पर कोलिन्स', पृ. 551-82
2. बिपिन चन्द्रा, माडर्न इण्डिया (आधुनिक इतिहास), राष्ट्रीय शैक्षिक अनुसन्धान और प्रशिक्षण परिषद्, नई दिल्ली, छठा मुद्रण, जनवरी 1998।
3. बिपिन चन्द्रा पृ. 177
4. वही, पृ. 258
5. वही, पृ. 259
6. वही, पृ. 204-5
7. वही, पृ. 205-6
8. वही, पृ. 206-7
9. वही, पृ. 207
10. वही, पृ. 207
11. वही, पृ. 208
12. वही, पृ. 208-09
13. वही, पृ. 181-82
14. मिश्कात अल मसाहिह पुस्तक 26, अध्याय 28
15. सहीह मुस्तिाम, अध्याय 745

16. सहीह अलबुख़ारी पुस्तक 6, पृ. 507
17. कुरआन, 98.6
18. कुरआन, 2.217
19. कुरआन, 4.89
20 कुरआन, 8.36-37
21. कुरआन, 5.82
22. कुरआरन, 9.28
23. कुरआन, 9.113, 9.84
24. कुरआन, 9.17; 9.69; 18.102-06, 45.7-10; 47.7-11
25. नमूना हदीसों के लिए देखें मेरी पुस्तक 'दि वर्ल्ड ऑफ़ फ़तवाज़', ए.एस. ए. तथा 'हार्पर कोलिन्स', दिल्ली, पृ. 611-18
26. बिपिन चन्द्रा, वही, पृ. 210
27. वही, पृ. 128
28. वही, पृ. 209
29. वही, पृ. 209
30. वही, पृ. 272
31. वही, पृ. 264-65
32. सम्बन्धित दस्तावेज़ मेरे एम. एन. राय. स्मारक भाषण 'दि ओनली फ़ादरलैण्ड' : कम्यूनिस्ट्स, 'क्विट इण्डिया ऐण्ड दि सोवियत यूनियन ए.एस.ए.' 1991 में उद्धृत किए गए हैं।

'हो सकता है, शायद, सम्भवतः अधिकतर...इसलिए'

प्रभु इन्द्र "उद्यमी और सदाचार-निरपेक्ष हैं।"1 भगवान कृष्ण का भी "व्यक्तिगत इतिवृत्त सन्देहास्पद है।"[2] प्रभु शिव भी मात्र "लिंग उपासना पद्धति की उपज" हैं।[3] भक्ति "भारतीय सामन्तवादी समाज के सन्दर्भ में ज़मींदारों पर कृषिदासों या पट्टेधारियों की पूर्ण निर्भरता" का प्रतिबिम्ब मात्र है।[4]

ऐसी व्याख्याओं का 'प्रमाण' केवल दावे और अटकलबाज़ियाँ ही हैं—यह बात तो रही अलग। लेकिन काबिलेग़ौर बात तो यह है कि इस प्रकार के दावे कैसी शुष्क मानसिकता को प्रकट करते हैं! उसे कृष्ण में कुछ और नहीं, बल्कि केवल सन्दिग्ध आचरण ही दिखाई देता है। एक तरफ़ एक विदेशी—स्टेल्ला क्रामिस्क—को तो शिव की संकल्पना में दीप्ति दिखाई पड़ती है और दूसरी तरफ़ हमारे ये लब्धप्रतिष्ठ इतिहासकार हैं जो शिव को लिंग का ही एक रूप मानते हैं। यहाँ तक कि भक्ति में भी उन्हें सामन्तवाद का प्रतिबिम्ब दिखाई देता है। ऐसी सोच कितना प्रभावकारी प्रमाण है मेकाले, ईसाई धर्मोपदेशकों और मार्क्स की सफलता का।

इतिहासकार महोदय हमें यह समझाते हैं कि भक्ति के माध्यम से हर व्यक्ति को ईश्वर की निकटता प्राप्त करने का साधन मिल गया, और वे आगे कहते हैं कि भक्ति "उस काल के सामाजिक दृष्टिकोण से मेल खाती थी जबकि सामन्त खुद को अपने स्वामियों के चरणों में ध्यानमग्न बैठे महसूस करते थे।"[5] यकीनन सामन्तवाद की एक विशेषता यह होती थी कि अधिराज या अधिपति तक आम जनता को नहीं पहुँचने दिया जाता था। अगर उनकी खुशकिस्मती है तो वे अपने से ठीक ऊपर के मध्यस्थ तक पहुँच पाते थे। लेकिन उससे ऊपर वे कभी भी किसी को अपना रोना नहीं सुना सकते थे। ऐसे में परम देवता को भक्ति के माध्यम से सबको सुलभ कराने की बजाय अगर उसे सबकी पहुँच से बाहर रखा गया होता, तो ऐसा करना 'उस समय के सामाजिक दृष्टिकोण के अनुरूप' क्यों न होता?

जैसा कि हम एक लब्धप्रतिष्ठ इतिहासकार से अपेक्षा कर सकते हैं, वे हमें समझाते हैं कि ब्राह्मणों और क्षत्रियों ने एक 'वर्गीय गठबन्धन' बना रखा था और

इसलिए "जैसा कि भारत में अन्य मामलों में होता है, आगे से पुरोहितगण शासक की जी-हजूरी करके शैतानी सौदेबाज़ी करने लगे।"[6] 'वर्गीय गठबन्धन' का या पुरोहितगण द्वारा 'शासकों की जी-हजूरी करने' या 'शैतानी सौदेबाज़ी'. करने का प्रमाण क्या है, इसके बारे में एक शब्द भी नहीं लिखा गया। हमारे लब्धप्रतिष्ठ इतिहासकार इन्हें स्वतः स्पष्ट सत्य मानते हैं...!

इस प्रकार के दावे हमारे लब्धप्रतिष्ठ इतिहासकारों के लिए एक सामान्य बात हैं। श्री डी.एन.झा की व्यापक रूप से इस्तेमाल की जानेवाली पुस्तक एन्शेण्ट इण्डिया, ऐन इण्ट्रोडक्ट्री आउटलाइन इस प्रकार के दावों से भरी पड़ी है। उदाहरण के लिए, शिया विद्वान् और इतिहासकार जो कुछ चार 'सही मार्गदर्शन प्राप्त ख़लीफ़ों' में से तीन ख़लीफ़ों के बारे में, और स्वयं पैग़म्बर साहिब के परिवार के कुछ सदस्यों के बारे में कहते हैं यदि कोई व्यक्ति उसे उद्धृत भी कर दे; जिस प्रकार के विशेषणों का प्रयोग ये इतिहासकार शिव, कृष्ण और अन्य देवी-देवताओं के लिए करते हैं और जिस प्रकार का चित्रण ये हिन्दू देवी-देवताओं को लेकर करते हैं, उनमें से किसी भी विशेषण या चित्रण का प्रयोग किए बिना ही यदि उन बातों को उद्धृत भी कर दिया जाए, जो कि शिया विद्वान् और इतिहासकार तीन ख़लीफ़ों और पैगम्बर साहिब के परिवार के कुछ सदस्यों के बारे में कहते हैं, तो ये लब्धप्रतिष्ठ इतिहासकार सबसे पहले उछलकर चिल्ला उठते हैं, "वह इस्लाम की श्रद्धेय शख़्सीयतों को बदनाम कर रहा है।" लेकिन शिव, इन्द्र आदि क्योंकि हिन्दू देवी-देवता हैं, इसलिए ये विशेषण न केवल अनुमत्य हैं, बल्कि शिष्टाचार के अनुसार भी हैं!

एक-एक बात पर इन लब्धप्रतिष्ठ इतिहासकारों को मजबूर होकर यह स्वीकार करना पड़ता है कि जो कुछ वे कह रहे हैं, उसकी पुष्टि के लिए उनके पास लगभग कोई भी प्रमाण नहीं है। लेकिन अगले ही पैराग्राफ़ में या कभी-कभी अगले वाक्य में ही, वह कथन, जिसके बारे में यह स्वीकार किया गया है कि उसका कोई आधार नहीं है, तथ्य बन जाता है।

हमारे लेखक महोदय फ़रमाते हैं, "सोना दक्षिण भारत से लाया गया हो सकता है...चाँदी सम्भवतः अफ़गानिस्तान और ईरान से लाई गई थी। ताँबा दक्षिण भारत से लाया गया हो सकता है...सिलखड़ी पूर्व और पश्चिम, दोनों दिशाओं में स्थित कई स्थानों से लाई गई हो सकती है..."[7] लेकिन यद्यपि उक्त सूचना का आधार इस प्रकार का है—लेखक महोदय उसके बाद हड़प्पा के जीवन की पूर्वकल्पित तस्वीर पूरे आत्मविश्वास के साथ पेश करते हैं।

उत्खननों से पता चलता है कि हड़प्पा सभ्यता उत्तर-पश्चिम में मूसा खेल से लेकर दक्षिणी महाराष्ट्र में स्थित कोल्हापुर और सुदूर पूर्व के स्थानों तक फैली हुई थी। किस प्रकार हमलावर आर्यों के चन्द 'समूहों' ने कोई पुरातात्विक या साहित्यिक अवशेष छोड़े बिना इतनी सुविस्तृत सभ्यता को उजाड़कर रख दिया,

इसका कोई खुलासा नहीं किया गया है। उसकी बजाय इस मत को कि "आर्य मेसोपोटामिया से आए थे" विस्तार से दोहरा दिया गया है, इस बात पर बल देते हुए कि आर्यों ने मूल निवासी द्रविड़ों का दमन किया।

आर्य जाति भारत में बस्तियों, मवेशियों की तलाश और लूटपाट करने के लिए आई थी—यह उल्लेख करने के बाद इसकी पुष्टि में लेशमात्र भी प्रमाण प्रस्तुत नहीं किया जाता। इस बात को और आगे बढ़ाया जाता है : "इसकी वजह से विभिन्न आर्य कबीलों के बीच संघर्ष छिड़ जाया करते थे।" अपनी बात की पुष्टि में वे कहते हैं कि ऋग्वेद में दस राजाओं के युद्ध का उल्लेख मिलता है। और उसके बाद वे कहते हैं, "इस बात की पूरी सम्भावना है कि कबीलों के बीच इस प्रकार के और युद्ध भी हुए हों, जिनका हमारे पास कोई रिकार्ड नहीं है।"[8]

ऐसी पुस्तकों में यह दावा करना अनिवार्य है कि प्राचीन भारत में गोमांस खाया जाता था और इसलिए हमें यह पढ़ने को मिलता है कि "अभी उसे (गाय को) पूज्य नहीं माना जाने लगा था। गौओं और बैलों, आहार के लिए दोनों की हत्या की जाती थी। गोमांस स्वादिष्ट खाद्य के रूप में मेहमानों को पेश किया जाता था..." हमारे लेखक महोदय यह स्वीकार करते हैं कि "ऋग्वेद में एक-दो स्थानों पर गाय के बारे में ऐसा उल्लेख मिलता है कि वह 'अघन्य' है, अर्थात् उसकी हत्या नहीं की जानी चाहिए।" लेकिन यह बात उनके लिए कोई ख़ास महत्त्व नहीं रखती। "लेकिन इसका केवल इतना अर्थ हो सकता है कि गाय का अपना एक आर्थिक महत्त्व रहा होगा,"[9] वे घोषित करते हैं।

सभी वही सामान्य पिष्टोक्तियाँ : आर्य बाहर से आए थे; उन्होंने मूल निवासी द्रविड़ों का दमन किया; उन्होंने अपनी जातीय शुद्धता को बनाए रखने की हर सम्भव कोशिश की; इसलिए चार वर्णों की व्यवस्था की गई।[10] सबूत? "सम्भवतः आदिम कबीलों के अधिकतर साधारण सदस्यों को आर्य-जीवन की परिधि से बाहर माना जाता था और उन्हें नए समाज में सबसे निचला दर्जा दे दिया गया। उनके बीच बस जाने के साथ ही आर्य, रक्त की शुद्धता पर बल देने लगे और उन्हें भय था कि काली त्वचा वाले स्थानीय लोगों के साथ शीर-शक्कर हो जाने से आर्यों के रूप में उनकी पहचान जाती रहेगी। (यह बात इतने निश्चय के साथ कही गई है कि मानो इसकी पुष्टि के लिए किसी प्रमाण की आवश्यकता ही न हो!), यद्यपि उनकी रगों में पहले से ही काफ़ी अनार्य रक्त प्रवाहित हो रहा था..."[11] अगर ऐसी बात थी तो क्या आर्य उसके बावजूद 'अपने रक्त की पवित्रता' को बनाए रखने का प्रयास करते?

हमें बताया जाता है, "बड़े पैमाने पर कपड़े बुनने का काम होता था, लेकिन यह काम सम्भवतः मुख्य रूप से महिलाओं तक ही सीमित रहा..."[12] आगे कहा गया है, "नई कलाओं और हस्तशिल्पों के विकास के साथ उपयोगी वस्तुओं के

प्राथमिक उत्पादन तथा व्यापार की शुरुआत हुई हो सकती है। इस कालावधि के दौरान वैश्य, व्यापार में संलग्न हुए हो हो सकते हैं...''[13] हमें बताया जाता है, ''शूद्रों का काम था तीन उच्चतर वर्णों की सेवा करना और श्रमिक जनसमूह में अधिकांशतः यही लोग शामिल थे। इस बात की ज़्यादा सम्भावना है कि आर्य समुदाय का उन पर किसी न किसी प्रकार का नियन्त्रण रहा होगा और इस दृष्टि से उनकी तुलना स्पार्टा के दासों से की जा सकती है।''[14] आगे वे कहते हैं, ''वैदिक गृहस्थ का, परिवार के अपेक्षाकृत धनाढ्य प्रमुख के रूप में 'गृहपति' पद को प्राप्त करना समाज के भीतर बढ़ती हुई धन-सम्पत्ति की असमानता का सूचक हो सकता है। ऐसा प्रतीत होता है कि आम जनता, दासों और श्रमिकों की उसकी धन-सम्पत्ति पर लालच भरी निगाह रहती होगी और वे उसे क्षति पहुँचाना चाहते होंगे; प्रायः उसे ऐसा दिखाया गया है कि उसकी रक्षा के लिए उसके साथ अंगरक्षक रहता था।''[15] इसके बाद कहा गया है, ''वर्ण-विभाजित समाज के बरअक्स, शिकारियों और बहेलियों का जीवन व्यतीत करने वाले आदिवासियों के सांस्कृतिक पिछड़ेपन के कारण... सम्भवतः उत्तर-वैदिक युग में, अस्पृश्यता का विकास हुआ होगा।''[16] इसके बाद इतिहासकार महोदय हमें बताते हैं, ''सैनिक शक्ति और राज्य की उत्पीड़न क्षमता में हुई ज़बरदस्त बढ़ोतरी से मौर्य राजा की प्रतिष्ठा और चकाचौंध में वृद्धि हुई—ऐसा प्रतीत होता है...''[17]

''अर्थशास्त्र में किए गए प्रावधानों को कहाँ तक व्यावहारिक रूप दिया गया, यह पता लगाना मुश्किल है। लेकिन इसमें कोई सन्देह नहीं कि साम्राज्यिक प्रशासन की आवश्यकताओं ने मौर्य शासकों को अपनी सेवा में ज़्यादा अधिकारियों को रखने के लिए प्रेरित किया। इन सब कार्रवाइयों और साथ ही मौर्य-पूर्व समय से क्षत्रियों के बढ़ते हुए महत्त्व के कारण शाही ताकत में बढ़ोतरी हुई हो सकती है...''[18] ''कौटिल्य कारीगरों की उजरत तय करता है, जो कि सम्भवतः अधिकतर शूद्र थे। ऐसा प्रतीत होता है कि वे समाज के ऐसे सदस्य थे जिन्हें सबसे कम वेतन दिया जाता था...वह सेना में वैश्यों और शूद्रों को भरती करने की सिफ़ारिश करता है; लेकिन सिपाहियों के तौर पर उनकी वास्तविक भर्ती अत्यन्त सन्देहास्पद है।''[19] यदि कौटिल्य का कोई कथन इन इतिहासकारों की धारणाओं का समर्थन करता है तो वह प्रमाण बन जाता है, लेकिन यदि कोई कथन उनकी धारणा के विरुद्ध हो तो उसे व्यवहार में लाए जाने के प्रमाण—जिसका न तो उल्लेख किया गया हो और न वह उपलब्ध हो—का अभाव 'ज़बरदस्त सन्देह' पैदा कर देता है कि क्या वस्तुस्थिति उस कथन से मेल खाती थी या नहीं!

एक पृष्ठ पर हमें इतिहासकार महोदय हैरानी प्रकट करते हुए यह बताते हैं, ''ब्राह्मण होते हुए भी कौटिल्य मन्दिर के बहुमूल्य सामान को ज़ब्त करने और अचानक करामात के ज़रिए नई मूर्तियाँ स्थापित करके भोले-भाले लोगों से धन

एकत्रित करने को कहता है''[20], और दो ही पृष्ठ बाद कौटिल्य पर यह इलज़ाम लगाया जाता है कि वह अनार्य या शूद्र दासों से इतर, उन दासों की प्रतिष्ठा को बचाने के बारे में जो कभी पहले आर्य थे, चिन्तित दिखाई देता है और इस पर झा साहब टिप्पणी करते हुए कहते हैं, ''यह बात समझ में नहीं आती; कौटिल्य तो ब्राह्मण था।''[21]

झा साहब फ़रमाते हैं, जैसी कि ब्राह्मण विधिकर्त्ताओं ने कल्पना की थी, समाज व्यवस्था उतनी निर्विघ्न रूप से नहीं चल रही थी। क्षत्रिय और वैश्य, शूद्रों की निम्न सामाजिक स्थिति का मज़ाक उड़ा रहे थे और अलबत्ता जैसा कि मार्क्सवादी सिद्धान्त हमसे यह मान लेने की अपेक्षा करता है : ''शूद्र भी उच्च वर्गों के कुछ कम विरोधी नहीं थे। वे अपने जीवन की परिस्थितियों से अत्यन्त असन्तुष्ट थे और आपराधिक गतिविधियों में सक्रिय रहते थे। (ज़रा ध्यान दीजिए कि किस प्रकार का कारण गढ़ा गया है, ऐसा कारण, जो इस अवस्था पर एक अन्धविश्वास ही माना जाएगा; शूद्र इसलिए आपराधिक गतिविधियों में सक्रिय थे, क्योंकि वे अपने जीवन की परिस्थितियों से अत्यन्त असन्तुष्ट थे।) कौटिल्य ने अपराधियों और सन्दिग्ध व्यक्तियों के जिन वर्गों के नाम गिनाए हैं उनमें से कई शूद्र वर्ग के थे। वह यह विधान करता है कि जब कोई शूद्र खुद को ब्राह्मण कहे, देवताओं की सम्पत्ति चुराए, या राजा से विद्वेष रखे, तो या तो ज़हरीली मरहम डालकर उसकी आँखों को नष्ट कर दिया जाएगा या उसे 800 पण दंड रूप में अदा करने होंगे। इसका यह अर्थ निकलता है कि कुछ शूद्र पुरोहित शासक वर्ग के प्रति वैर-भाव रखते थे।''[22] क्या यह बात इससे ठीक उलट नहीं हो सकती? अर्थात् जो लोग आपराधिक कार्यकलापों में सक्रिय थे, केवल उन्हीं को शूद्र कहा जाता हो और उन्हें नगर से बाहर रखा जाता हो और ऐसे लोग इने-गिने ही रहे हों?

अगले वाक्य में बात को आगे बढ़ाया गया है। ''हमारे स्रोतों से यह पता चलता है,'' लेखक महोदय कहते हैं, ''कि कई ऐसे धार्मिक सम्प्रदाय रहे होंगे जिन्होंने तनाव और संघर्ष पैदा किए हो सकते हैं।''[23]

और अलबत्ता यह हिन्दुओं के बस की बात नहीं थी कि वे कुछ मौलिक कर पाते; हिन्दू जिन देवी-देवताओं की पूजा करते हैं उन्हें भी दूसरों से उधार लिया गया होगा। कम से कम प्रामाणिकता के लिए उनका विदेशियों की पुस्तक में उल्लेख होना ज़रूरी है! लेखक महोदय फ़रमाते हैं, ''यूनानी राजदूत ने भी हेरेकल्स के मथुरा क्षेत्र में पूजे जाने की बात कही है। बाद के आख्यानों में यह देवता कृष्ण रहा हो सकता है।''[24] उसी प्रकार ''अर्थशास्त्र की श्री जिसे श्री लक्ष्मी (विष्णु की पत्नी) से अभिन्न माना गया है, मूलतः उर्वरशक्ति की अनार्य देवी रही हो सकती है, जिसने बाद में ब्राह्मणीय धर्म में प्रवेश पा लिया...''[25] जब स्वयं देवी-देवताओं की ऐसी स्थिति रही हो, तो इस बात पर भी विश्वास करना पड़ेगा कि ''सम्भवतः

मौर्य कला की मुख्य प्रेरणा फ़ारसी शाही कला से ली गई थी।''[26]

और जल्द ही मतभेदों के कारण संघर्ष शुरू हो जाता है और संघर्ष सामाजिक तथा धार्मिक तनावों को जन्म देता है। हमारे लेखक महोदय फ़रमाते हैं, ''वैदिक ब्राह्मणों और नवजात प्रतिवादी धर्ममतों के बीच का वैचारिक संघर्ष सामाजिक तथा धार्मिक तनाव का प्रबल स्रोत रहा हो सकता है, यद्यपि इसका हमें कोई वास्तविक उदाहरण नहीं मिलता।''[27]

क्या कोई ऐसा नेता जिसने हिन्दू धर्म की निन्दा न की हो या उसे धूल में न मिलाया हो, कभी अच्छा हो सकता है? जैसा कि हम अच्छी तरह जानते हैं, अशोक ने अपने एक आदेशपत्र में लोगों को यह सलाह दी थी, कि वे अपने धार्मिक सम्प्रदाय की बड़ाई करने और दूसरे धार्मिक सम्प्रदाय को बदनाम करने से गुरेज़ करें। इसमें हमारे लब्धप्रतिष्ठ इतिहासकार महोदय को क्या दिखाई देता है? उन्हें यह भाषण पर प्रतिबन्ध लगाने की कार्रवाई प्रतीत होती है। हमारे लेखक महोदय चेतावनी देते हुए कहते हैं, ''वैचारिक मतभेद की मुक्त अभिव्यक्ति की अनुमति न देने से छिपे हुए तनाव प्रायः बढ़ सकते हैं।'' ''लेकिन अशोक द्वारा अभिव्यक्ति के दमन के आग्रह को साम्राज्य में एकता लाने के सन्दर्भ में देखा जाना चाहिए।'' झा साहब आगे बयान करते हैं, ''अशोक ने उत्सवों पर लोगों के एकत्रित होने या सभाएँ आयोजित करने पर प्रतिबन्ध लगा दिया। शायद उसे यह डर था कि कहीं मतभेदों के कारण संघर्ष न खड़े हो जाएँ।'' हालाँकि यह मात्र एक अनुमान है किन्तु अगले ही वाक्य में यह एक पूरी व्याख्या का आधार बन जाता है। हमारे लेखक महोदय फ़रमाते हैं, ''यह उपाय मौर्य साम्राज्य के अत्यन्त केन्द्रीकृत प्रशासन के अनुरूप है।'' वे आगे कहते हैं, ''जन-सभाओं का प्रयोग राजा के नए विचारों की आलोचना करने और उन पर प्रहार करने के लिए किया जा सकता था। इसलिए उनके दमन का उद्देश्य राजा के विचारों और प्रशासनिक उपायों के प्रति किसी प्रकार के जनविरोध को रोकना रहा हो सकता है।''[28] इस प्रकार 'इसलिए' और 'रहा हो सकता है' शब्दों का एक साथ, एक ही साँस में प्रयोग किया गया है।

बुद्ध की शिक्षाओं के अनुसार अशोक ने लोगों को प्रेरित किया कि वे ''सभी बेकार के अनुष्ठानों और बलियाँ चढ़ाने'' से परहेज़ करें। और हमारे लेखक महोदय इसकी क्या व्याख्या प्रस्तुत करते हैं, ''अनुष्ठानों और बलियों पर अशोक के प्रहार का उद्देश्य सम्भवतः पुरोहितों के प्रभाव को नष्ट करना था जो कि विभिन्न अनुष्ठान कराकर लोगों के अन्धविश्वास का लाभ उठाया करते थे।''[29]

ज़रा वर्णनक्रम पर ग़ौर कीजिए। लब्धप्रतिष्ठ इतिहासकार महोदय शुरुआत करते हैं इस पूर्वानुमान से कि समाज में तनाव ज़रूर रहा होगा, फिर चाहे उसके बारे में कोई प्रमाण हो या न हो। क्योंकि अशोक 'अपने साम्राज्य की एकता सम्बन्धी

आवश्यकता' को पूरा करना चाहता है और अपने नए विचारों के प्रति विरोध को कुचलना चाहता है, इसलिए वह जनसभाओं पर रोक लगा देता है। वह विचारों की अभिव्यक्ति पर भी प्रतिबन्ध लगा देता है और उसके बाद आदेश जारी करता है कि लोग अनुष्ठानों का आयोजन करने और बलियाँ चढ़ाने से बाज़ आएँ। लेखक महोदय के अपने विश्लेषण के आधार पर पाठक को स्वतः मान लेना चाहिए कि इस कार्रवाई से सामाजिक और धार्मिक तनाव बढ़े होंगे। उसके बावजूद उसने इस कार्रवाई को आगे बढ़ाया, क्योंकि उसकी सबसे बड़ी ज़रूरत थी पुरोहितों के प्रभाव को नष्ट करना। हमारे लेखक महोदय का कहना है कि अशोक द्वारा अहिंसा पर बल देने के कारण "ब्राह्मणों के हितों को साफ़ तौर पर नुकसान पहुँचा, क्योंकि पशुबलि उनकी आजीविका का स्रोत थी।"[30] इस प्रकार चक्र पूरा हो जाता है। ब्राह्मण असर हासिल कर लेते हैं; वे आजीविका के लिए बलियों पर निर्भर हैं। अशोक अहिंसा पर बल देता है और बलियों को समाप्त कर देता है; इस प्रकार उनके प्रभाव को नष्ट कर देता है। चक्र पूरा हो जाता है। इस प्रकार इन इतिहासकारों द्वारा प्रचारित मत सही सिद्ध कर दिया जाता है।

संघ बनते हैं, व्यवसायों की विविधता में बढ़ोतरी होती चली जाती है। हमारे लेखक महोदय को हारकर यह स्वीकार करना पड़ता है कि कारीगरों तक की स्थिति में सुधार हुआ। लेकिन जल्द ही हमारे लेखक महोदय फिर से उदास हो उठते हैं और फिर से निन्दा पर उतर आते हैं। वे कहते हैं, "कारीगर और शिल्पी इस काल में मुख्यतः शूद्र ही हुआ करते थे जिनकी धन-सम्पत्ति और प्रतिष्ठा में, शिल्प तथा वाणिज्य की प्रगति के कारण, वृद्धि हुई... इस प्रकार वैश्यों और शूद्रों के बीच का आर्थिक भेद मिटता चला गया..." दुर्भाग्यवश यह एक अनिवार्य तथ्य है। इसलिए हमारे लेखक महोदय जल्द ही उसे नगण्य घोषित कर देते हैं! वे कहते हैं, "किन्तु अभिलेखों से जिन कारीगरों के बारे में पता चल पाया है, उनमें से अधिकतर कारीगर केवल मथुरा क्षेत्र और पश्चिमी दक्कन से थे। इसलिए शूद्रों के मुख्य ढाँचे की जीवन परिस्थितियों में कोई परिवर्तन आया होगा, ऐसा मान लेना कठिन है।" क्या ऐसा नहीं हो सकता कि सामान्य तौर पर तो शूद्रों की स्थिति में सुधार आया हो लेकिन सम्बन्धित अभिलेखों का केवल मथुरा और पश्चिमी दक्कन से ही पता चल पाया हो। बल्कि इस बात को ध्यान में रखते हुए कि वे उन इलाकों से प्राप्त हुए हैं जिन्हें परिवहन और संचार की आदिम प्रणालियों के चलते एक-दूसरे से काफ़ी दूर माना जा सकता है, यह ज़ाहिर होता है कि सुधार हर कहीं आया होगा।

ज़रा इस बात पर भी ग़ौर कीजिए कि इस मामले में प्रमाण को लेकर हमारे लेखक महोदय कितने नियमनिष्ठ बनने की कोशिश कर रहे हैं, कितना आग्रह प्रकट कर रहे हैं, प्रमाण के प्रति और दूसरे मामलों में—जिनमें वे अपने पूर्वाग्रह

को बढ़ावा दे सकेंगे—वे 'हो सकता है', 'शायद', 'सम्भवतः अधिकतर' से ही सन्तुष्ट हो जाते हैं। और इस तरह कुछ ही वाक्य आगे चलकर हमारे लेखक महोदय में पूरी तरह से धैर्य लौट आता है और हमें उनका पक्का निष्कर्ष जानने को मिलता है : "अधिकतर शूद्रों में असन्तोष का उबाल था। यह असम्भाव्य नहीं कि शकों और कुषाणों जैसे विदेशी शासकों के अधीन, जो कि वर्ण-व्यवस्था के प्रति प्रतिबद्ध नहीं थे, वे ब्राह्मणों के ख़िलाफ़ हो गए हों। यही कारण हो सकता है कि मनु ने शूद्रों के विरोधपूर्ण कार्यकलापों के विरुद्ध रक्षोपायों की व्यवस्था की थी।"[31]

कुछ पृष्ठों के बाद लेखक द्वारा वही आम मत व्यक्त किया गया है जिसका उल्लेख इन लब्धप्रतिष्ठ इतिहासकारों की अन्य पुस्तकों में मिलता है :"बौद्ध धर्म और अन्य शास्त्रविरुद्ध सम्प्रदाय वैदिक बलियों के ख़िलाफ़ थे, जिनमें पशुओं की हत्या की जाती थी। वैदिक प्रथाओं और बलियों पर धर्मद्रोही प्रहार ने ब्राह्मणों की प्रतिष्ठा और सत्ता को क्षति पहुँचाई..." अब तक हम इन लब्धप्रतिष्ठ इतिहासकारों द्वारा बहुप्रचारित मत से पूरी तरह से परिचित हो चुके हैं; ब्राह्मण बलियों पर निर्भर थे। बौद्ध धर्म ने लोगों की बलियाँ चढ़ाने की आदत छुड़ाकर ब्राह्मणों की सत्ता को कमज़ोर कर दिया। इसके बाद इसी मत को और विकसित करते हुए लेखक महोदय कहते हैं : इसलिए ब्राह्मणों ने खुद को बचाने के लिए, "ऐसे कई लोकप्रिय धार्मिक सम्प्रदायों को आत्मसात् कर लिया जिनके अनुयायियों की काफ़ी बड़ी संख्या थी। इसी प्रक्रिया में ब्राह्मणीय धर्म में कुछ महत्त्वपूर्ण परिवर्तन आए और बहुत से देवी-देवता गुमनामी के अँधेरे में खो गए," और उनका स्थान ब्रह्मा, विष्णु और शिव ने लिया।

अलबत्ता जो विशेषताएँ इन देवी-देवताओं में आरोपित की गईं वे भी हिन्दुओं की मौलिक उपज नहीं हो सकती थीं। इसीलिए इस धारणा के बारे में कि जब पाप बहुत ज़्यादा बढ़ जाता है, तो मानवजाति की रक्षा करने के लिए विष्णु विभिन्न अवतारों में प्रकट होते हैं, हमारे लेखक महोदय फ़रमाते हैं, "सम्भवतः यह विचार बौद्ध धर्म के बोधिसत्व के सिद्धान्त से लिया गया था। यह धारणा कृष्ण को विष्णु से अभिन्न मानने से विकसित हुई होगी..."[32]

यद्यपि शूद्रों की दशा के सुधार के बारे में प्रमाण की माँग करने में तो हमारे लेखक महोदय ने नियमनिष्ठता का परिचय दिया है, किन्तु चन्द्रगुप्त के मन की आन्तरिक प्रक्रियाओं को पहचानने में उन्हें कोई कठिनाई नहीं होती! गुप्त काल से सम्बन्धित अध्याय 'दि मिथ ऑफ़ दि गोल्डन एज' (स्वर्णयुग का मिथक) में लेखक महोदय कहते हैं, "हज़ारों वर्ष के राजनीतिक विघटन के बाद, गुप्तवंश के अन्तर्गत 319 ई. में एक साम्राज्य की स्थापना हुई। उनके मूल या मूल परिवार के बारे में कुछ भी निश्चयपूर्ण नहीं कहा जा सकता। लेकिन इस बात की काफ़ी सम्भावना है कि उनका सम्बन्ध मूलतः ज़मींदारों के परिवार से रहा होगा जिन्होंने

मगध के क्षेत्र में राजनैतिक नियन्त्रण प्राप्त कर लिया। पहला महत्त्वपूर्ण गुप्त शासक था—चन्द्रगुप्त प्रथम। एक लिच्छवी राजकुमारी से विवाह करके उसने प्रतिष्ठा प्राप्त करने की कोशिश की, यद्यपि ऐसा नहीं लगता कि वैशाली उसके राज्य का हिस्सा रही हो...''[33]

'सम्भवतः' का स्थान आगे चलकर 'इसलिए' ले लेता है, जो 'मत' को सही सिद्ध कर देता है—यह सिद्ध करके कि कारीगर और किसान उत्तरोत्तर तंगहाली का शिकार बनते चले गए और वे निहित स्वार्थों की सम्पत्ति बनकर रह गए; हमारे लेखक महोदय कहते हैं, ''पश्चिमी विश्व से वाणिज्यिक सम्बन्ध कमज़ोर पड़ते जाने से सम्भवतः कारीगरों और व्यापारियों की देश के एक भाग से दूसरे भाग में आवाजाही ही बन्द हो गई।'' और अगला वाक्य है : ''इसलिए कहीं और न जा पाने के कारण कारीगर गाँवों से ही जुड़े रह गए जहाँ वे स्थानीय खपत के माल का उत्पादन करते रहे। कुछ ही समय में उन्हें भी किसानों की तरह गाँवों के वृत्तिदान प्राप्त करनेवालों के हवाले कर दिया गया।''[34]

हमारे लब्धप्रतिष्ठ इतिहासकार महोदय छात्रों को यह जानकारी देते हैं कि ब्राह्मण विधिकर्त्ताओं के परिश्रम और घोषणाओं के बावजूद, ''वर्णाश्रम व्यवस्था निर्विघ्न रूप से नहीं चल पाई।'' 'महाभारत के शान्ति पर्व' में, जिसकी रचना गुप्त काल में हुई हो सकती है, कम से कम नौ श्लोक ऐसे मिलते हैं जिनमें ब्राह्मणों और क्षत्रियों के मेल की आवश्यकता पर बल दिया गया है; ये श्लोक वैश्यों और शूद्रों की ओर से किसी न किसी प्रकार के विरोध के सूचक हो सकते हैं...[35]

हमारे लेखक महोदय फ़रमाते हैं कि एक श्लोक में वैश्यों और शूद्रों के दुराग्रहपूर्वक ब्राह्मणों की पत्नियों से विवाह करने की बात कही गई है। इस एक श्लोक से लेखक महोदय यह निष्कर्ष निकालते हैं, ''विशेष रूप से शूद्र वर्तमान सामाजिक व्यवस्था के प्रति विरोध भाव रखते होंगे—ऐसा प्रतीत होता है। महाभारत के अनुशासन पर्व में उन्हें राज के ध्वंसकों के रूप में चित्रित किया गया है। एक और (अनाम) तत्कालीन रचना में उन्हें शत्रुताभाव रखनेवाले शेख़ीबाज़, तुनकमिज़ाज और मिथ्यावादी बताया गया है...'' इसके बाद हमारे लेखक महोदय घोषित करते हैं, ''इन सब बातों और कानूनी पुस्तकों के कुछ लेखांशों से शूद्रों और शासक वर्गों के बीच संघर्ष के संकेत मिलते हैं। लेकिन उच्च वर्गों के ख़िलाफ़ शूद्रों के वास्तविक विद्रोह के कोई लिखित हवाले नहीं मिलते।''[36]

इस प्रकार की पुनरावृत्ति द्वारा और ऐसे 'प्रमाण' के आधार पर हमारे लब्धप्रतिष्ठ इतिहासकार महोदय एक ऐसे समाज की तस्वीर पेश करते हैं जो कलहग्रस्त है, एक ऐसा समाज जिसमें जनता को ग़रीबी और असमर्थता के भँवर में धकेल दिया गया है। उसके परिणामस्वरूप सबसे ग़रीब तबकों में से असन्तोष और विद्रोहों के विषदन्त निकालने के लिए चतुर ब्राह्मणों ने हिन्दू धर्म के अजगर

को काम में लाना शुरू कर दिया। ऐसा करने के पीछे दोहरा उद्देश्य था—एक तरफ़ स्थानीय सम्प्रदायों को आत्मसात् करना और दूसरी तरफ़ जनता को फुसलाकर उनके दिलों में ऐसे सिद्धान्त और धारणाएँ बैठाना जिससे कि वे दुर्गति को खुशी से स्वीकार कर लें।

शासकों के साथ 'वर्गीय गठबन्धन' और 'शैतानी सौदेबाज़ी' करके ब्राह्मणों ने दोहरी चुनौती का सामना करने के लिए अपनी कमर कस ली और वे दो चुनौतियाँ थीं : एक, बौद्धों द्वारा बलियों के विरुद्ध चलाया गया अभियान और तपश्चर्या की बढ़ती हुई परम्परा। हमारे लेखक महोदय कहते हैं, "ब्राह्मणों ने बीच का मार्ग अपनाते हुए एक ऐसा फ़ार्मूला ढूँढ़ निकाला जिसके द्वारा एक आर्य व्यक्ति के जीवन को चार आश्रमों में बाँट दिया गया..."[37]

ब्राह्मण कर्म-सिद्धान्त की उद्भावना करते हैं, जिससे कि वे ग़रीब जनता में यह विश्वास उत्पन्न कर सकें कि उन्हें इस जीवन में अपने मालिकों की अच्छी तरह से सेवा करनी चाहिए जिससे उन्हें अगले जीवन में उसका फल मिल सके। वे अवतारवाद की भी उद्भावना करते हैं, कष्ट भोग रही जनता को यह समझाने के लिए कि उन्हें कुछ ख़ास करने की ज़रूरत नहीं है, क्योंकि स्वयं परमेश्वर रूप धारण करके आएँगे और उन्हें उन पापों से मुक्त कर देंगे जिनकी वजह से वे कष्ट झेल रहे हैं। हमें इस बात की सीख देकर कि हमारी दशा हमारे कर्मों पर निर्भर करती है, क्या कर्म सिद्धान्त हमें निस्सहाय होकर बैठ जाने के लिए प्रवृत्त करता है; "हाय, मैं क्या कर सकता हूँ। मैंने ज़रूर कोई ऐसा ग़लत काम किया होगा कि मेरी ऐसी दशा है?" या यह हमें यह आश्वासन देता है, "उठो जागो, अपने कर्तव्य का पालन करो; तुम जो कुछ करोगे, उसी से तुम्हारा भाग्य निर्धारित होगा?" जहाँ तक अवतारवाद का सम्बन्ध है, अर्जुन को यह आश्वासन देने के बाद कि पाप जब हद से बढ़ जाता है तो पाप को नष्ट करने और पुण्य की रक्षा करने के लिए वे रूप धारण करते हैं, क्या कृष्ण अर्जुन से यह कहते हैं, कि इसलिए उसे सब कुछ उन्हीं अर्थात् कृष्ण पर छोड़ देना चाहिए? या वे अर्जुन को कर्म करने और युद्ध करके स्वयं पाप का उन्मूलन करने का उपदेश देते हैं?

हिन्दू धर्म की जिस विशेषता को सभी लोग उसके समन्वयवादी होने का प्रमाण मानते हैं, वही विशेषता हमारे लेखक महोदय को उसके अजगर होने का प्रमाण दिखाई देती है। हमारे लेखक महोदय फ़रमाते हैं, "वैष्णव धर्म द्वारा विभिन्न देवी-देवताओं, विश्वासों और अन्धविश्वासों को अपनाने से यह पता चलता है कि उसने विभिन्न लोकप्रिय धर्म-सम्प्रदायों को आत्मसात् कर लिया और तर्क के स्थान पर विश्वास की स्थापना की। इसलिए उसने आम जनता को अपने भाग्य को सहर्ष स्वीकार करने पर आमादा करने और वर्ण-व्यवस्था के आधार पर सामाजिक विभाजन को बनाए रखने में एक कारगर साधन का काम किया।"[38]

दोहरा मानदण्ड भी इन पुस्तकों का उसी प्रकार प्रमाणचिह्न है, जिस प्रकार मनगढ़न्त बातें और अटकलबाज़ी। जिन बातों के लिए वे इस्लाम की तारीफ़ करते नहीं थकते, सोवियत संघ की जिन बातों का ज़िक्र करते हुए वे हर्षविह्वल हो उठते हैं, उन्हीं बातों के लिए वे हिन्दुओं, उनके ग्रन्थों, उनके गुरुओं और उनके शासकों की निन्दा करते हैं!

भक्ति, सामन्तवादी युग में अभागे काश्तकार की ज़मींदार के नीचे ताबेदारी का प्रतिबिम्ब मात्र है! इस्लाम शब्द का अर्थ ही 'आत्मसमर्पण' है—ऐसी शिक्षा हमें ये लब्धप्रतिष्ठ इतिहासकार देते हैं और गद्‌गद होकर कहते हैं, कितना उदात्त भाव है यह—अल्लाह की इच्छा के सामने पूर्ण आत्मसमर्पण करना!

झा साहब आक्षेप करते हुए कहते हैं : मौर्य राजाओं द्वारा लगाए गए कर राज्य के निरन्तर फैलते हुए उत्पीड़क तन्त्र के रख-रखाव के लिए की जानेवाली अत्यन्त कष्टकर उगाहियाँ थे।[39] लेकिन जैसा कि हमने देखा है, सुल्तानों द्वारा वसूल किया जाने वाला जज़िया एक ऐसी मामूली-सी चीज़ थी जिसे अदा करके हिन्दू सामान्य जीवन व्यतीत कर सकते थे। जब औरंगज़ेब ने इसे फिर से लागू किया तो जैसा कि हमने देखा है, उसका उद्देश्य हिन्दुओं को मुसलमान बनाने के लिए उन पर किसी प्रकार का आर्थिक दबाव डालना नहीं था और न ही जज़िया का उद्देश्य वित्तीय कठिनाइयों से निपटने के लिए साम्राज्य की मदद करना था। इसका भार कम डाला गया था और इस बात का पूरा ख़याल रखा गया था कि इसकी वसूली ईमानदार और अल्लाह से डरने वाले मुसलमानों द्वारा की जाए। और बहुत से लोगों को इससे छूट दी गई थी! भूलिए मत कि "महिलाओं, बच्चों, विकलांगों, ग़रीबों को और उन लोगों को जिनकी आमदनी गुज़ारा ख़र्च से कम थी," उन्हें इससे छूट दी गई थी और उन लोगों को भी जो साम्राज्य की सेवा में रहकर उसके काम आ रहे थे।

मौर्यों ने एक केन्द्रीकृत और रोबीले राज्य की स्थापना की। उनकी सेना प्रभुत्व बनाए रखने का साधन थी। वह राज्य की एक उत्पीड़क अंग थी। उनकी विधि तथा न्यायिक प्रणाली वैसी थी जैसी कि ऐसी प्रणालियाँ हुआ करती हैं, "वह शासक वर्ग के हाथों में उत्पीड़न का एक बहुत बड़ा हथियार थी।"[40] वही सामान्य सिद्धान्त—पश्चिम बंगाल में तीसरी कक्षा के छात्रों की पाठ्य-पुस्तक से लेकर इस कालिज गाइड तक। एक तरफ़ तो इन इतिहासकारों की यह ऐसी आम धारणा है, जिस पर वे दृढ़ता से टिके रहते हैं और जिसे वे प्रायः दोहराते रहते हैं। लेकिन दूसरी तरफ़ हमारे ये लब्धप्रतिष्ठ इतिहासकार शरीअत के बारे में, सुल्तानों और मुग़ल शासकों की सेनाओं के बारे में यह कभी नहीं कहते कि वे भी उत्पीड़न, प्रभुत्व और नियन्त्रण की हथियार थीं।

हमारे लेखक महोदय का यह आरोप है कि प्राचीन भारत के गणतान्त्रिक

राज्यों द्वारा बनाए गए कानून तो राज्य के पंजों को इतनी दूर तक फैलाए हुए थे कि राज्य का व्यक्तियों के निजी जीवन पर भी नियन्त्रण कायम हो गया था।[41] लेकिन मन्दिरों को नष्ट करने से सम्बन्धित औरंगज़ेब के आदेशों के बारे में हमारे इतिहासकारों का यह कहना है, कि उनकी व्याख्या करने के बारे में स्थानीय अधिकारियों को काफ़ी छूट रहती थी, और वैसे भी वे कोई नई चीज़ नहीं थे और फिर 1679 के बाद तो उन्हें लागू ही नहीं किया गया और न ही मन्दिरों को नष्ट करने के लिए कोई सामान्य आदेश जारी किया गया प्रतीत होता है, और फिर हिन्दुओं को अपने घरों के एकान्त स्थानों में पूजा करने की स्वतन्त्रता तो थी ही!

कौटिल्य और पतंजलि के ग्रन्थों से उद्धरण दिए जाते हैं, जिनमें यह कहा गया है कि अनजान लोगों से धन ऐंठने के लिए नए-नए धर्म-सम्प्रदाय बनाओ, भोले-भाले लोगों से पैसा इकट्ठा करने के लिए अचानक चमत्कार कर दिखाओ, गुप्तचरों, वेश्याओं, ज्योतिषियों, विष, नकदी धन का इस्तेमाल करके शत्रु कबीलों को फोड़ो। ये उद्धरण यह साबित करने के लिए दिए जाते हैं कि सामान्य जीवन इसी प्रकार का हुआ करता था।[42] यदि कौटिल्य ने ऐसा लिखा है, तो ऐसा ही कुछ होता रहा होगा—यह तर्क दिया जाता है। लेकिन जब मैं कुरआन को उद्धृत करता हूँ, हदीसों और फ़तवों को उद्धृत करता हूँ, उनमें से पाँच पृष्ठों का प्रमाण देता हूँ, तो उनका एक ही जवाब होता है, ''लेकिन इन ग्रन्थों पर अमल कौन करता है?''

एक दूसरे ढंग से भी तर्क दिया जाता है। जो बातें हमारे इतिहासकारों के सिद्धान्त में फ़िट नहीं बैठतीं—उदाहरण के लिए, ग्रन्थों में साफ़ तौर पर कहा गया है कि कोई व्यक्ति जन्म से नहीं बल्कि निर्धारित कर्तव्यों और मानदण्डों पर ख़रा उतरने पर ही ब्राह्मण होता है—उन्हें हमारे सिद्धान्तशास्त्री यह कहकर ख़ारिज कर देते हैं, ''लेकिन ये तो मात्र कामनाएँ हैं। इस बात का कोई प्रमाण नहीं कि जीवन, अच्छी नीयत से कही गई इन बातों के अनुसार जिया जाता था।'' अलबत्ता मनुस्मृति में जो ऐसी बातें कही गई हैं जिनमें एक जैसे अपराध के लिए भेदभावपूर्ण दण्डों की व्यवस्था की गई है, उनके बारे में यह तर्क दिया जाता है कि वे इस बात का प्रमाण हैं कि व्यवहार रूप में न्याय देने के मामले में भेदभाव बरता जाता था। जैसे कि स्टालिन के 1937 के संविधान में की गई वह व्यवस्था जिसके अन्तर्गत राष्ट्रों को आत्मनिर्धारण का अधिकार प्रदान किया गया है—और जिस व्यवस्था को इन पाठ्यपुस्तकों में अनिवार्य रूप से उद्धृत किया जाता है—इस बात का प्रमाण है कि सोवियत राज्य ने राष्ट्रों को वस्तुतः इस प्रकार का विकल्प दिया था। और क्योंकि राष्ट्रों में से किसी ने भी 1917 और 1985 के बीच इस विकल्प का इस्तेमाल नहीं किया, इसलिए यह इस बात का प्रमाण है कि सोवियत लोगों ने राष्ट्रिकताओं की समस्या सुलझा ली थी।

दूसरी पाठ्यपुस्तकों की तरह इस पाठ्यपुस्तक में भी हिन्दू धर्म पर यह आरोप लगाया गया है कि उसने स्थानीय धर्म-सम्प्रदायों को आत्मसात् कर लिया। इस आरोप की दोहरी उपयोगिता है—एक तरफ़ तो यह कहने के लिए इसका इस्तेमाल किया जा सकता है कि हिन्दू धर्म में कुछ भी मौलिक नहीं है और वह केवल स्थानीय, जीववादी, उर्वर शक्तिवादी सम्प्रदायों से ली गई प्रथाओं का पुंज है, ख़ासतौर पर उर्वर शक्तिवादी सम्प्रदायों की प्रथाओं का। और दूसरी तरफ़ इसका इस्तेमाल यह कहने के लिए किया जाता है कि हिन्दू धर्म एक अजगर है जो किसी और धार्मिक परम्परा को ज़िन्दा नहीं रहने देता। यह बात भी कही जाती है कि इसके बावजूद कुछ ज़्यादा पुरानी परम्पराएँ और विश्वास बचे रह पाए हैं और लोगों का 'दुष्टात्माओं' आदि में विश्वास बना रहा और वह आज भी बना हुआ है।[43] क्या आपने इन विद्वानों में से किसी एक की भी ऐसी पुस्तक देखी है, जिसमें यह कहा गया हो, जैसा कि अली दश्ती और अन्य लेखकों ने कहा है, कि मिसाल के तौर पर हज से जुड़ा पूरा अनुष्ठान, इस्लाम-पूर्व-काल से चली आ रही ग़ैर-इस्लामी प्रथाओं का अनुकरण है, और कुरआन अपकारी जिन-भूतों आदि सम्बन्धी आयतों से भरा पड़ा है?

अशोक की सहिष्णुता का कारण उसकी मजबूरियाँ बताई जाती हैं। हमारे लेखक महोदय हमें यह ज्ञान देते हैं कि उसे सहिष्णुता का यह तेवर इसलिए अपनाना पड़ा, क्योंकि अपने साम्राज्य की एकता को बनाए रखने के लिए ऐसा करना उसकी ज़रूरत थी।[44] लेकिन कुरआन के ये दो वाक्य—"तुम्हें तुम्हारा मज़हब मुबारक और मुझे मेरा," और "मज़हब में कोई ज़बरदस्ती नहीं होती" गर्व के साथ उद्धृत किए जाते हैं इस बात के प्रमाण के तौर पर कि इस्लाम केवल शान्ति और सहिष्णुता के प्रति प्रतिबद्ध ही नहीं, बल्कि वही शान्ति और सहिष्णुता का धर्म है, हालाँकि इस्लामी शासन के 1400 वर्ष के पूरे इतिहास की बात तो अलग स्वयं कुरआन के मूल पाठ में ही इनकी धज्जियाँ उड़ाकर रख दी गई हैं।

यद्यपि कनिष्क ने चौथी बौद्ध महासभा आयोजित की; यद्यपि महान् बौद्ध विद्वान् और शिक्षक उससे जुड़े हुए थे; फिर भी हमारे लब्धप्रतिष्ठ इतिहासकार द्वारा कनिष्क के बौद्ध धर्म में धर्मान्तरण को 'राजनीतिक' बताया गया है। उनका कहना है कि कनिष्क किसी गहरे अनुभव में से होकर नहीं गुज़रा।[45] क्या आपने इन लब्धप्रतिष्ठ इतिहासकारों में से किसी को इस्लामी हमलावरों और शासकों द्वारा तलवार की नोक पर कराए गए लाखों लोगों के धर्मान्तरण को लेकर इस आधार पर—कि वे लाखों लोग भी किसी गहरे अनुभव में से होकर नहीं गुज़रे थे—बग़लें झाँकते हुए देखा है? या बड़े पैमाने पर आज भी ईसाई धर्म प्रचारकों द्वारा कराए जा रहे धर्मान्तरण पर बग़लें झाँकते देखा है? क्या ये सब धर्मान्तरण गहरे आन्तरिक अनुभवों का परिणाम हैं?

हमारे लब्धप्रतिष्ठ इतिहासकार महोदय लिखते हैं, "इन देवी-देवताओं के आविर्भाव के साथ-साथ ब्राह्मण धर्म कई प्रकार के लोकप्रिय धर्म-सिद्धान्तों को आत्मसात् कर रहा था। पशुओं, वृक्षों, पर्वतों और नदियों को देवताओं के साथ जोड़ा जाने लगा। गाय को पूज्य माना जाने लगा। इस प्रकार इस 'पावन' पशु पर केन्द्रित आधुनिक साम्प्रदायिक राजनीति के बीज बो दिए गए"।[46] लेकिन हमारे इतिहासकार महोदय को इस हकीकत में साम्प्रदायिक राजनीति के कोई बीज दिखाई नहीं देते कि जबकि कुरआन में गाय की बलि के बारे में कोई आदेश नहीं दिया गया,[47] लेकिन भारत में इस्लामी उलमा द्वारा इस आदेश की व्यवस्था करने के लिए मूल पाठ में परिवर्तन कर दिया गया है। अली मियाँ जैसे 'मुस्लिम धर्मतत्त्वज्ञ' यहाँ भारत में इसलिए गौओं की हत्या करने के लिए भड़काते हैं, क्योंकि हिन्दू गौओं को पूज्य मानते हैं।[48] लेकिन हमारे इतिहासकार महोदय को इस बात में भी साम्प्रदायिक राजनीति के कोई बीज दिखाई नहीं देते।

इस विचारधारा के अन्य लेखकों की तरह श्री झा की पुस्तक में भी ऐसी बलियों के लिए जिनमें 'पशुहत्या' की जाती हो, हिन्दुओं की भर्त्सना की गई है। बौद्ध धर्म और अशोक को, जिन्होंने लोगों की ऐसी बलियाँ चढ़ाने की आदत छुड़ा दी थी, आड़े हाथों लेने के लिए हिन्दुओं की घोर निन्दा की है। हर ईद पर लाखों पशुओं—गौओं, बकरियों और बाकी पशुओं—की हत्या की जाती है। कभी आपने सुना कि इन लब्धप्रतिष्ठ विद्वानों ने इन बलियों को 'पशुहत्या' का नाम दिया हो? अलबत्ता अगर कोई हिन्दू या बौद्ध किसी भोज में शाकाहारी भोजन का अनुरोध करे तो ये तेज़ रफ़्तार प्रगतिशील लोग उसे आदिम कहकर उसका मज़ाक उड़ाएँगे।

जब मनु अलग-अलग वर्गों के लिए अलग-अलग कार्य निर्धारित करते हैं, तो उनके बारे में यह मान लिया जाता है कि वे एक शोषण करने वाली व्यवस्था की ओर से ऐसा आग्रह कर रहे हैं। लेकिन उसके साथ-साथ जब गुप्तवंश के राजा समाज के सभी वर्गों से अनिवार्य श्रम के रूप में एक समान धर्म की माँग करते हैं तो उनकी भर्त्सना की जाती है! हमारे लब्धप्रतिष्ठ इतिहासकार अपना क्रोध इन शब्दों में व्यक्त करते हैं : "मौर्य काल में दासों और किराए पर लिए गए श्रमिकों से ज़बरदस्ती मज़दूरी कराई जाती थी; यह काम एक अधिकारी की देख-रेख में होता था और उसे इसके लिए वेतन मिलता था। लेकिन गुप्तकाल में ज़बरदस्ती की मज़दूरी प्रजा के सभी वर्गों से कराई जाने लगी और उसमें सब प्रकार के काम शामिल होते थे।" लेकिन अगर सोवियत शासक 'प्रजा के सभी वर्गों' से 'सब प्रकार के काम' की माँग करते थे—ख़ासतौर पर दास-श्रमिक शिविरों में—तो वह उनके द्वारा वर्गभेद मिटाए जाने और धरती पर समतावादी स्वर्ग के लाए जाने का सुनिश्चित प्रमाण था!

हमारे लेखक महोदय बात को जारी रखते हुए कहते हैं, "कामसूत्र से हमें

यह जानने को मिलता है कि किसान औरतों से बिना वेतन के ज़बरदस्ती विभिन्न किस्म का कार्य कराया जाता था; जैसे गाँव के नम्बरदार के अन्न भंडार भरना, घर से बाहर चीज़ें लाना-ले जाना, घर की सफ़ाई करना, रूई, लकड़ी, अलसी, सन और धागा ख़रीदना और विभिन्न वस्तुओं का क्रय, विक्रय और विनिमय करना...[49] लेकिन ये लब्धप्रतिष्ठ लेखक जिसे 'एकमात्र पितृभूमि' मानते हैं, वहाँ सोल्ज़े-नित्सिन जैसे लाखों लोगों से जिस किस्म का ज़बरदस्ती काम कराया जाता था, उसके मुकाबले में, मैं समझता हूँ किसान औरतों से कराया जानेवाला काम कोई इतना भारी नहीं था। अगर आप उनका ध्यान दो मामलों में लागू किए जा रहे दोहरे मानदण्डों की ओर, या इस तथ्य की ओर दिलाएँ कि मुक्त समाजों की तुलना में सोवियत समाज में सघन, और पार्टी की सदस्यता ग्रहण न करनेवाले निर्धन लोगों के बीच का अन्तर और भी ज़्यादा था, तो आप प्रतिक्रियावादी, बदलेबाज़, साम्प्रदायिक और फ़ासीवादी कहलाएँगे!

इन बाकी लब्धप्रतिष्ठ इतिहासकारों की तरह श्री झा भी इस बात की पूरी कोशिश करते हैं कि अतीत के हर ऐसे पहलू पर, जिस पर गर्व किया जा सकता है, कालिख पोत दी जाए। आप कहते हैं कि कुछ राजतन्त्रों का स्थान गणतन्त्रों ने ले लिया और इन नए संघटनों में कुछ हद तक लोकतान्त्रिक व्यवस्था थी। हमारे इतिहासकार महोदय तानाकशी करते हुए कहते हैं कि यह एक "गौरवपूर्ण धारणा है जिसका खूब ढिंढोरा पीटा जाता है।"

यह सही है कि "सभी महत्त्वपूर्ण मुद्दे विधानसभा के सामने रखे जाते थे और उसके सदस्यों के बीच एकमत के अभाव में कोई निर्णय नहीं लिया जाता था," लेकिन विधानसभाओं में अधिकतर क्षत्रिय हुआ करते थे और इसलिए ये गणतन्त्र वस्तुतः अल्पतन्त्र होते थे और सच्चे मायनों में लोकतन्त्र नहीं होते थे।[50] मानो सोवियत समाजवादी गणतन्त्र संघ और चीनी लोक गणतन्त्र, अल्पतन्त्र न होकर सच्चे मायनों में लोकतन्त्र थे।

अन्तिम अध्याय में हमें चर्चा चरम बिन्दु पर पहुँची हुई दिखाई देती है। झा साहब कहते हैं, राष्ट्रवादी इतिहासकारों ने गुप्तकाल का वर्णन एक स्वर्णयुग के रूप में किया है। यह एक मिथक है। उस काल में इस प्रकार की कोई बात नहीं थी।

यह सही है कि गुप्त राजाओं ने अपने साम्राज्य में विस्तार किया। यह बात हमारे इतिहासकारों को माननी पड़ेगी। लेकिन वे आगे कहते हैं कि इस साम्राज्य में पूरा भारत शामिल नहीं था। वे अपेक्षा करते हैं 'सम्पूर्ण लोकतन्त्र' की और पूरे भारत के एक होने की, जबकि वे बात कर रहे हैं पन्द्रह सौ वर्ष पहले की। वे आगे कहते हैं कि यदि दक्षिण के शासक गुप्त राजाओं को कर अदा करते थे, यदि कोई दक्षिणी शासक कोई भी काम करने के लिए गुप्त राजा की अनुमति

लेता था, तो इन बातों से यह साबित नहीं हो जाता कि गुप्त राजाओं का दक्षिणी शासकों पर आधिपत्य था।

एक केन्द्रीकृत प्रशासन की स्थापना करने के लिए मौर्य राजाओं की निन्दा करने के बाद हमारे लब्धप्रतिष्ठ इतिहासकार गुप्त राजाओं की, अपने प्रशासन को विकेन्द्रीकृत करने के लिए, निन्दा करते हैं!

वे आगे कहते हैं, यह सही है कि दर्शन, कला तथा साहित्य की उन्नति हुई—अजन्ता, एलोरा, कालिदास, आर्यभट्ट... का सम्बन्ध भी इसी युग से है—ऐसा हमारे बेचारे इतिहासकार को मज़बूरन मानना पड़ा है। लेकिन वे हार माननेवालों में से नहीं हैं। अजन्ता के चित्रों को उनके प्रचण्ड वर्ग-विश्लेषण का निशाना बनना पड़ा है। वे अपना फ़ैसला सुनाते हुए कहते हैं, ''यद्यपि अजन्ता के चित्रों का विषय धार्मिक है लेकिन हम उनमें राजाओं, कुलीनों, योद्धाओं और मनीषियों के जीवन का एक नाटकीय परिदृश्य देख सकते हैं। लेकिन जो हमें सामान्य आभास मिलता है वह उच्च वर्गों की धनाढ्यता का है; इन चित्रों में ग्रामीण लोगों की सामान्य कठिनाइयों को चित्रित नहीं किया गया है।''

झा साहब को यह भी स्वीकार करना पड़ा है कि इस युग में संस्कृत साहित्य फला-फूला। लेकिन साहित्य भी उसी कसौटी—वर्ग विश्लेषण की कसौटी—पर खरा नहीं उतर पाता। वे आपत्ति व्यक्त करते हैं, ''कला की तरह संस्कृत साहित्य का आनन्द भी मुख्यतः दरबार, उच्च वर्गों और अभिजात वर्ग द्वारा उठाया जाता था। अलंकृत दरबारी साहित्य को अशिक्षित जनता समझ ही नहीं पाती होगी। ऐसे में उसे सराह पाना तो उसके लिए दूर की बात थी। इसलिए इसमें कोई आश्चर्य की बात नहीं कि तत्कालीन नाटकों में, उच्च सामाजिक प्रतिष्ठा रखने वाले मुख्य पुरुष पात्र परिष्कृत संस्कृत भाषा बोलते हैं और निचले दर्जे के पुरुष पात्र और सभी महिलाएँ प्राकृत बोलती हैं।'' इस पर हमारे इतिहासकार महोदय से यह पूछा जा सकता है कि माओ के 'दार्शनिक निबन्धों' की बात तो बहुत दूर, 'अशिक्षित जनता' में से कितने लोग लेनिन के 'कलेक्टिड वर्क्स' को भी समझ पाते थे?

हमारे लेखक महोदय यह स्वीकार करते हैं कि आर्यभट्ट और वराहमिहिर की खगोलीय उपलब्धियाँ असाधारण थीं। लेकिन उसके बाद वे फ़ौरन कहते हैं, ''लेकिन उनकी अंतर्दृष्टियों का लाभ उठाकर आगे कार्य नहीं किया गया। बहरहाल इन प्रेक्षकों की कृतियाँ 'केवल आंशिक रूप से देशीय परम्परा की ऋणी हैं...' वराहमिहिर ने जिन पाँच खगोलीय प्रणालियों पर कार्य किया था, उनमें से एक रोमन थी और एक अलेक्ज़ेंड्रिया के पाल की थी—ऐसा हमारे लेखक महोदय कहते हैं। लेकिन बाकी तीन प्रणालियों का क्या हुआ? आर्यभट्ट की अन्तर्दृष्टियों का क्या हुआ और उनमें एक अन्तर्दृष्टि यह भी थी कि धरती सूर्य के इर्द-गिर्द घूमती है और यह अपने अक्ष पर चक्कर खाती रहती है? ऐसी अन्तर्दृष्टियों के बारे में जो बात हमारे

लेखक महोदय का ध्यान आकर्षित करती है वह यह नहीं कि ये अन्तर्दृष्टियाँ कोपरनिकस और केपलर से बहुत पहले की हैं, बल्कि यह कि वे 'स्थापित भारतीय धारणा के विपरीत थीं'।

वे आगे कहते हैं, इस प्रकार 'तथाकथित हिन्दू पुनर्जागरण' की धारणा केवल कालिदास की रचनाओं पर अवलम्बित है। और वे आगे घोषित करते हैं, "लेकिन कालिदास की कृतियाँ साहित्यिक कार्यकलाप के बौद्धिक पुनर्जन्म या नवजागरण की द्योतक नहीं हैं। वे केवल उन साहित्यिक विधाओं और शैलियों का और आगे विकसित रूप हैं, जो उससे पहले के समय में विकसित हो रही थीं।" केवल कालिदास के मामले में ही उन्होंने ऐसा नहीं कहा, बल्कि वे कहते हैं, "पुराण गुप्त राजाओं से भी काफ़ी पहले चारण साहित्य के रूप में विद्यमान थे। गुप्त काल में उन्हें अंततः संकलित करके वर्तमान रूप प्रदान किया गया।" जिन कहानियों का शेक्सपियर ने इस्तेमाल किया था, क्या वे पहले से मौजूद नहीं थीं? क्या उसका लेखन, बल्कि क्या वस्तुतः सारा लेखन कार्य "मात्र... उन साहित्यिक विधाओं और शैलियों का और आगे विकसित रूप नहीं था जो कि पूर्वकाल में विकसित हो रही थीं?"

यहाँ तक कि भक्ति के विकास, अर्थात् देवी-देवताओं की ओर उन्मुख होने के आन्दोलन की भी उपेक्षा की गई है, ताकि कहीं राष्ट्रवादी उसका कोई लाभ न उठा सकें। हालाँकि ये इतिहासकार सामान्यतः उसका उल्लेख समाज में बढ़ते हुए उत्पीड़न के प्रमाण के रूप में ही करते हैं। हमारे लेखक महोदय आगे घोषित करते हैं, "और न ही वैष्णवमत और शैवमत की बढ़ती हुई लोकप्रियता किसी धार्मिक पुनरुत्थान की परिचायक है। इन दो धर्मों (ध्यान दीजिए—कि हिन्दू धर्म के दो 'मतों' की बजाय 'दो धर्मों' अभिव्यक्ति का इस्तेमाल किया जा रहा है) के बुनियादी सिद्धान्त पहले के समय से चले आ रहे थे और अब जबकि सामन्तवाद का आविर्भाव हो रहा था, इन मतों की ओर और भी अधिक अनुयायी आकृष्ट हुए होंगे।"

हमारे इतिहासकार महोदय घोषित करते हैं, 'तथाकथित हिन्दू पुनर्जागरण' की तो बात ही क्या स्वयं हिन्दू नाम ही अपने आप में ग़लत है। वे आगे कहते हैं, "इसका सबसे पहले इस्तेमाल अरबियों ने उत्तर-गुप्तकाल में, हिन्दू (भारत) निवासियों के लिए किया था। प्राचीन भारतीयों ने कभी भी खुद को हिन्दू नहीं समझा था।" वे खुद को क्या समझते थे, यह स्वाभाविक रूप से इतनी सामान्य बात है कि इतने लब्धप्रतिष्ठ विद्वान् ने इस बारे में पता लगाने का काम दूसरों पर छोड़ दिया।

उनका काम है, दिशा निर्धारित करना और वे ऐसे निश्चयात्मक अन्दाज़ में निर्धारित करते हैं जिसकी अपेक्षा हम ऐसे प्रतिष्ठित विद्वान् से ही कर सकते

हैं : ''वस्तुतः बहु प्रचारित हिन्दू पुनर्जागरण, हिन्दू पुनर्जागरण की बात तो दूर, पुनर्जागरण ही नहीं था।''[51]

झा साहब का विजय-सूचक निष्कर्ष इस प्रकार है :

''कुछ भारतीय इतिहासकार गुप्त राजाओं के प्रति इतने आसक्त हैं कि वे उनके शासनकाल को भारतीय इतिहास का स्वर्णयुग कहते नहीं थकते। (जिन लोगों को ये लब्धप्रतिष्ठ इतिहासकार नापसन्द करते हैं, वही इस तरह से बात करते हैं; लब्धप्रतिष्ठ इतिहासकार इस तरह से कभी बात नहीं करते। वे कैसे बात करते हैं? उबाऊ ढंग से?) अतिशय भावाविष्ट शैली में लिखी गई (दूसरे आदमी की कृति तो भावावेश के कारण बिगड़ जाती है, लेकिन उनकी कृति कभी नहीं बिगड़ती) तीन खण्डों की पुस्तक में हमें रूमानी अन्दाज़ में बताया जाता है, ''ज़िन्दगी इतनी खुशगवार कभी नहीं थी।'' लेकिन गुप्तकाल में ही देश के कुछ भागों में (इन कुछ भागों...के अन्तर्गत देश का कितना इलाका या आबादी थी?) कृषिदास प्रथा की शुरुआत हुई, जिसके परिणामस्वरूप आगे चलकर किसान वर्ग को आर्थिक दासता का शिकार बनना पड़ा। महिलाएँ सम्पत्ति की वस्तु बन गईं और हमेशा के लिए पुरुष के संरक्षण में रहने लगीं, हालाँकि कला और साहित्य में उनका आदर्श रूप बरकरार रखा गया। (जो कुछ कला और साहित्य में अभिव्यक्ति पाता है, यदि वह इनके सिद्धान्त के विपरीत है, तो वह मात्र 'आदर्शीकरण' है; जो कुछ मनुस्मृति में कहा गया है, यदि उसका इनके सिद्धान्त के साथ मेल बैठाया जा सकता है, तो वह इस बात का प्रमाण बन जाता है कि चीज़ें वास्तविक जीवन में किस प्रकार थीं।) जातीय भेद और जातीय कठोरता इतनी प्रचण्ड हो गई जितनी पहले कभी नहीं थी; कानून और न्याय साफ़ तौर पर उच्च जातियों की तरफ़दारी करते थे। (यह बात ऐसे 'प्रमाण' के आधार पर कही गई है जिसे हम पहले देख चुके हैं। और अब देखिए कि वे अपने मुख्य गवाहों में से एक के उस बयान के साथ, जोकि उनके सिद्धान्त के विपरीत जाता है, क्या करते हैं।) चीनी बौद्ध तीर्थयात्री विद्वान् फ़ाह्यान, जो कि चन्द्रगुप्त द्वितीय के शासन काल में भारत आया था, यह बताता है कि लोग सामान्यतः सुखी थे। यह सही है कि उच्च वर्ग सुखी और समृद्ध थे और ऐश-आराम की ज़िन्दगी बसर करते थे, लेकिन निम्न वर्गों के मामले में ऐसी स्थिति नहीं रही होगी। चीनी तीर्थयात्री चाण्डालों की दशा का वर्णन करता है। सामाजिक स्तर पर पूरे अछूत वर्ग का और भी अधःपतन हुआ। सामाजिक तनाव बने रहे। लेकिन वर्ण-विभाजित समाज को बनाए रखने के लिए धर्म को एक साधन के तौर पर इस्तेमाल किया गया।''

इससे क्या सबक मिलता है?

''उच्च वर्गों के लिए इतिहास के सभी काल स्वर्णयुग रहे हैं। लेकिन आम जनता के लिए कभी भी कोई स्वर्णयुग नहीं रहा।''

इसलिए हमारी ग़मगीन आम जनता के लिए हमारे लब्धप्रतिष्ठ इतिहासकार का अन्तिम सन्देश इस प्रकार है : "आम जनता का सचमुच का स्वर्णयुग अतीत में नहीं, बल्कि भविष्य में निहित है।"[52]

सम्भवतः 1917 में!

सन्दर्भ

1. डी. एन. झा : एन्शेण्ट इण्डिया, ऐन इण्ट्रोडक्ट्री आउटलाइन (प्राचीन भारत, एक परिचयात्मक रूपरेखा), मनोहर, नई दिल्ली, 1977, 1997, पृ. 18
2. पृ. 91
3. पृ. 90
4. पृ. XVIII
5. पृ. 106
6. वही, पृ. 24
7. वही, पृ. 7
8. वही, पृ. 12-13
9. वही
10. वही, पृ. 16-17
11. वही, पृ. 17
12. वही, पृ. 21
13. वही, पृ. 21
14. वही, पृ. 21
15. वही, पृ. 31
16. वही, पृ. 31-32
17. वही, पृ. 58
18. वही, पृ. 58-59
19. वही, पृ. 69
20. वही, पृ. 62
21. वही
22. वही, पृ. 65
23. वही, पृ. 65
24. वही, पृ. 66
25. वही, पृ. 66
26. वही, पृ. 70

27. वही, पृ. 67
28. वही, पृ. 68
29. वही, पृ. 68
30. वही, पृ. 68-69
31. वही, पृ. 85
32. वही, पृ. 89
33. वही, पृ. 96
34. वही, पृ. 102
35. वही, पृ. 105
36. वही, पृ. 105-06
37. वही, पृ. 26
38. वही, पृ. 108
39. वही, पृ. 49-50
40. वही, पृ. 50-51
41. वही, पृ. 54, 58
42. वही, पृ. 62-64
43. वही, पृ. 66
44. वही, पृ. 67-68
45. वही, पृ. 75
46. वही, पृ. 90
47. कुरआन की सम्बन्धित आयतें हैं XXII. 34-37
48. निदर्शी सारांशों के लिए देखें 'दि वर्ल्ड ऑफ़ फ़तवाज़', पृ. 143-64
49. डी.एन. झा, वही, पृ. 101-02
50. वही, पृ. 52-53
51. पूर्वोक्त चर्चा के लिए देखें, पृ. 112-15

गवाह चुस्त, मुद्दई सुस्त!

चुनांचे हिन्दुओं के देवता 'ऊधमी और सदाचार निरपेक्ष' हैं और उनका 'निजी इतिवृत्त सन्देहास्पद है', और वे मात्र आदिम धर्म-समुदायों–जीववाद, उर्वरा शक्ति तथा अन्य धर्म-सम्प्रदायों, विशेषकर लिंगपूजक सम्प्रदाय–का विकसित रूप हैं! अशोक की सहिष्णुता की नीति राज्य सम्बन्धी मजबूरियों के कारण विकसित हुई, न कि इसलिए कि उसका ऐसी नीति में दृढ़ विश्वास था। कनिष्क का बौद्ध धर्म भी मात्र राजनीतिक था, क्योंकि वह किसी गहरे आन्तरिक अनुभव से प्रेरित नहीं था। आर्यभट्ट की अन्तर्दृष्टियों को भी हम किसी गिनती में नहीं रख सकते, क्योंकि वे मान्य भारतीय धारणाओं के विपरीत थीं। कालिदास की कृतियाँ भी उस साहित्य का और आगे विकसित रूप थीं, जो कि पहले से लिखा जा रहा था। भारत की पूरी व्यवस्था उसके पूरे लिखित इतिहास में शोषणकारी और तनावों से भरपूर रही है। ख़ासतौर पर गुप्तकाल को तो हरगिज़ स्वर्णयुग नहीं कहा जा सकता। वह स्वर्णयुग भविष्य में निहित है और वह भविष्य 1917 में निहित है!

'आदेशों' के प्रति कितना निष्ठाभाव है। क्योंकि 'बृहत्त्रयी' (मार्क्स, एंजेल्स और लेनिन) में से प्रथम आदेशकर्ता ने क्या चेतावनी नहीं दी है, "सब मृत पीढ़ियों की परम्परा दिमाग़ पर दुःस्वप्न-सी बोझ बनी रहती है," और क्या उसने यह आदेश नहीं दिया, "उन्नीसवीं शताब्दी की सामाजिक क्रान्ति अतीत से नहीं बल्कि भविष्य से अपना काव्य सृजित कर सकती है। जब तक वह अतीत से सम्बन्धित सारे अन्धविश्वास से मुक्त नहीं हो जाता तब तक वह खुद से शुरुआत नहीं कर सकता। पहले की क्रान्तियों को अपनी मूल तत्त्व सम्बन्धी भरपूर खुराक लेने के लिए अतीत के इतिहास की यादों को ताज़ा करना पड़ता था। उन्नीसवीं शताब्दी की क्रान्ति अपने मूल तत्त्व तक पहुँच पाए, इसके लिए ज़रूरी है कि वह मृतक (इतिहास) को अपने मुर्दे दफ़ना लेने दे..."[1]

इसलिए 'स्वर्णयुग' सम्बन्धी अनाप-शनाप बातों से नाता तोड़ना होगा! आप कहते हैं कि तथ्यों को इस प्रकार तोड़ना-मरोड़ना, इतनी अपुष्ट आधार सामग्री से ऐसे निश्चित निष्कर्ष निकालना क्या वस्तुनिष्ठ नहीं है? क्या 'बृहत्त्रयी' में से

तीसरे आदेशकर्ता ने वैसी वस्तुनिष्ठता नहीं दिखाई थी? उदाहरण के तौर पर, यह कहकर कि लेखन में 'स्वतन्त्रता' मात्र एक मुखौटा है, उन वास्तविक हितों को छिपाने का, जिन हितों को हम पूरा करने में लगे होते हैं? क्या उसने यह 'प्रतिपादित' नहीं किया था कि "लेखन व्यक्तियों या समूहों को सम्पन्न बनाने का साधन नहीं", और "वस्तुतः यह सर्वहारा के सामान्य हित से निरपेक्ष, व्यक्तिगत कार्य नहीं हो सकता?" इसलिए क्या उसने यह आदेश नहीं दिया था कि "पक्ष-निरपेक्ष लेखक मुर्दाबाद! साहित्यिक महामानव मुर्दाबाद! साहित्य को सर्वहारा के सामान्य हित का हिस्सा बनना होगा, उस एकमात्र महान् सामाजिक लोकतान्त्रिक तन्त्र का 'दाँता और पेच' बनना होगा जो श्रमिक वर्ग के, राजनैतिक जागृति रखने वाले सम्पूर्ण अग्रदल द्वारा संचालित है..."

उसने यह आश्वासन दिया था कि प्रत्येक व्यक्ति जो कुछ लिखना चाहता है, उसे वह 'बिना रोक-टोक' लिखने के लिए स्वतन्त्र है और स्वतन्त्र रहेगा। "भाषण की स्वतन्त्रता के नाम पर मैं आप लोगों को जी-भर कर चिल्लाने, झूठ बोलने और लिखने का पूरा अधिकार देने के लिए बाध्य हूँ। लेकिन आप मुझे संघ बनाने की स्वतन्त्रता के नाम पर, इस या उस विचार का प्रचार करनेवाले लोगों के साथ जुड़ने या उनसे अलग होने का अधिकार देने के लिए बाध्य हैं" और क्योंकि अब मेरा राज्य पर नियन्त्रण है, और क्योंकि आप केवल खुद को सन्तुष्ट करने और सम्पन्न बनाने के लिए चिल्ला रहे हैं, झूठ बोल रहे हैं और लेखन कार्य कर रहे हैं..."

और आप बात करते हैं स्वतन्त्रता की, वस्तुनिष्ठता की—वह तो 'मात्र ढोंग' है। क्या उसने यह प्रतिपादित नहीं किया था :

"धन की शक्ति पर आधारित समाज में, एक ऐसे समाज में जिसमें अधिकतर श्रमजीवी लोग तो ग़रीबी में ज़िन्दगी बसर करते हैं और मुट्ठी-भर अमीर परजीवियों की तरह से रहते हैं, कोई वास्तविक और कारगर 'स्वतन्त्रता' नहीं हो सकती। ऐ लेखक महोदय, क्या आप अपने बूर्जुआ प्रकाशक के साथ, अपनी बूर्जुआ जनता के साथ अपने सम्बन्धों में स्वतन्त्र हैं जो 'पवित्र', सुरम्य कला के 'अनुपूरक' के तौर पर आप से 'अश्लील तस्वीरों', चित्रों और वेश्यावृत्ति की माँग करती है? यह 'सम्पूर्ण स्वतन्त्रता' एक बूर्जुआ या अराजकतावादी अभिव्यक्ति है...कोई भी व्यक्ति समाज में रहते हुए समाज में स्वतन्त्र नहीं रह सकता। बूर्जुआ लेखक, कलाकार या अभिनेत्री की स्वतन्त्रता वास्तव में धन की पोटली, भ्रष्टाचार और वेश्यावृत्ति पर निर्भर रहती है, जिसे स्वतन्त्रता का मात्र मुखौटा पहना दिया जाता है।"

क्योंकि वह स्वतन्त्रता मालिक के हितों को पूरा करने का एक मुखौटा होता है, क्योंकि इस स्वतन्त्रता का उद्देश्य केवल मालिकों को अश्लील साहित्य तथा वेश्यावृत्ति सुलभ कराना होता है, तो जनता की भलाई के उद्देश्य से, जिसका शोषण

और दमन करने के लिए इसका इस्तेमाल किया जाता है, यदि इसका बलिदान कर दिया जाए, तो क्या हुआ! इसलिए एक के बाद दूसरी बुरी प्रवृत्ति से, एक के बाद दूसरे लेखक से, छुटकारा पा लिया गया। इसलिए हमारा यह कर्तव्य बनता है कि हम मुखौटे को चीर कर स्वतन्त्रता और वस्तुनिष्ठता के इस ढोंग के पीछे की वास्तविकता को उजागर करें :

"और हम समाजवादी, इस पाखण्ड का पर्दाफ़ाश करते हैं और झूठे लेबलों को फाड़ डालते हैं, वर्ग रहित साहित्य और कला की मंज़िल पर पहुँचने के लिए नहीं (वह तो केवल विशेष वर्ग वाले समाजवादी समाज में ही सम्भव होगा), बल्कि यह दिखाने के लिए कि स्वतन्त्रता का ढोंग करने वाले इस साहित्य, जिसका सम्बन्ध वस्तुतः मध्यवर्ग से है, और वस्तुतः स्वतन्त्र उस साहित्य के बीच कितना बड़ा अन्तर है, जिसका सम्बन्ध खुलेआम सर्वहारा से होगा..."[2]

याद कीजिए आग-बबूला होते श्री पणिक्कर को, "वह (अर्थात् मैं), खुद को जिस्म के बाज़ार में बेचने के बाद अक्षतयोनि नहीं रह सकता...जहाँ तक मेरा (अर्थात् श्री पणिक्कर का) सम्बन्ध है मैं उनकी तरह 'गंगा गए तो गंगाराम और जमना गए तो जमनादास' नहीं हूँ। मैं कम्यूनिस्ट पार्टी के प्रकाशनों में हस्ताक्षरित लेख इसलिए भेजता हूँ क्योंकि मैं उन आदर्शों में विश्वास रखता हूँ, जिनका वह प्रतिनिधित्व करती है। इस प्रकार लोगों का उनकी मूल परम्परा से सम्बन्ध-विच्छेद करना, लोग अतीत के जिस-जिस तत्त्व से गौरव और अपनी पहचान प्राप्त कर सकते हैं, ऐसे हर तत्त्व को मिटाना—ये काम इन प्रगतिशीलों की उद्देश्यपूर्ति के लिए आज भी उतने ही ज़रूरी हैं जितने कि उन्नीसवीं शताब्दी में मिशनरियों और मेकाले के उद्देश्यों की पूर्ति के लिए ज़रूरी थे। इसलिए वे जो कुछ करते हैं वह एक उच्च उद्देश्य की पूर्ति के लिए होता है, और इसलिए वह वस्तुनिष्ठता और सच्चाई जैसी बूर्जुआ कसौटियों से परे होता है। क्योंकि बाकी लोग जो कुछ करते हैं, वह श्रमजीवी जनता के शोषण को कायम रखने के लिए होता है, इसलिए उस महान् उद्देश्य को आगे बढ़ाने के लिए यदि हम एक-दो मनगढ़न्त बातें बीच में जोड़ देते हैं तो क्या हुआ!

इस प्रकार लेखकों को उस महान् उद्देश्य की पूर्ति के लिए लिखना होता है। किसी देश के इतिहास के बारे में उन्हें क्या कुछ लिखना है वह पहले से 'बृहत्त्रयी' द्वारा निर्धारित कर दिया गया है, जिन्हें 'क्लासिक' या 'चिर प्रतिष्ठित' कहा जाता है। मार्क्सः उत्पादन की प्रणाली उत्पादन के सम्बन्धों को निर्धारित करती है और ये सम्बन्ध सामान्यतः सामाजिक, राजनीतिक तथा बौद्धिक प्रक्रिया को निर्धारित करते हैं; पहले पहल सम्पत्ति सबकी साँझी होती है, कोई वर्ग नहीं होते और समाज समतावादी होता है—आबादी की बढ़ती हुई माँगों को पूरा करने में यह व्यवस्था ज्यों-ज्यों अक्षम होती चली जाती है, त्यों-त्यों ज़मीन कम पड़ती चली

जाती है और वह कुछ लोगों की निजी मिल्कीयत बनती चली जाती है, समाज में वर्ग प्रकट होने लगते हैं...; श्रम विभाजन और वर्गभेद बढ़ते चले जाते हैं...वर्ग विरोध तीव्र होते चले जाते हैं...राज्य का ढाँचा और उसके उपांग—कानून, अफ़सरशाही, निग्रहकारी तन्त्र, वह विचारधारा जिसका प्रचार किया जाता है, और धर्म—ये सब ऐसे साधन हैं जिनका इस्तेमाल शासक वर्ग अपने आधिपत्य को बनाए रखने के लिए करता है। एंजेल्सः विकासक्रम पाँच अवस्थाओं में से गुज़रता है—वर्ग रहित आदिम समाज; दासीय अर्थव्यवस्था; सामन्तवाद; पूँजीवाद; समाजवाद और अन्ततः साम्यवाद...लेनिनः 'दि ओरिजिन ऑफ़ दि फ़ेमिली, प्राइवेट प्रॉपर्टी ऐंड दि स्टेट' (परिवार, निजी सम्पत्ति और राज्य की उत्पत्ति) नामक पुस्तक जिसमें एंजेल्स ने इस विकासक्रम का ब्यौरा दिया है, "समाजवाद की बुनियादी पुस्तकों में से है जिसके एक-एक वाक्य को आत्मविश्वास के साथ स्वीकार किया जा सकता है, इस भरोसे के साथ कि वह बिना सोचे-समझे यों ही नहीं कह दिया गया है बल्कि वह बहुत-सी ऐतिहासिक और राजनीतिक सामग्री पर आधारित है"; यह विकासक्रम सार्वभौम नियम है; सभी देश और समाज इन अवस्थाओं में से गुज़रते हैं :

"सभी देशों में, बिना किसी अपवाद के, सभी मानव समाजों के हज़ारों वर्षों के विकास में एक सामान्य सिद्धान्त, नियमितता और संगति दिखाई देती है..."

'चिरप्रतिष्ठितों' द्वारा अवस्थाओं, और प्रत्येक अवस्था की विशेषताओं को स्पष्ट किया गया :

"...सबसे पहले हमारा समाज वर्ग रहित हुआ करता था—यह पितृसत्तात्मक, आदिम समाज था, जिसमें कोई अभिजात नहीं हुआ करते थे। उसके बाद का हमारा समाज दासता पर आधारित था, एक ऐसा समाज जिसके पास दास हुआ करते थे...दासों और दास-स्वामियों के बीच का विभाजन पहला महत्त्वपूर्ण वर्ग विभाजन था। दास-स्वामियों को, भले ही वे उस ज़माने में कितने ही ग़रीब और आदिम रहे हों, न केवल उत्पादन के सभी साधनों जैसे, भूमि और औज़ारों पर, बल्कि लोगों पर भी स्वामित्व प्राप्त था। यह समूह दास-स्वामी कहलाता था, जबकि वे लोग जो कि श्रम करते थे और दूसरों के लिए श्रम मुहैया करते थे, दास कहलाते थे।"

आपको याद होगा कि जिन पुस्तकों का हमने सर्वेक्षण किया है—पश्चिम बंगाल सरकार की चौथी कक्षा की पाठ्यपुस्तकों से लेकर, हमारे लब्धप्रतिष्ठ इतिहासकारों की अपेक्षाकृत अधिक पाण्डित्यपूर्ण पुस्तकों तक—सब में इन्हीं शब्दों को दोहराया गया है। उसके बाद ज़िक्र आता है अगली अवस्था का, जिसे हमारे लब्धप्रतिष्ठ इतिहासकारों ने प्राचीन भारत में विधिवत् रूप से खोज निकाला है :

"इतिहास में समाज के इस ढाँचे के बाद दूसरा ढाँचा था, सामन्तवाद का। ऐसे देशों की एक बहुत बड़ी संख्या थी जहाँ दासता ने अपनी विकास-प्रक्रिया

में कृषि दासता का रूप धारण कर लिया। अब समाज बुनियादी तौर पर सामन्ती मालिकों और कृषि दासों में बँट गया। लोगों के बीच के सम्बन्धों का रूप बदल गया...किसानों को सामन्ती मालिक की चल सम्पत्ति नहीं माना जाता था, बल्कि वह केवल उनसे श्रम, और कुछ ऐसी सेवाएँ प्राप्त करने का हकदार था जिन्हें मुहैया करना उनके लिए अनिवार्य था। व्यवहार में...कृषिदासता... किसी भी तरह से दासता से अलग नहीं थी...''

उसके बाद सामन्तवाद में से एक नया वर्ग—पूँजीपति वर्ग उभरकर सामने आया...''जमींदार वर्ग की आर्थिक शक्ति का ह्रास हुआ और नए वर्ग—जो कि पूँजी का प्रतिनिधित्व करता था—विकसित हुआ। समाज का पुनर्निर्माण इस प्रकार हुआ कि सभी नागरिक समान दिखाई देने लगे। दासों और दास-स्वामियों के बीच का पुराना विभाजन ग़ायब हो गया और सभी को कानून के सामने बराबर समझा जाने लगा, चाहे किसी के पास कितनी भी पूँजी रही हो, चाहे किसी व्यक्ति के पास निजी सम्पत्ति के रूप में ज़मीन रही हो या वह ग़रीब आदमी रहा हो जिसके पास उसकी श्रमशक्ति को छोड़कर और कुछ भी नहीं था। ये सब कानून के सामने बराबर थे। कानून सबकी बराबर रक्षा करता है; जिनके पास सम्पत्ति होती है, कानून उनकी सम्पत्ति की उस जनता के हमले से रक्षा करता है, जिनके पास कोई सम्पत्ति नहीं होती और अपनी श्रमशक्ति को छोड़कर और कुछ नहीं होता और जो लगातार ग़रीब होते चले जाते हैं और जो अन्ततः सर्वहारा बन जाते हैं। ऐसा होता है पूँजीवादी समाज...यह समाज आज़ादी के नारे को अपना सम्बल बनाकर कृषिदासता और पुरानी सामन्ती प्रणाली के विरुद्ध आगे बढ़ता चला गया। लेकिन यह आज़ादी उनके लिए थी, जिनके पास सम्पत्ति थी...''

एक बार फिर हमारी पुस्तकों में शब्दों को हू-ब-हू दोहरा दिया गया है। तीव्र होते अन्तर्विरोध, विघटन, बढ़ती हुई जागृति और सर्वहाराओं का एकजुट होना...और उसके बाद स्वर्णयुग...

और इस प्रकार एक पक्की हिदायत दी जाती है और एक अनोखा चश्मा चढ़ा दिया जाता है आँखों पर; ताकि हर चीज़ को उसी के ज़रिए देखा जाए :

''यह बुनियादी तथ्य—कि समाज का दासता के आदिम रूपों से कृषि दासता और अन्ततः पूँजीवाद में संक्रमण हुआ—आपको हमेशा दिमाग़ में रखना चाहिए, क्योंकि इस तथ्य को याद रखने से ही, इस बुनियादी योजना में निहित सभी राजनैतिक सिद्धान्तों को जाँचने के बाद ही आप इन सिद्धान्तों का सही मूल्यांकन कर पाएँगे और यह समझ पाएँगे कि वे किस ओर संकेत करते हैं; क्योंकि मानव इतिहास के इन महान् युगों—दास स्वामित्व, सामन्तवादी, पूँजीवादी—में से प्रत्येक युग का विस्तार बीसियों और सैकड़ों सदियों तक रहा है, और प्रत्येक युग में इतनी अधिक राजनैतिक शैलियाँ, इतने किस्मों के राजनैतिक सिद्धान्त और विचार

विद्यमान रहे हैं और इतनी अधिक क्रान्तियाँ घटित हुई हैं कि इस अतिशय विविधता तथा अपरिमित अनेकरूपता (ख़ासतौर पर बूर्जुआ विद्वानों और राजनीतिज्ञों के राजनैतिक, दार्शनिक तथा अन्य सिद्धान्तों के मामले में) को तभी समझा जा सकता है जबकि समाज के इस वर्ग-विभाजन को, वर्ग सत्ता के रूपों में आए इस परिवर्तन को एक मार्गदर्शी सूत्र की तरह से कस कर पकड़े रखा जाए और इस दृष्टिकोण से सभी सवालों—आर्थिक, राजनैतिक, धार्मिक आदि—की जाँच की जाए।''

हमारे इतिहासकार राष्ट्रीय शिक्षा अनुसन्धान तथा प्रशिक्षण परिषद् के लिए पाठ्यपुस्तकें लिखते समय जिन मार्ग-निर्देशों का अनुकरण करते हैं, उनके बारे में क्या अब कोई सन्देह रह गया है? इन लब्धप्रतिष्ठ इतिहासकारों में से एक ने यह सुनिश्चित करने का भरपूर प्रयास किया है कि प्राचीन भारत के गणतान्त्रिक राज्यों को श्रेष्ठ राज्य न समझ लिया जाए। उनकी ऐसी करनी पर हमें हैरान नहीं होना चाहिए, क्योंकि 'आका' ने यह घोषित किया है :

''प्राचीन काल के इतिहास सम्बन्धी प्रत्येक पाठ्यक्रम में और इस विषय पर प्रत्येक भाषण में आपको उस संघर्ष के बारे में जानने को मिलेगा जो कि राजतन्त्रीय और गणतन्त्रीय राज्यों के बीच चला। लेकिन बुनियादी हकीकत यह है कि दासों को इंसान नहीं समझा जाता था। उन्हें न केवल नागरिक ही नहीं समझा जाता था, बल्कि उन्हें इंसान तक भी नहीं समझा जाता था। रोमन कानून उन्हें चल-सम्पत्ति मानता था। व्यक्ति के बचाव सम्बन्धी दूसरे कानूनों की तो बात छोड़िए, मानव हत्या सम्बन्धी कानून भी दासों पर लागू नहीं होता था। उनके अन्तर्गत केवल दास-स्वामियों को रक्षा प्राप्त थी, क्योंकि केवल उन्हें ही ऐसे नागरिकों के रूप में मान्यता मिली हुई थी, जिन्हें पूरे अधिकार प्राप्त थे। लेकिन कोई राजतन्त्र चाहे संस्थापित किया गया हो या वह गणतन्त्र राज्य हो, वह दास-स्वामियों का ही राजतन्त्र होता था और दास-स्वामियों का ही गणतन्त्र। सभी अधिकारों का उपभोग दास-स्वामी ही करते थे और दास, कानून की निगाह में मात्र एक चल सम्पत्ति था। न केवल किसी भी दास को हिंसा का शिकार बनाया जा सकता था, बल्कि किसी दास की हत्या को भी अपराध नहीं समझा जाता था। दास रखने वाले गणतन्त्रों की आन्तरिक व्यवस्था अलग-अलग होती थी। गणतन्त्र अभिजाततन्त्रीय भी होते थे और लोकतान्त्रिक भी। अभिजाततन्त्रीय गणतन्त्र में कुछ थोड़े-से विशेषाधिकारप्राप्त व्यक्ति चुनावों में भाग लिया करते थे और लोकतान्त्रिक गणतन्त्र में हर व्यक्ति हिस्सा लेता था—लेकिन हर व्यक्ति का अर्थ था केवल दास-स्वामी, अर्थात् दासों को छोड़कर हर व्यक्ति। इस बुनियादी हकीकत को ध्यान में रखा जाना चाहिए क्योंकि यह राज्य के प्रश्न पर और अधिक प्रकाश डालती है और स्पष्ट रूप से प्रमाणित करती है कि राज्य का स्वरूप कैसा होता था।''

क्या हमें तीसरी कक्षा के विद्यार्थी को शिक्षा देने के लिए निर्धारित पश्चिम

बंगाल की पाठ्यपुस्तक पर हैरान होना चाहिए था : निजी सम्पत्ति का आविर्भाव, ग़रीबों का सम्पत्तिहरण करने वाले अमीर, ग़रीबों को उनके हक से वंचित रखना, और उसके अलावा उन पर किए जाने वाले अत्याचार, दासों द्वारा किए गए विद्रोह, उन्हें अनुशासित करने के लिए कानून, पुलिस, न्यायालयों की व्यवस्था? यह सिद्ध करने के लिए कि मौर्य राज्य का जो विस्तार हुआ या उसे मज़बूत बनाने के लिए जो कदम उठाए गए, वे मात्र शासक वर्गों द्वारा बल प्रयोग के साधन हासिल करने के प्रयास थे...हमारे लब्धप्रतिष्ठ मित्रों ने जो सिरतोड़ मेहनत की, क्या हमें उस पर हैरान होना चाहिए? जब हमारे लब्धप्रतिष्ठ इतिहासकार यह कहते हैं कि टकराव और तनाव ज़रूर रहा होगा, यद्यपि इनका कोई प्रमाण नहीं मिलता...तो क्या हमें हैरान होना चाहिए? क्या 'मास्टर' ने 'वेदवाक्य' के रूप में यह नहीं कहा था कि :

"राज्य एक वर्ग द्वारा दूसरे वर्ग के उत्पीड़न की संस्था है, एक ऐसी संस्था जिसके द्वारा एक वर्ग के नीचे दूसरे मातहत वर्गों को फ़रमाबदार बना कर रखा जाता है...न तो दास प्रथा और न सामन्ती प्रणाली के अन्तर्गत, कुछेक अल्पसंख्यक लोग विशाल बहुसंख्यक जनसमूह पर बल प्रयोग के बिना शासन कर सकते थे...अपने शासन और अपनी सत्ता को बनाए रखने के लिए सामन्ती मालिकों के पास ऐसा तन्त्र होना ज़रूरी था जिसके ज़रिए वे विशाल जनसमूह को अपनी मातहती में एक साथ रख पाते और उन्हें कुछ नियमों और विनियमों के अन्तर्गत ला पाते; और इन सब नियमों का बुनियादी मकसद एक ही था—मालिकों की कृषि दासों पर सत्ता बनाए रखना..."[3]

वही के वही शब्द बार-बार दोहराए गए हैं बंगाल की तीसरी कक्षा की पाठ्य-पुस्तकों से लेकर, हमारे लब्धप्रतिष्ठ इतिहासकारों द्वारा लिखे गए प्राचीन भारत के इतिहासों तक में। स्टालिन ने इन कथनों और कालक्रमों को 'ए शार्ट हिस्ट्री ऑफ़ दि कम्यूनिस्ट पार्टी ऑफ़ दि सोवियत यूनियन' (सोवियत यूनियन की कम्यूनिस्ट पार्टी का संक्षिप्त इतिहास) के मूल पाठ का हिस्सा बनाकर उन्हें पत्थर की लकीर की तरह अमिट बना दिया। निष्ठावान कम्यूनिस्टों को यह पुस्तक कंठस्थ करनी पड़ती थी। वाकई हमारे मित्रों की प्राचीन भारत पर लिखी गई पुस्तकें ऐसी दिखाई देती हैं मानो इस पाठ्यपुस्तक के उक्त डेढ़ पैराग्राफ में भारतीय उदाहरणों से भराई कर दी गई हो। ठीक उसी प्रकार जैसे पश्चिम बंगाल सरकार द्वारा तीसरी से छठी कक्षा तक के छात्रों के लिए निर्धारित पाठ्यपुस्तकें इस पाठ्य पुस्तक के पैराग्राफ़ों की प्रतिकृति लगती हैं। इन पुस्तकों से हमें जो शिक्षा मिलती है, उसका कुल जुमला स्टालिन के सुसमाचार में इस प्रकार मिलता है :

"...आदिम समाज में लोग छोटे-छोटे समुदायों में रहा करते थे और उत्पादन के सभी साधनों—भूमि, खनिजों, वनों, जलाशयों और श्रम-औज़ारों पर उनका साझा

स्वामित्व होता था। उस समय न तो कोई ग़रीब था, और न कोई अमीर, सब बराबर थे। लेकिन धीरे-धीरे उत्पादन साधनों पर निजी स्वामित्व स्थापित होता चला गया और समाज सम्पत्तिधारियों और ग़ैर-सम्पत्तिधारियों में बँट गया। जिनके पास उत्पादन के साधन थे, उन्होंने उन लोगों का शोषण करना शुरू कर दिया जिनके पास ऐसे साधन नहीं थे।

"इस प्रकार अति प्राचीन काल में समाज दासों और दास-स्वामियों में बँट गया। दासों के कोई अधिकार नहीं हुआ करते थे। उन्हें इंसान नहीं बल्कि अपने मालिक का 'बोलने वाला औज़ार' समझा जाता था। दास-स्वामित्व प्रणाली का स्थान सामन्ती प्रणाली ने ले लिया, जिसके अन्तर्गत समाज में सामन्ती मालिक और कृषिदास हुआ करते थे। किसान भूमि से जुड़े होते थे और उनका दर्जा दासों के दर्जे से थोड़ा-सा अलग होता था। इसके बावजूद वे भूस्वामियों द्वारा उन्हें दिए गए भूखण्डों पर थोड़ी-सी निजी खेती किया करते थे और उसके बदले उन्हें मालिक के लिए कुछ निश्चित दिनों के लिए काम करना पड़ता था। सामन्ती प्रणाली का स्थान पूँजीवाद ने ले लिया। पूँजीवादी समाज में उत्पादन के सभी बुनियादी साधन पूँजीपतियों और भूस्वामियों की मिल्कीयत होते हैं। दास और कृषिदास के बरअक्स कामगार स्वतन्त्र व्यक्ति होता है। लेकिन उसके पास अपने हस्तकौशल के सिवाय और कुछ नहीं होता। ज़िन्दा रहने के लिए उसे पूँजीपति के यहाँ भाड़े पर काम करना होता है और उसे अपनी श्रमशक्ति मालिक को बेचनी होती है। पूँजीवाद अनिवार्य रूप से भाड़े की दासता प्रणाली है।"[4]

प्रत्येक महान् व्यक्ति दूसरे महान् व्यक्ति को दोहरा कर उसकी प्रस्थापना को सही सिद्ध करने की कोशिश कर रहा है...क्योंकि इन महान् व्यक्तियों ने ऐसे अपरिवर्तनीय सार्वभौमिक नियम निर्धारित किए हैं जो इतिहास को नियन्त्रित करते हैं और क्योंकि इन महान् व्यक्तियों ने वे अवस्थाएँ निर्धारित की हैं, जिनमें से सभी समाजों को अनिवार्यतः गुज़रना पड़ता है; इसलिए बातों को दोहराना और फिर-फिर दोहराना वफ़ादारी की कसौटी बन गया। यह दोहराने की प्रक्रिया विद्वत्ता की भी कसौटी बन गई। व्यक्ति को कोई ऐसा अंश खोद कर निकालना होता था जिससे यह सिद्ध किया जा सकता कि 'चिरप्रतिष्ठितों' द्वारा कही गई बातें भारत के मामले में भी सही थीं। बस इतिहासकार को इन कथनों का ताना-बाना बुनकर वृत्तान्त का रूप देना होता था, बल्कि अपने वृत्तान्त की बुनत इस प्रकार करनी होती थी कि समय-समय पर वे कथन एक तार्किक क्रम का हिस्सा बनकर सामने आ पाते। और इन सब बातों के चलते हर कोई यह कहने लगता है कि विकासक्रम के बारे में जो-जो बातें कहीं गई हैं, वास्तविक स्थिति ठीक उन्हीं के अनुरूप रही होगी, यद्यपि इसका कोई वास्तविक उदाहरण नहीं मिल पा रहा! और यदि कोई इसके बारे में सन्देह प्रकट करता है, तो वह उस सन्देह के द्वारा ही

यह सिद्ध कर रहा होता है कि वह असल में शोषणकारी वर्गों के हितों के लिए ऐसा काम कर रहा है!

क्योंकि इन वाक्यांशों को उगलना, हर चन्द पृष्ठों के बाद उनकी ओर लौटना विद्वत्ता की ज़रूरी और पर्याप्त शर्त बन गया था, इसलिए हमारे इतिहासकारों ने उससे आगे और कुछ नहीं किया। लेनिन के उस एक ही भाषण को ले लीजिए, स्टालिन के 'संक्षिप्त इतिहास' के उस डेढ़ पैराग्राफ़ को ही ले लीजिए : आपको प्राचीन भारत पर हमारे लब्धप्रतिष्ठ इतिहासकारों द्वारा किए गए कार्य के विश्लेषणात्मक सारांश का कुल जुमला मिल जाएगा। पिछले तीस वर्षों के दौरान इतिहास लेखन का यह एक कारुणिक पहलू रहा है। लेकिन इसके साथ एक हास्यास्पद पहलू भी जुड़ा हुआ है।

जैसे-जैसे प्राचीन विश्व के बारे में ज़्यादा-से-ज्यादा तथ्य उपलब्ध होने लगे, मार्क्सवादी विद्वानों ने उन सिद्धान्तों और अवस्थाओं के 'सूक्ष्म विभेद करने' तथा उन्हें 'और आगे विकसित करने' का प्रयास किया जो कि मार्क्स और एंजेल्स ने निर्दिष्ट की थीं। जैसे-जैसे योरुप से बाहर के इलाकों के बारे में ज़्यादा-से-ज़्यादा सूचना उपलब्ध होती गई, वैसे-वैसे ऐसा करना और भी ज़रूरी होता गया। यहाँ तक कि सोवियत संघ में, स्टालिन शासन के अभिशापित दशकों के दौरान ही मार्क्सवादी विद्वानों ने प्रवर्तकों द्वारा निर्दिष्ट सिद्धान्तों और अवस्थाओं के जकड़जामों से बाहर निकलना शुरू कर दिया था। प्रायः यह उन व्यक्तियों के कारण हुआ जिन पर शासकों की कृपादृष्टि नहीं रही। एक क्षण तो मार्क्सवादी इतिहास लेखन में आदर्श माने जाने वाले एम.एन. पोकरोव्स्की का इस कार्य में पूर्ण नियन्त्रण रहता है और अगले ही क्षण उस पर यह इलज़ाम लगा दिया जाता है कि उसने मार्क्स को न तो ठीक तरह से समझा है और न ही उसका ठीक तरह से निरूपण किया है। उस पर दोषारोपण करने के उद्देश्य से उनके निन्दक मार्क्सवादी वक्तव्यों की परस्पर विरोधी व्याख्याएँ प्रस्तुत करते हैं...और उन व्याख्याओं के लिए जल्द ही स्वयं उनकी भी निन्दा की जाने लगती है...प्रत्येक कलाबाज़ी एक प्रसंग बन जाती थी...उसके लिए एक नई 'व्याख्या' की ज़रूरत पड़ती थी, 'चिरप्रतिष्ठितों' के एक और 'सृजनात्मक विकास' की ज़रूरत पड़ती थी।

इस बात को स्वीकार किया गया कि प्राचीन यूनान और रोम के बारे में प्राप्त नई सूचना भी मार्क्स और एंजेल्स के प्रतिपादन से मेल नहीं खाती थी। उदाहरण के लिए इस बात से इनकार नहीं किया जा सका कि उनके द्वारा पहले के यूनानी और रोमन समाज का 'दासधारी' समाज के रूप में किया गया वर्णन यूनानी नगर राज्यों में दासों की संख्या के बारे में एंजेल्स द्वारा बहुत ज़्यादा बढ़ा-चढ़ाकर लगाए गए अनुमान पर आधारित था। जैसे-जैसे प्रागैतिहासिक समाजों के बारे में और अधिक सूचना उपलब्ध होती चली गई' वैसे-वैसे इस कल्पना को

बरकरार रखना ज़्यादा मुश्किल होता चला गया कि प्राचीनकालीन समाजों में सम्पत्ति पर सबकी साँझी मिल्कियित रहती थी और समता भाव के कारण समाज में सामंजस्यपूर्ण वातावरण था। अब इस बात से भी इनकार करना मुश्किल हो गया कि पशुओं की दुनिया में भी सामाजिक ढाँचे के कई स्तर थे।

उसी तरह से एशियाई समाजों को भी उन श्रेणियों के अन्तर्गत नहीं रखा जा सकता था जिनका आधार, योरुप में समाजों और राज्यों के विकास के बारे में उपलब्ध सूचना थी, और वह भी उतनी जितनी कि 19वीं शताब्दी के मध्य तक उपलब्ध हो पाई थी। तब से लेकर योरुप के बारे में भी ढेरों अतिरिक्त सूचनाएँ प्राप्त हुई हैं और चीनी, भारतीय तथा अन्य समाजों के बारे में तो सूचना के अम्बार-के-अम्बार प्राप्त हुए हैं। तदनुसार विकासक्रम को कई उपवर्गों और उपकालों में और आगे विभाजित किया गया।

लेकिन यहाँ भारत में, पहले के वाक्यांशों और श्रेणियों की सादगी से ज्यों-की-त्यों रट लगाए रखना पर्याप्त समझा गया। इसलिए इतिहास लेखन में इन लब्धप्रतिष्ठ इतिहासकारों की केवल अपने आकाओं के प्रति वफ़ादारी ही प्रकट नहीं होती, उनकी सादादिली भी प्रकट होती है।

लेकिन इसके अलावा एक बात और भी है। इस्लामी काल पर कलई चढ़ाना ही इन इतिहासकारों के इतिहास लेखन की एकमात्र विशेषता नहीं है। इसके अलावा इस्लाम-पूर्वकाल तथा देश की परम्पराओं के प्रति इनकी प्रत्यक्ष घृणा भी उनके लेखन में साफ़ देखने को मिलती है। उदाहरण के लिए पिछले कई वर्षों के दौरान भारत के बारे में सोवियत विश्वकोशों में किए गए इन्दराजों में ज़्यादा-से-ज़्यादा लचीलापन आता चला गया। वे संकोचपूर्वक यह स्वीकार करने लगे कि जब श्रेणियों और कालों को चीन और भारत जैसे देशों पर लागू किया जाना था, तो उनके और सूक्ष्म विभेद करने की ज़रूरत थी। वे यह भी स्वीकार करने लगे कि अलग-अलग समयों पर विभिन्न अवस्थाएँ परस्पर व्याप्त थीं और एक साथ विद्यमान थीं। और शायद केवल राजनयिक कारणों से वे हमारी परम्पराओं को बदनाम करने में उत्तरोत्तर अधिक सतर्कता बरतने लगे।

उदाहरण के तौर पर एक दो खण्डों की स्तरीय सोवियत पुस्तक 'ए हिस्ट्री ऑफ़ इण्डिया'[5] (भारत का इतिहास) में भारतीय इतिहासों के विभिन्न कालों का वैसा ही स्वरूप प्रस्तुत किया गया है, जैसा कि हमारे लब्धप्रतिष्ठ इतिहासकारों की पुस्तकों में देखने को मिलता है।

सोवियत इतिहासकारों का भी यही कहना है कि कलिंग विजय के बाद अशोक ने केवल अपने तरीके ही कुछ हद तक बदले थे, "अपनी शक्ति को भुलाए बग़ैर, और जहाँ कहीं ज़रूरी होता था, वहाँ बल प्रयोग करते हुए मौर्य शासक वैचारिक और राजनयिक हथियारों को काम में लाने लगा, जो कि उसके मुख्य हथियार थे"

और यह कि "विशेष रूप से नियुक्त किए गए अधिकारियों और राजनयिक दूतमण्डलों पर निर्भर रहते हुए, उसने उन इलाकों में जिन पर उसने अभी विजय प्राप्त नहीं की थी; अपने असर को मज़बूत करने के लिए विशेष प्रयास किए और वहाँ के निवासियों को राजा के स्नेह और अच्छी देखभाल, पितृवत् सरोकार और सब प्रकार की सहायता का वचन दिया।"[6] इन इतिहासकारों का यह भी कहना है कि "यह मानना होगा कि कुछ हद तक अशोक को धार्मिक सहिष्णुता की नीति अपनाने पर मजबूर होना पड़ा, क्योंकि (बौद्ध धर्म के अलावा) रूढ़िवादी तथा धर्मद्रोही उपदेश इतने उग्र थे कि ऐसा किए बिना उसका कोई गुज़ारा नहीं था," और यह कि "वह अपनी धार्मिक सहिष्णुता और विभिन्न धर्म-सम्प्रदायों के जीवन पर राज्य के कुशल नियन्त्रण के कारण ही एक तरफ़ ब्राह्मणों, अजीविकों और जैनियों के प्रबल वर्गों के साथ संघर्ष से बच पाया और दूसरी तरफ़ इतने प्रभावकारी ढंग से बौद्ध धर्म को आगे बढ़ा पाया।" और यह कि "जब अशोक अपने शासनकाल के अन्तिम वर्षों के दौरान धार्मिक सहिष्णुता की इस नीति को त्याग कर खुल्लमखुल्ला बौद्ध धर्म समर्थक नीति पर चलने लगा, तो उससे दूसरे धर्मों के अनुयायियों के बीच ज़ोरदार विरोध पैदा हो गया जिसके कारण राजा और उसके प्रशासन को गम्भीर परिणामों का सामना करना पड़ा।"[7] संक्षेप में, सोवियत पुस्तकों में भी अशोक की सहिष्णुता की नीति कार्यसाधकता की नीति है।

लेकिन जहाँ हमारे इतिहासकार इस मत को लेकर चले हैं कि अशोक द्वारा बलियों के विरुद्ध की गई कार्रवाइयों के कारण जब ब्राह्मणों की आजीविका छिन गई तो उन्होंने उसके शासन की जड़ें खोखली कर दीं, वहाँ सोवियत इतिहासकार इसका दोष स्वयं अशोक के ही माथे मढ़ देते हैं। वे लिखते हैं, "अपने शासन काल के अन्त में अशोक ने बुद्ध के उपदेशों के प्रचार-प्रसार के लिए बौद्ध धर्म संघ को इतने अधिक दान दिए कि उसके परिणामस्वरूप उसका शाही ख़जाना ख़ाली हो गया।" वे कहते हैं कि अशोक के अधिकारियों ने उसके पौत्र सम्पादी को 'राजा द्वारा भिक्षुओं को इतने ज़्यादा दान दिए जाने' के परिणामों के बारे में चेतावनी दी, "और यह माँग की कि वे दान तुरन्त वापस ले लिए जाएँ।" इसके बाद वे लिखते हैं, "सम्पादी के आदेशों से, बुद्ध धर्मसंघ को दान देने सम्बन्धी अशोक के अनुदेशों का पालन नहीं किया गया।"[8]

सोवियत इतिहासकारों ने गणतन्त्रों के बारे में विस्तृत विवरण दिया है। उन्होंने उनके प्रति वैसा तिरस्कार व्यक्त नहीं किया है और न ही शासन विधि के इतने प्रारम्भिक काल में ये गणतन्त्र जिन प्रजातान्त्रिक विशिष्टताओं को प्राप्त कर पाए, उनके बारे में वैसा सन्देह प्रकट किया है जैसा कि हमें अपने लब्धप्रतिष्ठ इतिहासकारों में देखने को मिलता है। सोवियत इतिहासकारों ने वर्णन किया है कि कैसे इन गणतान्त्रिक संघों ने " 'राज्यतन्त्रों' के विरुद्ध दृढ़संकल्प के साथ

संघर्ष छेड़े और कई बार उन पर प्रभावशाली विजय प्राप्त की।" वे आगे लिखते हैं, "बौद्ध स्रोतों ने तो कुछ गणतान्त्रिक राज्यों की गिनती महाराज्यों में की है।" इसके बाद वे लिखते हैं, "यूनानी, लैटिन के साथ-साथ भारतीय स्रोतों में भी इन ग़ैर-राज्यतन्त्रीय संघों का फलते-फूलते राज्यों के रूप में वर्णन किया गया है, जिनमें प्रशासन की एक सुचारु प्रणाली और उच्चकोटि की संस्कृति मौजूद थी।" लेकिन सोवियत इतिहासकार यह लिखना भी नहीं भूले हैं कि इनमें से कुछ संघों में, "वास्तविक सत्ता क्षत्रियों की अभिजात परिषद् के हाथों में थी।" उन्होंने इन गणतन्त्रीय संघों की विधान सभाओं के भीतर 'आन्तरिक अन्तर्विरोधों' और वर्ग संघर्षों का भी उल्लेख किया है, लेकिन वे यह भी लिखते हैं कि "गणों और संघों में पाई जाने वाली राजनीतिक व्यवस्था की सबसे बड़ी विशेषता जो कि उन्हें राज्यतन्त्रों से अलग करती थी, वह यह थी कि आबादी के अधिकतर वर्ग राजनीतिक मामलों से जुड़े हुए थे। इस वजह से उन संघों में मज़बूती और टिकाऊपन बना हुआ था।"[9]

उन्होंने कनिष्क के बारे में कहा है कि वह "प्राचीन भारत के अत्यन्त विख्यात शासकों में से एक था।" उन्होंने उसके बुद्ध धर्म से जुड़ाव का भी उल्लेख किया है। उन्होंने इस प्रकार की कोई तानाकशी भी नहीं की है कि कनिष्क ने बिना किसी गहरे आन्तरिक अनुभव के धर्मपरिवर्तन कर लिया था।[10]

गीता में बौद्धिकता और आध्यात्मिकता का जो सम्मिश्रण मिलता है, उसमें हमें जो नई और मौलिक उद्भावनाएँ मिलती हैं, जैसे कर्म करने और उसके फल की चिन्ता न करने की संकल्पना—लोगों के मन में इसने जो अत्यधिक महत्त्वपूर्ण स्थान बना लिया और इसकी ओजस्विता तथा प्राधान्य, जिसका प्रमाण हमें इस बात से मिलता है कि इतने अधिक नेताओं—तिलक, गाँधी, श्रीअरविन्द यहाँ तक कि नेहरू ने भी, इसके माहात्म्य को पहचाना—इन सब बातों का उल्लेख किया गया है। गीता में भक्ति को जो महत्त्व प्रदान किया गया है, उसके बारे में भी सोवियत पुस्तकों में ज़िक्र किया गया है। लेकिन उनमें इस किस्म की व्याख्या कि 'भक्ति सामन्तवाद की दासी थी' देखने को नहीं मिलती, जैसी हम अपने लब्ध प्रतिष्ठ इतिहासकारों की पुस्तकों में पाते हैं।[11]

कालिदास की रचनाओं का उल्लेख 'प्राचीन भारतीय साहित्य के मोतियों में से एक' के रूप में किया गया है और उसे 'विश्व संस्कृति के इतिहास का एक गौरवयुक्त पृष्ठ' बताया गया है। कालिदास को इस बात का श्रेय दिया गया है कि उसने 'बुद्ध और उनके निष्ठावान अनुयायियों की उस आदर्श छवि' से आगे बढ़कर साहित्य रचना की, जो कि हमें अश्वघोष की रचनाओं में देखने को मिलती है। हमारे लब्धप्रतिष्ठ इतिहासकारों के बरअक्स सोवियत इतिहासकार लिखते हैं, "पूर्व परम्पराओं से विचलित हुए बग़ैर कालिदास ने बहुत दृष्टियों से अपनी एक

अलग छाप छोड़ी।" इसके बाद वे लिखते हैं, "यही कारण है कि उसका साहित्य सदियों से लोगों के दिल-दिमाग़ पर छाया हुआ है।"[12]

उसी प्रकार जहाँ हमारे लब्धप्रतिष्ठ इतिहासकार प्राचीन भारत के वैज्ञानिकों की उपलब्धियों पर पानी फेर देते हैं, वहाँ सोवियत इतिहासकार लिखते हैं :

"ईसा पश्चात् की प्रारम्भिक शताब्दियों में बड़ी-बड़ी वैज्ञानिक उपलब्धियाँ प्राप्त की गईं। ख़ासतौर पर यह बात गणित, खगोल विज्ञान, चिकित्सा विज्ञान तथा रसायन विज्ञान जैसे क्षेत्रों के बारे में कही जा सकती है। कई विधाओं से सम्बन्धित वैज्ञानिक शोधप्रबन्ध लिखे गए। अर्थव्यवस्था सम्बन्धी आवश्यकताओं के कारण गणित के विकास को काफ़ी बढ़ावा मिला। धार्मिक प्रासादों के निर्माण तथा उपासना के प्रयोजनों की दृष्टि से गणित महत्त्वपूर्ण था।

"प्राचीन काल में तथा मध्ययुग के शुरू में आर्यभट्ट (पाँचवीं शताब्दी तथा छठी शताब्दी के पूर्वार्द्ध में), वराहमिहिर (छठी शताब्दी) और ब्रह्मगुप्त (छठी शताब्दी के उत्तरार्द्ध तथा सातवीं शताब्दी के पूर्वार्द्ध में) जैसे श्रेष्ठ गणितज्ञ हुए जिनकी खोजों में आधुनिक युग की बहुत-सी वैज्ञानिक उपलब्धियों के पूर्वानुमान देखने को मिलते हैं। आर्यभट्ट जानता था कि पाई 3.1416 के बराबर होती है, जिसे हम पाइथागोरस थियोरेम (प्रमेय) के रूप में जानते हैं, उसकी जानकारी उस समय प्राप्त की जा चुकी थी। आर्यभट्ट ने दो अज्ञात संख्याओं वाले रेखीय समीकरण का पूर्णांकों में मौलिक समाधान प्रस्तुत किया जो कि आधुनिक समाधानों से काफ़ी मिलता-जुलता है।

"प्राचीन भारतीयों ने शून्य का प्रयोग करते हुए गणना की एक प्रणाली विकसित की। आगे चलकर शून्य का प्रयोग अरबी अंकों में भी किया जाने लगा और उसके बाद उसे अन्य लोगों ने भी अपना लिया। आर्यभट्ट के शिष्यगण ज्या (साइन) और कोज्या (कोसाइन) से भी परिचित थे।

"आर्यभट्ट के शिष्य ब्रह्मगुप्त ने समीकरणों की एक पूरी शृंखला के समाधान प्रस्तुत किए।

"इस काल में भारतीय विद्वानों ने खगोल विज्ञान के क्षेत्र में भी महत्त्वपूर्ण सफलता प्राप्त की। इस काल के कुछ खगोल वैज्ञानिक शोधग्रन्थों को सँभाल कर रखा गया है और ये सिद्धान्त इस बात के प्रमाण हैं कि प्राचीन भारतीयों ने खगोल विज्ञान में उच्चस्तरीय ज्ञान प्राप्त कर लिया था।

"गुप्त काल के विद्वान् पहले से ही खगोलीय पिण्डों की हरकत और सूर्यग्रहण तथा चन्द्रग्रहण के कारणों के बारे में जानते थे। पृथ्वी के अपने अक्ष पर चक्कर खाने के बारे में आर्यभट्ट ने अत्यन्त प्रतिभाशाली शोधग्रन्थ प्रस्तुत किया।

"ब्रह्मगुप्त ने (न्यूटन से कई सदियों पहले) यह बता दिया था कि वस्तुएँ पार्थिव गुरुत्वाकर्षण के कारण ज़मीन पर गिरती हैं।

"वराहमिहिर की पुस्तक 'बृहत्संहिता' में खगोल विज्ञान, भूगोल तथा खनिज विज्ञान के बारे में रोचक सामग्री मिलती है।"[13]

हमारे लब्धप्रतिष्ठ इतिहासकार प्राचीन काल में भारतीय कला तथा वास्तुकला सम्बन्धी उपलब्धियों का महत्त्व घटा देते हैं, यह कहते हुए कि यह कला दूसरे देशों से ली गई थी, और इस वजह से भी, कि उन्हें उसमें केवल विशेषाधिकार प्राप्त वर्गों का प्रतिबिम्ब दिखाई देता है। दूसरी तरफ़ सोवियत इतिहासकारों का यह कहना है कि भारतीय इन क्षेत्रों में उच्च स्तर को प्राप्त कर चुके थे। उन्होंने इस कला को अत्यन्त मौलिक बताया है। उन्होंने 'भारतीय कला जगत् की कलाकृतियों' को 'उत्कृष्ट' बताते हुए कहा है कि इसका उदाहरण अजन्ता की गुफ़ाओं में मिलता है।[14]

जहाँ हमारे मित्रों को भक्ति केवल ऐसा साधन दिखाई देती है, जिसकी उद्भावना सामन्तवादी युग में कृषिदास की अपने मालिक के प्रति व्यक्तिगत निष्ठा सुनिश्चित करने के लिए की गई, वहाँ सोवियत इतिहासकारों को उसमें कम-से-कम एक अच्छी बात अवश्य दिखाई दी। वे उसे एक ऐसे साधन के रूप में देखते हैं जिसके द्वारा लोग धार्मिक अनुष्ठानों से मुक्त हो पाए और वे अपने इष्टदेव के साथ सीधे सम्पर्क स्थापित कर पाए। संक्षेप में, वे भक्ति को एक सामाजिक विरोध का साधन मानते हैं न कि सामाजिक दासता के शिकंजे को और ज़्यादा कसने का साधन।[15]

जहाँ हमारे मित्र सुलतानों की धार्मिक नीति पर लीपा-पोती कर देते हैं और एक 'सामान्य सहिष्णुता' की नीति की अपनी तरफ़ से कल्पना कर लेते हैं, वहाँ सोवियत इतिहासकार उनके बारे में एक अधिक स्पष्टवादी विवरण प्रस्तुत करते है। फिरोज़ तुग़लक ने मुहम्मद तुग़लक के शासनकाल के घातक परिणामों के असर को कम करने के लिए जो कदम उठाए उनका ब्यौरा देने के बाद वे लिखते हैं :

"लेकिन उसके साथ-साथ फिरोज़ सभी विधर्मी आन्दोलनों को बेरहमी से दबा रहा था और हिन्दुओं तथा मुसलमानों का उत्पीड़न कर रहा था। हिन्दू राज्यों (विशेषकर काटेहर) के विरुद्ध अभियानों में उसने स्थानीय लोगों को गुलाम बनाया और शाही जागीर पर उनसे श्रमकार्य करवाता रहा। अपने सुलतान की मिसाल पर चलते हुए उसके अधिकारियों ने भी गुलाम बनाने शुरू कर दिए। इतिहासकार बरनी के अनुसार उस समय देश में कुल मिलाकर लगभग 180,000 गुलाम थे।"[16]

यद्यपि हमारे मित्र दिल्ली के सुल्तान को 'सामान्य सहिष्णुता' की नीति का श्रेय देते हैं, लेकिन सोवियत इतिहासकार लिखते हैं :

"दिल्ली में सुलतानों की सल्तनत कायम हो जाने के बाद भारत ने खुद को तथाकथित मुस्लिम विश्व के सांस्कृतिक वातावरण में पाया। इस्लाम की विचारधारा सातवीं शताब्दी में सिन्ध में और नौवीं शताब्दी में उत्तरी भारत के दूसरे

भागों में पैठ करने लगी। लेकिन दिल्ली के सुल्तानों के शासन में इस्लाम को राज्य धर्म बना दिया गया और उसे स्थानीय जनता पर ज़बरदस्ती थोपा जाने लगा। हिन्दू आबादी के विभिन्न वर्गों ने नए धर्म को अपना लिया; थोड़े से लोगों ने ज़बरदस्ती किए जाने के कारण और कुछ और लोगों ने तो उन विशेषाधिकारों के कारण, जो कि उन्हें उपलब्ध कराए गए, क्योंकि केवल मुसलमान ही बड़े-बड़े पदों तक पहुँच पाते थे। एक तीसरे समूह ने यह कदम इसलिए उठाया ताकि उन्हें जजिया या ग़ैर-मुसलमानों पर लगाया जाने वाला व्यक्ति-कर अदा न करना पड़े। इसके अलावा निम्नतर जातियों के लोगों ने इस आशा से मुस्लिम धर्म अपनाया ताकि अपनी सामाजिक स्थिति के कारण उन्हें जो नुकसान उठाने पड़ते थे, उनसे वे बच सकें।''[17]

हमारे लब्धप्रतिष्ठ इतिहासकार औरंग़ज़ेब की धार्मिक नीति की सफ़ाई पेश करने के लिए जो एक के बाद एक युक्ति प्रस्तुत करते चले गए हैं, उसके बरअक्स सोवियत इतिहासकार लिखते हैं :

''औरंगज़ेब के तख़्त पर बैठने का यह असर पड़ा कि अब जागीरदारों के अधिक प्रतिक्रियावादी हल्कों का दरबार में एक निर्णायक दबदबा कायम हो गया। यह भावशून्य और मतलबी राजनीतिज्ञ एक कट्टर मुसलमान था और दाराशिकोह पर उसकी विजय एक ऐसी नीति के आगमन का संकेत थी जिसने हिन्दुओं को उनके अधिकारों से वंचित कर दिया। इसके अलावा शिया मुसलमानों का भी उत्पीड़न किया जाने लगा। देश के जीवन को मुस्लिम शरीअत के मुताबिक ढालने के लिए औरंगज़ेब ने शिया त्योहारों पर, शराब पीने पर, गाने-बजाने, चित्रकला, नृत्यकला और भाँग की बुआई पर रोक लगा दी। 1665 और 1669 के बीच उसने हिन्दू मन्दिरों को नष्ट करने और उनके मलबे से मस्जिदें बनाने के आदेश जारी किए। हिन्दुओं को कोई सम्मानसूचक चिह्न धारण करने और हाथियों आदि पर चढ़ने की इजाज़त नहीं थी।

''सबसे बड़ा भार था ग़ैर-मुसलमानों पर लगाया गया व्यक्ति-कर या जज़िया, जो कि 1679 में शुरू किया गया। इसे अकबर ने समाप्त कर दिया था। इसके कारण दिल्ली, गुजरात, बुरहानपुर आदि स्थानों पर जनता में अशान्ति फैल गई। मराठों, राजपूतों, जाटों सबने इसके खिलाफ़ विद्रोह कर दिया। अफ़ग़ान मुसलमानों ने भी बग़ावत कर दी। मुग़ल जुए से मुक्ति पाने की यह ललक इस बात को ज़ाहिर करती है कि भारतीय जनता में राष्ट्रीय चेतना के चिह्न दिखाई देने लगे थे। उन्होंने मुग़ल राज्य को कुछ ऐसे रूप में देखना शुरू कर दिया मानो वह कोई अन्यदेशीय और उत्पीड़क राज्य हो, जो प्रायः उनकी धार्मिक भावनाओं को ठेस पहुँचाता रहता था। जन-आन्दोलनों ने मुग़ल साम्राज्य की ताकत को कमज़ोर बना दिया।''[18]

लेकिन जब इस सोवियत पाठ्यपुस्तक में तीस के दशक और बाद के वर्षों

की ऐतिहासिक घटनाओं का वर्णन आया तो यह पुस्तक भी वहाँ हास्यास्पद हो गई है। इन दशकों का वर्णन पढ़ने में वैसा लगता है जैसा कि आजकल के समाचार पत्र। ''भारत में कम्यूनिस्ट आन्दोलन की शुरुआत और किसान-मज़दूरों के संगठनों का निर्माण''...''वामपंथी ताकतें राष्ट्रीय आन्दोलन में अपनी स्थिति मज़बूत बना लेती हैं, नेतृत्व का संघर्ष ज़ोर पकड़ लेता है'',...''वर्ग संघर्ष तीव्र हो उठता है''...

लेकिन इस कालावधि के मामले में भी, यहाँ तक कि 1942 में कम्यूनिस्ट पार्टी के रिकार्ड के मामले में भी सोवियत पाठ्यपुस्तक हमारे मित्रों द्वारा लिखे गए इतिहासों से ज़्यादा ईमानदार है। जैसा कि हमने देखा है, हमारी इतिहास पुस्तकें, मिसाल के तौर पर भारत छोड़ो आन्दोलन के दौरान कम्यूनिस्टों की वास्तविक कारगुज़ारियों को पूरी तरह से लुप्त कर देती हैं। उसके बरअक्स सोवियत इतिहास पुस्तक में लिखा गया है :

''इस अवस्था विशेष पर जैसा कि कम्यूनिस्ट पार्टी ऑफ इण्डिया द्वारा बाद में स्वीकार भी किया गया, कुछ ग़लतियाँ की गईं, पार्टी के राजनीतिक मंच से भी और उसके द्वारा अपनाई गई रणनीति के कार्यान्वयन की दृष्टि से भी। ये ऐसी ग़लतियाँ थीं जिनसे साम्राज्यवाद विरोधी ताकतों को बढ़ावा मिलने की बजाय उनकी एकता कमज़ोर हुई। सी.पी.आई. की केन्द्रीय समिति ने 'अगस्त क्रान्ति' को नकारात्मक दृष्टि से देखा और साथ ही उसने मुस्लिम लीग द्वारा तैयार किए गए 'लाहौर प्रस्ताव' का भी समर्थन किया जो कि उन क्षेत्रों में प्रभुसत्तासम्पन्न राज्यों की स्थापना करने के बारे में था जहाँ मुसलमानों की बहुसंख्यक आबादी थी। सितम्बर 1942 में सी.पी.आई. की केन्द्रीय समिति द्वारा एक प्रस्ताव तैयार किए जाने के बावजूद जिसमें गाँधी और दूसरे नेताओं की रिहाई, दमनकारी कार्रवाइयाँ समाप्त करने, राष्ट्रीय कांग्रेस के वैधीकरण और आन्तरिक राष्ट्रीय सरकार बनाए जाने की माँगें रखी गई थीं, सी.पी.आई. के सदस्यों और कांग्रेस नेताओं के बीच के सम्बन्धों में गिरावट आती चली गई। कुछ हद तक इसका कारण यह भी था कि सी.पी.आई. को 1942-1945 के दौरान भारी सफलताएँ प्राप्त हुईं, क्योंकि वह बड़े पैमाने के सार्वजनिक संगठनों में अपना प्रभाव कायम करने और उसे मज़बूत बनाने में कामयाब रही थी।''[19]

यह पूरी तरह से सच नहीं है और न ही यह सिर्फ़ सच है। उनसे इस बात को स्वीकार करने की उम्मीद नहीं की जा सकती कि सी.पी.आई. द्वारा उस समय की गई जिन 'ग़लतियों' का उल्लेख ऊपर किया गया है, वे सीधे मास्को से प्राप्त हुए स्पष्ट आदेशों से की गई थीं। लेकिन कम-से-कम यह सच की छाया ज़रूर है।

इस प्रकार दो बातें याद रखने लायक हैं। पहली, हमारे मित्र केवल मार्क्सवादी ही नहीं हैं, वे मेकालेवादी भी हैं। दूसरी, वे विशेष अर्थों में मार्क्सवादी हैं। वे इन अर्थों में मार्क्सवादी हैं कि उन्होंने खुद को मार्क्सवादी समझा है। इन अर्थों में

मार्क्सवादी हैं कि वे बार-बार कुछ मार्क्सवादी वाक्यांशों और अभिकथनों को दोहराते रहते हैं। लेकिन मार्क्सवादी इतिहासकार होने के अलावा वे स्थापना से जुड़े इतिहासकार भी रहे हैं। उनके मत और धारणाएँ केवल मार्क्सवाद-लेनिनवाद के 'चिरप्रतिष्ठितों' की विचारधारा के ही नहीं, बल्कि कांग्रेस शासकों की विचारधारा–जिसका उनके सिद्धान्त के मुताबिक अर्थ है, कांग्रेस शासकों की आवश्यकताओं–के भी अनुरूप रही हैं।

सन्दर्भ

1. कार्ल मार्क्स, 'दि एटीन्थ ब्रूमेयर ऑफ़ लुई बोनापार्ट' मार्क्स ऐंड ऐंजेल्स, सिलेक्टिड वर्क्स, खंड I, पृ. 398, 400
2. पूर्वोक्त लेखांशों के लिए देखें V.1 लेनिन, कलेक्टिड वर्क्स, खंड X, पृ. 44-49
3. सुविधा के लिए कालक्रम निर्धारण तथा राज्य के बारे में लेनिन के पूर्वोक्त सभी कथन उनके केवल एक भाषण : 'दि स्टेट' में से लिए गए हैं, जो कि उन्होंने स्वेर्डलव विश्वविद्यालय में 1919 में दिया था। कलेक्टिड वर्क्स, खंड XXIX, पृ. 470-88
4. ए शार्ट हिस्ट्री ऑफ़ दि कम्यूनिस्ट पार्टी ऑफ़ दि सोवियत यूनियन, प्राग्रेस पब्लिशर्ज़, मास्को 1977, पुनः मुद्रण, पृ. 23
5. के ऐंटोनोवा, जी बोंगार्ड लेविन, जी कोटोव्स्की, ए हिस्ट्री ऑफ इण्डिया, प्राग्रेस पब्लिशर्ज़, मास्को, खण्ड I और II, 1973, अंग्रेज़ी अनुवाद 1979
6. वही, खण्ड 1, पृ. 67
7. वही, पृ. 77-78
8. वही, पृ. 80
9. वही, पृ. 98-100
10. वही, पृ. 118-19
11. वही, पृ. 148-51
12. वही, पृ. 169
13. वही, पृ. 170-71
14. वही, पृ. 172-75
15. वही, पृ. 197-98, 225-27
16. वही, पृ. 208
17. वही, पृ. 208
18. वही, पृ. 253
19. वही, खण्ड II, पृ. 228

सन्दर्भ और परिणाम

बौद्धिक फ़ैशनों का खिंचाव

इतिहास तो मात्र एक विषय है। भारतीय इतिहास अनुसन्धान परिषद् मात्र एक संस्था है। लेकिन इन बुद्धिजीवियों ने कई वर्षों से अनेक संस्थाओं तथा व्यवसायों पर कब्ज़ा जमा रखा है। इस प्रभुत्व के ज़रिए उन्होंने व्यापक रूप से सार्वजनिक चर्चा पर नियन्त्रण कायम कर रखा है। उन्होंने बौद्धिक फ़ैशन की शुरुआत की है। उन्होंने यह तय किया है कि क्या कुछ राजनीतिक तौर पर सही है और क्या कुछ ग़लत है। उसके जो प्रभाव पड़े हैं वे हमारे इर्द-गिर्द देखे जा सकते हैं। जो-जो घटनाएँ हमें आए दिन सताती हैं, वही इन प्रभावों के तात्कालिक उदाहरण हैं। शुरू-शुरू में उदाहरण उन प्रभावों से जुड़े हुए मालूम नहीं होते। लेकिन ऐसा केवल 'शुरू-शुरू' में ही दिखाई देता है।

बीसवीं शताब्दी में हमें छुआछूत से मुक्त करने में जितना योगदान गाँधीजी का रहा है उतना और किसी का नहीं। उन्होंने स्वराज्य प्राप्ति से भी बढ़कर हिन्दू धर्म की इस अभिशाप से मुक्ति को ज़्यादा महत्त्व दिया। इस विषय में अपने दृढ़प्रतिज्ञ रुख़ के कारण उन्होंने भारत-भर में रूढ़िवादी विचार रखने वालों से दुश्मनी मोल ले ली। लेकिन अभी कुछ ही दिन हुए, संसद के एक स्मारक सत्र में बोलते हुए श्री कांशीराम ने यह दावा किया कि छुआछूत को समाप्त करना गाँधीजी के कार्यक्रम का कभी हिस्सा नहीं था। इस पर एक व्यक्ति ने भी खड़े होकर उनका खण्डन नहीं किया। एक व्यक्ति ने भी खड़े होकर हमारे देश के चालीस वर्ष के हालिया इतिहास की तरफ़ ध्यान नहीं दिलाया। उसी प्रकार ज़रा ग़ौर कीजिए कि यदि किसी ऐसी सरकार ने जिसका मुख्यमन्त्री ग़ैर-दलित होता, किसी एक पार्क पर एक सौ करोड़ रुपए ख़र्च किए होते, तो प्रेस ने क्या कहा और किया होता। उसके बरअक्स ग़ौर कीजिए कि सुश्री मायावती के ऐसा करने पर प्रेस की क्या प्रतिक्रिया थी। या अगर किसी सरकार ने श्रीराम की मूर्तियाँ स्थापित करने के लिए जनता का पैसा ख़र्च किया होता तो इसी प्रेस ने किस तरह से चिल्ला-चिल्लाकर अपना गला फाड़ लिया होता। उसके बरअक्स जब सुश्री मायावती ने रामास्वामी नायकर और अम्बेडकर की मूर्तियाँ स्थापित करने के लिए जनता

का पैसा ख़र्च किया तो प्रेस ने किस तरह से चुप्पी साधे रखी।

ज़रा उस परियोजना को ही लीजिए जिसकी शुरुआत उन्होंने अपने छह महीने के शासन काल के अन्त में की। उन्होंने अपने अधिकारियों को यह आदेश दिया कि वे जल्दी-जल्दी 'दलितों' को लाइसेंस जारी करें, जो दरअसल ऐसे व्यक्तियों को जारी किए जाने थे जिनके बारे में उनके पार्टी-कार्यकर्ताओं ने यह तस्दीक की थी कि उनके पास बन्दूकें होनी चाहिए। इस प्रकार की जोखिम से विनाश अवश्यम्भावी है। जब श्री मुलायम सिंह सत्ता में आएँगे तो वे भी इस पहल का अनुकरण करते हुए अपने अधिकारियों को ये आदेश देंगे कि 'अन्य पिछड़े लोगों' अर्थात् उनकी पार्टी के दस्तों को लाइसेंस जारी किए जाएँ। इस प्रकार हथियारों से लैस होकर दोनों के गुट जल्द ही उत्तर प्रदेश की वैसी अधोगति कर देंगे, जैसी कि बिहार की हो चुकी है। इस प्रकार के नतीजे का पूर्वानुमान लगाने के लिए किसी दिव्य दृष्टि की ज़रूरत नहीं थी। लेकिन प्रेस बिल्कुल ख़ामोश रही।

जिन इलाकों में मुसलमानों का जमाव है, वहाँ की काफ़ी यात्रा करके प्राप्त की गई निजी जानकारी और उनके साथ आत्मीय जान-पहचान के आधार पर मौलाना वहीदुद्दीन ने अपनी पत्रिका 'इण्डियन मुस्लिम्स, नीड फार ए पाज़िटिव आउटलुक'[1] (भारतीय मुस्लिम, ज़रूरत सकारात्मक दृष्टिकोण की) में कहा है कि समुदाय के रूप में आज मुसलमानों की स्थिति, उदाहरण के तौर पर विभाजन के समय से कहीं अधिक बेहतर है। इस तथ्य की पुष्टि में उन्होंने प्रभावकारी उदाहरण दिए हैं। लेकिन उनका कहना है कि सार्वजनिक रूप से इस तथ्य को स्वीकार करना मुसलमानों में समुदाय के साथ दग़ा माना जाता है।

सोवियत संघ के विघटन के बाद हमारी कम्यूनिस्ट पार्टियों और कम्यूनिस्टों ने मास्को तथा दूसरी जगहों के सभी प्रकार के स्रोतों से 'सहायता' प्राप्त की। जिस प्रकार की चुप्पी उन्होंने साधी, उससे यह लगता था कि मानो सभी उदारवादियों के लिए 'सहायता' के बारे में चुप रहना अनिवार्य था। केवल इतना ही नहीं, कम्यूनिस्टों द्वारा सहायता लिए जाने को पूर्णतः वैध माना गया। लानत उस पर जो यह मानने को तैयार नहीं था कि वे एक ऊँचे उद्देश्य के लिए सहायता प्राप्त कर रहे थे। दूसरी तरफ़ जो लोग उनके सम्प्रदाय के नहीं थे, उनमें पाई जाने वाली ईमानदारी को वे 'विशुद्धिवाद' कह कर उसकी निन्दा करते थे। 'ईमानदारी को अन्धश्रद्धा का आधार' बनाने और उसका प्रदर्शन करने के लिए वे उनका मज़ाक उड़ाते थे।

'वर्शिपिंग फ़ाल्स गाड्स' (झूठे देवताओं की पूजा) के बारे में हमारे प्रमुख पत्रों में से एक के सम्पादक ने कहा, "मैं तुम्हारी पुस्तक की स्वयं समीक्षा करना चाहूँगा। किन्तु यदि मैं उसकी सराहना करूँगा, तो वे मेरे भी पीछे पड़ जाएँगे। मुझे भी साम्प्रदायिक, उच्च जातीय और जाने क्या-क्या कहा जाएगा।" एक

टिप्पणीकार ने जिसने कुछ सकारात्मक समीक्षा लिखी थी, कहा, "अद्भुत, अरुण, इसने तो मन्त्रमुग्ध कर दिया। लेकिन तुम समझ जाओगे कि मैं वह सब कुछ अख़बार में नहीं लिख सकता था। लेकिन यह वास्तव में अद्भुत है। तुम इतना ज़्यादा काम कैसे कर लेते हो?"

समीक्षकों के चयन की भी यही कहानी है। यदि कोई पुस्तक किसी वामपंथी लेखक की लिखी हुई हो तो सम्पादक उसे अलग दृष्टिकोण रखने वाले व्यक्ति को समीक्षा के लिए देने से कतराएगा। सम्पादक यह कह सकते हैं, "वे कहेंगे, मैंने जान-बूझकर इसे एक दक्षिणपंथी को दे दिया।" दूसरी तरफ़ यदि कोई पुस्तक किसी ऐसे व्यक्ति द्वारा लिखी गई हो जिसे उन्होंने दक्षिणपंथी मान लिया हो, तो वे उस पुस्तक को किसी ऐसे समीक्षक को देना पसन्द नहीं करेंगे जिसे दक्षिणपंथी करार दिया गया हो। वे मिमियाने लगेंगे, वे मेरी इस बात के लिए भर्त्सना करेंगे कि मैंने जान-बूझकर यह पुस्तक किसी ऐसे व्यक्ति को दे दी जो अवश्य ही उसकी सराहना करेगा।" इसलिए ऐसे मामलों में वे जान-बूझकर किसी ऐसे व्यक्ति को पुस्तक देंगे "जो अवश्य ही उसकी निन्दा करे।"

एक समाचारपत्र ने मेरी पुस्तक 'वर्शिपिंग फाल्स गाड्स' के बारे में मेरे एक मित्र की बात को उद्धृत किया जिसने कहा था, "अरुण शौरी ने शब्दशः सब कुछ अम्बेडकर की पुस्तक 'मेकिंग ऑफ दि इण्डियन कान्स्टीट्यूशन' (भारतीय संविधान का निर्माण) के पाँच खण्डों में से उद्धृत किया है। उसने एक ग़लती की है कि उसने पुस्तक के चुनिन्दा अंशों को ही उद्धृत किया है। उसने उस हिस्से में से उद्धृत नहीं किया है जहाँ डॉ. अम्बेडकर ने कहा है कि वे प्रारूपण समिति के अध्यक्ष थे, लेकिन अय्यर, बी.एन. राव और टी.टी. कृष्णमचारी जैसे दूसरे लोग भी थे, जिन्होंने संविधान के निर्माण में सहायता की थी। इस प्रकार के लेखांश की कुछ ख़ास पंक्तियों का विलोपन और एक व्यक्ति की निन्दा करना और इस विलोपन का इस्तेमाल उसके जीवन के सन्दर्भ में करना जायज़ नहीं है..." इस अन्तिम वाक्य के बाद के हिस्से को मैं समझ नहीं पाया। लेकिन लगता है कि इसकी अस्पष्टता के लिए संवाददाता ही ज़िम्मेदार था। लेकिन अब हम ख़ास पंक्तियों के विलोपन और उस सम्बन्ध में दिए गए उदाहरण की मुख्य बात पर आते हैं। हुआ यों, कि उक्त मित्र ने वस्तुतः सन्दर्भाधीन पुस्तक के प्रचार में काफ़ी मदद की थी और जिस लेखांश का उन्होंने ज़िक्र किया था, वह पूरे-का-पूरा पुस्तक के पृष्ठ 596 और 597 पर उद्धृत किया गया था। मुझे इसमें ज़रा-सा भी सन्देह नहीं कि मेरे यह मित्र मुझे इतनी अच्छी तरह से जानते हैं कि उन्हें इतना ज़रूर मालूम होगा कि मैं उस किस्म का काम नहीं करूँगा जिसका वे मुझे ज़िम्मेदार ठहरा रहे थे। मुझे इसमें भी कोई सन्देह नहीं कि वे बहुत आसानी से इस लेखांश को ढूँढ़ सकते थे, क्योंकि उसका उल्लेख अनुक्रमणिका में ही कर दिया गया था।

इस बारे में मुझे एक मित्र ने समझाया, "लेकिन उसे यह सब कुछ इसलिए कहना पड़ा क्योंकि उसे अपनी दुकान से तुम्हारी किताब को बेचते रहना था।"

लीक पर चलने की इस मजबूरी के बारे में मुझे आए दिन प्रमाण मिलते रहते हैं। जिन लोगों ने मेरे पास आने का कष्ट करके मुझे यह बताया कि मैंने, उदाहरण के तौर पर, अम्बेडकर के बारे में तथ्यों को प्रकाश में लाकर देश की 'बहुत बड़ी सेवा की है' उनकी संख्या बहुत अधिक है। इनमें कई राजनैतिक पार्टियों के व्यक्ति और ग़ैर-महार दलितों में से कुछ विशिष्ट नाम भी शामिल थे। अम्बेडकर की पुस्तक आने से पहले मुझे मालूम नहीं था कि ग़ैर-महार दलितों के अम्बेडकर के प्रति परम भक्ति के बारे में क्या विचार थे। लेकिन ये सब भाव गुप्त रूप से चोरी-छिपे व्यक्त किए जाते थे। लेकिन वक्त आने पर उन्हीं व्यक्तियों ने जिन्होंने न केवल मिथक को प्रकाश में लाने के लिए मेरा अत्यधिक धन्यवाद किया था, बल्कि अपने राज्य के बाअसर लोगों के बीच बाँटने के लिए बहुत बड़ी संख्या में मेरी पुस्तक की प्रतियाँ ख़रीदी भी थीं, उन्होंने सार्वजनिक रूप से इस पुस्तक की निन्दा की। यहाँ तक कि वे भी उन लोगों में शामिल थे जिन्होंने यह माँग की थी कि पुस्तक पर प्रतिबन्ध लगा दिया जाए।

या इससे भी ज़्यादा व्यापक एक और तथ्य को लीजिए। जैसे कि हमारे टिप्पणीकार हमें यह याद दिलाते नहीं थकते कि पार्टी प्रकाशनों और कुछ अपवादों को छोड़कर हमारे समाचार-पत्रों पर पूँजीपतियों की मिल्कीयत है। इसके बावजूद इन्हीं समाचार-पत्रों ने, जहाँ तक मेरी याददाश्त साथ देती है, पूँजीवाद की निन्दा की है, इन्हीं समाचार-पत्रों ने दशकों तक नक्सलवाद का गुणगान किया है, इन्हीं समाचार-पत्रों ने सोवियत संघ और माओ के चीन के बारे में सच बोलने पर पाबन्दी लगा दी थी।

पहली नज़र में उदाहरण असम्बद्ध दिखाई देते हैं। वास्तव में वे एक ही तथ्य के प्रमाण हैं : और वह है समकालीन बौद्धिक फ़ैशन का बल। भारत में पिछली आधी शताब्दी से इस फ़ैशन की शुरुआत वामपंथियों ने की। यह एक चमत्कार है जिसका कुछ खुलासा करने, जिसे कुछ समझने की ज़रूरत है क्योंकि प्रत्यक्षतः यह एक बिल्कुल असंगत-सी बात लगती है कि ये लोग मानदण्ड निर्धारित कर पाएँ। उससे पहले की कई दशाब्दियों से वे स्वतन्त्रता आन्दोलन की मुख़ालफ़त करते रहे थे। वे बेशर्मी से यह घोषित करते रहे थे कि सोवियत संघ उनके लिए 'एकमात्र पितृभूमि है।' उनके बहुप्रचारित सिद्धान्त के अन्तर्गत जो भी पूर्वानुमान लगाए गए थे उन्हें बाद के घटनाक्रम ने पूरी तरह से ग़लत सिद्ध कर दिया; कि पूँजीवादी अर्थव्यवस्था में लाभ-दर कम हो जाएगी; आम जनता उत्तरोत्तर ग़रीब होती चली जाएगी; कि उत्तरोत्तर अधिक भीषण संकटों के कारण पूँजीवादी अर्थव्यवस्थाओं में खलबली पैदा हो जाएगी; कि मेहनतकश लोग उत्तरोत्तर संगठित होते चले जाएँगे;

कि वे कम्युनिस्ट पार्टी के पीछे संगठित दल की तरह कार्य करेंगे; कि शोषित शोषकों का तख़्ता पलट देंगे; कि स्वत्वहरण करने वालों के स्वत्व का हरण कर लिया जाएगा।

लेकिन हर बात उलटी हुई। अन्त में एक ऐसी कसौटी पर, जो कि उनके कथनानुसार सबसे महत्त्वपूर्ण थी, अर्थात् व्यवहार की कसौटी पर इन सभी घोषणाओं में से कोई भी खरी नहीं उतर पाई। सोवियत व्यवस्थाएँ अपनी मूर्खतापूर्ण अकुशलताओं के भार से ही धराशायी हो गईं। उसके बावजूद भारत में यही लोग मानदण्ड निर्धारित करते हैं।

इसके कई कारण हैं। स्वतन्त्रता संघर्ष के दौरान उनका जैसा रिकार्ड रहा उसके बावजूद, 1947 के बाद सत्ता, मेकाले-मिशनरी-मार्क्स वर्ग के हाथ आ गई। पहली बात तो यह कि योरुप में बौद्धिक फ़ैशन चले हुए थे। नए शासक ख़ासतौर पर पण्डित नेहरू उनसे क़ाफी प्रभावित थे। वे केवल प्रभावित ही नहीं थे, जैसा कि सभी जानते हैं, कम्युनिस्ट आए दिन पण्डित जी को गाली दिया करते थे : उनके लिए वे जिन अपेक्षाकृत नरम विशेषणों का इस्तेमाल किया करते थे, उनमें से एक था, 'साम्राज्यवाद का दौड़ाक कुत्ता।' लेकिन लगता है वे जितनी अधिक उन्हें गालियाँ देते थे उतने अधिक पण्डित जी उनसे टकराने से घबराते थे। दूसरे क्षेत्रों में वे उन पर उनकी ज़रूरत से ज़्यादा भरपाई कर देते थे। बल्कि उनका बचाव करने के लिए वे अपनी छत्रछाया में और भी विस्तार करते चले गए। अलबत्ता श्रीमती इन्दिरा गाँधी सिद्धान्तों के बारे में और उनसे सम्बन्धित प्रमाणों और अन्य बातों के बारे में कुछ भी नहीं जानती थीं। उन्होंने केवल वोट बटोरने के लिए प्रगतिशील मुहावरा अपनाया था। इस प्रकार की नारेबाज़ी के लिए इन लोगों ने कापीराइट ले रखा था। श्रीमती गाँधी ने उन्हें नैसर्गिक मित्रों के रूप में अपना लिया था और ग़रीबों और मुसलमानों जैसे अन्य समूहों को यह विश्वास दिलाते रहने के लिए कि उन्हें उनके हितों का पूरा ख़याल था, वे हमेशा इन लोगों से प्रमाणपत्र हासिल करने की कोशिश में रहती थीं। प्रमाणपत्र हासिल करने की इस चिन्ता और उसके साथ 'सिद्धान्त' तथा व्यवहार में उसके ख़रा न उतर पाने के बारे में श्रीमती गाँधी की अनभिज्ञता और दूसरे व्यक्तियों से निपटने के बारे में उन्हें अपनी योग्यता पर बहुत ज़्यादा विश्वास होने के कारण वामपंथी कर्त्ताओं के लिए उन्हें घेरे रहना और उन पदों पर कब्ज़ा करना आसान हो गया, जहाँ से वे अपने अनुचरों को महत्त्वपूर्ण पदों पर नियुक्त करा पाते, जैसे कि विश्वविद्यालयों और भारतीय इतिहास अनुसन्धान परिषद् जैसी संस्थाओं में।

उनकी कार्यविधि इतनी लम्बी थी कि उनकी बुराई उनके बाद भी बनी हुई है और अभी आगे भी काफ़ी देर तक बनी रहेगी। विश्वविद्यालयों में भी इनकी जितनी कार्यविधि थी उसकी वजह से और प्रेस में वर्किंग जर्नलिस्ट्स एक्ट (कार्यरत पत्रकार अधिनियम) की बदौलत कम-से-कम एक दशक या उससे भी अधिक समय

बाद ही जो कुछ पढ़ाया जाता है, जो कुछ अख़बारों में छपता है और जिन प्रश्नों और उत्तरों के आधार पर सरकारी सेवा के लिए व्यक्ति की योग्यता आँकी जाती है, उनमें उस फ़ैशन की पकड़ ढीली हो पाएगी। इसलिए प्रारम्भिक कारण ऐतिहासिक हैं, लगभग सांयोगिक हैं और उसके बाद जो हुआ वह सांस्थानिक जड़ता का परिणाम था। लेकिन इसके अलावा कुछ और कारण भी हैं।

एक तो है विशेषज्ञता और उसके साथ जुड़ी है प्रक्रिया, जिसे दशकों तक पैना बनाया जाता रहा है। हालाँकि ये लोग हमेशा 'आम जनता' की बात करते रहे हैं, लेकिन शुरू से ही इन्होंने बाअसर लोगों के महत्त्व को और इस बात को अच्छी तरह से समझा है कि भारत जैसे विशाल समाजों में भी निर्णय कुछ हज़ार लोगों द्वारा ही लिए जाते हैं। इनमें से ही वे लोग होते हैं जो राज्यतन्त्र में तैनात होते हैं और मतनिर्माता होते हैं। तदनुसार उन्होंने हमेशा इन समूहों की तरफ़ ज़्यादा तवज्जह दी है। प्रायः एक के माध्यम से वे दूसरे तक पहुँचते रहे हैं। जो लोग राज्यतन्त्र में तैनात होते हैं वे समकालीन बौद्धिक फ़ैशनों से बहुत प्रभावित होते हैं। जो लोग मीडिया में होते हैं, उन तक राज्य के संरक्षक और राज्य के माध्यम से प्राप्त की गई सूचना के ज़रिए पहुँचा जा सकता है। इन वर्गों की तरफ़ तवज्जह देने की बात तो साफ दिखाई देती है, लेकिन दूसरे समूहों ने इस विचार के धोखे में रहकर कि असली महत्त्व 'आम जनता' का होता है, उन बाअसर लोगों की तरफ़ तवज्जह नहीं दी, जिनकी तरफ़ ये प्रगतिशील लोग देते रहे हैं।

इस क्षेत्र में उनके प्रयासों और उनके द्वारा प्राप्त किए गए कौशल का तात्कालिक उदाहरण है प्रेस। उन्होंने सावधानी बरतते हुए अपने सदस्यों और समर्थकों को पत्रकारिता में प्रवेश करा दिया है। और पत्रकारिता के भीतर उन्होंने छोटे-छोटे पदों की तरफ़ भी तवज्जह दी है। अब आप पुस्तकों को ही लीजिए। उनमें से किसी के द्वारा लिखी गई पुस्तक ज़रूर अख़बार तक पहुँचेगी और उसके बाद जो लोग उस पुस्तक की समीक्षा करने के लिए ख़ासतौर पर उपयुक्त होंगे, उनके नाम सुझा दिए जाएँगे। जैसा कि मैंने उल्लेख किया है, जो पत्रकार आपत्ति करता है और किसी अलग छवि के व्यक्ति के पास वह पुस्तक समीक्षार्थ भेजना चाहता है, उसे अपराधी महसूस कराया जाता है, यह महसूस कराया जाता है कि वह जान-बूझकर एक पूर्वाग्रहपूर्ण और नकारात्मक समीक्षा कराना चाहता है, और यह बात तो करने ही नहीं दी जाती कि उनकी सूची में से चुना गया व्यक्ति उस पुस्तक की पूर्वाग्रहपूर्ण सराहना भी तो कर सकता है। प्रचलित मत के दबाव ऐसे होते हैं और सम्पादक टाली जा सकने वाली तकलीफ़ से बचने के लिए इतने आतुर होते हैं कि वे जल्द ही उन नामों में से एक नाम चुन लेते हैं, जिनकी सिफ़ारिश की गई होती है। यह सब कुछ इसी तरह से हो, उसके लिए प्रगतिशील हर दृष्टि से पक्का इन्तज़ाम कर लेते हैं। विचारों और पुस्तकों के महत्त्व को पूरी तरह से

समझते हुए उन्होंने कई वर्षों से इस बात को ख़याल में रखा है कि उन्हीं जैसे लोग उन पदों पर नियुक्त किए जाएँ जिन्हें दूसरों ने पत्रकारिता में छोटा-मोटा समझा—जैसे पुस्तकों से सम्बन्धित पृष्ठ या 'सम्पादक के नाम पत्र' स्तम्भों के प्रभारियों के पद।

आप पिछले पचास वर्षों के समाचार-पत्रों तथा पत्रिकाओं के पुस्तकों से सम्बन्धित पृष्ठों को देखने से ही जान जाएँगे कि इस साधारण-सी युक्ति का कितना निर्णायक प्रभाव पड़ा है। उनके आदमी प्रकाशन गृहों में महत्त्वपूर्ण पदों पर थे। इसलिए उन्हीं की मर्ज़ी की पुस्तकें प्रकाशित हो पाईं। तब उन्होंने उनकी समीक्षा करके एक-दूसरे की पुस्तकें लगवा दीं। इन प्रकाशनों और समीक्षाओं के आधार पर वे विश्वविद्यालयों और अन्य वैसी संस्थाओं में एक-दूसरे को पद दिला पाए...यहाँ तक कि संस्थाओं में ऐसे पदों का भी, जिनके मौजूद होने के बारे में हममें से अधिकतर सन्देह तक भी नहीं कर सकते, भरपूर इस्तेमाल किया। हममें से कितनों को सरकार की ऐसी एजेंसी के बारे में मालूम होगा जो सरकारी और अन्य पुस्तकालयों के लिए पुस्तकों की थोक ख़रीद तय करती है, लेकिन उन्हें मालूम है! इसलिए यदि आप यह देखें कि यह संस्था पिछले कई वर्षों से किस किस्म की पुस्तकों के आर्डर देती रही है, तो आपको उनमें लगभग सारी-की-सारी पुस्तकें साम्यवादी या वामपंथी विचारधारा की ही दिखाई देंगी।

उसी तरह से आप और मैं यह सोच भी नहीं सकते कि इस किस्म की कोशिश कोई ज़्यादा महत्त्व रखती है। यदि कुछ प्रकाशकों से यह एजेंसी किसी पुस्तक की कुछ सौ या एक हज़ार प्रतियाँ ख़रीद कर उनकी ज़रा-सी मदद कर देती है तो उसमें क्या हो गया? हम ऐसा कहेंगे। लेकिन हम ऐसा इसलिए कहेंगे क्योंकि हम प्रकाशन व्यापार के बारे में नहीं जानते। हमारे प्रकाशक किसी भी पुस्तक की बहुत कम प्रतियाँ छाप पाते हैं। अगर किसी प्रकाशन को यह यकीन हो जाए कि वह इस तन्त्र के मध्यम से किसी ख़ास पुस्तक की, मान लीजिए पाँच सौ प्रतियाँ निश्चित रूप से बेच पाएगा और एक दूसरी पुस्तक के बारे में उसे इस प्रकार का आश्वासन न मिल पाए, तो यह बात पुस्तकों के प्रकाशन में काफ़ी निर्णायक सिद्ध हो सकती है।

तो इस प्रकार चुनी जाती हैं उनकी पुस्तकें प्रकाशन के लिए। वे एक-दूसरे की पुस्तक की समीक्षा करते हैं। इससे उनकी प्रतिष्ठा बढ़ती है और प्रतिष्ठा के आधार पर पद ग्रहण किए जाते हैं। छात्रों की एक नई पीढ़ी को ये लोग अपने रंग में रँग लेते हैं और उनकी आँखों पर भी वैसा ही चश्मा चढ़ा दिया जाता है और इसका परिणाम यह होता है कि उनके आदमियों की एक और पीढ़ी मीडिया में पहुँच जाती है, एक और पीढ़ी सिविल सेवकों की तैयार हो जाती है, अध्यापकों की एक और पीढ़ी विश्वविद्यालयों पर कब्ज़ा जमा लेती है...

और पुस्तकें तो उनके सबसे छोटे कार्यकलापों में से एक कार्यकलाप हैं। और 'सम्पादक के नाम पत्र' भी अपने ही लोगों से इसी प्रकार लिखवाए जाते हैं और 'विश्लेषण' भी इसी प्रकार कराए जाते हैं। एक समीक्षा में यह दावा किया गया है, "यह पुस्तक द्विज (ब्राह्मण) के अन्तिम रणनाद के सिवाय और कुछ नहीं।" एक और पत्र में लिखी गई समीक्षा में कहा गया है, "जैसा कि अग्रणी टिप्पणीकार...ने शौरी की नवीनतम कटुनिन्दापूर्ण पुस्तक के प्रभावशाली विश्लेषण में कहा है कि यह पुस्तक द्विज के अन्तिम रणनाद के सिवाय और कुछ नहीं है..." और इस प्रकार एक दावे को एक तथ्य सिद्ध कर दिया जाता है।

जिस प्रकार का असंगठित और भोला-भाला हमारा समाज है, उसमें ये मात्र संगठनात्मक चालबाज़ियाँ भी निर्णायक सिद्ध होती हैं। किन्तु एक अर्थ में ये उपाय भी परिणाम हैं, कारण नहीं। आख़िर ऐसा क्यों है कि जो लोग सत्ता के पदों पर आसीन थे, उन्हें ये लोग कारामद दिखाई दिए? हालाँकि हर छोटे-से-छोटे प्रमाण से यह सिद्ध हो गया कि इस विश्वमत का कोई आधार नहीं था, इसके बाजवूद बुद्धिजीवी इसकी तरफ क्यों खिंचे चले आए?

सन्दर्भ

1. अल रिसाला बुक्स, नई दिल्ली, 1994

'सिद्धान्त' का प्रभाव और उसका प्रतिकारक

जिस प्रकार के 'प्रगतिशीलों' की चर्चा की गई है वे हमेशा विचारों और प्रमाण की शक्ति को मानते रहे हैं। इसलिए वे उन लोगों की शक्ति को भी मानते रहे हैं; जो विचारों के जन्मदाता रहे हैं; और जिन्होंने प्रमाण एकत्रित किए हैं और उनका प्रसारण किया है। उन्होंने विचारशक्ति सम्पन्न लोगों को फुसलाकर अपने ख़ेमे में लाने और इन 'बुद्धिजीवियों' के बीच जाल बुनने में काफ़ी समय और साधन लगाए हैं।

उन्होंने हमेशा इस बात का ख़याल रखा है कि विचारों का विस्तार दो स्तरों पर किया जाए। बुद्धिजीवियों को आकर्षित करने के लिए, सबसे पहले सिद्धान्त का, अर्थात् उस सिद्धान्त का जो सब प्रयोजनों के लिए उपयोगी है, होना ज़रूरी है। बुद्धिजीवी की जिन कार्य-व्यापारों में रुचि है इस सिद्धान्त को उन सबका विशेष सन्दर्भ में खुलासा करना चाहिए : मार्क्सवाद ने ठीक यही कुछ करने का दावा किया है। दूसरा, इस सिद्धान्त को समझना मुश्किल होना चाहिए; कई बातों में यह इतना दुरूह होना चाहिए कि बुद्धिजीवी को उसकी 'व्याख्या' करने में और अन्ततः उसे उसको और आगे 'विकसित' करने में कई वर्ष लग जाएँ। मार्क्स की शुरू की पाण्डुलिपियों के, उसके बाद के प्रकाशित लेखन की तुलना में, अधिक आकर्षक होने का कुछ कारण यह भी था कि शुरू की पाण्डुलिपियाँ बाद के प्रकाशित लेखन की अपेक्षा अधिक गूढ़ थीं। विद्वानों ने यह पता लगाने में अपना पूरा जीवन लगा दिया कि वे कौन-से अनुपात थे, जिनके बारे में मार्क्स ने कहा था कि उन्हें मापने पर वे तथ्य उद्घाटित हो जाएँगे जो कि उद्घाटित किए जाने थे। कई विद्वानों ने यह पता लगाने में अपना भविष्य बना लिया और अपनी दोस्तियाँ तोड़ लीं कि (पूँजीवादी समाज में) लाभ में सही-सही कितनी दर से गिरावट हुई, क्योंकि हर किसी ने दर के जो-जो भी अर्थ लगाए, उसके अनुसार लाभ-दर में गिरावट के कोई भी आसार दिखाई नहीं दिए। माओ के निबन्ध 'आन कंस्ट्रक्शन' (निर्माण), 'आन प्रेक्टिस' (व्यवहार) 'आन डायलेक्टिकल मैटीरियलिज़्म' (द्वन्द्वात्मक भौतिकवाद) और 'आन डायलेक्टिक्स' (द्वन्द्वात्मक पद्धति) भी उतने ही गूढ़ता और

दुरूहता की पराकाष्ठा को पहुँचे हुए थे।

लेकिन जहाँ तक 'आम जनता' का सम्बन्ध है, इन विचारों की जटिलता और दुर्बोधता का एक अलग ढंग से उपयोग किया जाता है। स्वाभाविक है कि आम जनता इन विचारों को नहीं समझती। लेकिन उन्हें बताया जा सकता है कि सिद्धान्त इन्हीं विचारों में निहित है; साथ ही इस किस्म का विश्वास भी उनके मन में बैठा दिया जाता है, कि जो कुछ घट रहा है—इतिहास जिस दिशा में जा रहा है—उसके सारे ब्यौरे इस सिद्धान्त में से दिए गए हैं, और ये सारी घटनाएँ सिद्धान्त के प्रतिपादनों के अनुसार ही घट रही हैं। इसके अलावा पार्टी या उसके ढिंढोरची—ये बुद्धिजीवी—वही कुछ करने का सुझाव दे रहे हैं, जो कि इस सिद्धान्त द्वारा दिखाए गए मार्ग के अनुसार किया जाना चाहिए; इस कार्यक्रम का सफल होना अवश्यम्भावी है क्योंकि यह उसी इतिहास-क्रम के अनुरूप है, जो कि सिद्धान्त द्वारा कुछ चुने हुए लोगों को पहले से उद्घाटित कर दिया गया है। इन बातों से आम जनता के सामने एक ज़बरदस्त इन्द्रजाल बुन दिया जाता है।

प्रगतिशीलों ने अपने सिद्धान्त को सम्मोहक मानने की हद तक महत्त्व दिया। बेशक उन्होंने दूसरे पुरोहिती वर्गों की अपने अनुष्ठानों और धार्मिक ग्रन्थों को गुप्त रखने के लिए निन्दा की, लेकिन जहाँ तक उनके अपने ग्रन्थों का सम्बन्ध था, उन्होंने यह सुनिश्चत कर लिया कि वे रहस्यमय बने रहें। और उनकी चहेती अभिव्यक्ति का प्रयोग करते हुए यदि कोई प्रश्न को 'वस्तुनिष्ठ' दृष्टि से देखे, अर्थात् इन ग्रन्थों के लेखन का जो वस्तुनिष्ठ प्रभाव पड़ा, यदि उस दृष्टि से देखा जाए, तो इन ग्रन्थों की जो व्याख्याएँ की गईं—जैसे कि अल्थुस्सर द्वारा—उनका उद्देश्य इस धारणा को पुष्ट करना था कि ये ग्रन्थ दुरूह और गहरे हैं और उनके असली अर्थों को केवल चन्द चुनिन्दा लोग ही समझ सकते हैं, और इन श्रेष्ठ व्यक्तियों को जो उनके सही अर्थ मालूम हो पाए वे साधारण मनुष्यों की समझ से बाहर हैं। इसका यह अर्थ निकलता है कि आम जनता को इन बुद्धिजीवियों की, और उससे भी बढ़कर पार्टी की, जिसके वे स्वयं अपनी निगाह में मार्ग निर्देशक और परामर्शदाता हैं, ज़रूरत है।

लेकिन सिद्धान्त को जटिल और दुर्बोध रखना जितना महत्त्वपूर्ण था, उतना ही महत्त्वपूर्ण था उसका सरलीकरण भी। प्रगतिशील बुद्धिजीवी तो इतना नहीं जानते थे, जितना कि उन्हें निर्देश देने वाले। अर्थात् पार्टी और आन्दोलन के नियन्त्रक जानते थे कि एक बार जब आम लोग यह मानने लगेंगे कि जो कुछ भी किया जा रहा है उसके पीछे एक बहुत बड़ी कैफ़ियत है तो उनका विश्वास दृढ़ हो जाएगा और वे सिद्धान्त के विस्तार में नहीं जाना चाहेंगे। चाहे किसी विषय से सम्बन्धित कोई प्रस्ताव हो या कोई नीतिगत कार्रवाई हो, लोग उसके विस्तृत कारणों को नहीं जानना चाहते और न उसके पक्ष में किसी प्रमाण के

ब्यौरे जानना चाहते हैं। वे तो समय के आम मिज़ाज के मुताबिक चलते हैं। एक समूह को 'प्रतिक्रियावादी' का नाम दे दिया जाता है और दूसरा प्रगतिशील और धर्मनिरपेक्ष कहलाता है; किसी प्रस्ताव पर जन-विरोधी का ठप्पा लगा दिया जाता है। यह ठप्पा यह तय करता है कि लोगों की उसके प्रति कैसी प्रतिक्रिया रहेगी। जिस समूह या प्रस्ताव के बारे में ये प्रगतिशील लोग जानते हैं, उस पर कौन-सा लेबल चस्पाँ किया जाएगा, यह मामलों के गुणदोषों पर नहीं, बल्कि उस कौशल और प्रयास पर निर्भर करता है जो उसके लिए इस्तेमाल में लाए जाते हैं। चाहे लेनिन का कोई निबन्ध हो या किसी आधुनिक कलमघिस्सू का लेख, उसमें विवेकपूर्ण तर्क और प्रमाण प्रस्तुत करने पर उतना स्थान और जोश ख़र्च नहीं किया जाता, जितना कि विरोधी पर लेबल चस्पाँ करने पर। वास्तव में लेबल चस्पाँ करना और जिस व्यक्ति का खण्डन किया जाना है उसके बारे में असत्य कथन करना मुख्य कार्य समझा जाता है। अपनी पुस्तक 'एन्काउण्टर्स विद् लेनिन'[1] (लेनिन के साथ साक्षात्कार) में वेलेंटिनव बयान करते हैं कि लेनिन ने उन्हें बताया, ''प्लेखोनो ने एक बार मुझसे मार्क्सवाद के एक आलोचक का ज़िक्र किया (जिसका नाम मुझे याद नहीं) जिसने कहा था ''पहले हम उस पर सिद्ध दोष (मार्क्सवाद) का बिल्ला लगा लेते हैं और उसके बाद उसके मामले की जाँच करेंगे।'' और मैं सोचता हूँ कि हमें हर किसी ऐसे व्यक्ति पर 'सिद्धदोष का बिल्ला' लगा देना चाहिए, जो मार्क्सवाद को कमज़ोर करने की कोशिश करता है, चाहे हम इसके बाद उसके मामले की जाँच न भी करें। हर पक्के क्रान्तिकारी की यही प्रतिक्रिया होनी चाहिए। इस प्रकार ठप्पा लगाना एक ऐसा कौशल है, जिसमें इन बुद्धिजीवियों ने महारत हासिल कर रखी है।

और एरिक हाफ़र ने जिसे 'माहात्म्यीकरण' अर्थात् ऐहिक धन्धों, मात्र चालबाज़ियों को पवित्र उद्देश्यों में बदलने का कौशल कहा था, प्रगतिशीलों ने—जैसा कि प्रो. हायेक ने खुलासा किया है—यह कौशल 19वीं और 20वीं शताब्दियों के प्रचलित पदों, जैसे 'वैज्ञानिक', 'तार्किक', 'न्याय', 'समानता' आदि को अपनाकर प्राप्त कर लिया है। जब किसी ऐसे व्यक्ति को साफ़ तौर पर महत्त्व दिया जाने लगता है, जिसका ये विरोध कर रहे होते हैं तो ये लोग, पुनरावृत्ति, और प्रतिध्वनि-कक्षों आदि जैसे पुराने तरीकों से, यह साबित करने की कोशिश करते हैं, कि वह आदमी जो कुछ किसी ख़ास अनुष्ठान के नाम पर कर रहा है, वह असल की नकल है; अपने 'असली रूप' में उसका मूल्य केवल उनकी पितृभूमि में ही पाया जा सकता है, या जो कुछ वे करने की कोशिश कर रहे हैं, उसमें पाया जा सकता है। जब गाँधीजी 'स्वतन्त्रता' की बात करते थे, तो वे चिल्ला उठते थे— 'स्वतन्त्रता' के बारे में उनकी संकल्पना मात्र एक छल है, एक बनिये का शोषणकारी व्यवस्था को बनाए रखने का छल।... यद्यपि पश्चिमी

समाजों में दिखावे के तौर पर लोकतन्त्र मौजूद है—उदाहरण के तौर पर वहाँ चुनाव कराए जाते हैं—लेकिन वास्तव में वहाँ चुनावों के नतीजे बाहुबल और धन के द्वारा ही तय होते हैं। यद्यपि उनके यहाँ कथित रूप से स्वतन्त्र न्यायपालिका है, लेकिन ऐसे समाजों में स्वयं 'कानून' वर्तमान व्यवस्था को बनाए रखने का मात्र एक साधन होता है... दूसरी तरफ़ एक श्रमिक राज्य में लोकतन्त्र असली होता है स्वतन्त्रता अत्यल्पसंख्यक शासक वर्ग का एकाधिकार मात्र नहीं होती, वह सबको प्राप्त होती है। एक पूँजीवादी देश में श्रमनियमों में ज़रा-सी भी सख़्ती लाया जाना अपने आप में पूँजीवाद के बढ़ते हुए संकट की स्वीकृति है, श्रमजीवी जनता के निर्मम दमन का प्रमाण है। लेकिन सोवियत संघ और चीन में मज़दूरों और किसानों को स्वाभाविक रूप से हड़ताल पर जाने, कार्यशर्तों के बारे में सौदेबाज़ी करने और अपने संगठन बनाने के अधिकारों को छोड़ देना चाहिए, क्योंकि स्वयं राज्य ही उन्हीं का होता है...

इन सन्देहपूर्ण मूल्यों के अपनाए जाने से उनका 'माहात्म्यीकरण' सम्भव हो पाया है। केवल यही बुद्धिजीवी और वह पार्टी या विचारधारा ही जिनके लिए वे काम करते हैं 'न्याय', 'समानता' और 'स्वतन्त्रता' के प्रति समर्पित हैं। इन मूल्यों को प्राप्त करने के लिए जिस रास्ते का नक्शा इन्होंने तैयार किया है वह इतिहास के वैज्ञानिक विश्लेषण और समझ पर आधारित है। इसलिए जो कोई उनके रास्ते में रुकावट बनता है वह पददलित जनता की मुक्ति का विरोध करता है; वह शोषकों का हथियार 'एक सचेत, चुना हुआ हथियार' होता है। इसलिए नुकसान पहुँचाने के रास्ते से उसे हटाने के लिए इस्तेमाल किए जाने वाले सभी साधन जायज़ होते हैं...

इस 'माहात्म्यीकरण' के कौशल में उन्होंने महारत हासिल कर ली और स्वयं सिद्धान्त को एक धर्म का रूप देने से बहुत-से उद्देश्यों की पूर्ति हो गई। और धर्मानुयायी संशयों से, सामूहिक प्राणदण्ड का आदेश देने के 'बूर्जुआ संशयों' से दूसरों को ध्वंस करने के लिए षड्यन्त्र रचने और उन पर दोषसिद्ध का लेबल चस्पाँ करने, उनके बारे में झूठी अफ़वाहें फैलाने और जालसाज़ी करने के संशयों से मुक्त हो गया। यह सब कुछ क्रान्ति के महान् उद्देश्य से किया जा रहा था। कितनी बड़ी राहत थी यह...प्रगतिशील बुद्धिजीवी बिना किसी अन्तर्बाधा के, बिना किसी सीमा के अपने भीतर के गुण्डे को खुलकर खेलने का मौका दे सकता था। इस प्रकार सिद्धान्त और भी आकर्षक बन गया। साधारणीकरण में दक्ष होने के कारण वे सिद्धान्त को और आगे 'विकसित' करके उसे नए-नए क्षेत्रों में लागू करने लगे; उनकी अपने पिताओं से नहीं बनती थी, इसलिए उन्होंने परिवार को दमन का साधन बताकर उसकी अवज्ञा करनी शुरू कर दी। वे दूसरी औरतों के साथ सोते रहना चाहते थे, इसलिए उन्होंने विवाह और नैतिकताओं को बूर्जुआ समाज की

बची रह गई निशानियाँ करार दिया...

इस सिद्धान्त का सबसे बड़ा प्रलोभन यह था कि उसे उन लोगों ने अपनाया जो सत्ता हथिया रहे थे, जैसे, लेनिन, स्टालिन, माओ। और उन समूहों ने भी इस सिद्धान्त को अपनाया जो सत्ता हथियाने वाले थे, जैसे भारत में कुछ ऐसे समूह जिन्हें हमारे बुद्धिजीवियों ने 'पुनरुत्थानशील' की संज्ञा दी है। सिद्धान्त को अपनाकर और उसका विकास करके वे सत्ता के नज़दीक पहुँच गए, या उन्हें आभास हुआ कि वे सत्ता के नज़दीक हैं; ठीक वैसे ही जैसे किसी पहलवान से चिपकी जोंकें यह सोचने लगें कि वे विरोधी को पटख़नी दे रही हैं।

इस सिद्धान्त के आकर्षण का एक और कारण भी था, जो कि प्रथम दृष्टि में विरोधाभासी प्रतीत होता है। तस्वीर का एक पहलू यह था कि ये बुद्धिजीवी सत्ता के लिए मानदण्डों और संशयों से मुक्ति पाने के लिए तरस रहे थे। इस सिद्धान्त ने उनके लिए यह काम कर दिया। तस्वीर का दूसरा पहलू यह था कि इस सिद्धान्त ने इन बुद्धिजीवियों की अपमानित होने या यों कहिए कोड़े खाने की ललक को तृप्त कर दिया। लेनिन और बाद में स्टालिन तथा माओ ने यह सुनिश्चित किया कि सिद्धान्त में पार्टी के महत्त्व को एक नींव के पत्थर की तरह स्थापित किया जाए। विरला ही कोई ऐसा लेख-संग्रह होगा जिसने बुद्धिजीवियों पर इतनी गालियाँ बरसाई हों, उनका इतना अधिक उपहास किया हो जितना कि लेनिन और माओ के निबन्धों में किया गया है। क्रान्तियों और आन्दोलनों के दौरान ठट-के-ठट बुद्धिजीवियों को मौत के घाट उतार दिया गया या देश निकाला दे दिया गया। लेकिन ऐसा लगता है कि इन सब बातों ने सिद्धान्त को और इन बुद्धिजीवियों की आकर्षण-भूमियों में घटित हो रही क्रान्तियों को हमारे यहाँ के प्रगतिशीलों के लिए और भी मोहक बना दिया। हमारे बुद्धिजीवियों की स्वपीड़न-प्रवृत्तियों की इस सिद्धान्त से जो तृप्ति हुई, वह भी इस सिद्धान्त की लोकप्रियता का उतना ही महत्त्वपूर्ण कारक थी जितना कि इसके द्वारा उनके भीतर के गुण्डे को मिला खुल खेलने का अवसर।

लेकिन कवायद के दोनों पहलुओं—एक तरफ़ महान् उद्देश्य को अपनाना और दूसरी तरफ़ खुद को अपमानित कराना—ने बुद्धिजीवियों को गुणशील होने का एहसास दिलाया। क्योंकि वे ग़रीबों के नाम पर चिल्ला रहे थे, इसलिए वे ग़रीबों के हक में थे। क्योंकि वे ग़रीबों के हक में थे, इसलिए वे जो कुछ कर रहे थे, वह जायज़ था। ऐसा नहीं कि वे खुद ग़रीब थे। बल्कि सिद्धान्त को आकर्षक बनाने वाली एक बात यह भी थी, कि यह सिद्धान्त इस बात को उचित मानता था कि वे अपना समय सुखमय ढंग से बिताएँ। महान् शिक्षकों ने यही तो कहा था कि हम, शोषकों को उल्लू बनाकर, उन्हें उनके धन, उनकी स्त्रियों से वंचित करके सही काम करते हैं।

इस सिद्धान्त ने उनके मन में यह विश्वास बैठा दिया कि वे ग़रीबों की नुमाइन्दगी कर रहे थे। और यह भी कि अकेले वही उनकी नुमाइन्दगी कर रहे थे। ख़ासतौर पर ग़रीब अपने हितों के लिए प्रायः सक्रिय नहीं होते। बुद्धिजीवियों का अपने बारे में ऐसा सोचना सिद्धान्त के सबसे सुखकर परिणामों में से एक था। क्योंकि क्या आपको याद है कि ग़रीब 'झूठी जागृति' के मुहताज थे? जब उन्होंने पार्टी और उसकी नीति का विरोध किया तो वे वस्तुगत दृष्टि से देखने पर अनजाने में उन्हीं लोगों के हथियार बन कर ऐसा व्यवहार कर रहे थे, जो उनका शोषण कर रहे थे। इसलिए यह ज़रूरी था कि उन कमीने आदमियों (शोषकों) को दस लाख लोगों द्वारा, अगर उतनी संख्या क़ाफी थी, दबा दिया जाता।

यह झाँसापट्टी पिछले डेढ़ सौ वर्ष के सबसे लम्बे समय तक चली है। यह सिद्धान्त एक ख़ाली डिब्बा था जिसमें कुछ भी भरा जा सकता था और ये बाज़ीगर लोग उसमें से कुछ भी निकालकर दिखा सकते थे। लेकिन व्यवहार में उसमें प्रतिवर्ष ह्रास होता चला जा रहा था। सोवियत संघ और चीन में दास श्रमिक शिविरों के चलते भी न्याय का दावा? नामेनक्लेचुरा (पूर्व सोवियत संघ में उन बाअसर सार्वजनिक पदों की सूची जिन पर पार्टी के व्यक्ति नियुक्त किए जाते थे) के होते हुए समानता का दावा? स्टालिनकालीन रूस और माओकालीन चीन में लाखों की हत्या किए जाने के बावजूद 'स्वतन्त्रता' का दावा? उन अर्थ-व्यवस्थाओं के पूरी तरह से विफल हो जाने के बावजूद अति-कार्यकुशलता का दावा?

बुद्धिजीवियों ने एक महत्त्वपूर्ण कौशल विकसित किया, जिसका आन्दोलन में सबसे ज़्यादा इस्तेमाल किया जा सका। और वह कौशल था, तथ्यों का व्याख्या द्वारा रूपान्तर कर देना। ऐसा ख़ास तौर पर भारत जैसे देशों में हुआ क्योंकि स्वयं इन प्रगतिशीलों की पवित्र भूमियों–सोवियत संघ और चीन–में कोई स्पष्टीकरण नहीं दिए जाने होते थे। सोवियत रूस में की गई 'सफाई' क्या थी? एक व्यक्ति–स्टालिन–का मतिभ्रंश! देश में जड़तापूर्ण अदक्षता का क्या करण था? एक व्यक्ति–ब्रेज़नेव–के ऊतकों में आई कड़ाई! एक व्यक्ति का संविभ्रम या जड़िमा पूरी प्रणाली को प्रभावित कर पाई, जबकि सिद्धान्त में हमेशा इस बात का दावा किया जाता रहा था कि नतीजा संरचनात्मक तत्त्वों–जैसे उत्पादन के साधनों की मिल्कीयत का स्वरूप–द्वारा निर्धारित किया जाता है न कि व्यक्तियों द्वारा। लेकिन इसका खुलासा कभी नहीं किया गया। मानसिक बाज़ीगरी द्वारा हमारे जैसे देश की वर्तमान वास्तविकता की तुलना सोवियत समाजों की वास्तविक दशा से नहीं, बल्कि सिद्धान्तशास्त्रियों द्वारा कल्पित आदर्शलोक से की गई, जबकि सोवियत समाजों से सम्बन्धित तथ्यों को पूँजीवाद प्रचार की जालसाज़ी, या अस्थायी विचलन

बताया जाता था। समान तत्त्वों की आपस में तुलना क्यों न की जाए। तथ्यों को तो बीसवें सम्मेलन में ख्रुश्चेव के भाषण के बाद स्वयं सोवियत लोगों द्वारा ही स्वीकार किया जाने लगा था, फिर वे वास्तव में कैसे विद्यमान नहीं थे—इन बातों का भी कभी खुलासा नहीं किया गया।

एक असली कौशल जिसमें उन्होंने महारत हासिल कर ली थी, यह था कि उन्होंने यह सुनिश्चित कर लिया था कि इस प्रकार के प्रश्न लोक चर्चाओं में बाधक न बन पाएँ। पुराने तरीके में—जो कि सभी सर्वसत्तात्मक विचारधाराओं में समान रूप से पाया जाता है—पैनापन लाते हुए, न केवल प्रश्नों को बल्कि स्वयं प्रश्नकर्त्ताओं को बहिष्कृत कर दिया गया। यदि कोई प्रगतिशील ऐसे प्रश्न पूछता था, तो उसका प्रश्न पूछना ही यह प्रमाणित कर देता था कि वह मुर्तद या पक्षत्यागी बन गया है। उसके सवाल करने को स्पष्टतः एजेण्डा के बारे में किया गया सवाल मान लिया जाता था, इसलिए उसकी तरफ़ कोई ध्यान देने की ज़रूरत नहीं थी। यदि कोई अप्रगतिशील ऐसे सवाल पूछता था, तो वह ऐसे व्यक्ति द्वारा किया गया सवाल मान लिया जाता था, जो जनता के उद्धार का घोर शत्रु था। ऐसे लोगों को हर हाल में काफ़िर मान लिया जाता था और वे ऐसे संदूषक होते थे जिन्हें निष्ठावानों के नज़दीक जाने की अनुमति नहीं थी।

आजकल इस सिद्धान्त को कोई भी सर्व प्रयोजन सिद्धान्त नहीं कहता। वास्तव में भारत से बाहर कहीं पर भी इस सिद्धान्त की चर्चा तक नहीं होती। इसको चरितार्थ करने के लिए जिस प्रासाद—सोवियत राज्यों—का निर्माण किया गया था, उसके ढह जाने से व्यावहारिक रूप में इसका पूर्ण खण्डन हो चुका है, जिसकी वजह से इस सिद्धान्त को धक्का पहुँचा है।

सोवियत संघ का विघटित होना विश्व के दूसरे हिस्सों में सिद्धान्त के लिए घातक सिद्ध हुआ है। लेकिन जहाँ तक भारत का सवाल है, हमारे एक लब्धप्रतिष्ठ इतिहासकार द्वारा लिखित पाठ्यपुस्तक की अभिव्यक्ति का इस्तेमाल करते हुए, इस सिद्धान्त को केवल धक्का ही पहुँचा है। प्रगतिशीलों ने, खूब अभ्यास के बाद प्राप्त किए गए कौशलों को दूसरे मुद्दों में इस्तेमाल करना शुरू कर दिया है; हमारी परम्परा, इतिहास तथा धर्म की झूठी-मूठी आलोचना करने से लेकर, एक अब तक अज्ञात अत्यल्प समूह के अधिकारों के बारे में आक्रोशपूर्ण आग्रह करने तक। इसके अलावा क्योंकि वे अब भी मीडिया और शैक्षिक ढाँचे में प्रधान पदों पर बने हुए हैं, इसलिए अब भी वे ही यह तय करते हैं कि वे कौन-से विशेषज्ञ होंगे जिन्हें लोग अब भी असली विशेषज्ञ मानते हैं और जिनकी परवाह की जानी चाहिए। इसलिए, यद्यपि विषस्रोत का प्रवाह तो बन्द हो चुका है फिर भी प्रणाली में अभी तक इतना विष प्रवाहित हो रहा है कि वह अगले एक या दो दशकों तक हमें अशक्त बनाए रखेगा।

और यहाँ पर आकर हमारा इतिहास चेतावनी भी देता है और आशा भी बँधाता है। चेतावनी यह है कि उनके अनिष्टकर प्रभाव के अपने आप समाप्त होने में काफ़ी समय लेगा। उन्होंने जो पूर्वानुमान लगाए थे, उनके बरअक्स व्यावहारिक रूप में क्या परिणाम निकले हैं, हमें इसका लेखा-जोखा दर्ज़ करना चाहिए। हमें उनके सिद्धान्त के आडम्बर का भण्डाफोड़ करना चाहिए; और हमें वैकल्पिक तरीकों, उन छोटे-छोटे तरीकों के ब्यौरे तैयार करने चाहिए जिनसे समस्याओं को कम किया जा सके, "एक-एक करके, थोड़ा-थोड़ा और बार-बार करके।"

पिछले अस्सी वर्ष के बौद्धिक इतिहास से यह पता चलता है कि इस उद्देश्य को लेकर कुछ एक व्यक्तियों ने, कुछेक अनजाने व्यक्तियों ने ऐसा लेखन कार्य किया, जो अपनी अमिट छाप छोड़ गया है, हालाँकि स्वयं उन व्यक्तियों को भुला दिया गया है। जिन व्यक्तियों के 'दि गाड दैट फेल्ड' (असफल परमेश्वर) में लेख थे, उनमें से कितनों को आज पहचाना जाता है। लेकिन उस अकेले संकलन ने आहनी दीवार में कितना बड़ा सूराख़ कर दिया था! 'फ्राम अण्डर दि रूबल' (मलबे के नीचे से) पुस्तक में जिन लेखकों का योगदान था उनमें से सोल्ज़ेनित्सिन को छोड़कर, एक भी ऐसा नाम नहीं जो हमने सुन रखा हो। उसके बावजूद वैसी पुस्तकों को चोरी-छिपे टाइप करके उनकी एक-एक प्रति बहुत मेहनत से तैयार की गई, और वे पुस्तकें एक वैकल्पिक राज्य बन गईं। रूसी साम्यवादियों की विजय के बाद के वर्षों में उदारवादी परम्परा का तिरोभाव हो गया। योजना की सफलताओं की खूब चर्चा की गई। यहाँ तक कि कार्यों को किसी दूसरे ढंग से करने से सम्बन्धित बौद्धिक कृतियों को अनदेखा कर दिया गया। लुडविग वान माइसेस के प्रति अपनी श्रद्धांजलि अर्पित करते हुए प्रो. हायेक ने उन व्यक्तियों के नाम गिनाए हैं, जिनकी कृतियों को आधार बनाते हुए अर्थशास्त्र में उदारवादी परम्परा को पुनरुज्जीवित किया गया।[2] नामों की सूची छोटी-सी है। इनमें से हर व्यक्ति दूसरों से अलग-थलग रहकर काम करता रहा। और इन सबके प्रति मुख्य धारा के बुद्धिजीवी यदि तिरस्कार भाव नहीं तो उपेक्षाभाव अवश्य रखते थे। और श्री हायेक की सूची में से भी हमारे आज के अर्थशास्त्री कितनों को पहचानते होंगे। एडविन कान्नन? थियोडोर ग्रिगरी? आनर्ल्ड प्लांट, फ्रैंक एच नाइट? लुइगी ईनाउडी, जो बाद में इटली के राष्ट्रपति बने। वाल्टर इयूकेन? यहाँ तक कि माइसेस की चीज़ों में से भी हमें कितना कुछ याद है सिवाय 'डिबेट' (बहस) के, जिसके बारे में हमें कालिज में यह बताया गया था कि उसमें ओस्कार लांजे ने उन्हें पूरी तरह से बहस में हरा दिया था? या स्वयं हायेक के बारे में भी हम कितना जानते हैं?

लेकिन इन लोगों द्वारा अकेले में की गई मेहनतों ने ही चिन्तन के उन तरीकों की नींव डाली, जिनका ऐसा निर्णायक प्रभाव हम आज विश्व-भर में देखते

हैं। बीसवीं शताब्दी के इतिहास ने उन्हीं को और उनके द्वारा किए गए कार्य को ही सही सिद्ध किया है। इसलिए आगे कदम बढ़ाते जाओ।

सन्दर्भ

1. निकोलाइ वेलेंटिनव, 'एन्काउण्टर्स विद लेनिन', ऑक्सफोर्ड, लन्दन, 1968
2. एफ. ए. हायेक, दि ट्रांसमिशन ऑफ़ दि आइडियल्स ऑफ़ इकनामिक फ्रीडम, 1951, नामक लेख, एफ.ए. हायेक की पुस्तक 'स्टडीज़ इन फ़िलोसोफी, पालिटिक्स, इकनामिक्स' में, राउटलेज ऐण्ड केगन पाल, लन्दन, 1967, पृ. 195-200

आत्मविध्वंस की प्रवृत्ति

मार्क्सवादी सिद्धान्त के अनुसार साम्यवादी क्रान्ति सबसे पहले उन समाजों में होनी चाहिए थी, जिनका विकास दूर तक पूँजीवादी व्यवस्था के अन्तर्गत हुआ था। यह सिद्धान्त आज तक भी हमारे उन लब्धप्रतिष्ठ विद्वानों के गढ़ों जैसे कि विश्वविद्यालयों में सुसमाचार की तरह पढ़ाया जाता है। पूँजीवादी व्यवस्था वाले समाजों में सबसे पहले यह क्रान्ति इसलिए होनी चाहिए थी, क्योंकि क्रान्ति कोई ऐसी चीज़ नहीं थी जिसे किसी के द्वारा बाहर से या कहीं और से लाया जाता। यह एक ऐसा विस्फ़ोट, ऐसा तख़्ता पलट था जो कि पूँजीवादी विकास में निहित और उसके भीतर के कारणों से घटित होना चाहिए था। लेकिन वास्तव में हुआ क्या? उन्नत पूँजीवादी अर्थव्यवस्थाओं ने उनके यहाँ पैदा होने वाले संकटों से निपटना सीख लिया। इससे भी ज्यादा महत्त्वपूर्ण बात यह हुई कि उन अर्थव्यवस्थाओं ने ऐसे ढाँचे और ऐसी प्रक्रियाएँ विकसित कीं जिनके जरिए उन चरम स्थितियों को टाला जा सका, जिनके बारे में मार्क्स ने 'सप्रमाण समझाया' था कि वे सारी व्यवस्था को ठप्प कर देंगी। और ऐसी क्रान्तियाँ हुईं ऐसे देशों में—रूस, 1917 में, चीन 1949 में—जहाँ पूँजीवाद इतना फैला भी नहीं था। ऐसे में वहाँ पूँजीवाद की सृजनात्मक शक्ति समाप्त होने की स्थिति से बहुत दूर थीं, जबकि सिद्धान्त में यह कहा गया था कि क्रान्ति ऐसी स्थिति में पैदा होती है। अन्य क्रान्तियों ने भी सिद्धान्त को ग़लत ही साबित किया। उदाहरण के लिए पूर्वी योरुप के हर देश में कम्यूनिस्ट सरकारों की स्थापना ऐसी विजयों के कारण हो पाई जिनकी बागडोर किसी विदेशी शक्ति के हाथ रही थी। जहाँ उथल-पुथल भीतरी तत्त्वों के कारण हुई, वहाँ इस काम में सक्रिय होने वाले समूह वे थे जिन्हें सिद्धान्त ने निद्रालु करार दिया था। मार्क्स ने किसानों को हमेशा के लिए 'आलुओं की बोरियाँ' करार दे दिया था, लेकिन चीन और वियतनाम में क्रान्ति लाने वालों में वे सबसे आगे थे। इससे भी बदतर बात यह है, कि वे उन तत्त्वों से प्रेरित नहीं थे, जिनके द्वारा उनके उत्तेजित होने की बात सिद्धान्त में कही गई थी। यथा पूँजी का केन्द्रीयकरण तथा एकत्रीकरण, लाभ की गिरती हुई दर, श्रम का बड़े-बड़े

समूहों में संघबद्ध होना और उसके बल पर उत्तरोत्तर जंगजू 'सर्वहारा वर्गचेतना' को प्राप्त करना आदि...वे उसी तत्त्व से प्रेरित हुए थे, जिसे सिद्धान्त ने मात्र 'झूठी चेतना' कहकर उसकी निन्दा की थी। अर्थात् उसी पुराने सीधे-सादे राष्ट्रवाद के द्वारा। चीन में यह राष्ट्रवाद जापानियों के विरुद्ध था और वियतनाम में जापानियों, उसके बाद फ्रांसीसियों, अमरीकियों और अन्ततः चीनियों के विरुद्ध था।

एक सौ वर्ष के प्रमाण ने यह सिद्ध कर दिया था कि मामले उस दिशा की ओर नहीं बढ़ रहे थे जिस दिशा की ओर उनके बढ़ने के बारे में सिद्धान्त में दावा किया गया था। इन सब बातों को देखते हुए सिद्धान्त में निष्ठा रखने वालों को इसकी दोबारा जाँच करनी चाहिए थी। लेकिन एक बार जब सिद्धान्त सुसमाचार बन जाता है, एक बार जब वह धर्म का आधार बन जाता है, तो मामलों के जिस दिशा में बढ़ने का पूर्वानुमान सिद्धान्त में लगाया गया होता है, यदि वे वस्तुतः उससे विपरीत दिशा में बढ़ने लगते हैं, तो उस हालत में सिद्धान्त को नहीं बल्कि तथ्यों को नकारा जाता है। और यही वास्तव में हुआ। मार्क्स की प्रस्थापनाओं में नए अर्थ जोड़ने वाला एक पूरा उद्योग ही विकसित होता चला गया, फिर चाहे वे प्रस्थापनाएँ 'मूल्य' के बारे में हों, 'अधिशेष मूल्यों' के बारे में हों, 'पूँजीवाद' के 'एकाधिकार पूँजीवाद' बनने के बारे में हों' 'साम्राज्यवादी शृंखला को सबसे कमज़ोर कड़ी पर तोड़ने' के बारे में हों, 'पूँजीवादी महानगर को उन देहातों से घेरने' के बारे में हों जो कि 'उपनिवेश' थीं। यह एक ऐसा उद्योग था जिसने इन संकल्पनाओं के लिए ऐसे अर्थ गढ़े जिनके ज़रिए सिद्धान्त के प्रति निष्ठावान लोग अपने इस दावे को बरकरार रख पाए कि जो कुछ प्रकट हो रहा था' वह सिद्धान्त में उल्लिखित पूर्वानुमानों के अनुसार ही था। आज तक भी हमारे विश्वविद्यालयों में छात्रों को इन्हीं व्याख्याओं की शिक्षा दी जा रही है।

लेकिन क्या एक और तबका भी, जिसके हक में ये लब्धप्रतिष्ठ इतिहासकार बोलते रहते हैं, आज ऐसा कुछ नहीं कर रहा? यह वह तबका है जो जिहाद से सम्बन्धित कुरआन की आयतों और हदीस में नए अर्थ आरोपित करने की भरपूर कोशिश कर रहा है—"इनका (आयतों का) सम्बन्ध केवल अच्छाई और बुराई के बीच के आन्तरिक संघर्ष से है।" सिद्धान्त—जो कि उनके मामले में इलहाम है—की फिर से जाँच करने की बजाय क्या वे नए अर्थ गढ़ने की कोशिश नहीं कर रहे हैं? ऐसे अर्थ जो कि उनके पूर्ववर्तियों को 1400 वर्षों तक समझ में नहीं आए?

इसमें एक चेतावनी भी है और एक इशारा भी। चेतावनी यह है कि जिस क्षण किसी किताब या किसी सिद्धान्त को इलहाम मान लिया जाता है, जिस क्षण निष्ठावान या मोमिन यह मानने लगते हैं कि सारा ज्ञान उनकी किताब में निहित है या उनकी किताब ही सारे ज्ञान का उद्गम है, और जो कुछ किताब में नहीं है या जिस ज्ञान का उद्गम उनकी किताब नहीं है, वह ज्ञान सच्चा या उपयोगी

नहीं है—उदाहरण के लिए उलमा का क़ुरआन के बारे में ऐसा मानना है—उस क्षण से वह शिक्षा एक बेड़ी बन जाती है। जहाँ तक इशारे का सम्बन्ध है जरा मार्क्स सिद्धान्त के अनुयायियों को ही देखिए : जब वे तथ्यों को उस सिद्धान्त के ढाँचे में फिट करना शुरू करते हैं, उसी वक्त वह सिद्धान्त बिखरकर रह जाता है।

मार्क्सवाद-लेनिनवाद का हालिया इतिहास कुछ और संकेत भी देता है। पहला, सभी इलहामों की तरह यह सिद्धान्त भी हद दर्जे का अपचयवादी (रिडक्शनिस्ट) था। एक अपरिवर्तनीय द्वन्द्वात्मक पद्धति के अनुसार, भौतिक संसार, अर्थव्यवस्था, सामाजिक सम्बन्धों, व्यक्तियों के मनोविज्ञान, कला और साहित्य की हर चीज़ को भौतिक तत्त्व की अभिव्यक्ति माना गया था। द्वन्द्वात्मकता एक ऐसी संस्थिति है जो दो तत्त्वों के बीच ऐसे वैपरीत्य और संघर्ष को जन्म देती है जिससे उनका एक नया संश्लिष्ट रूप हमारे सामने आ जाता है। दूसरा, इस सिद्धान्त ने सब साधनों के प्रयोग और सर्वसत्तात्मक व्यवस्था को वैध बताया। शुरू-शुरू में इसकी जो कल्पना की गई थी, उसके अन्तर्गत राज्यतन्त्र को हासिल करने और उस पर नियन्त्रण रखने के लिए बल और छल के प्रयोग को भी वैध ठहराया गया था; लेकिन जल्द ही उसके अन्तर्गत चिन्तन को भी शामिल कर लिया गया। उसका कारण स्पष्ट था कि इस प्रकार की प्रणाली के लिए स्वतन्त्र चिन्तन ग्रिनेडों से भी अधिक घातक है। अन्ततः ठीक उसी समय, नए प्रमाण की रोशनी में, जबकि इस सिद्धान्त को अपनी बुनियादों का फिर से जायज़ा लेना चाहिए था, अर्थात् 1917 में, इस शिक्षा ने, मात्र एक सिद्धान्त से एक राज्यधर्म का रूप ले लिया। तत्पश्चात् इसके बारे में मन में उठने वाले किसी सन्देह को किसी प्रश्न का प्रारम्भिक बिन्दु न मानकर मत-विरोध माना जाने लगा। और क्योंकि स्वयं सिद्धान्त ने ही 'महान् उद्देश्य' को प्राप्त करने के लिए सब साधनों और सर्वसत्तात्मक दण्डों के प्रयोग को वैध करार दिया था और क्योंकि यह धर्म उस महान् उद्देश्य को प्राप्त करने का एकमात्र मार्ग था, इसलिए मत-विरोध को कुचलने के लिए सब साधनों का इस्तेमाल करना केवल वैध ही नहीं बल्कि स्वयं सिद्धान्त के अनुसार अनिवार्य भी था। यह मामला ठीक वैसा ही था, जैसा कि इससे पहले के एक पुराने इलहाम का था।

इन तीन बातों के मिलेजुले परिणाम हमें आज हास्यास्पद दिखाई देते हैं। हम यह विश्वास भी नहीं कर पाते कि ये तीन बातें हुई भी होंगी। लेकिन विश्वकोशों और सोवियत संघ में प्रकाशित पुस्तिकाओं पर एक नज़र डालने से ही यह पता चल जाता है कि ये परिणाम वास्तविक थे और कुछ ही समय पहले तक ये सब जगहों पर देखने को मिले।

क्योंकि द्वन्द्वात्मक भौतिकवाद में हर चीज़ का खुलासा किया जाता था, सोवियत संघ में आइंस्टाइन के विशिष्ट और सामान्य सापेक्षता सिद्धान्तों का खुलासा

करते हुए उनकी कई दशकों तक निन्दा की जाती रही; इसलिए नहीं कि उनमें कुछ सामग्री ऐसी खोज निकाली गई थी जो उन सिद्धान्तों का खण्डन करती थी, बल्कि इसलिए कि कहा जाता है कि उनके निकाले गए कुछ निष्कर्ष ऐसे थे जिनसे द्वन्द्वात्मक भौतिकवाद से निकाले गए निष्कर्षों का खण्डन होता था!

सोवियत वैज्ञानिक उन पर तब तक अपना काम फिर से शुरू नहीं कर सके जब तक कि सापेक्षता सिद्धान्तों का उद्धार नहीं हो गया। लेकिन ऐसा करने के लिए कोई ऐसी व्याख्या नहीं दी गई कि बाद के प्रमाणों ने सापेक्षता सिद्धान्तों को सही सिद्ध कर दिया है और न ही उनके बारे में यह कहा गया कि उन सिद्धान्तों का द्वन्द्वात्मक भौतिकवाद से मेल खाना या न खाना उनकी वैधता के सन्दर्भ में अप्रासंगिक है। बल्कि इस बारे में ऐसा दिखाया गया कि उन्हें ऐसे ढंग से भी समझा जा सकता है कि उनका द्वन्द्वात्मक भौतिकवाद से कोई विरोध न हो!

सापेक्षता सिद्धान्तों का जो हश्र हुआ उससे एक और मूर्खतापूर्ण प्रभाव भी पड़ा। क्या यह ब्रह्माण्ड सीमित और परिबद्ध है, जैसा कि बहुत से धार्मिक ब्रह्माण्ड विज्ञानियों ने संकेत किया था? या यह सीमित और अपरिबद्ध है, जैसा कि आइंस्टाइन ने कहा था? आप सामान्यतः इस सवाल को वैज्ञानिक तरीकों से सुलझाएँगे। लेकिन सोवियत संघ में वैज्ञानिकों को इस तथ्य को ध्यान में रखना पड़ा कि लेनिन ने अपने निबन्ध 'मैटीरियलिज़्म ऐण्ड एम्पीरियो क्रिटिसिज़्म' (भौतिकवाद तथा अनुभववादी आलोचना) में यह कहा था कि ब्रह्माण्ड असीम है और जो कुछ उसने कहा था, वह क्योंकि सिद्धान्त का हिस्सा था इसलिए इस सवाल के समाधान के लिए उसके कथन को स्वीकार करना अनिवार्य था। क्या अन्तरिक्ष, काल तथा पदार्थ का एक-दूसरे से निरपेक्ष कोई अस्तित्व है या अन्तरिक्ष और काल, मात्र पदार्थ की अभिव्यक्तियाँ हैं? सोवियत वैज्ञानिक पचास के दशक के उत्तरार्ध तक यह ज़ायज़ा नहीं ले पाए कि इस प्रश्न को लेकर आइंस्टाइन के सिद्धान्त क्या कहते हैं। एंजेल्स और लेनिन ने इन तीनों के सम्बन्ध में जो कुछ कहा था, वैज्ञानिकों को न केवल उसमें विश्वास रखना होता था, बल्कि उसका समर्थन भी करना होता था। इसके बावजूद कि एंजेल्स और लेनिन में से कोई भी न तो भौतिकविज्ञानी था और न दार्शनिक और न ही उनमें से किसी ने काल, अन्तरिक्ष या पदार्थ पर कोई बाकायदा किताब लिखी थी!

जिन विषयों पर इन पैगम्बरों ने अपना ध्यान केन्द्रित किया था, उनसे इतने अलग क्षेत्रों में उनके निष्कर्ष इस प्रकार के थे। स्वभावतः इन आप्त पुरुषों ने जिन विषयों पर लिखा था, उनके ज़्यादा निकट जो विधाएँ थीं उनसे सम्बन्धित निष्कर्ष तो और भी अधिक उग्र थे। मार्क्स की दृष्टि में ब्याज विधिसंगत नहीं था। वह तो प्रतिस्पर्द्धी प्रयोजनों के लिए वितरित दुर्लभ पूँजी का मूल्य भी नहीं था। वह एक अवैध राशि था जो कि शोषक, शोषितों से निचोड़ते हैं। इसलिए किसी एक

परियोजना की प्रौद्योगिकियों के बीच या अलग-अलग क्षेत्रों में किए जाने वाले निवेशों के बीच चुनाव करने के लिए इसका इस्तेमाल करना सोवियत योजना निर्माण में वर्जित था। इसलिए सोवियत संघ में पूँजी दुर्लभ होते हुए भी योजना निर्माताओं के लिए वह 'एक मुफ़्त चीज़' बन गया, और उसके घातक परिणाम देखने में आए, जैसा कि अपेक्षित था। लेकिन वर्जना को तोड़ा नहीं जा सका। अर्थशास्त्रियों और योजना निर्माताओं ने उसके स्थान पर और ऐसी पद्धतियाँ—क्षतिपूरण अवधियाँ' आदि—तैयार करने की कोशिश की जो कि वही काम कर पातीं 'जो पूँजी करती है। और हम भारतीय विश्वविद्यालयों में उन एवज़ी पद्धतियों को मार्क्सवाद-लेनिनवाद के रचनात्मक विकास की श्रेष्ठ कृतियों के रूप में कण्ठस्थ करते रहते थे। उसी प्रकार क्योंकि बाज़ार के मुताबिक चलना भी वर्जित माना जाता था, इसलिए तैयार माल के मूल्य निश्चित करने का कोई आधार नहीं होता था। इसलिए मूल्य के बारे में और सम्बन्धित उपयोगी वस्तुओं में घनीभूत, सामाजिक श्रम के बारे में मार्क्स की प्रस्थापनाओं के आधार पर कीमतों का अनुमान लगाने में दसियों वर्ष खर्च कर दिए जाते थे। इस बीच जो भद्दी असंगतियाँ और असन्तुलन पैदा हुए हैं, उनके बारे में सब जानते हैं।

जिस धोखाधड़ी से सोवियत अर्थशास्त्रियों ने उन वर्जनाओं के चलते ब्याज को आर्थिक प्रणाली में वापस लाने की कोशिश की, उसका समानान्तर उदाहरण हमें उन धोखाधड़ियों में देखने को मिलता है जिनके द्वारा इस्लामी विधिकर्ता आज तक कुरआन और हदीस में पाई जाने वाली तदनुरूप वर्जनाओं के चलते परोक्ष ढंग से ब्याज वसूल करने के लिए इस्तेमाल करते हैं।

ऐसी प्रणालियों में यह सुनिश्चित करना ज़रूरी होता है कि हर चीज़ पैग़म्बर के कहे मुताबिक हो। और अगर इतना हो जाता है तो काफ़ी है। और जब पैग़म्बर ने एक ही कृत्रिम समाधान और एक ही कारण—इस मामले में भौतिकवादी द्वन्द्ववाद—के आधार पर हर बात का खुलासा कर दिया हो तो उसके बाद की सारी जाँच पर रोक लग जाती है। मार्क्स और एंजेल्स ने ईसाई धर्म के बारे में जर्मन आइडियोलोजी (जर्मन विचारधारा) में जो कुछ कहा था, एक सौ वर्ष तक धर्मों के मार्क्सवादी अध्ययन में हर धर्म और अनुष्ठान के बारे में वही निष्कर्ष निकाले जाते रहे। मन की कार्यप्रणाली के बारे में जो बुद्ध की सूक्ष्म दृष्टि थी और ईसा मसीह जिस प्रकार की आस्था को हमारे मन में जाग्रत कर देते हैं—इन सब अमूल्य विशेषताओं को मात्र आधा दर्जन पिष्टोक्तियों में समेट कर रख दिया गया है। सत्तर वर्ष तक हर लेखक के बारे में मार्क्सवादी साहित्यिक आलोचना उन्हीं निष्कर्षों पर पहुँचती रही जो निष्कर्ष लेनिन द्वारा टालस्टाय के बारे में निकाले गए और आगे चलकर हर कलाकार और बाद में हर फिल्म निर्माता के बारे में भी वैसी ही सोच मन में रखकर निष्कर्ष निकाले जाते रहे। और ये निष्कर्ष पूरी तरह से

एकांगी थे; इस हद तक कि एक आलोचना में यह कहा गया, लेखक ने वर्तमान व्यवस्था की बुराइयों को चित्रित किया है; ऐसा करके उसने एक योगदान किया है। लेकिन ऐसा करने के बाद वह यह निष्कर्ष नहीं दे पाया कि इसका समाधान केवल सर्वहारा क्रान्ति ही है। इससे यह सिद्ध होता है कि वह मन्दबुद्धि है। जैसा कि हमने देखा है, मार्क्सवादी इतिहासलेखन भी साहित्यिक आलोचना से अलग नहीं है। हर संस्थिति को मार्क्सवाद की पाँच अवस्थाओं के फ्रेम में फिट कर दिया जाता है। हर घटना का मूल कारण उत्पादन की ताकतों और सम्बन्धों में ढूँढ़ा जाता है। उन्हीं पिष्टोक्तियों को उनके घृणास्पद लगने तक दोहराया जाता है—''ब्राह्मण बलियों पर निर्भर थे'', ''ब्राह्मणों और शासकों के बीच वर्गीय गठबन्धन'', ''कानून शासक वर्ग का हथियार है''....और ऐसी पिष्टोक्तियों का प्रयोग करने के बाद बाकी कुछ करने की ज़रूरत नहीं रह जाती, अलबत्ता ऐसे प्रसंगों को छोड़कर जिनमें कम्यूनिस्ट समाजों के जुल्मों और उनकी निष्क्रियता का खुलासा करना पड़ता है। तब हर चीज़ का मूल कारण एक स्टालिन और एक सियोसिस्को के मतिभ्रंश को बता दिया जाता है!!

सदियों तक जिहाद के नाम पर जो बरबादियाँ की जाती रहीं, उनके बारे में भी हमें जो कुछ बताया जाता है, क्या वह इससे अलग होता है? सदियों तक ये बरबादियाँ शरीअत का गर्व, का विषय मानी जाती रहीं। वे इस बात का प्रमाण थीं कि शरीअत अल्लाह को सबसे ज़्यादा प्यारी है और फ़तहमन्दों (विजेताओं) को अल्लाह का चहेता माना जाता रहा। लेकिन आज हमें यह बताया जाता है कि वे बरबादियाँ अलग-अलग शासनों के मतिभ्रंश का परिणाम थीं। इस प्रकार की ग़लत व्याख्या चौदह सौ वर्षों तक अपनी पकड़ कैसे बनाए रख पाई? वामपंथ जिस सवाल का जवाब कभी नहीं दे पाया, वह यह था: आप कहते हैं कि हर गतिविधि उत्पादन की ताकतों और सम्बन्धों द्वारा निर्धारित होती है, और व्यक्ति अपने आप में महत्त्वपूर्ण नहीं होता, तो फिर जो-जो कुछ गलत हुआ उस सबके लिए स्टालिन को ज़िम्मेदार कैसे ठहराया जा सकता है? इस्लामी इतिहास में भी एक ऐसा ही सवाल है जिसका खुलासा किया जाना ज़रूरी है; क्योंकि हर घटना अल्लाह की मर्जी से घटती है और जैसा कि स्वयं पैग़म्बर साहब ने कहा था, ''मेरी उम्मत किसी ग़लती के लिए कभी रज़ामन्द नहीं होगी'', तो फिर चौदह सौ साल तक मोमिन, ग्रन्थों के मूल पाठ की ऐसी व्याख्या क्यों करते रहे जो बिल्कुल ग़लत थी?

किसी सिद्धान्त के इलहाम का दर्जा हासिल कर लेने के बाद सृजनात्मकता साम्प्रतिक उत्तराधिकारी और पैग़म्बर की परिचारिका बन जाती है। केवल कोई लेनिन ही हमेशा यह घोषणा करते रहने के बाद कि रूसी क्रान्ति विश्वक्रान्ति की शुरुआत है, पूरी तरह से अपनी बात को पलटकर एक देश में समाजवाद की घोषणा

करने लगता है; कोई स्टालिन ही यह घोषणा कर सकता है कि मार्क्स और एंजेल्स और लेनिन के विश्लेषण हमेशा के लिए तयशुदा फ़रमान नहीं हैं, केवल कोई माओ ही किसानों के बारे में मार्क्स की घोषणाओं को पूरी तरह से पलट सकता है और फिर भी यह कह सकता है कि वह जो कुछ कर रहा है वह सिद्धान्त का विकास ही है। सृजनात्मकता को एक तरह से साम्प्रतिक पैग़म्बर की आशुबुद्धि के चमकने या उसकी बाध्यताओं की परिचारिका बनकर रहना पड़ता है। लेकिन उसे अनिवार्य रूप से अपनी नई और संशोधित व्याख्या प्रस्तुत करनी होती है–जैसा कि हमने अभी हाल में चीन और भारत के बारे में माओ के मामले में देखा। और वह व्याख्या नए, अपरिवर्तनीय सुसमाचार का रूप ले लेती है।

इसके अलावा जब कोई अपचयवादी विचारधारा राज्यधर्म बन जाती है, जैसा कि मार्क्सवाद, लेनिनवाद के मामले में हुआ और जैसा कि आज हर इस्लामी राज्य में हो रहा है, तो हालात और भी बदतर हो जाते हैं। क्योंकि सिद्धान्त एक ऐसा साधन है जिसके ज़रिए आगे चलकर एक सुनहरे भविष्य का सूत्रपात होगा; इसलिए केवल हर विषय की व्याख्या ही इस तरह से नहीं की जानी चाहिए कि वह सिद्धान्त से मेल खाती हो; बल्कि हर व्याख्या उस भविष्य को साकार करने का साधन भी होनी चाहिए जिसे सिद्धान्त साकार करने पर आमादा है। बौद्ध धर्म और इस्लाम पर हुआ सोवियत और चीनी लेखन कार्य इस बात को स्पष्ट कर देता है। ऐसा नहीं कि बुद्ध के सूक्ष्म प्रबोधनों को मटियामेट करके रख दिया गया, लेकिन उनके बारे में एक दिन एक बात कही जाती थी और दूसरे दिन शासकों की आवश्यकताओं के अनुकूल ठीक उल्टी बात कह दी जाती थी। किसी भी सुलभ सन्दर्भ ग्रन्थ, जैसे दि एन्साइक्लोपीडिया ऑफ़ मार्क्सिज़्म, कम्युनिज़्म ऐण्ड सोशलिज़्म में किए गए सम्बन्धित इन्दराजों पर निगाह डालने से यह बात साबित हो जाएगी। 1917-27 में सोवियत शासक बौद्धों को सन्तुष्ट करना चाहते थे, इसलिए उन्होंने बौद्ध धर्म का उत्पीड़ित जनता की विचारधारा के रूप में गुणगान किया। उन्होंने उस मत के लिए जिसे उन्होंने निरीश्वरवाद बताया, और समानता के प्रति उसके आग्रह के लिए उसकी भूरि-भूरि प्रशंसा की, उन्हें उसके मठीय धर्मसंघों में सामूहिकीकरण का पूर्व रूप दिखाई दिया। स्वाभाविक रूप से उसके बाद भारतीय प्रगतिशीलों ने भी वैसा ही किया। 1929 के बाद जब दलन का दौर चला तो उन्होंने बौद्ध धर्म का चित्रण एक ऐसे साधन के रूप में किया, जिसका आविष्कार जागीरदारों ने श्रमिक जनता को दास बनाए रखने के लिए किया था। जब कुचलने की प्रक्रिया आरम्भ हुई तो स्टालिन ने घोषित किया कि बौद्ध धर्म को द्वन्द्वात्मक भौतिकवाद के बराबर मानना असंगत है।

एन्साइक्लोपीडिया में उल्लेख किया गया है कि जैसे समय के साथ-साथ साधन बदलते चले जाते हैं, वैसे वे स्थान के मुताबिक भी बदलते चले जाते हैं।

इसलिए चीनी कम्यूनिस्टों ने यदि बौद्ध धर्म की भर्त्सना की और अपने देश में उसे मिटाकर रख दिया और श्रीलंका तथा बर्मा जैसे उपासना पद्धति में विश्वास रखने वाले देशों में यह घोषित किया कि वे केवल बौद्ध धर्म की महायान शाखा के ख़िलाफ़ थे, जिसमें देववाद और अनुष्ठानों का प्रचलन है तो सिद्धान्त के मुताबिक उनका ऐसा करना बिल्कुल सही था। इन्हीं विद्वानों से हमें यह जानने को मिलता है कि इस्लाम पर किया गया लेखन कार्य भी इसी चक्र में से होकर गुज़रा। तीस और चालीस के दशकों तक सोवियत लेखक पैग़म्बर और कुरआन का वर्णन निन्दापूर्ण तथा तीखी भाषा में करते रहे थे। उन्होंने पैग़म्बर साहिब द्वारा कथित रूप से किए गए चमत्कारों का मज़ाक उड़ाया और कुरआन के न केवल आध्यात्मिक और साहित्यिक महत्त्व पर, बल्कि उसकी सुसंगति पर भी प्रश्नचिह्न लगाए। ठीक उसी समय यदि भारत के कम्यूनिस्टों ने जिनके परामर्शदाताओं ने इन धर्मों और उनके संस्थापकों के बारे में यह सब कुछ लिखा, खुद को इन्हीं धर्मों के अनुयायियों के हिमायतियों के तौर पर पेश किया तो वह भी सिद्धान्त के अनुसार पूरी तरह से सही था।

सिद्धान्त का खुद को इस तरह से ढाल पाना, और उसके द्वारा हमेशा कोई ऐसी प्रस्थापना या उसका कोई रूप भेद ढूँढ़ निकालना जिससे तात्कालिक उद्देश्य की पूर्ति हो सके, पहले-पहल तो चतुराई लगती है। लेकिन कुछ समय बाद सबको यह कलाबाज़ी दिखाई देने लगती है। उसके बाद अनिवार्य रूप से नकारवाद की भावना पैदा होने लगती है। उन दावों के प्रति जो कि सिद्धान्त द्वारा किए जा रहे होते हैं; और साथ ही उन लोगों के प्रति पूर्ण अविश्वास भी पैदा होने लगता है, जो ऐसे दावे कर रहे होते हैं।

इन विचारधाराओं का एक ही उद्देश्य होता है। और वह है सत्ता और ख़ास तौर पर राज्य पर काबिज़ होना। एक बार जब वे राज्य पर काबिज़ हो जाते हैं, तो विचारधारा राज्यधर्म बन जाती है। वह एक सर्वसत्तात्मक राज्य का धर्म बन जाती है। इसलिए कोई सिद्धान्त या कोई खोज आगे बढ़ पाएगी या डूब जाएगी, यह उसके नैसर्गिक गुण पर निर्भर नहीं करता, और न ही इस बात पर कि क्या वह नियम संगत है या नहीं; बल्कि इस बात पर निर्भर करता है कि उसका समर्थन कौन कर रहा है; वह व्यक्ति पार्टी में या पार्टी के लिए महत्त्वपूर्ण है या नहीं? सोवियत संघ में बहुत-से उन्नतिशील व्यक्तियों ने विद्वानों की कृतियों की क्लिष्ट-कल्पित व्याख्या करके और उनके बिना सोचे-समझे निष्कर्ष निकालकर और यह ज़ाहिर करके कि वे निष्कर्ष एकउद्देशीय सिद्धान्त के विरुद्ध हैं, अपने प्रतिस्पर्द्धी को मिटा कर रख दिया और बहुत-से अवसरवादियों ने ऐसा करके अपना भविष्य बना लिया।

जो विचारधाराएँ इलहाम होने का दावा करती हैं, उनके साथ एक और खास

बात भी जुड़ी होती हैं। क्योंकि द्वन्द्वात्मक भौतिकवाद ने जीवन के हर कार्य-व्यापार पर लागू होने का दावा किया, इसलिए हर चीज़ का खुलासा करने के लिए, किसी भी व्यक्ति के कार्य विशेष से एकदम अलग क्षेत्रों में सिद्धान्त और उस व्यक्ति के लेखन की ऐसी क्लिष्ट-कल्पित व्याख्याएँ लागू की जाती थीं जो कि घातक सिद्ध होती थीं। कई भौतिक विज्ञानियों की हत्या कर दी गई, इसलिए नहीं कि जो कुछ उन्होंने कहा वह, भौतिक विज्ञान के बारे में एंजेल्स और लेनिन द्वारा कही गई किसी बात के विरुद्ध था, बल्कि इसलिए कि भौतिक विज्ञान सम्बन्धी किसी प्रश्न के बारे में वे जो कुछ कह रहे थे उसकी व्याख्या करने पर कुछ ऐसे अर्थ निकलते थे, जिनके आधार पर सामाजिक संगठन के सन्दर्भ में निकाला गया निष्कर्ष कुछ ऐसा था जो कि आधिकारिक मत के विरुद्ध था। ऐसे निज़ामों के अन्तर्गत इस प्रकार के टकरावों में, उदाहरण के तौर पर सापेक्षता सिद्धान्त की वैज्ञानिक वैधता के बारे में और सामाजिक संगठन पर इस सिद्धान्त के क्या प्रभाव पड़ सकते थे उसके बारे में, जिस फ़ैसले का महत्त्व होता है, वह फ़ैसला वैज्ञानिकों का नहीं बल्कि पार्टी के अलम्बरदारों का होता है।

आनुवंशिकी का जो हश्र हुआ, वह इस प्रकार के मनमाने निर्णयों का एक कुख्यात उदाहरण है। सभी (कम्युनिज़्म के) पैग़म्बरों ने यह घोषित किया कि कम्युनिज़्म एक नए इंसान को जन्म देगा। उन्होंने कहा कि ऐसा होना निश्चित है, क्योंकि इंसान का स्वभाव परिवेश का परिणाम होता है। उत्पादन के साधनों और सम्बन्धों में उलट-पुलट करके कम्युनिज़्म परिवेश में बदलाव ला रहा है। इसलिए एक नए सोवियत इंसान का पैदा होना निश्चित है। मार्क्स की एक या दो टिप्पणियाँ यह सिद्ध करने के लिए उद्धृत की गईं कि उसका भी यही मत था। सोवियत संघ में रह रहा स्टाख़ानव और बाद में चीन के रेडगार्ड इस बात का जीवित प्रमाण थे कि नया निज़ाम नए इंसान को जन्म दे रहा था। ऐसे में कुछ आनुवंशिकी विज्ञानियों, खास तौर पर मेंडेल की पुस्तकों में इस पूर्वधारणा के बारे में आपत्ति उठाई गई कि गृहीत विशेषताएँ अगली पीढ़ियों में अन्तरित होती चली जाती हैं। एन्साइक्लोपीडिया में बताया गया है कि एक सरल स्वभाव का 'सक्रिय' पौधे उगाने वाला व्यक्ति आई.वी. मिचूरिन ऐसे नतीजों पर पहुँचा, जिनसे यह पता चला कि परिवेश बदलने पर न केवल पौधों की विशेषताओं में परिवर्तन लाया जा सकता है, बल्कि पौधों की अगली पुश्तों में भी वे परिवर्तित विशेषताएँ आ जाएँगी। लेनिन का उस व्यक्ति के प्रति झुकाव हो गया, क्योंकि ये परिणाम नए आशावाद से मेल खाते थे, और क्योंकि वह व्यक्ति रूसी था और उस पर एक कम्युनिस्ट और 'एक पौधा घर का सक्रिय मालिक'। विज्ञान के इतिहास के सबसे कुख्यात स्वार्थ-साधकों में से एक, लाइसेंको नामक व्यक्ति दूसरों के विचारों को झपट लेता था और वह पहले लेनिन और बाद में स्टालिन का संरक्षण पाकर

विज्ञान की इन शाखाओं का हुक्मरान और वैज्ञानिकों के लिए दहशत बन गया। 1949 तक आते-आते मेंडेलीय आनुवंशिकी को ग़ैर-कानूनी करार दे दिया गया और देश के अग्रणी आनुवंशिकी विज्ञानियों से अपनी पहले की पुस्तकों को वापस लेने और यहाँ तक कि मेंडेल के निष्कर्षों पर और आगे काम करने के लिए खुद की भर्त्सना करने को कहा गया। एन्साइक्लोपीडिया में कहा गया है कि साधारण बुद्धि रखने वाले इस अकेले व्यक्ति ने दो पूरे के पूरे विज्ञानों का गला घोंट दिया और सोवियत कृषि में पूरे तीन दशकों तक तबाही ला दी और वैज्ञानिकों के बीच आतंक का प्रतीक बन गया।

भारत में कोई लाइसेंको पैदा नहीं हो पाया, उसका एकमात्र कारण यह है कि कम्यूनिस्टों का पूरे देश पर नियन्त्रण नहीं था और हमारा समाज एक मुक्त समाज रहा है। लेकिन हमारे कई विश्वविद्यालयों में अहिंसावादी दबाव और इनके द्वारा तैयार किया गया अपना तन्त्र और दूसरों को आगे न आने देने की इनकी प्रवृत्ति सृजनात्मकता और स्वतन्त्र चिन्तन के लिए उतनी ही घातक सिद्ध हुई है। इसके लिए हमारे वामपंथ द्वारा नियन्त्रित विश्वविद्यालयों में इतिहास और अर्थशास्त्र के विभागों की अधोगति पर निगाह डालना ही काफ़ी होगा।

और घटनाक्रम अटल रहता हैः अपचयवादी इलहाम होता है; हर ऐसा प्रस्ताव जिससे इस इलहाम की अभिपुष्टि होती है वह अपने आप में सही होता है; हर ऐसा तथ्य या तर्क जिससे इस इलहाम के प्रति सन्देह प्रकट हो वह निश्चित रूप से ग़लत होता है और पार्टी पुरोहित यह तय करता है कि प्रस्ताव से 'महान् उद्देश्य' को बढ़ावा मिलता है या नहीं, क्योंकि पार्टी ही तो या उलमा ही तो इलहाम को सही तरह से समझते हैं; पार्टी या उलमा ही तो उसके प्रति सही मायनों में प्रतिबद्ध होते हैं। इसके अलावा पार्टी या उलमा का यह कर्तव्य बनता है कि वे इलहाम की रक्षा करें और उसे न्यायसंगत सिद्ध करें और यह सुनिश्चित करें कि वह विश्व-भर में व्याप्त हो जाए। जो कोई इलहाम को स्वीकार करने से इनकार करता है उसे ख़त्म कर देना चाहिए, क्योंकि वह इतिहास की गति में रोड़े अटका रहा होता है, अल्लाह की मर्ज़ी में रुकावट पैदा कर रहा होता है। इसलिए पार्टी या मोमिन (ऐसे व्यक्ति को रास्ते से हटाने के लिए) जो भी साधन इस्तेमाल करते हैं, वे सब जायज़ हैं।

पार्टी की बात तो अलग रही, विचारधारा का यह 'धर्मीकरण' रचनात्मक कार्य को यकीनन दबाकर रख देता है। आख़िर जब विचारधारा या नीति को इतना ऊँचा दर्जा दे दिया जाता है तो विद्वत्ता की आवश्यक शर्त क्या रह जाती है? कोई व्यक्ति जो कुछ भी लिखता है या ढूँढ़ निकालता है, वह उस सिद्धान्त और नीति का समर्थन करता है। बस इतना कुछ करना ही काफ़ी होता है। हमने जिन पाठ्यपुस्तकों पर चर्चा की है, उनमें यही कुछ किया गया है। लेखकों का एकमात्र सरोकार होता

है ऐसा 'प्रमाण'' प्रस्तुत करना, ऐसा निष्कर्ष और व्याख्या प्रस्तुत करना जो सिद्धान्त को सही सिद्ध करे। और जैसे ही किसी उद्धरण का कोई ऐसा छोटा-सा अंश, कोई ऐसा गढ़ा गया निष्कर्ष सामने लाया जाता है, किसी ऐसी व्याख्या की कल्पना की जाती है, जो सिद्धान्त को सही साबित कर देता है, तो काम हो जाता है।

आवश्यकता और पर्याप्तता का यह नियम नए काम करने की पहल का खात्मा करके रख देता है। विद्वान् को केवल अपने विश्लेषण में हर चन्द पृष्ठों के बाद सिद्धान्त का कोई तत्त्व उद्धृत करना होता है—किसी उत्कृष्ट सिद्धान्तशास्त्री की किसी पुस्तक में से किसी वाक्य या किसी प्रस्ताव को वैध ठहराना होता है—और उसे ऐसा करते हुए बस इतना ख़याल रखना होता है कि वह सिद्धान्तशास्त्री सभी विधि-निर्माताओं का कृपापात्र हो। और हमारा विद्वान् जितनी अधिक बार विधिशास्त्री की किसी बात को अपने विश्लेषण में दोहराएगा, उतना अधिक वह स्वयं सिद्धान्तशास्त्री बनता चला जाएगा।

इस प्रकार हम देखते हैं कि श्री डी. एन. झा अपनी पुस्तक 'एन्शेण्ट इण्डिया' (प्राचीन भारत) की भूमिका में यह दावा करते हैं :

"...धार्मिक अनुष्ठानों तथा प्रथाओं में काफ़ी परिवर्तन आया। भक्ति जो कि भारतीय सामन्ती समाज में कृषि दासों या असामियों की ज़मींदारों पर पूरी निर्भरता को प्रकट करती थी, धर्म का अनिवार्य अंग बन गई..."[1]

यह केवल दावा है, लेकिन इसका कोई प्रमाण नहीं है। आख़िर यह केवल भूमिका ही तो है। एक सौ पृष्ठ बाद भी यह दावा, दावा ही बना रहता है, लेकिन इसका कलेवर बड़ा हो जाता है, क्योंकि तब उस पर केवल एक वाक्य नहीं बल्कि एक पूरा पैराग्राफ़ खर्च किया गया है!

"भक्ति सिद्धान्त जिसे सबसे पहले गीता में स्पष्ट रूप से निरूपित किया गया है और जो वैष्णव धर्म तथा शैव धर्म की एक बहुत बड़ी ताकत थी, गुप्तकाल में और अधिक प्रासंगिक हो गई। भक्ति यह उपदेश देती थी कि व्यक्ति ईश्वर के प्रति समर्पण तथा आस्था के द्वारा ही अन्तिम मुक्ति प्राप्त कर सकता है, केवल बलियाँ चढ़ा कर नहीं। भक्ति के द्वारा सबको ईश्वर उपलब्ध कराया गया। यह नए प्रकार की धर्मनिष्ठा उस समय के सामाजिक दृष्टिकोण के अनुरूप थी, क्योंकि सामन्त खुद को अपने अधिपतियों के चरणों में ध्यानस्थ अनुभव करते थे। यही कारण था कि वैष्णव धर्म तथा शैव धर्म में इस सिद्धान्त पर नए ढंग से बल दिया गया। कुछ हद तक बुद्ध धर्म की महायान शाखा में भी भक्ति पर बल दिया गया है।"[2]

सामन्तवाद तथा भक्ति के बीच के नैमित्तिक सम्बन्ध को स्वतः प्रमाणित सत्यों में से एक मान लिया गया है और बिना किसी प्रमाण के उसे अक्षुण्ण बनाए रखा गया है। उपस्वामियों ने जो कि "अपने अधिनायकों के चरणों में स्वयं को

ध्यानावस्था'' में अनुभव करते थे, एक ऐसे सिद्धान्त को बढ़ावा क्यों दिया, यहाँ तक कि उसे समर्थन भी क्यों दिया, जिसने हर कृषि दास और असामी को परमेश्वर सुलभ करा दिया, इसका खुलासा नहीं किया गया है—सम्भवतः इस विचार से कि इसका कारण पाठक खुद ढूँढ़ लेगा। ऐसी विद्वत्ता के सामने पूर्वापर क्रम यह नहीं होता कि कोई ऐसा प्रमाण—जैसे कोई गुप्त उद्धरण—ढूँढ़ निकाला गया हो, जिसमें किसी मनीषी ने सामन्तों और बाकी लोगों के लिए भक्ति के लाभों का उल्लेख किया हो; और स्वतन्त्र रूप से एक ऐसा प्रमाण खोज निकाला गया हो, जो यह सिद्ध करता हो कि जिस समय के आसपास वह उद्धरण लेखनीबद्ध किया गया था, उस समय समाज सामन्ती व्यवस्था में प्रवेश कर रहा था। उसकी बजाय ऐसी विद्वत्ता के सामने पूर्वापर क्रम इस प्रकार होता है : सिद्धान्त में यह घोषणा की गई है कि समाज सामन्तवाद में से होकर गुज़रे हैं। और इसलिए 'प्रमाण' के ऐसे टुकड़े जैसे-तैसे इकट्ठे कर लिए जाते हैं जिन्हें यह दावा करने के लिए इस्तेमाल किया जा सके कि अमुक काल—जैसे गुप्तकाल—वह काल था जिसमें सामन्तवाद कायम हो चुका था। तब एक ऐसे धर्म-सिद्धान्त को सामने ला दिया जाता है जो उस सामन्तवाद को बनाए रखने में सहायक होता है।

ऐसे दावों का तुरन्त स्वागत किया जाता है, क्योंकि जो कुछ कोई सैद्धान्तिक पूर्वज कहता है, ये दावे उसकी पुनरावृत्ति होते हैं। इस मामले में स्वयं डी.डी. कोसाम्बी की बात को दोहराया गया है। लेकिन जब हम स्वयं श्री कोसाम्बी को पढ़ते हैं तो हम देखते हैं कि उन्होंने कई दावों के तन्तुओं को आपस में बुनकर गीता के बारे में एक सिद्धान्त का निर्माण किया था। जब वे गीता पर लिखे गए अपने निबन्ध में निम्नलिखित बातों का उल्लेख करते हैं, तो अपना सिद्धान्त प्रस्तुत करते हुए वे कितने दावों को एक दूसरे में गूँथते चले गए हैं, उनकी गिनती करना अपने आप में एक रोचक कवायद होगा :

''इस प्रकार गीता, प्रारम्भिक गुप्त काल की एक तार्किक निष्पत्ति थी जब फैलती हुई ग्रामीण बस्तियों से शक्तिशाली केन्द्रीय सरकार को नए धन की उपलब्धि हुई। व्यापार में फिर से बढ़ोतरी हुई और बहुत-से सम्प्रदायों को काफ़ी आर्थिक सहायता प्राप्त होने लगी...

''संक्षेप में गीता का लेखन उस काल में हो पाया जब वह बिल्कुल ज़रूरी नहीं था (क्यों?)। शंकर, ब्रह्म वैज्ञानिक विवाद को लेकर किए गए प्रचण्ड शास्त्रार्थ के बिना कुछ नहीं कर पाए। सभी मतों से सहिष्णुतापूर्वक पेश आने और उन्हें एक ही मत में विलयित करने का यह अर्थ है कि उत्पादन के साधनों का संकट ज़्यादा गहरा नहीं है। जब संकट गहरा जाता है, जब उत्पाद इतना ज़्यादा फ़ालतू नहीं बचा रह जाता कि उसे इधर-उधर भेजा जा सके, और जब संश्लेषण विधि अपना कर उत्पादन में वृद्धि नहीं की जा सकती तो विलय और सहिष्णुता असम्भव

हो जाते हैं। इससे पहले देवताओं का देवियों से विवाह कराना इसलिए कारगर सिद्ध हुआ था, क्योंकि सम्पत्ति के मातृसत्तात्मक और पितृसत्तात्मक रूपों के बीच सामंजस्य स्थापित हो जाने के बाद संयुक्त समाज ने काफ़ी अधिक उत्पादन किया था। आदिम देवी-देवताओं के शिव और विष्णु के कुटुम्बों में अपना लिए जाने के बाद खाद्य एकत्रित करने वाले आदिवासियों को काफ़ी बड़े खाद्य उत्पादक समाज में भरती करने में मदद मिली। इसका विकल्प यह हो सकता था कि आदिवासियों का विनाश कर दिया जाता या उन्हें दास बना लिया जाता। उस हालत में हिंसा फैलती और तत्कालीन उत्पादन को ज़बरदस्त क्षति पहुँचती। वैदिक आर्यों को, जिन्होंने खुले बल का प्रयोग करने की कोशिश की थी, अन्ततः आदिवासी लोगों के साथ पुनर्मेल करना पड़ा था। गीता के ज़रिए शासक वर्ग के कुछ गुटों को आपस में मिलाने में मदद मिली हो सकती है। इसके भीतर के अन्तर्विरोधों से प्रेरित होकर किसी असाधारण सुधारक ने भले ही उच्चवर्गों को एक नई वास्तविकता को स्वीकार करते हुए, नए सदस्यों को अपने वर्गों में भरती करने के लिए प्रयत्न किया हो, किन्तु सम्भवतः यह (गीता) उत्पादन के साधनों में कोई बुनियादी परिवर्तन नहीं ला पाई (ग़ौर कीजिए इस पूर्व धारणा पर—कि यह परिवर्तन लाना इस धार्मिक ग्रन्थ का काम था और यह परिवर्तन न पाना गीता के विफल रहने का मूल कारण था) और वास्तविकता से न जुड़ी होने, और तार्किक सुसंगति के अभाव के कारण यह भारतीय समाज की बुनियादी समस्याओं के प्रति विवेकपूर्ण दृष्टिकोण को बढ़ावा भी नहीं दे पाई।

"फिर भी गीता में एक नई बात ज़रूर थी, जो बाद के समय की आवश्यकताओं के लिए पूरी तरह से कारगर थी, और वह थी भक्ति। (ज़रा शब्द 'बाद के'...पर गौर कीजिए : इस प्रकार इस विवरण में भक्ति की खोज सामन्तवाद का विकास होने से पहले हुई बताई गई है।) जिस किसी ने यह ग्रन्थ लिखा, उसकी दृष्टि में भक्ति एक प्रकार से कृपा प्राप्ति थी, एक ही दिव्य स्रोत से सब विचार प्राप्त करने का एक मार्ग थी। जैसा हमने बाद के ग्रन्थ अनु-गीता की माँग से देखा, जो बहुत ही नीरस थी, गीता अपने समय में पर्याप्त सिद्ध नहीं हुई। लेकिन जब महान् केन्द्रीकृत व्यक्तिगत साम्राज्यों का अन्त दिखाई देने लगा—जिनमें हर्षवर्धन का साम्राज्य अन्तिम था—तो नए राज्य को ऊपर से नीचे तक साम्राज्यवादी होना ही था। पूर्णतः विकसित सामन्तवाद का सारतत्त्व है व्यक्तिगत निष्ठा की ज़ंजीर, जो परिचर को सरदार से, आसामी को ज़मींदार से और नवाब को बादशाह या शहंशाह से बाँधती है। यह निष्ठा अमूर्त नहीं होती, बल्कि उत्पादन के साधनों और सम्बन्धों में इसकी सुरक्षित नींव होती है : ज़मींदारी, सैनिक सेवा, कर-उगाही और धनीमानी व्यक्तियों के ज़रिए स्थानीय उत्पाद का जिन्स में बदला जाना। यह प्रणाली छठी शताब्दी के अन्त से पहले बिल्कुल सम्भव

नहीं थी। 'नीचे के स्तर' से सामन्तवाद के और अधिक विकास का अर्थ था ग्रामीण स्तर पर लोगों के एक वर्ग का उभरकर सामने आना जिनका भूमि पर विशेष अधिकार होता था। (चाहे जुताई हो, या कब्ज़ा या फिर ख़ानदानी मिल्कीयत) और ये लोग विशेष सशस्त्र सेवा तथा कर-उगाही सम्बन्धी सेवा प्रदान करते थे। इस प्रकार के समाज और उसके राज्य को एक-दूसरे से मिलाकर रखने के लिए सर्वश्रेष्ठ धर्म वह होता है, जो भक्ति और व्यक्तिगत आस्था पर बल दे, चाहे भक्ति के उद्देश्य में स्पष्ट ख़ामियाँ भी क्यों न दिखाई दे रही हों।"[5]

इसमें घटनाक्रम ठीक वही है जो कि पहले देखा गया है। यह मान लिया जाता है कि हर चीज़, जिसमें आत्मज्ञान प्राप्ति का मार्ग दिखाने वाले धार्मिक ग्रन्थ भी शामिल हैं, उत्पादन-साधनों के स्वामित्व के स्वरूप से जुड़ी होती है और यह स्वरूप इस बात पर निर्भर करता है कि प्रौद्योगिकी किस स्तर पर पहुँच चुकी है। इन दो पूर्व धारणाओं से यह 'प्रमाणित' हो जाता है कि कोई विशेष धर्म-ग्रन्थ, या उसमें निहित कोई विशेष विचार, एक विशेष व्यवस्था के पनपने में मदद करता है। इस प्रकार की तर्कणाविधि कितनी कमज़ोर होती है, यह बात उस उदाहरण से स्पष्ट हो जाएगी, जो श्री कोसाम्बी देते हैं, और जिसे श्री झा ने दोहराया है। भक्ति गीता में बताए गए मार्गों में से एक है। ज्ञान मार्ग का क्या हुआ? वह भी गीता में उतना ही महत्त्वपूर्ण है, जितना कि भक्तिमार्ग। क्या वह भी सामन्तशाही और सामन्तों के पनपने में मदद करता है? गीता में जो कर्म पर, स्वयं कार्य करने पर, और इस आश्वासन पर बल दिया गया है कि कोई भी प्रयास व्यर्थ नहीं जाता, या इस बात पर बल दिया गया है कि आदमी को ग़लत काम और अन्याय के विरुद्ध लड़ना चाहिए—इनमें से किस बात से सामन्ती व्यवस्था को सहूलियत पहुँचती है?

ज़रा स्वयं भक्ति पर ही विचार कीजिए। श्री झा कहते हैं कि भक्ति महायान बौद्ध धर्म का भी अंग थी। यह शाखा सबसे अधिक तिब्बत में पनपी और वहीं पर सबसे ज़्यादा समय तक टिकी रह पाई; क्या तिब्बत की सामाजिक और राजनीतिक व्यवस्था भी सामन्ती थी? क्या तिब्बत में भी उत्पादन के साधन और उनके स्वामित्व का स्वरूप पचास के दशक तक वैसा ही था, जैसा कि भारत में गुप्तकाल में था?

ज़रा भारत में इस्लामी शासन के दौरान भक्ति के महा पुनर्जागरण पर ग़ौर कीजिए। यह पुनर्जागरण चैतन्य महाप्रभु, सूरदास, कबीर, नानक और तुलसी के कारण हुआ। क्या यह पुनर्जागरण भी इसलिए हुआ कि राजनैतिक व्यवस्था सामन्ती थी और इस्लामी शासक इन सन्तों के साथ और अधिक 'शैतान सौदेबाज़ी' करके इस व्यवस्था को पुख़्ता करना चाहते थे? या इससे ठीक उलट बात थी, कि इस्लाम के हमले को देखकर या जिस गति से जनता बल के समक्ष घुटने टेकती चली

जा रही थी, और इस्लाम में धर्मान्तरण करती चली जा रही थी उसे देखकर इन सन्तों ने, इष्टदेव के प्रति भक्ति पर बल देकर, भारत में ज़ोर पकड़ रही इस्लाम की लहर को रोक दिया था?

और उन सुधारकों और नेताओं के बारे में क्या कहा जाएगा, जिन्होंने भारत को उन्नीसवीं शताब्दी के उत्तरार्द्ध और बीसवीं शताब्दी के पूर्वार्द्ध में भारत को अपने पाँवों पर खड़ा कर दिया? जब अरविन्द, तिलक, गाँधी ने गीता को इतना अधिक महत्त्व प्रदान किया तब ये महापुरुष क्या कर रहे थे? क्या वे भी सामन्तवाद को पुख़्ता बना रहे थे?

जितना भक्तिमार्ग किसी से अपने इष्टदेव के प्रति समर्पण की माँग करता है, उससे कहीं ज़्यादा माँग इस्लाम किसी मुस्लिम से पैग़म्बर साहिब के प्रति समर्पण की माँग करता है। तो इससे व्यक्ति यह निष्कर्ष निकाल ले कि 7वीं शताब्दी में अरब की सामाजिक और राजनीतिक व्यवस्था भारत में गुप्तकालीन 'सामन्तवाद' से मिलती-जुलती थी और इस्लाम के इस आग्रह से कि इस्लाम के पैरोकार (अनुयायी) को पैग़म्बर साहिब के प्रति पूर्णतः समर्पित होना चाहिए, किसी सामन्ती योजना को मदद मिली थी?

तर्कवाक्य का लबादा ओढ़े कोई दावा किसी पाठक या छात्र पर क्या असर डाल सकता है, इसका पूर्वानुमान अच्छी तरह से लगाया जा सकता है। ख़ासतौर पर ऐसी शिक्षा प्रणाली में जैसी कि हमारी है, जो कि पूरा बल रटकर 'सीखने' पर देती है। एक के बाद एक पुस्तक और एक पुस्तक में एक के बाद एक अध्याय में एक ही दावे के बारे में पढ़ते-पढ़ते जब कोई छात्र स्नातक की उपाधि पाता है, तब तक वह धारणा उसके मन में घर कर चुकी होती है। जब अगली बार उसका सामना ऐसे दावे से होता है, तो वह प्रमाण नहीं माँगता। वह दावे को तर्कवाक्य मान लेता है और तर्कवाक्य को स्वतः प्रमाणित सत्य, एक ऐसा सत्य जिसे युगों से जाँचा-परखा मान लिया जाता है।

इससे उस तर्कवाक्य और उस सिद्धान्त को कायम रखने में मदद मिलती है, जो ऐसे तर्कवाक्यों को एक सूत्र में बाँधता है। लेकिन विद्वानों के लिए यह प्रक्रिया घातक है। सबसे पहले आता है वह सिद्धान्त, जिसका इलहाम मार्क्स और एंज़ेल्स को हुआ। श्री कोसाम्बी को बस इतना करना होता है कि उन्हें कुछ ऐसे भारतीय उदाहरण ढूँढ़ने होते हैं जो उस सिद्धान्त में फिट बैठ सकें। और क्योंकि हम हज़ारों वर्ष पहले की बात कर रहे होते हैं, इसलिए उसके लिए किसी व्यापक प्रमाण की भी ज़रूरत नहीं पड़ती। थोड़ा इधर से थोड़ा उधर से कुछ लेकर उसे प्रमाण का रूप दे दिया जाता है और उसे पर्याप्त मान लिया जाता है। सम्बन्धित काल के कुछ मुट्ठी-भर सिक्के खोज निकाले गए हैं, राज्य के एक ऐसे कार्यालय के नाम का पता लगा लिया गया है, जो किसी पहले की पुस्तक में देखने को

नहीं मिला, एक या दो श्लोक एक ऐसी पुस्तक में से ढूँढ़ निकाले गए हैं, जिसमें सैकड़ों दूसरे किस्म के श्लोक मौजूद हैं; श्री कोसाम्बी को केवल इनकी ओर संकेत मात्र करना होता है और एक बार फिर सिद्धान्त की अभिपुष्टि हो जाती है और एक अग्रणी सिद्धान्तशास्त्री और इतिहासकार के रूप में श्री कोसाम्बी की ख्याति स्थापित हो जाती है। और बाद में लब्धप्रतिष्ठ इतिहासकार श्री झा को केवल उसे दोहरा देना होता है, जो कुछ श्री कोसाम्बी ने कहा है।

हर विद्वान् के लिए इतना कुछ करना तो ज़रूरी होता है, लेकिन इतना कुछ करना पर्याप्त भी होता है। यही कारण है कि भारतीय इतिहास के विद्वान्, हमारे विश्वविद्यालयों में मार्क्सवादी अर्थशास्त्र के विद्वानों की तरह दसियों वर्षों से एक ही ढर्रे पर चक्कर काट रहे हैं।

संक्षेप में, मार्क्सवादी सिद्धान्त में आत्मविध्वंस की प्रवृत्ति मौजूद है। इस वजह से कुछ आशा बँध चली है। लेकिन इस बीच सृजनात्मकता का दम घुट जाएगा, और जैसा कि हमने लब्धप्रतिष्ठ इतिहासकारों के उदाहरण से देखा है, इससे नीमहकीमी को आश्रय मिलेगा। और जैसा कि लेनिन ने कहा होता, यह इतिहास की मदद करने का पर्याप्त कारण है।

सन्दर्भ

1. डी. एन. झा, एन्शेण्ट इण्डिया, मनोहर, नई दिल्ली, 1997, पृ. XVIII
2. वही, पृ. 106-107
3. डी.डी. कोसाम्बी, मिथ ऐण्ड रिएलिटी, पापुलर प्रकाशन, मुम्बई 1962, पुनः मुद्रण 1983, पृ. 29-32

परिणामों का स्वरूप

ये लब्धप्रतिष्ठ इतिहासकार तो मात्र एक उदाहरण हैं। लेकिन उनकी नीति एक सामान्य नीति है, एक ऐसी नीति जिसे प्रगतिशीलों का पूरा समूह चुपके से हमारी लोकचर्चा में समाविष्ट करने की कोशिश करता रहा है।

इस नीति के घातक परिणाम देखने को मिले हैं। हमारा समाज इतनी परेशान हालत में कभी नहीं रहा जितना कि वह आज है। समष्टि–भारत–के बारे में इतनी आपत्तियाँ उठाई गई हैं, हर उद्देश्य को इतना ऊँचा दर्जा दे दिया गया है कि उसे हर दूसरे उद्देश्य की बराबरी पर ला दिया गया है; जैसे आतंकवादियों के मानव अधिकारों को देश की सत्ता को कायम रखने के बराबर महत्त्व दिया जाने लगा है। यहाँ तक कि प्रायः वे लोग जो राज्य के कार्यालयों में तैनात हैं, इस बारे में निश्चित नहीं हैं कि वे समष्टि (भारत) को बचाकर सही काम करेंगे।

इन महानुभावों ने जिन बातों को लोकचर्चा का विषय बनाया है, उनमें से चार बातें खासतौर पर हानिकर हैं और इसलिए हमें उन पर तुरन्त रोक लगानी होगी।

हमें हर कहीं 'अधिकारों की बात' सुनने को मिलती है। शिक्षा, रोज़गार, मकान, कृषि मज़दूरों के लिए वृद्धावस्था पेंशन, अलग स्वीय कानूनों को स्थायी बनाना, इमदादी मूल्यों पर खाद्य मुहैया किया जाना, बहुत कम बस किराए, और बिजली तथा पानी दरें, एकान्तता, समलैंगिकता, स्वच्छन्द सम्भोग....इन सबकी अधिकारों के रूप में माँग की गई है और उन्हें प्रदान किए जाने का वादा भी किया गया है। दिन-प्रतिदिन इस प्रकार की माँगों की सूची लम्बी होती चली जाती है। और ऐसा होना अवश्यम्भावी भी है। एक तरफ़ जो व्यक्ति खुद को किसी वर्ग के नेता के रूप में स्थापित करने का इरादा रखता है, वह किसी न किसी ऐसे मुद्दे को ढूँढ़ निकालता है जिसे वह उस सम्बन्धित वर्ग के लिए अधिकार का दर्जा दिए जाने की माँग कर सके। दूसरी तरफ़ जो पार्टी या नेता उस वर्ग का समर्थन या वोट प्राप्त करना चाहता है, उसके लिए उस माँग को पूरा कराने का वादा करना ज़रूरी होता है।

इसके अलावा जैसा कि अमिताई एट्ज़ियोनी और दूसरे विद्वानों ने कहा है,[1] किसी माँग के अधिकार के तौर पर पेश किए जाने के बाद, किसी प्रकार की दलीलबाज़ी की कोई गुंजाइश नहीं रह जाती। जो कोई उस माँग के बारे में सवाल उठाता है या जो कोई इतना भी कहता है, कि यद्यपि माँग सारांश रूप में सही है, फिर भी समाज फिलहाल इसे पूरा करने की स्थिति में नहीं है; उदाहरण के लिए जो कोई व्यक्ति यह कहता है कि यद्यपि वाकई गरीबों को चावल उस मूल्य पर दिए जाने चाहिए, जो वे अदा कर सकते हैं, लेकिन इस समय इमदादी मूल्य पर चावल देने से राज्य दिवालिया हो जाएगा; उसे निश्चित ही ग़रीबों का विरोधी करार दे दिया जाता है। एक ऐसा व्यक्ति करार दे दिया जाता है, जो उन्हें जीवन के अधिकार से वंचित कर रहा है। इसके अलावा क्योंकि वह माँग किसी वर्ग या व्यक्ति का अधिकार होती है, इसलिए यह मान लिया जाता है कि सभी सम्भव ज़रियों से राज्य या बाकी समाज को उसे स्वीकार करने पर मजबूर करना ज़ायज़ है। भारत में तो यह एक पूर्वधारणा-सी बना ली गई है कि यदि अधिकार सम्बन्धी माँग जल्दी पूरी नहीं की जाती तो उस वर्ग विशेष को यह अधिकार है कि वह पूरे तन्त्र को लड़खड़ा दे, चक्का जाम कर दे, कक्षाओं में बाधा डाले, विधायिका को कार्यसूची के मुताबिक कार्यवाही न करने दे...

अधिकार के प्रति आग्रह तब न केवल दूसरों के अधिकारों का अतिक्रमण करता है, बल्कि वह स्वयं तन्त्र को ही पंगु बना देता है; जबकि किन्हीं भी अधिकारों की पूर्ति के लिए तन्त्र का ठीक तरह से काम करना ज़रूरी होता है। जिस अधिकार विशेष को बढ़ावा दिया जाता है और जिस वर्ग विशेष के नाम पर उसे बढ़ावा दिया जाता है, उस अधिकार और उस वर्ग को आगे चल कर कुछ ख़ास परिणामों का सामना करना पड़ता है। प्रायः जिस चीज़ की शुरुआत किसी ग़लती को सुधारने के लिए की जाती है, वह उन्हीं व्यवस्थाओं को भंग करके रख देती है जिन्हें बदला नहीं जा सकता। पश्चिम में जल्दी तलाक हासिल करने के अधिकार की शुरुआत औरतों को, न चल पाने वाले, वैवाहिक सम्बन्धों से मुक्ति दिलाने के उपाय के तौर पर की गई थी; लेकिन अब यह अधिकार उन तत्त्वों में से एक है, जिन्होंने स्वयं परिवार-प्रथा की जड़ खोद कर रख दी है। यही बात वर्गों या समूहों के मामले में भी लागू होती है। मुसलमानों और यादवों के नाम पर ज़बरदस्ती हासिल किए गए अधिकारों ने ज़बरदस्त प्रतिक्रियाओं को जन्म दिया है।

एट्ज़ियोनी और अन्य विद्वानों ने इशारा किया है कि ऐसे परिणाम गम्भीर हुआ करते हैं, क्योंकि जब अधिकारों की बात की जाती है तो उसके साथ-साथ यह बात भी की जाती है कि उनके साथ नाइन्साफ़ी हुई है; उन दुर्व्यवहारों की भी बात की जाती है जो कि सम्बन्धित समूह के साथ कथित रूप से किए गए होते हैं। बल्कि जो व्यक्ति किसी समूह को भड़काने की कोशिश कर रहे होते

हैं, उन्हें ऐसा लगता है कि उस समूह के सदस्यों के मन में यह विचार बैठाना कि उनके साथ अन्याय हुआ है, ज़्यादा प्रभावशाली होता है, बनिस्बत उन्हें यह समझाने के कि कुछ ऐसे अधिकार हैं, जो उन्हें मिलने चाहिएँ और इसलिए उनके मन में अन्याय का विचार बैठाना काफ़ी लाभकर भी रहता है। इस मामले में भी सूची का लम्बा होना अवश्यम्भावी है। जो व्यक्ति समूह का समर्थन प्राप्त करने की कोशिश कर रहे होते हैं, उनके बीच समूह के साथ कथित रूप से किए गए अन्यायों का पता लगाने के लिए प्रतिस्पर्द्धा आरम्भ हो जाती है। जिसकी वजह से समूह के साथ वर्तमान में हो रहे अन्यायों को जल्द ही बढ़ा-चढ़ा कर पेश किया जाने लगता है और फिर उसके बाद जल्द ही और अन्याय गढ़े-जाने लगते हैं। याद कीजिए उस घटनाक्रम को जिसमें से साठ और सत्तर के दशकों के दौरान प्रतिस्पर्द्धी अकाली राजनीतिज्ञों की बयानबाज़ी को गुज़रना पड़ा और उस चरम सीमा को, जहाँ तक पहुँचकर वह बयानबाज़ी अन्ततः समाप्त हो गई। उस समय भिण्डरवाले यह बयान दे रहे थे कि सिक्ख भारत में मात्र गुलाम बन कर रह गए हैं। उन्होंने यह घोषणा भी की कि जिन्हें सिक्खों की ऐसी स्थिति दिखाई नहीं देती, वे सिक्ख विरोधी हैं।

उस समूह विशेष की पूरी राजनीति शिकायतों का बाज़ार गरम करने में ही लगी रहती है। एक लेखक ने सही कहा है कि ऐसी परिस्थिति में घृणा करना मात्र अधिकार ही नहीं बन जाता, बल्कि घृणा करने को सही भी माना जाने लगता है। जिस हद तक कोई व्यक्ति अपने मन में दूसरों के प्रति घृणा उत्पन्न कर पाता है; जितने निश्चय के साथ कोई व्यक्ति खुद को इस बारे में कायल कर पाता है कि तन्त्र उसके समूह का केवल वर्तमान में ही दमन नहीं कर रहा, बल्कि वह हमेशा के लिए उसका दमन करता रहेगा, उतना ही अधिक उसे अपने उद्देश्य के प्रति निष्ठावान माना जाता है। अन्ततः जो परिणाम निकलता है उसका स्वयं सम्बन्धित समूह पर उल्टा असर पड़ता है। एक तरफ़ तो समूह की आत्मछवि और मनोविज्ञान विकृत हो जाता है और दूसरी तरफ़ समूह के बाकी समाज के साथ सम्बन्धों में ज़हर घुल जाता है। ज़रा याद कीजिए कि इस प्रकार की चर्चा ने पिछले सौ वर्षों के दौरान मुसलमानों को कहाँ लाकर खड़ा कर दिया है। मौलाना वहीदुद्दीन ने अपने महत्त्वपूर्ण अध्ययन 'इण्डियन मुस्लिम्स, नीड फ़ार ए पाज़िटिव आउटलुक' (भारतीय मुसलमान, ज़रूरत एक सकारात्मक नज़रिए की) में यह दिखाया है कि किस प्रकार उत्तेजित होकर और अन्ततः ऐसे विचारों के जाल में फँस कर भारतीय मुसलमान दूसरों की निगाहों में 'एक समस्या समूह', 'एक उपद्रवी समूह' बन गए हैं। यह बोध आगे के सभी कार्य-व्यापारों में समूह के लिए बाधा उपस्थित कर देता है।[2]

एक बात और इतनी ही ज़रूरी है और वह यह कि इस प्रकार की मानसिकता

के कारण मुस्लिम समूह के दिल में यह धारणा घर कर लेती है कि उसकी ऐसी हालत दूसरों की शाश्वत शत्रुता के कारण हुई है, न कि इस कारण से कि वह ऊपर आने के लिए अपेक्षित प्रयास नहीं कर रहे हैं। मुसलमानों को यह दिखाई नहीं देता कि अपनी जिस सुविधावंचित स्थिति की वे शिकायत करते हैं, उसका सबसे बड़ा कारण यह है कि वे उन नेताओं के कहने पर चलते रहे, जिन्होंने उन्हें उस शिक्षा और उन हुनरों को हासिल करने से वंचित रखा, जिनकी आधुनिक व्यवसायों के लिए ज़रूरत पड़ती है। पहले-पहल तो अपनी नाकामी के लिए दूसरों को दोषी ठहराना अच्छा लगता है, लेकिन बाद में यह दोषारोपण घातक सिद्ध होता है।

समाज का भी विघटन होने लगता है और उसमें गतिरोध पैदा हो जाता है, केवल इन दो बातों के कारण नहीं–एक तो यह कि एक बहुत बड़ा समूह नाराज़ होकर बैठ जाता है और उसी में आत्मसन्तुष्टि अनुभव कर लेता है; इस प्रकार अपनी हालत सुधारने के लिए अपेक्षित मेहनत करना बन्द कर देता है और दूसरा समाज में अन्तर-सामूहिक सम्बन्धों में ज़हर घुल जाता है। इसके अलावा कुछ समूह निहित स्वार्थों के कारण भी यह कहने लगते हैं कि उन्हें बरबाद किया जा रहा है। ज़रा सुविधावंचित जातियों के इस इसरार पर ग़ौर कीजिए कि उन्हें दलित कहा जाए। यहाँ तक कि बाअसर जातियों–यादवों, जाटों, वोक्कालिंगाओं और लिंगायतों के इस इसरार पर ग़ौर कीजिए कि उन्हें 'पिछड़ी जातियाँ' कहा जाए। यह इसरार जिसकी शुरुआत दूसरों को अपराध भावना महसूस कराने के लिए होती है, बाकी लोगों में अपराध की भावना, और उसके परिणामस्वरूप ज़िम्मेदारी के एहसास को जन्म नहीं देता, बल्कि उनमें विद्वेष पैदा कर देता है।

दूसरी ओर, जब एक बार कोई समूह अपने मन में यह विचार बैठा लेता है कि उसके साथ दूसरे लोग छल-कपट से पेश आ रहे हैं, तो उसके बाद वह समूह यह पूर्वधारणा बना लेता है कि उसे यह अधिकार प्राप्त है कि वह मनमर्ज़ी का व्यवहार करे। ज़रा मुलायम सिंह यादव की आक्रामकता, लालू प्रसाद यादव की अशिष्टता और कांशीराम की अवसरवादिता पर ग़ौर कीजिए। उनके ऐसे व्यवहार को उन समूहों की सहज, बल्कि जायज़ अभिव्यक्ति बताया जाता है, "जो लम्बे समय तक दबे रहे हैं और आखिरकार, अब अपना स्थान हासिल करने के प्रयास में हैं।"

शुरू-शुरू में इस प्रकार का आचरण कुछ विशेष वर्ग तत्त्वों तक सीमित रहता है और उसका औचित्य भी किन्हीं विशेष वर्ग तत्त्वों के सन्दर्भ में सिद्ध किया जाता है। लेकिन जल्द ही ऐसा आचरण व्यापक गिरावट का रूप ले लेता है, क्योंकि यह प्रक्रिया केवल एक विशेष मानदण्ड को चुनौती देकर रुक नहीं जाती; उदाहरण के तौर पर माँग केवल यहीं तक सीमित नहीं रह जाती कि उस विशेष मानदण्ड

को कम संस्कृति-सापेक्ष या कम वर्ग-सापेक्ष बनाया जाए। जल्द ही स्वयं मानदण्डों सम्बन्धी धारणा की यह कहकर भर्त्सना की जाने लगती है कि वह और कुछ नहीं, बल्कि एक ऐसा तरीका है जोकि सुविधा-सम्पन्न लोगों ने अपना आधिपत्य बनाए रखने के लिए ढूँढ़ निकाला है। आरक्षण पर बहस के दौरान और उसके परिणामस्वरूप, जिस तरह से 'योग्यता' सम्बन्धी धारणा की भर्त्सना की गई थी, बल्कि जिस तरह से उसे नकार दिया गया था, उसे याद कीजिए। इस प्रकार का नज़रिया अपने आप में विनाशकारी है, क्योंकि कोई भी समाज मानदण्डों का पालन किए बग़ैर जीवित नहीं रह सकता। इससे भी बदतर बात यह है कि यह प्रक्रिया यहाँ आकर भी रुक नहीं जाती। जल्द ही मानदण्ड सम्बन्धी धारणा जिस तन्त्र का अंग होती है, उसकी भर्त्सना की जाने लगती है, उसे नकारा जाने लगता है। जैसे ही श्री देवीलाल किसी रैली का आह्वान करते हैं, श्री वी.पी. सिंह आतंकित हो उठते हैं, उस रैली को बेअसर करने के पूर्वोपाय के तौर पर वे आरक्षण की घोषणा कर देते हैं। जब योग्यता का सवाल उठाया जाता है तो वे पलटकर कहते हैं : "स्वयं उस तन्त्र में ही, जो लाखों-करोड़ों लोगों को दबाकर रखता है, कौन-सा गुण है?" जब उन जैसा कोई जनोत्तेजक नेता ऐसे शब्दों का प्रयोग करता है, तो वे अत्यन्त विनाशकारी साबित होते हैं। लेकिन जनलुभावनी नारेबाज़ी में इतनी ताकत होती है कि जल्दी ही आरक्षण सम्बन्धी मामलों पर निर्णय देनेवाले उच्चतम न्यायालय के न्यायाधीश सराहना के साथ उन विनाशकारी शब्दों को उद्धृत करते हैं...

एक क्षेत्र में जब मानदण्डों का परित्याग कर दिया जाता है, तो वह प्रक्रिया समाज के सामान्य कार्यव्यापारों में भी शुरू हो जाती है। अधिकारों सम्बन्धी चर्चा से जो द्वेष-भावना उत्पन्न होती है, वह स्थायी और घातक रूप धारण कर लेती है। याद कीजिए कि क्योंकि माँग अधिकार के रूप में पेश की गई थी, इसलिए उसे पेश करते समय न तो विवेक से काम लिया गया और न ही उसे पूरा करने के लिए आवश्यक ख़र्च का हिसाब लगाया गया। बाद में क्योंकि उस अधिकार की माँग को इस धारणा का समर्थन मिल जाता है, कि सम्बन्धित समूह के साथ अन्याय होता रहा है, और तन्त्र भी ऐसा रहा है और सुविधासम्पन्न लोगों ने भी उस समूह के साथ ऐसा विश्वासघात किया है कि वह समूह कभी 'न्याय' प्राप्त नहीं कर सका, इसलिए समूह सभी साधनों को इस्तेमाल करने के लिए खुद को स्वतन्त्र अनुभव करने लगता है। धौंस-धमकी? अपराधियों के साथ साँठगाँठ और उनका इस्तेमाल करना? हिंसा? समूह इनमें से हर हरबा इस्तेमाल कर सकता है। राज्य और समाज के कार्य-व्यापारों का व्यवस्थित निर्वाह, बल्कि स्वयं व्यवस्थित जीवन ही संकट में पड़ जाता है।

इस प्रकार के परिणाम हमें आज आए दिन सताते हैं और उन नसीहतों

को सही साबित करते हैं जिन पर अमल करने को गाँधी जी कहा करते थे। निस्सन्देह हमें ढाँचे में परिवर्तन लाने की ज़रूरत है ताकि ऐसा आचरण जिससे सब की भलाई हो सके; एक सहज प्रवृत्ति बन जाए। ऐसा आचरण करने पर, उसका अच्छा प्रतिफल दिया जाए और विपरीत आचरण करने पर दण्ड दिया जाए। लेकिन इसके अलावा बल्कि ढाँचें में परिवर्तन लाने की सहूलियत के लिए, हमें लोकचर्चा के सन्तुलन में भी बदलाव लाना होगा।

पचास वर्षों तक अधिकारों की बात करते-करते और सभी समूहों की माँगों को पूरा करते-करते—एक वर्ष यदि लघु उद्योगों को संरक्षण प्रदान किया जाता है, तो अगले वर्ष पिछड़े ज़िलों को धन मुहैया किया जाता है। आज यदि एक समूह को आरक्षण प्रदान किए जाते हैं तो कल दूसरे समूह को—ऐसा करते-करते कई सबक सीखने को मिले हैं। पहला यह कि एक अर्थ में हर अधिकार जायज़ होता है लेकिन किसी समाज में, किसी एक ख़ास समय पर इनमें से कुछेक को ही पूरा किया जा सकता है, और वह भी केवल एक सीमा तक। यह कहा जा सकता है कि भारत में प्रत्येक व्यक्ति उस जीवन स्तर और सामाजिक सुरक्षा तन्त्र का हकदार है, जोकि स्वीडन के लोगों को प्राप्त है। लेकिन हमारे देश की जो आज स्थिति है, उसके चलते हम ये सुविधाएँ प्रदान नहीं कर सकते।

दूसरा, समय बदलते रहते हैं और किसी अधिकार के दिए जाने के कारण जो प्रवृत्तियाँ प्रायः पैदा हो जाती हैं, उन्हें ध्यान में रखते हुए, कोई अधिकार किस सीमा तक प्रदान किया जाए। इस बारे में बदलते समय के साथ-साथ जायज़ा लिया जाना चाहिए और उसके मुताबिक, उसे विनियमित किया जाना चाहिए। दशकों पहले सामान्यतः यह महसूस किया जाता था कि ट्रेड यूनियनों को इतना मौका नहीं मिल पाता कि वे नियोक्ताओं को कामगारों के अधिकारों पर ग़ौर करने के लिए आमादा कर सकें। एक के बाद एक कई कानून पास किए गए हैं और लागू किए गए हैं, ताकि जिन हालात में कामगारों को काम करना पड़ता है, वे स्वास्थ्यकर हों और कामगारों का नियोक्ताओं की सनक और मनमानेपन से बचाव हो सके। लेकिन कई श्रम-नियन्त्रकों ने ट्रेड यूनियनों को ब्लैकमेल का हथियार बना लिया। उनके सदस्यों के हितों को बढ़ावा देने की बजाय, उन्हें अपनी निजी ताकत को बढ़ाने का हथियार बना लिया। मियाद सम्बन्धी सुरक्षा इस हद तक बढ़ा दी गई है कि विघटनकारी आचरण को रोक पाना असम्भव हो गया है। इसलिए, बात यह नहीं है कि यूनियनों पर कोई दया नहीं की जानी चाहिए थी, या कामगारों को पूरी तरह से नियोक्ताओं की सनक पर छोड़ दिया जाना चाहिए था; बल्कि यह कि पलड़ा एक तरफ़ बहुत ज़्यादा झुक जाने के कारण दूसरे पलड़े में भी कुछ और वज़न डालने की ज़रूरत है।

तीसरा, अधिकार प्रदान किए जाने के बाद के जो परिणाम सामने आते हैं,

वे उस अधिकार की सीमाओं को पार कर जाते हैं। कई न्यायिक फैसलों और कानूनों द्वारा सार्वजनिक उपक्रमों में काम करने वाले कामगारों के एक ख़ास अधिकार को मान्यता प्रदान की गई और इन फ़ैसलों और कानूनों को लागू भी किया गया। और वह ख़ास अधिकार था, नौकरी सम्बन्धी सुरक्षा का अधिकार। इन निर्णयों का प्रभाव इस अधिकार से भी आगे तक पड़ा। जिन मुख्य तत्त्वों के कारण पैदा हुई सामान्य अदक्षताओं ने उन उपक्रमों को विकट स्थिति में डाल दिया और देश को पीछे धकेल दिया, उनमें ये निर्णय और कानून भी शामिल हैं। चौथा, समाजों का विकास अनिवार्यतः विषम ढंग से होता है। हर अवस्था पर कुछ व्यक्ति, कुछ समूह, कुछ क्षेत्र आगे निकल जाते हैं और बाकी पीछे छूट जाते हैं। वास्तव में बहुतों को अपने जीवन काल में वह कुछ नहीं मिल पाता, जिसके वे ज़ाहिराना तौर पर हकदार होते हैं और जिसकी उन्हें ज़रूरत भी होती है। पाँचवाँ, प्रक्रियाओं में एक ख़ास सीमा से अधिक त्वरा लाने का समाज और यहाँ तक कि सम्बन्धित समूह पर भी विपरीत प्रभाव पड़ता है। जो कोई भी ऐसा वादा करता है चाहे वह लेनिन, स्टालिन या माओ भी क्यों न हो—कि वह हर व्यक्ति को सभी चीज़ें, या कम से कम बुनियादी चीज़ें बराबर-बराबर मुहैया कराए, या वह ज़ल्दी से सत्ता प्राप्त करने के लिए ऐसे नारों का भी इस्तेमाल करता है, वह अन्ततः समाज को कल्पनातीत नुकसान पहुँचाता है। लेनिन और स्टालिन और माओ ने अपने यहाँ के लाखों लोगों को मरवा डाला। उनके समाजों को उनके दावों और नारों की इतनी भारी कीमत चुकानी पड़ी। यहाँ के झूठे दावेदारों की तो बात करना ही फ़िज़ूल है।

अन्ततः, यद्यपि हर समाज के कभी-कभी किसी समूह की माँग को इसलिए पूरा करना पड़ता है, क्योंकि वह समूह ताकतवर बन चुका होता है; लेकिन अगर वह इस आधार पर हर बार उसकी माँग को पूरा करता है, तो हर बार वह दूसरे वर्गों को यह सीख दे रहा होता है कि वे भी ताकतवर बनें और वैसी ही भयभीत करने वाली रणनीतियाँ अपनाएँ। ऐसे में जल्द ही समाज को या तो दृढ़तापूर्वक माँगपूर्ति से इनकार करते हुए, उस प्रतिमान को पलटना होगा, जो उसकी कमज़ोरी के कारण स्थापित हो चुका है और वह जितना अधिक समय तक ऐसे समूहों के सामने घुटने टेकता रहा है, उतना अधिक बल उसे और रियायतें देना बन्द करने में लगाना पड़ेगा। या फिर समाज दिवालिया बनकर ध्वस्त हो जाएगा। जैसा कि आज दिल्ली के निवासियों को अनुभव हो रहा है, नगरपालिका स्टाफ़ की हर यूनियन के सामने घुटने टेक देने, और उनके द्वारा काम में की गई कोताही को अनदेखा कर देने से, जल्द ही महामारियाँ फैलने की नौबत आ जाती है। उसी तरह से हर योजना आयोग के बाद एक के बाद एक भीषण परिणाम देखने को मिलते रहे हैं।

इससे मिलने वाली नसीहत स्पष्ट है, हमें अधिकारों की बात करना छोड़कर

उन जिम्मेदारियों की तरफ़ ध्यान देना चाहिए जो हमें निभानी हैं। हमें हर माँग को उन प्रभावों के मुकाबले रख कर तोलना चाहिए, जो कि उस माँग के कारण दूसरों के अधिकारों पर पड़ेंगे। उदाहरण के तौर पर, कोई समूह यह माँग करता है कि आजकल उसके धार्मिक समारोह चल रहे हैं, इसलिए उन्हें लाउडस्पीकर का इस्तेमाल करने का अधिकार दिया जाए; उनकी इस माँग को पूरा करने से पहले इस बात को ध्यान में रख लिया जाना चाहिए कि लाउडस्पीकरों से होने वाले शोर से उन लोगों को आपत्ति हो सकती है, जो मान लीजिए उस समय मनन-प्रार्थना करना चाह रहे हों। इससे भी ज़्यादा ज़रूरी बात यह है कि किसी अधिकार की माँग पर विचार करते समय उन प्रभावों को ध्यान में रखना चाहिए, जो उस माँग को पूरा किए जाने पर समष्टि की कार्यक्षमता पर पड़ेंगे। कभी-कभी किसी समूह के समष्टि से सम्बन्ध विच्छेद को रोकने के लिए उसकी माँग को पूरा करना पड़ सकता है और बाद में उसके प्रभावों को मिटाना पड़ सकता है और कभी-कभी माँग को पूरा करने से समष्टि का विघटन हो सकता है। कोई समूह अपनी माँगों को मनवाने के लिए जिन साधनों का इस्तेमाल करता है, उनके आधार पर उसका हमेशा इस प्रकार मूल्यांकन किया जाना चाहिए : जो कोई व्यक्ति हाथ में बन्दूक उठा लेता है, उसके बारे में यह समझा जाना चाहिए कि उसने कानून के संरक्षण का अधिकार खो दिया है। इसलिए उस पर युद्ध सम्बन्धी नियमों को लागू किया जाना चाहिए। दूसरी ओर यदि कोई व्यक्ति सत्याग्रह आरम्भ करता है तो, उस पर गाँधी जी द्वारा सत्याग्रहियों के लिए निर्धारित शर्तों को लागू किया जाना चाहिए।

समूह के नेता उन लोगों को गिनाने में काफ़ी तेज़ होते हैं, जो रियायत प्राप्त करने पर समूह को मिल सकेंगे और वे समूह को इस बारे में भी सचेत करने में देरी नहीं करते कि उन लाभों के बिना समूह का काम चलने वाला नहीं है। जिस मामले में नेताओं के माँग सम्बन्धी दावे सही हों, उसमें भी मिलने वाले लाभों की जाँच अवश्य कर ली जानी चाहिए ताकि यह पता लगाया जा सके कि सम्बन्धित समूह को अधिकार दिए जाने के बाद क्या उसकी तरफ़ से ऐसी कोशिश और इच्छा रहेगी कि समष्टि का कार्य-व्यापार ठीक ढंग से चल सके। जब आप कुछ व्यक्तियों को यह महसूस कराते हैं कि एक ख़ास नौकरी और उसमें पदोन्नतियाँ हासिल करना उसका अधिकार है और कोई ऐसे लक्ष्य नहीं हैं जिन्हें प्राप्त करने के लिए उन्हें मेहनत करनी है और खुद को श्रेष्ठ सिद्ध करना है, तो आप उनके भरसक प्रयास करने की प्रेरणा को ख़त्म कर देते हैं।

अब हमारी लोकचर्चा इस बात पर न होकर, कि समाज को हमारे लिए क्या करना चाहिए, इस मुद्दे पर केन्द्रित होनी चाहिए कि हमें किन-किन ज़िम्मेदारियों का निर्वाह करना चाहिए। जितनी जल्दी-जल्दी महामारियाँ फैल रही हैं, उससे हममें यह एहसास जागना चाहिए कि हर व्यक्ति को इन ज़िम्मेदारियों

का निर्वाह करना चाहिए, चाहे दूसरे उनका निर्वाह करें या न करें। प्रत्येक व्यक्ति को अपने घर का कूड़ा नियत स्थान पर डालना चाहिए। उसे अपने आसपास की जगहों पर जमा पानी हटाने की व्यवस्था अवश्य करनी चाहिए, फिर चाहे दूसरे ऐसा करें या न करें। किसी व्यक्ति को जो-जो ज़िम्मेदारियाँ निभानी चाहिए उनमें से एक ज़िम्मेदारी यह भी है कि वह समष्टि को अपने कामकाज बेहतर ढंग से करने में मदद दे, ऐसा करने के लिए उसे प्रेरित और होशियार करे। एक व्यक्ति के हिस्से में जो ज़िम्मेदारियाँ आती हैं, उनका निर्वाह करना ज़रूरी है; फिर चाहे ऐसा करने से समष्टि—जो कि इस मामले में नगरपालिका है—बेहतर कार्य करने के लिए प्रेरित और प्रवृत्त हो या न हो। क्योंकि यदि नगरपालिकाओं के अन्तर्गत आने वाले व्यक्ति अपने अस्वास्थ्यकर तौर-तरीके जारी रखते हैं, तो नगरपालिकाएँ चाहे कितनी भी दक्षता से काम करें, वे नगर को महामारियों से मुक्त नहीं कर पाएँगी।

गाँधी जी की मुख्य नसीहतों में से एक यह थी : अधिकारों के बारे में—जो कि राज्य के नज़रिए से किए गए मूल विश्लेषण के अनुसार दूसरों से की गई माँग होती है—शोर मचाने की बजाय हमें खुद से माँग करनी चाहिए। बजाय इस बात पर ध्यान केन्द्रित करने के कि हरिजनों के विरुद्ध भेदभाव को समाप्त करने के लिए दूसरों को क्या करना चाहिए, उन्होंने यह सीख दी कि हरिजनों को, विशेषकर उनके नेताओं को—इस बात पर ध्यान केन्द्रित करना चाहिए कि अपना उत्थान करने के लिए उन्हें को क्या करना चाहिए। उसी तरह से सुविधासम्पन्न लोगों को इस बात पर ध्यान केन्द्रित करने की बजाय कि हरिजन किस-किस तरह से अपनी बदहाली का सामान जुटा रहे हैं—जैसे पुरुषों का शराब की लत पाल लेना, अपने बच्चों को पढ़ाने के लिए खुद मेहनत न करना—इस बात पर ध्यान केन्द्रित करना चाहिए कि ऐसे हालात पैदा करने के लिए सुविधासम्पन्न लोगों को क्या करना चाहिए, जिनसे हरिजनों को खुद का उत्थान करने में मदद मिल सके।

दो और महत्त्वपूर्ण किस्म की बातें हैं, जिनकी चर्चा करते हमारे प्रगतिशील अघाते नहीं हैं और हमें उनकी इन बातों को पूरी तरह से पलटना होगा।

जाति एक यथार्थ है। श्रमिक वर्ग एक यथार्थ है। नागा होना एक यथार्थ है। लेकिन "भारत मात्र एक भौगोलिक अभिव्यक्ति है!" उसी तरह से एक मुसलमान होना यथार्थ है। इस्लाम को उसी तरह से देखा जाना चाहिए और उसी तरह उसकी चर्चा की जानी चाहिए, जिस तरह से हम किसी ठोस पदार्थ की करते हैं। भले ही विश्व-भर में मौजूद शिया और सुन्नी हों, उत्तर प्रदेश में बरेलवी और देवबंदी हों, भूतपूर्व पाकिस्तान में पंजाबी और बंगाली हों, पाकिस्तान में मोहाजिर, सिन्धी और पंजाबी हों, आज सभी मुसलमान एक-दूसरे की गर्दन पर सवार हैं।

लेकिन हिन्दू धर्म? उनमें ऐसी बात क्यों नहीं है : यह धर्म अलग-अलग किस्म के विश्वासों और प्रथाओं का एक समुच्चय मात्र है। इनमें से कुछ लोग अपने माथे पर खड़ा तिलक लगाते हैं और कुछ सपाट तिलक। लेकिन अगर कोई व्यक्ति इसके विपरीत कोई बात कहता है तो वह फ़ासीवादी है, जो यह जताना चाहता है कि उनमें एकता है। बल्कि वह ज़बरदस्ती उनमें एकरूपता आरोपित करना चाहता है, जबकि उनमें न तो एकता है और न एकरूपता। जैसा कि हमने देखा है, हमारे प्रगतिशील सिद्धान्तशास्त्रियों का ऐसा ही कहना है।

संक्षेप में केवल अंश ही यथार्थ हैं। समष्टि तो मात्र एक मनसा निर्मित वस्तु है। भारत कभी एक नहीं रहा—ऐसा इन सिद्धान्तशास्त्रियों का कहना है। साम्राज्य के उद्देश्यों से आर्यों, मुगलों और अंग्रेज़ों ने विभिन्न लोगों और क्षेत्रों को ठोंकपीट कर एक-दूसरे के साथ मिला दिया। जो कोई व्यक्ति एक ऐसे ढाँचे के पहचान चिह्न के तौर पर, जिसमें हमें जीवनयापन करना चाहिए, उस मनसानिर्मित संरचना—भारत—का इस्तेमाल करना चाहता है, उसका कोई गुप्त उद्देश्य होता है, और वह गुप्त उद्देश्य है हिन्दुओं के आधिपत्य को ज़बरदस्ती स्थापित करना।

यह मेकाले मिशनरी तरीका ही है, जिसे हमारे प्रगतिशील सिद्धान्तशास्त्री जारी रखे हुए हैं, बल्कि उसे उन्होंने पराकाष्ठा पर पहुँचा दिया है। अंग्रेज़ों ने यह हिसाब लगा लिया था कि भारत को गुलाम बनाने और बनाए रखने के लिए उन्हें लोगों के मूल तत्त्व पर कुठाराघात करना होगा; और वह मूल तत्त्व था हिन्दू धर्म और उससे व्युत्पन्न सभी प्रवृत्तियाँ। इसी वजह से वे पाँच तत्वों के प्रति लोगों के विश्वास और श्रद्धा को समाप्त करने में जुट गए; वे देवी-देवता जिन्हें हिन्दू पूज्य मानते थे, मूर्तियाँ और वे मन्दिर जिनमें वे स्थापित थीं; वे धार्मिक ग्रन्थ जिन्हें वे पवित्र मानते थे; वह भाषा जिसमें वे ग्रन्थ रचे गए थे और जिसमें हिन्दू परम्परा के सभी पावन तत्त्व सुरक्षित कर दिए गए थे और जो उन्नीसवीं शताब्दी के मध्य तक लोकभाषा थी—और वह भाषा थी संस्कृत; और वह समूह जिसका विशेष दायित्व था उस जीवन शैली को सुरक्षित रखना, अर्थात् ब्राह्मण । उसी कवायद का दूसरा घटक था अंशों—गैर-हिन्दुओं, क्षेत्रीय भाषाओं और उन जातियों और समूहों को सहारा देना, जिन तक उनके हिसाब से मिशनरियों और ब्रिटिश साम्राज्य आसानी से पहुँच सकते थे—अर्थात् भोलेभाले आदिवासी और अछूत।[3]

मार्क्सवादी भी वही कार्य कर रहे थे—धर्मान्तरण का कार्य। उनके विदेशी स्वप्न पूरे हो पाते, उसके लिए यह ज़रूरी था कि लोग अपने पूर्वजों में आस्था और श्रद्धा खो देते और उनसे पूरी तरह से सम्बन्ध-विच्छेद कर लेते। मार्क्स और लेनिन की निन्दात्मक ग्रन्थ-रचनाओं को आत्मसात् कर लेने के बाद और खुद को यह विश्वास दिला लेने के बाद कि जितनी तीव्रता के साथ कोई अपने लोगों, अपने अतीत, अपने तौर-तरीकों को गाली देता है, उतना अधिक वह खुद को मुक्त

कर लेता है, उतना अधिक वह महान् उद्देश्य के प्रति समर्पित होता है; इन प्रगतिशीलों ने न केवल उन भर्त्सनाओं को आगे जारी रखा, जिनकी शुरुआत मिशनरियों ने की थी; बल्कि उन्होंने दुगने जोश के साथ इन भर्त्सनाओं का सिलसिला जारी रखा। एक बार समाज के कुछ वर्गों में यह जज़्बा भड़का चुकने के बाद कि वे शोषित वर्ग हैं, उन्हें अपने अनुयायी जुटा पाने की लुभावनी सम्भावना भी दिखाई देने लगी थी। इस प्रचार के लिए हर अल्पसंख्यक वर्ग अब स्वाभाविक विकल्प था। यदि कम्युनिस्टों को पाकिस्तान की माँग में 'न्याय' दिखाई देता था, तो इसमें कोई हैरानी की बात नहीं थी।

दो समूहों ने इस काम को जारी रखा और इसे अंजाम दिया : समाजवादी और धर्मनिरपेक्षवादी। समाजवादियों को कांग्रेस में या कांग्रेस के ख़िलाफ़ अपनी जगह बनाने में कामयाबी नहीं मिल पाई। इसका कुछ कारण तो यह था कि उन्होंने लम्बे समय से कांग्रेस के नारों का इस्तेमाल करना शुरू कर दिया था। उनके सिद्धान्तशास्त्रियों ने यह देखा कि उनकी एकमात्र आशा जातिवाद में निहित थी, लेकिन इस मंच को जो कि ज़ाहिराना तौर पर एक पश्चगामी मंच था, अपना आधार बनाने के लिए उन्हें छद्मावरण की आवश्यकता थी और उन्हें सही मायनों में एक छिपन टोपी जैसा आवरण मिल गया। उन्होंने घोषित किया कि वे जातिवाद को समाप्त करने के लिए जातियों की लामबन्दी कर रहे हैं। समाजवादियों को भी अपना ध्यान समष्टि के अंशों पर उसी तरह से केन्द्रित करने की प्रेरणा मिली। एक बात तो यह कि वोट इकट्ठे करने का यह सबसे अच्छा तरीका था। देश के हर हिस्से में और पूरे देश में अल्पसंख्यकों—उत्तर-पूर्व में ग़ैर-असमियों, और पूरे भारत में मुसलमानों—में डर की भावना भड़का दो और उसके बाद खुद को एकमात्र रक्षक के रूप में पेश कर दो। दूसरा, समाजवादी और धर्मनिरपेक्षवादी नेता और बुद्धिजीवी वर्ग जो उन नेताओं के संरक्षण के कारण प्रबल हो गए थे, सही मायनों में ट्रेवेल्यन और मेकाले के मानसपुत्र थे। वे परम्परा से पूरी तरह से कट गए थे। उन्होंने हर उस मिथ्यावाद को अपने स्वभाव का अंग बना लिया था, जो मिशनरी पैदा करना चाहते थे। वे पूरी तरह से बेगाने बन चुके थे।

ये वे समूह हैं जिन्होंने लोकचर्चा की दिशा और विषयवस्तु तय की है। इस लोकचर्चा का मूल तत्त्व है, समष्टि को नकारना और यह दावा करना कि केवल अंश ही यथार्थ हैं। लेकिन क्योंकि इस चर्चा के साथ अधिकारों की चर्चा और यह दावा भी जुड़ा रहता है कि अंश के साथ अन्याय हुआ है; इस आधार पर कि समष्टि इस दावे को पूरा नहीं कर रही है, जो उस समूह विशेष ने पेश किया है, इसलिए हर समूह समष्टि की निन्दा करता है और समूह को उसके नेताओं द्वारा ऐसा करना सिखाया जाता है। ज़रा आप आज के क्रियावादियों के विभिन्न समूहों की बयानबाज़ी पर ग़ौर कीजिए : क्योंकि आज नक्सलवादियों को दूसरे लोगों को

मारने और डराने-धमकाने के लिए मुक्त नहीं छोड़ा जा रहा है, क्योंकि नर्मदा से सम्बन्धित माँग को पूरा नहीं किया जा रहा...इसलिए पूरी शासन प्रणाली, बल्कि आज का भारत अन्यायी है, लाइलाज तौर पर अन्यायी है और इसलिए ग़लत है। इसलिए हमसे किसी प्रकार की माँग करने का उसका कोई अधिकार नहीं बनता। यह तर्क वे देते हैं।

ग़लत ठहराना और पूरी तरह से सम्बन्ध-विच्छेद करना एक ढर्रा बन जाता है। इसका असर सब लोगों पर और स्तरों पर पड़ता है। एट्ज़ियोनी और अन्य विद्वानों ने उस घटनाक्रम का वर्णन किया है, जिसकी वजह से पश्चिम का पहले से ही विघटन हो चुका है। समुदाय जायज़ नहीं होता, परिवार जायज़ होता है। परिवार जायज़ नहीं होता, व्यक्ति जायज़ होता है। परिवार को विकेन्द्रीकृत सत्तावाद का साधन करार दिया गया है; उसके साथ जुड़े दायित्वों, बच्चों के प्रति माता-पिता के दायित्त्वों, अपने बूढ़े होते माता-पिता की देखभाल करने के बारे में बच्चों के दायित्वों, पति-पत्नी के एक-दूसरे के प्रति दायित्वों को अब ऐसी बेड़ियाँ करार दिया गया है जो व्यक्ति को 'अपनी अन्तःशक्ति को कार्य में परिणत करने' से रोकती हैं। और जल्द ही, पूर्वानुमान के अनुसार स्वयं व्यक्ति को कोरी कल्पना करार दे दिया गया है–अगर कोई चीज़ यथार्थ है तो उसकी अन्तःप्रेरणा, उसकी क्षण विशेष की कामना। तात्कालिक तुष्टीकरण और भोगासक्ति को धड़ल्ले के साथ आत्मसिद्धि करार दे दिया जाता है, पहले तो इसलिए कि वे सृजनात्मकता के लिए ज़रूरी हैं, और फिर जल्द ही उन्हें स्वयं सृजनात्मकता ही करार दे दिया जाता है।

पश्चिम में बहुत से लोगों की प्रमुख विचारधारा यही है और उसके परिणामों के बारे में भी लोग अच्छी तरह से जानते हैं, जो कि पारिवारिक जीवन के नष्ट होने और अतिशय आत्मतृप्ति–जैसे बन्दूक-पिस्तौल रखने की बे़रोकटोक इजाज़त–के रूप में देखे जा सकते हैं। लेकिन अब यही दुनिया का नज़रिया बन चुका है और भारत में अब जो नए प्रकाशन आने लगे हैं, उनमें से बहुतों में यही नज़रिया पेश किया जा रहा है और बहुत से प्रसिद्ध व्यक्ति शान से इसका इज़हार भी करते हैं। एक ऐसे लेखक ने जिसके पाठकों की काफ़ी बड़ी संख्या है, अभी कुछ दिन पहले मुझे और मेरी पत्नी से कहा, "जो पति-पत्नी एक दूसरे के प्रति वफ़ादार होते हैं, वे काफी बोरिंग होते हैं।"

समष्टि बिखरकर रह गई है और उसके प्रति-दायित्वों की ओर कोई ध्यान नहीं देता। कोई भी समाज, कम-से-कम कोई भी ऐसा समाज, जिस पर इतना अधिक दबाव हो, जितना कि हमारे समाज पर है, इस तरह से खोखला हो जाने के बाद ज़िन्दा नहीं रह सकता।

इसलिए लोकचर्चा का सन्तुलन अब समष्टि के हक में होना चाहिए। व्यक्ति के रूप में हम जो कुछ भी करते हैं, उसके लिए, हमारे अस्तित्व को बनाए रखने

के लिए, और हमारे परितोष के लिए समष्टि का, शासन प्रणाली का, अन्तरवैयक्तिक और सामाजिक सम्बन्धों का ठीक तरह से काम करना ज़रूरी है। इसलिए समष्टि के ठीक तरह से काम करने के लिए जो दायित्व ज़रूरी हैं, उन्हें अनुचित हस्तक्षेप या बेड़ियों के रूप में नहीं बल्कि ऐसे कर्तव्यों के रूप में देखा जाना चाहिए जो कि स्वयं व्यक्ति के अस्तित्व और उत्कर्ष के लिए अत्यावश्यक हैं, ठीक उसी तरह से जैसे नदी के बहाव को बनाए रखने के लिए तटों का होना अत्यावश्यक है। समष्टि के किसी ख़ास समय पर किसी ख़ास समूह की किसी ख़ास माँग को पूरा न कर पाने पर प्रत्येक अंश को जो उसकी निन्दा करने की आदत पड़ी हुई है, उसकी बजाय उसे खुद में यह एहसास पैदा करना चाहिए कि हर अंश से निरपेक्ष, देश का अपना भी अस्तित्व और मान्यता होती है। हर घटक के कल्याण के लिए समष्टि का तन्दुरुस्त होना और अच्छी तरह से काम करना ज़रूरी होता है। जब मैं अपने घर में और उसके इर्द-गिर्द जमा पानी को साफ़ करने में कोताही दिखाता हूँ तो उसका ख़मियाज़ा सिर्फ़ मुझे ही नहीं बल्कि दूसरों को भी उठाना पड़ता है, इसलिए दूसरे हर व्यक्ति को यह माँग करने का अधिकार प्राप्त है कि मैं उन ज़िम्मेदारियों को पूरा करूँ जो समष्टि की तन्दुरुस्ती के लिए ज़रूरी हैं।

हममें से प्रत्येक की समष्टि के प्रति एक ख़ास ज़िम्मेदारी बनती है; वह यह है कि हम अपने आचरण को इस ढंग से नियन्त्रित करें कि संस्थाएँ ठीक ढंग से काम कर सकें। पिछले पचास वर्षों से हमें यह सीख मिलती है कि हम यह मानकर नहीं चल सकते कि हममें से प्रत्येक, जो कि समष्टि का बहुत ही छोटा-सा अंश है, संस्थाओं की देखरेख दूसरों के हवाले छोड़कर मनमर्ज़ी से जो जी चाहे कर सकता है। हम यह मानकर नहीं चल सकते कि संस्थाएँ ईमानदार बनी रहेंगी, भले ही हम व्यक्ति के रूप में जो रिश्वतें लेते और देते हैं या हमें जो रिश्वतें लेनी-देनी पड़ती हैं, उनका लेना-देना हम जारी रखें। हमें संस्थाओं का भी उसी तरह से पोषण करना पड़ता है और ध्यान रखना पड़ता है, जिस तरह से हम अपने शरीर और मन का हर दिन और हमेशा पोषण करते हैं और ध्यान रखते हैं : ''एक-एक, थोड़ा-थोड़ा, बार-बार करके।''

इसलिए जैसे कि 'धम्मपद' में कहा गया है, हममें से प्रत्येक को कम-से-कम इतना ज़रूर करना होगा कि हम 'बुराई से गुरेज़ करें, और भलाई करना सीखें।' कम-से-कम कानून तोड़ने और ऐसा काम करने से गुरेज़ करें जो ज़ाहिराना तौर पर ग़लत है। यदि हम व्यक्ति के रूप में केवल कानून का पालन ही करते रहें तो भी हमारी बहुत-सी समस्याएँ कम हो जाएँगी। हाल में हमारा एक सम्बन्धी बीमार था, तो मुझे हर शाम अस्पताल आना-जाना पड़ता था। लगातार तीन दिन हर शाम, कारों की आधा-आधा किलोमीटर लम्बी कतार लग जाती थी। हालाँकि वाहन ठीक चौराहे की हद को छूते हुए खड़े होते थे, तो भी कोई-न-कोई व्यक्ति

भीड़ को लाँघता हुआ ठीक चौराहे पर जा धमकता; इससे पहले कि वह चौराहे को पार कर पाता, ट्रैफ़िक की बत्तियाँ बदल जातीं; समकोण सड़क से वाहनों का आना शुरू हो जाता; हर आदमी हर दूसरे आदमी के रास्ते को रोक कर खड़ा हो जाता; लोगों के मिज़ाज गरम होने लगते; कोई व्यक्ति कतार को तोड़कर अपने वाहन को दाईं तरफ़ से आती हुई लेन में जा घुसाता; और तब न आगे जाने का रास्ता रह जाता और न पीछे मुड़ने का...हम कचहरियों में मामलों के निपटाए जाने में कभी खत्म न होने वाली देरी के लिए सरकारों और न्यायालयों को दोषी ठहराते हैं; लेकिन क्या यह हकीकत नहीं है कि यह देरी जान-बूझकर एक पक्ष की ओर से की जाती है, क्योंकि वह पक्ष यह जानता होता है कि वह ग़लती पर है, क्योंकि वह अपने विरोधी पक्ष को थका देना चाहता है? लेकिन यदि बच्चे को तीसरी कक्षा से यह पढ़ाया जाने लगे, कि कानून और संस्थाएं ऐसे साधन हैं, जो कि 'निहित स्वार्थों'' ने अपने प्रभुत्व को कायम रखने के लिए बनाए हैं, तो आचरण के इन तरीकों में बदलाव कैसे आएगा?

कानून की अपेक्षाएँ इससे भी अधिक होती हैं; कि हममें से प्रत्येक व्यक्ति खुद को पहले समष्टि के एक हिस्से के तौर पर देखे : एक पत्रकार सबसे पहले और सबसे आखिर में एक नागरिक ही होता है। प्रकाशन तक ऐसा साधन है जो इसे समष्टि की प्रगति में योगदान करने के लिए तात्कालिक रूप से उपलब्ध होता है। उसी प्रकार प्रत्येक व्यवसाय के मानदण्डों का जायज़ा, समष्टि पर पड़ने वाले उसके प्रभाव की रोशनी में लिया जाना चाहिए। किसी धोखेबाज़ या तस्कर को बचाने के अपने निर्णय को जायज़ ठहराते हुए वकील कहता है, ''जो भी व्यक्ति मेरे पास मदद के लिए आता है उसका बचाव करने के लिए मैं बाध्य हूँ;'' लेकिन यदि देश में श्रेष्ठ कानूनी दिमाग़ रखने वालों का कौशल इस औचित्य के आधार पर धोखेबाज़ों और तस्करों को उपलब्ध होने लगे और अभियोग पक्ष की बागडोर कम वेतनभोगियों और कम वसीलेदार लोगों के हाथों सौंप दी जाए, तो फिर हम समष्टि के बरकरार रह पाने की अपेक्षा कैसे कर सकते हैं।

हम जो इतनी सारी समस्याएं एक-दूसरे के लिए पैदा कर देते हैं, वे इतना कुछ करने से ही—अर्थात् बुराई से गुरेज़ करने और कानून का पालन करने से ही—दूर हो जाएंगी। लेकिन इतना कुछ करना काफ़ी नहीं होगा। इसके अलावा हमें किसी एक संस्था को बहाल करने के लिए भी कुछ समय निकालना होगा और अपने कौशल के ज़रिए सहायता प्रदान करनी होगी। जिनके पास साधन, सम्पत्ति और कौशल है उन्हें उनका इस्तेमाल संस्था के लिए करना चाहिए और उन लोगों को भी जो संस्था के ठीक तरह से काम न करने से सीधे प्रभावित हैं, अर्थात् पीड़ितों को भी ऐसा करना चाहिए। गाँधी जी ने इस बारे में स्पष्ट सीख दी थी कि जिनके पास साधन, सम्पत्ति और कौशल है, वे सबसे अच्छा काम यह

कर सकते हैं कि वे उस चीज़ में सुधार लाने के लिए पीड़ितों की सहायता करें और ऐसे साधन जुटाएँ, जो उनके लिए तकलीफ़देह बनी हुई है।

जो कुछ हम पिछले पचास वर्षों में देखते आए हैं उसे ध्यान में रखते हुए हमें तीन चीज़ों की ज़रूरत है। पिछले वर्षों के दौरान राजनीति की रणनीति यह रही है कि वह समष्टि अर्थात् 'बहुसंख्यक वर्ग' पर हावी होने के लिए घटकों, अर्थात् 'अल्पसंख्यक वर्गों' को एकजुट करती रही है और उन्हें भड़काती रही है। हर स्तर पर और हर मुद्दे पर राजनीति को 'बहुसंख्यक वर्ग' को लामबन्द करने की ज़रूरत है। सबसे अधिक संख्या वाले वर्ग को मतदान के लिए प्रवृत्त किया जाना चाहिए। मूक बहुसंख्यकों को नर्मदा के बारे में अपनी बात कहने के लिए लामबन्द किया जाना चाहिए।

दूसरा, जब कोई समूह सुविधावंचित, उत्पीड़ित और 'पिछड़ा' होने का दावा करता है तो उससे यह बताने को कहा जाना चाहिए कि वह कौन-सी असमर्थता है, जिसकी वजह से वे खुद को बाधाग्रस्त अनुभव कर रहे हैं। और उसी ख़ास असमर्थता को कम करने का उपचार किया जाना चाहिए। जो समूह किसी ख़ास असमर्थता की वजह से समष्टि की निन्दा करना शुरू कर देता है—जबकि समष्टि ही वह व्यवस्था-समूह है जिसने उस समूह को इस काबिल बनाया होता है कि वह ऐसी माँग कर सके, और उस माँग को पूरा करा सके—उस पर उतनी ख़बरदारी से निगाह रखी जानी चाहिए, जितनी ख़बरदारी उस समूह पर रखी जाती है, जो असंवैधानिक साधन अपनाता है। जबकि बाकी समाज को वह कमी पूरी करनी चाहिए; सम्बन्धित समूह और उसके नेताओं से उन प्रतिमानों का पालन करने को कहा जाना चाहिए, जोकि नियत कार्य के लिए ज़रूरी हैं, और जिन प्रतिमानों का दूसरों से पालन कराया जा रहा है।

तीसरा, यद्यपि इसमें कोई सन्देह नहीं कि किसी एक व्यक्ति का प्रयास भी अच्छे काम के लिए एक ताकत बन जाता है, लेकिन जिस तरह से समष्टि को नकारा गया है, उसे ध्यान में रखते हुए, जैसा कि अमरीका में समुदायवादी आग्रह करते रहे हैं, यह ज़रूरी है कि हम ऐसे कार्य करें जो दूसरों के साथ मिलकर सबसे बेहतर ढंग से किए जा सकते हैं। हम आए दिन किसी वृद्ध युगल के कत्ल की ख़बर पढ़ते रहते हैं। यदि पड़ोस के नौजवान कालोनी के वृद्ध दम्पतियों के सुरक्षा उपायों का जायज़ा लेने के लिए उनके यहाँ जाना शुरू कर दें और बेहतर सुरक्षा उपाय हासिल करने में उनकी मदद करना शुरू कर दें, तो उससे उनके ज़रिए एक ख़ास समस्या को हल किया जा सकेगा—वृद्ध दम्पतियों के जीवन की रक्षा की जा सकेगी--और उसके साथ ही वह भावना भी पैदा की जा सकेगी जो हमारे समाज की विशेषता रही है : और वह भावना है समुदाय की, पड़ोस की। बहुत बार ऐसा जानने में आया है कि जिन आतंकवादियों ने गुप्त स्थानों पर बम रख

कर बीसियों की हत्या कर दी, उन्होंने थोड़ा समय पहले ही किसी कालोनी में फ्लैट किराए पर लिया होता था। कई बार हमें यह पढ़ने को मिलता है कि किसी वृद्ध दम्पति की उनके नौकर द्वारा हत्या कर दी गई, जिसे उन्होंने हाल ही में नौकरी पर रखा था। यदि कालोनी के नौजवान सभी नए किराएदारों और सभी नौकरों के नाम पड़ोस के पुलिस थाने में दर्ज करा दें, तो उससे कई लोगों के जीवन की रक्षा हो पाएगी, और लोगों में समुदाय की भावना भी फिर से पैदा हो जाएगी। ऐसे नौजवान, लोगों के मन में कई सम्भावनाओं की आशाएँ जगा पाएँगे—कि हाँ, आज भी मुट्ठी-भर लोग बहुत कुछ कर सकते हैं।

समष्टि का आधिपत्य लौटाने के लिए हमसे नियमों और प्रतिमानों का पालन कराने के लिए बाहरी एजेंसियों की मध्यस्थता ज़रूरी है, क्योंकि आज भारत में कानून के अभिरक्षकों ने कानून को भंग करके खुद को समृद्ध करने का धन्धा बना लिया है। इसलिए सबसे पहले जिस चीज़ को करने की ज़रूरत है वह यह है कि दूसरे लोग कानून के अभिरक्षकों से कानून का पालन कराएँ। लेकिन पूरे समाज को नियन्त्रण के काम पर नहीं लगाया जा सकता, क्योंकि जब इतने व्यापक पैमाने पर मूल्यों को नकारा जा रहा हो, जितने व्यापक पैमाने पर भारत में नकारा जा रहा है, तो स्वयं कानून के प्रवर्तकों पर भी निगरानी रखने की ज़रूरत होगी। समाज तभी काम कर सकता है जब वह जनता के एक बहुत बड़े भाग के लिए कानून का पालक, एक अन्तःप्रेरणा बन जाए। हमारे नगरों में लोगों के ठसाठस भरते चले जाने और हमारी अर्थव्यवस्था का उत्तरोत्तर एकीकरण होते चले जाने से अन्ततः नियमों के पालन के लिए, हमारे वचन-निर्वाह के लिए एक नया आधार बन जाएगा। इन परिस्थितियों के कारण, आचार नियम का एक नया आधार बन जाएगा, और हमारे कर्त्तव्य निर्वाह के लिए नए दबाव बन जाएँगे। एक की लापरवाही से ज़्यादा-से-ज़्यादा लोगों को क्षति पहुँचेगी और वे बीच में पड़कर इस बात पर ज़ोर देंगे कि हर व्यक्ति अपनी ज़िम्मेदारी को निभाए। यदि कोई व्यक्ति—मान लीजिए कोई पुर्जे सप्लाई करने वाला—तयशुदा तारीख़ का पाबन्द नहीं रहता, तो पुर्जों का निर्माता कोई और सप्लाईकर्ता रख लेगा। इस प्रकार दोषसुधारक उपाय अपने आप सक्रिय हो उठेंगे। लेकिन जैसा कि पश्चिमी समाजों में मौजूद समस्याओं से पता चलता है, ये अपने आप सक्रिय होने वाले दोषसुधारक उपाय पर्याप्त सिद्ध नहीं होते। अपने आप में यह उपयोगितावादी हिसाब-किताब न तो समाज में सम्बद्धता ला पाता है और न इससे व्यक्ति को परितोष मिल पाता है।

समष्टि के काम आने, और जो नियम ज़्यादातर लोगों की भलाई के लिए हैं, उनका पालन करने की अन्तःप्रेरणा का स्रोत उन परम्पराओं को बनाया जाना चाहिए जो कि युगों तक समाज-विशेष में विकसित होती रही हैं। लोगों के धर्मों, महापुरुषों के जीवन के उदाहरणों को इस अन्तःप्रेरणा का स्रोत बनाया जाना चाहिए।

हम भारत के लोगों का इस दृष्टि से परम सौभाग्य रहा है। केवल यही एकमात्र देश है जिसकी परम्पराएँ हज़ारों वर्ष पुरानी हैं। पिछले एक सौ पचास वर्षों में हमारे यहाँ जितने अधिक तेजोमय व्यक्तित्व हुए हैं, उतने और किसी देश में नहीं हुए। उनके जीवन ने उन मूल्यों को मूर्त रूप प्रदान किया है, जिन्हें आधार बनाकर समष्टि की भावना का पुनर्निर्माण किया जा सकता है। लेकिन ये वे परम्पराएँ हैं, वे शख़्सीयतें हैं—रामकृष्ण परमहंस, स्वामी दयानन्द, स्वामी विवेकानन्द, श्रीअरविन्द, लोकमान्य तिलक, गाँधीजी, रमण महर्षि, परमाचार्य नारायणगुरु—जिनसे, जैसा कि हमने देखा है, इन मेकाले-मिशनरी-मार्क्सवादी लोगों ने हमारा नाता तुड़वा दिया था।

इसलिए, पुनर्निर्माण की शुरुआत करने की अनिवार्य शर्त यह है कि इन बुद्धिजीवियों ने जो बौद्धिक प्रचलन आरम्भ किए हैं, उन्हें पलटा जाए और उनके मौखिक आतंकवाद को परास्त किया जाए।

सन्दर्भ

1. एट्ज़ियोनी की पुस्तक वस्तुतः भारतीयों के लिए उपयुक्त है। अमिताई एट्ज़ियोनी, दि स्पिरिट ऑफ कम्युनिटी राइट्स, रेस्पान्सिबिलिटीज़ ऐण्ड दि कम्युनिटेरियन आइडिया, फ़ोन्टाना, 1995
2. अल रिसाला बुक्स, नयी दिल्ली, 1993
3. निदर्शी उद्धरणों के लिए देखें मेरी पुस्तक 'मिशनरीज़ इन इण्डिया', ए.एस.ए. 1994 और हार्पर कोलिन्स, 1997

बदलता हुआ सन्तुलन

तीसरी बार भी ठीक वैसे ही हुआ जैसे उससे पहले दो बार हुआ था। पहले दिल्ली विश्वविद्यालय में हुआ। उसके बाद हैदराबाद में एक भाषण के दौरान। और इस बार कलकत्ता में एक सार्वजनिक चर्चा के दौरान हुआ। वामपंथ के एक संशयवादी ने खड़े होकर वही घिसे-पिटे जुमले कसने शुरू कर दिए : यह 'तोड़मरोड़' है, ये सब 'बेवकूफ़ाना' और 'हास्यास्पद' बातें हैं। और जैसा कि उसके व्यवसाय को ध्यान में रखते हुए उससे अपेक्षित था, उसने किसी नाम का उल्लेख किया। श्रोताओं में से किसी ने भी वह नाम नहीं सुना होगा। यही कारण था कि उस नाम का उल्लेख किया गया। लेकिन जब वह सज्जन मुझ पर बरस रहे थे तो मैं खुद से कह रहा था, "यह महाशय जल्दी से 'उत्तर-आधुनिकतावाद' की बात पर क्यों नहीं आ रहे?" और यकीन मानिए, मिनटों में ही वे तमतमाते हुए बोले, "जैसा कि उत्तर-आधुनिकतावादी साहित्य में संकेत किया गया है 'आस्था' और 'विश्वास' में अन्तर होता है–" मैंने जो कुछ कहा था उससे इन दोनों शब्दों के अन्तर का क्या सम्बन्ध था, यह बात उनकी टिप्पणी से स्पष्ट नहीं हो पाई। बहरहाल, इस अन्तर के बारे में उन्होंने जो कुछ कहा था वह किसी भी ऐसे व्यक्ति को मालूम रहा होगा जो साधारण अंग्रेज़ी भी जानता होगा। इसके लिए 'उत्तर-आधुनिकतावादी साहित्य' के तोपख़ाने की ज़रूरत नहीं थी। लेकिन यह व्यवहार निश्चित रूप से 'उत्तर-आधुनिकतावादी' था, ठीक वैसा ही जैसा कि दिल्ली और हैदराबाद में मेरे साथ किया गया था।

उसी शाम रात्रि भोज में कलकत्ता विश्वविद्यालय के एक और विद्वान् महाशय ने लोगों को बताया, "तथ्यों को अतथ्यों में बदलने का यह उनका नया तरीका है।" उत्तर-आधुनिकतावाद आदि की दुहाई दे-देकर जो बातें उछाली जा रही थीं; उनमें एक चीज़ ने मेरा ख़ास तौर पर ध्यान आकर्षित किया : जो-जो बातें उछाली जा रही थीं, और जो उद्धरण दिए जा रहे थे, वे सब एक अद्यतन बौद्धिक सनक का परिणाम थे और यह सनक विदेशों की देन थी।

लेकिन पिछले कई वर्षों के दौरान काफ़ी प्रगति हुई है। वे मार्क्स का नाम उछाला करते थे और उसके बाद लेनिन का, और फिर स्टालिन का, जी हाँ, स्टालिन

का, जिनके 1912 में लिखे गए एक निबन्ध के ढाई वाक्य कम्युनिस्टों द्वारा पाकिस्तान की माँग के समर्थन का 'सैद्धान्तिक आधार' बन गए थे। उसके बाद माओ का नाम उछाला गया और फिर लिन पियाओ का और उसके बाद हो ची मिन्ह और पाल पाट का। ऐसे भी बहुत से लोग थे जो यह समझते थे कि किसी भी बात को प्रामाणिक सिद्ध करने के लिए अल्बानिया के एन्वर होक्सहा को उद्धृत करना-भर पर्याप्त था। पिछले कई वर्षों से नाम तो बदल गए हैं लेकिन आदत वही की वह बनी हुई है। अब जिसे वे एकमात्र 'ब्रह्मास्त्र' समझते हैं, वह है 'उत्तर-आधुनिकतावाद'।

यह एक ऐसी आदत है जिसने भारत के पूरे बुद्धिजीवी वर्ग को ग्रस्त कर लिया है, लेकिन इन लोगों को छोड़कर जिन्होंने इसका प्रचलन आरम्भ किया है, किसी एक भी बुद्धिजीवी ने इस आदत को नहीं अपनाया। जो इस आदत के गुलाम बन चुके हैं, वे हैं वामपंथी बुद्धिजीवी। जिस समय मैं उक्त प्रोफ़ेसर साहब की बातें सुन रहा था—और हमें बताया गया था कि वे विश्वविद्यालय के एक महत्त्वपूर्ण समाज विज्ञान विभाग के अध्यक्ष थे—तो मुझे उनके एक समय के आराध्य माओ की उनके जैसे लोगों के बारे में कही गई बात याद आ गई, "वे ऐसे लोग हैं जिन्होंने दयनीय ढंग से मेहनत करके विदेशों में लिखे गए ग्रन्थों के गोबर के ढेर में से कतरनें इकट्ठी की हैं..."

और ध्यान रहे कि जो लोग सबसे ज़्यादा कायरतापूर्वक उस गोबर के ढेर को चाटते रहे हैं, वही अर्थात् वामपंथी ही अपने से इतर हर व्यक्ति को भले ही विदेशी खुफिया एजेंसी का असली एजेण्ट न कहें लेकिन कम-से-कम 'व्यापारिक दलालों की संस्कृति' का दन्तचक्र कहकर ज़रूर उसकी निन्दा करते रहे हैं। निर्भरता की वह आदत अभी हाल तक झूठे आत्मविश्वास की वज़ह से और भी बलवती होती चली गई है। क्योंकि वे अपने मौखिक आतंकवाद के ज़रिए दूसरों को भयभीत करके चुप करा देते थे, इसलिए उससे उनका आत्मविश्वास बढ़ता चला गया। लेकिन अब उनकी आदत और आत्मविश्वास दोनों को धक्का पहुँचा है। वे पिछले सत्तर वर्षों से चिल्ला रहे थे, उनके पास 'जीता-जागता' प्रमाण है, उनके पास एक ऐसा प्रमाण है जो असल में महत्त्वपूर्ण है, और वह है 'व्यवहार' का प्रमाण : यह वह निर्णायक 'तर्क' था, जिसके आधार पर भारत को वामपंथी हो जाना चाहिए था। प्रमाण के तौर पर वे सोवियत संघ की उपलब्धियों का उल्लेख करते थे। बेरोज़गारी? समाप्त हो गई; गरीबी? समाप्त हो गई; बेमेल विवाह? समाप्त हो गए; शराबनोशी? समाप्त हो गई; न्याय? सबकी पहुँच के भीतर और सब वर्गगत पक्षपात से मुक्त। इसके अलावा चेकोस्लोवाकिया की प्रौद्योगिक उत्कृष्टता, सियुसेस्को द्वारा की गई करामात का भी खूब ज़िक्र किया जाता था, जो कि 'विश्व का एकमात्र ऋणमुक्त देश' था। संक्षेप में, उनका यह दावा था कि उनके हक में निर्णायक

तर्क यह था कि दूसरे देशों में वास्तव में स्वर्ग का निर्माण किया जा चुका था, और भारत में भी निश्चित रूप से उसका निर्माण किया जा सकेगा, बशर्ते कि भारत उस मार्ग को अपनाए जो कि 'एकमात्र पितृभूमि' ने घोषित किया था। लेकिन उस दावे और उस तर्क को—कि उन देशों में स्वर्ग की स्थापना हो चुकी है—उसी परख कसौटी ने छिन्न-भिन्न करके रख दिया जिसके बारे में 'सिद्धान्तशास्त्रियों' ने यह कहा था कि वह निर्णायक परख कसौटी है और वही एकमात्र महत्त्वपूर्ण परख कसौटी है—और वह परख कसौटी थी 'व्यवहार' की।

इससे भी बदतर बात यह हुई कि जो सिद्धान्त उनके लिए गर्व का विषय बना हुआ था, जिसके बारे में उन्होंने कहा था कि ये उपलब्धियाँ उस सिद्धान्त को सही प्रमाणित करती हैं; और वही महान् सिद्धान्त, जिसने उन्हें वह कुछ दिया जो और किसी के पास नहीं था—अर्थात् भविष्यवाणी करने की ताकत और हर समस्या के समाधान की क्षमता—उसका अब कहीं भी अस्तित्व नहीं रह गया। इससे जो उन्हें क्षति पहुँची, उसके कारण उन्हें अशक्त नहीं पड़ना चाहिए था, लेकिन वे अशक्त पड़ गए हैं। 'विदेशों में लिखे गए ग्रन्थों के गोबर के ढेर' पर निर्भर रहने की भरपूर आदत पड़ जाने के कारण ये दिग्गज और सिद्धान्तशास्त्री खुद के लिए सोचने की क्षमता को पूरी तरह से खो चुके हैं। इसलिए उन्हें किसी ऐसे व्यक्ति का इन्तज़ार करना पड़ेगा जो उन्हें आगे की दिशा दिखा सके। उनके जो पैग़म्बर दूसरे सब व्यक्तियों को हमेशा जिस 'इतिहास के गोबर के ढेर' पर फेंकते चले आए थे, उसी ढेर पर घटनाओं ने स्वयं उन्हें फेंक दिया है और उनका स्थान कोई नया पैग़म्बर नहीं ले पाया। इतना ही नहीं कि विदेशों में ऐसा कोई पैग़म्बर दिखाई नहीं दे पाया जो उन्हें बता सके कि उन्हें कहाँ जाना है, बल्कि जिन देशीय मसीहाओं के पीछे वे एक होकर खड़े हो गए थे, वे भी अब उनके लिए गले का पत्थर बन गए हैं। श्री वी.पी. सिंह द्वारा भड़काया गया जातिवाद; और लालू यादव के शासन का जातिवाद; और 'भ्रष्टाचार'; मुलायम सिंह का जातिवाद, सम्प्रदायवाद और चार फुट की लाठियाँ—इन सब बातों के कारण इन व्यक्तियों को 'सामाजिक क्रान्ति' का आदर्श मानना अब ज्यों-ज्यों शर्म का बायस बनता जा रहा है। इन बुद्धिजीवियों के लिए तीन बातों में से किसी एक का सहारा लेने के अलावा और कोई विकल्प नहीं रह गया।

केवल मुँह मोड़ लेना : सोवियत संघ के बारे में, माओ के शासन की वास्तविकताओं के बारे में, पूर्वी योरुप में आर्थिक प्रगतिरोध और पर्यावरणिक विध्वंस के बारे में जो तथ्य जानने में आए हैं, उनके बारे में वे अब कोई बात नहीं करते। अभी छह वर्ष पहले तक वे 'समाजवाद' की जिन 'स्वर्णिम उपलब्धियों' का बखान करते-करते ढेरों के ढेर काग़ज़ ख़र्च कर दिया करते थे, अब उनके बारे में वे एक बात भी नहीं करते। वे सच्ची बात नहीं कहते। लेकिन लोग अब यह देखते हैं

कि वे उन चीज़ों के बारे में कोई बात नहीं करते। अब वे जब आपके सामने किसी गूढ़ ग्रन्थ का हवाला देते हैं, तो वह 'उत्तर-आधुनिकतावादी साहित्य' का ग्रन्थ होता है, लेनिन या स्टालिन या माओ का नहीं।

दूसरा, वे मनगढ़न्त बातों को दोहराते रहने की आदी हैं। एक उत्तर-आधुनिकतावादी ने कलकत्ता में आपत्ति उठाई, "लेकिन श्री शौरी ने उस हिंसा को पूरी तरह से अनदेखा कर दिया है जो कि हिन्दुओं ने बौद्धों के साथ की। हिन्दुओं ने बौद्ध विहारों को नष्ट कर दिया।" लेकिन अब एक फायदा हुआ है। क्योंकि उनका मौखिक आतंकवाद अतीत में हमेशा कारगर साबित हुआ था, इसलिए उन्होंने आधुनिक अनुसन्धानों के परिणामों से अवगत रहने की ओर कोई ध्यान नहीं दिया। कलकत्ता में मैंने उस बात की ओर ध्यान दिलाया, जिसका ज़िक्र मैं पहले कर चुका हूँ, कि जब श्री सीताराम गोयल ने कई मार्क्सवादी इतिहासकारों को लिखा था कि वे ऐसा प्रमाण प्रस्तुत करें जिसके आधार पर वे यह कह रहे थे कि हिन्दुओं ने बौद्ध विहारों को नष्ट किया था, तो उस समय क्या हुआ था। 'इतिहासकार' लेशमात्र भी कोई प्रमाण नहीं जुटा पाए थे। जिन प्रमाणों का उल्लेख उन्होंने अपने प्रकाशनों में किया था, वे कोई और संकेत देते थे।

कुछ ही महीने पहले बिल्कुल यही बात एक अग्रणी मार्क्सवादी सिद्धान्त-शास्त्री ने हैदराबाद में एक सार्वजनिक चर्चा के दौरान कही थी। मैं इस समय इस विषय के गुण-दोषों की चर्चा नहीं करूँगा लेकिन जब मैंने सीताराम गोयल और मार्क्सवादी इतिहासकारों के बीच इस बारे में हुए पत्र-व्यवहार का ज़िक्र किया तो न तो हैदराबाद के मार्क्सवादी सिद्धान्तशास्त्री के पास और न कलकत्ता के मार्क्सवादी उत्तर-आधुनिकतावादी के पास इसका कोई उत्तर था। यकीनन, यह आज के हालात पर एक टिप्पणी है कि इस प्रकार की मनगढ़न्त बातें आज भी भारत में सार्वजनिक चर्चा का विषय बनी हुई हैं। लेकिन ऐसी स्थिति का एक स्पष्ट लाभ भी हुआ है। जिन विषयों पर ये सिद्धान्तशास्त्री और प्रोफ़ेसर आपत्ति उठाते हैं, उन पर हुए अनुसन्धान कार्य के परिणामों से अवगत रहने की ओर उन्होंने कोई ध्यान नहीं दिया। उनके सामने केवल तथ्य लाए जाने होते हैं, और उसी से ही उनके दावे औंधे पड़ जाते हैं।

दूसरी युक्ति जो ये लोग इस्तेमाल करते हैं, वह है अर्द्धसत्य की। हैदराबाद में खचाखच भरे एक हाल में, एक सार्वजनिक चर्चा के दौरान एक प्रगतिशील—मुस्लिम—सज्जन इस्लाम पर सहिष्णुता का मुलम्मा चढ़ा रहे थे। उन्होंने श्रोताओं को बताया कि कुरआन के अनुसार दो प्रकार के लोग होते हैं : एक वे जिन्हें इलहाम नहीं हुआ और दूसरे अहले-किताब, अर्थात् वे लोग जिन्हें अल्लाह का सन्देश किताब के ज़रिए उद्घाटित हुआ। कुरआन में यहूदियों, ईसाइयों और मुसलमानों को अहले-किताब माना गया है। इसके बाद उक्त सज्जन बोले कि

उस समय अरब में हिन्दुओं को कोई नहीं जानता था, वरना उनकी गिनती भी अहले-किताब में होती क्योंकि उनके पास भी ईश्वरादिष्ट पुस्तक, वेद मौजूद हैं। कुरआन अनेक शख़्सीयतों को पैग़म्बर मानता है—अब्राहम से लेकर, मूसा ईसा और मुहम्मद तक। क्योंकि उस समय अरब में बुद्ध, महावीर और अन्य भारतीय सन्त अज्ञात थे, वरना उनकी गिनती भी उन पैग़म्बरों में की जाती जिन्हें अल्लाह ने सन्देश देकर भेजा था—यह बताया उक्त वक्ता ने श्रोताओं को। उसी प्रकार गुरु नानक और अन्य सिक्ख गुरुओं की गिनती भी पैग़म्बरों में हो जाती।

ये बातें सुनने में बहुत अच्छी लगती हैं, हैं न? लेकिन ज़रा ध्यान दीजिए कि इनका निहित अर्थ क्या है? मैंने पूछा, अरब के लोग यदि हिन्दुओं के बारे में या बुद्ध और महावीर के बारे में नहीं जानते थे, तो उससे क्या फ़र्क पड़ता है। आख़िर कुरआन किसी अरबी द्वारा तो लिखा गया नहीं माना जाता, उसे तो अल्लाह का पैग़ाम बताया जाता है। भले ही कोई साधारण अरबी हिन्दुओं, बुद्ध या महावीर के बारे में न जानता हो, लेकिन अल्लाह तो जानाता था। और जब उसने केवल यहूदियों, ईसाइयों और मुसलमानों को ही अहले-किताब की गिनती में रखना ठीक समझा और मोमिनों को काफ़िरों के विरुद्ध हमेशा दुश्मनी रखने का आदेश दिया, तो इस तथ्य को यह कहकर रफ़ा-दफ़ा नहीं किया जा सकता कि "यदि अरब में लोग हिन्दुओं, बुद्ध और महावीर के बारे में जानते होते..."

जहाँ तक कुरआन द्वारा बहुत-सी शख़्सीयतों को पैग़म्बर मानने का प्रश्न है, इस बारे में यह उल्लेखनीय है कि उसी कुरआन में ज़ोर देकर यह कहा गया है, बल्कि कुरआन का सबसे बड़ा पैग़ाम यह है कि मुहम्मद पैग़म्बरों में सबसे आख़िरी पैग़म्बर थे। वे केवल इस अर्थ में आख़िरी नहीं थे कि श्रेष्ठता की दृष्टि से उनका स्थान सबसे ऊँचा था, बल्कि इस अर्थ में कि उनके बाद कोई पैग़म्बर नहीं होगा। उन्होंने पैग़ाम में सम्पूर्णता ला दी थी और उन्होंने जो पैग़ाम दिया था वह अन्तिम और अपरिवर्तनीय था। बुद्ध, महावीर और नानक को केवल उस हद तक मान्यता दी जा सकती है, जिस हद तक उनके द्वारा दिया गया पैग़ाम पैग़म्बर मुहम्मद के पैग़ाम से मेल खाता हो। लेकिन इतनी मान्यता देना भी एक बड़ी उदारता है। जिस हद तक वे उन्हीं बातों को दोहराते हैं, जो मुहम्मद साहब ने कही थीं, उस हद तक वे अप्रासंगिक हो जाते हैं; और जिस हद तक उन्होंने मुहम्मद साहब से कुछ अलग कहा है, उस हद तक उन्हें अस्वीकार किया जाना चाहिए, क्योंकि वे अल्लाह के पैग़ाम को तोड़-मरोड़कर पेश कर रहे हैं। ठीक उसी तरह से और उसी कारण से यहूदियों और ईसाइयों से भी दूर रहना चाहिए।

निश्चित रूप से यह बात अपने आप में स्पष्ट है। यह प्रगतिशीलों को भी ज़रूर स्पष्ट होगी। उसके बावजूद वे अर्द्धसत्य प्रस्तुत करते हैं। इसका इलाज भी वही है और उतना ही आसान भी; और वह यह कि हम तथ्यों को जानें और उन्हें

प्रगतिशीलों के सामने लाएँ।

चुनांचे, स्थिति इस प्रकार है : जिन लोगों का भारत में आधी शताब्दी तक लोकचर्चा में प्रभुत्व, नियन्त्रण और आतंक रहा है, अब उनके पास तथ्य या दलीलें नहीं रह गई हैं। जिस किसी की उनके भीतरी 'संवादों' तक पहुँच है उसके पास प्रमाण उपलब्ध होते हैं। ये लोग अब संकीर्ण से संकीर्णतर दायरों में ही बात करने लगे हैं, और इन निरन्तर छोटे होते दायरों में वे उन्हीं पुरानी पिष्टोक्तियों को ही दोहरा रहे हैं। न तो उनमें कोई नया विचार होता है और न कोई नया तथ्य। और जैसा कि हमने देखा है, ऐसा होना पहले से ही दिखाई दे रहा था : सिद्धान्त की उन्हीं युक्तियों को उगलना अब ज़रूरी नहीं रह गया है, यह उगलना अब काफ़ी हो चुका है।

सार्वजनिक क्षेत्र में भी अब इस प्रकार के प्रमाण मिलने लगे हैं। अभी पाँच-दस वर्ष पहले ही बुद्धिजीवियों के सेमिनार और सार्वजनिक सभाएँ आयोजित करने में प्रगतिशीलों, ख़ासतौर पर मार्क्सवादियों को कमाल हासिल था। आज वे इस प्रकार की सभाएँ आयोजित करने की स्थिति में नहीं हैं—न तो आन्ध्र में, न केरल में, यहाँ तक कि कलकत्ता में भी नहीं। दूसरी तरफ़ जिन लोगों ने इस दृष्टिकोण से खुद को मुक्त कर लिया है, उनकी सभाओं में खूब भीड़ रहती है। जब कोई प्रगतिशील ऐसी सभाओं में जैसे-तैसे आ भी जाता है, तो उसे बहुत बदमज़गी का सामना करना पड़ता है। वह केवल उसी भाषण को पढ़ देता है जो वह पहले से तैयार करके और टाइप करके लाया होता है, फिर चाहे उसके पूर्व वक्ताओं ने अपने भाषण में कुछ भी कहा हो। प्रायः उस पहले से तैयार किए गए भाषण का स्वयं विषय से भी कोई सम्बन्ध नहीं होता। अन्य अवसरों पर वह उसी गूढ़ 'उत्तर-आधुनिकतावादी साहित्य' के हवाले पर हवाले दिए जाता है और साथ-साथ कठोर और भयंकर शब्दों—'बेवकूफ़ाना', 'हास्यास्पद'—का भी इस्तेमाल करता चला जाता है। और इस प्रकार वह उस वर्णन को चरितार्थ करता दिखाई देता है जो माओ से पहले के पैग़म्बर अर्थात् लेनिन ने उस व्यक्ति के बारे में किया था जो "कष्टकर तथ्यों को क्रुद्ध शब्दों के पर्दे में छिपाने की कोशिश करता है।"

इस प्रकार तर्क, प्रमाण और सबसे महत्त्वपूर्ण, जनता की मनोदशा के सन्तुलन में अब बदलाव आ चुका है। अब समय आ गया है कि जब इस सन्तुलन को इसी अवस्था में दृढ़ कर दिया जाए। उसके लिए कुछ कदम उठाने की ज़रूरत है।

पहला, बदलाव का ख़ाका तैयार करते हुए, आन्दोलन आयोजित करते हुए विचारों और प्रमाण को उचित महत्त्व दिया जाना चाहिए। जब कम्यूनिस्ट आदि ग़लत, प्रमाण रहित विचारों की सहायता से, झूठ बोल-बोल कर इतनी सफलता

प्राप्त कर पाए, तो क्या प्रमाणों से पुष्ट बेहतर विचारों से कुछ अच्छा काम नहीं किया जा सकता?

दूसरा, खुद को इस दलील से शान्त कर लेना बिल्कुल ग़लत है कि 'लोगों' को प्रमाण और विचारों की कोई ज़रूरत नहीं; वे उनकी परवाह नहीं करते। उदाहरण के लिए इन प्रगतिशीलों का यह दावा कि उनके पास एक महान् सिद्धान्त है और सारे प्रमाण उनके हक में हैं, उनके उस प्रभुत्व का एक महत्त्वपूर्ण तत्त्व था जो कि वे सार्वजनिक चर्चा में कायम कर पाए थे। माना कि प्रायः मोटी-मोटी बातें लोगों को वश में कर लेती हैं, लेकिन वे इन विचारों का ही मोटा रूपान्तर होती हैं—और उनका यह दावा कि उन सरलीकृत बातों के पीछे एक पूरा सिद्धान्त है, अपने आप में उन मोटे विचारों की कामयाबी का एक अत्यन्त महत्त्वपूर्ण कारण है। बहरहाल, इतिहास के प्रचण्ड प्रवाह भले ही कुल जनता द्वारा प्रभावित होते हों लेकिन माह-दर-माह लिए जाने वाले निर्णय और की जाने वाली लोक-चर्चाएँ कुछ एक हज़ार व्यक्तियों के हाथ में ही रहती हैं। निश्चित रूप से इन व्यक्तियों पर दलील, विवेक, और प्रमाण का असर पड़ता है। इसलिए विचारों को बारीकी से तैयार करो और सम्बन्धित प्रमाण का आख़िरी ब्यौरा तक इकट्ठा करो। और कम-से-कम उन्हें 'प्रभावशाली' व्यक्तियों तक ज़रूर पहुँचा दो।

इस काम का नकारात्मक पहलू भी उतना ही महत्त्वपूर्ण है। यह सही है कि इन सिद्धान्तशास्त्रियों की 'एकमात्र पितृभूमि' धराशायी हो गई है और यह भी कि उसके धराशायी हो जाने के साथ-साथ उनका सिद्धान्त भी धराशायी हो गया है, लेकिन इसका यह अर्थ नहीं कि ये सिद्धान्तशास्त्री अब कोई नुकसान नहीं पहुँचा सकते या नहीं पहुँचाएँगे। उनके दावे तो अब खोखले पड़ चुके हैं और उनके पास कहने को भी कुछ नहीं रहा, लेकिन हमारी बहुत-सी अकादमियों और मीडिया के बहुत बड़े हिस्से पर और यकीनन अंग्रेज़ी मीडिया पर अब भी उनका नियन्त्रण है। इसलिए जिन शासनकालों को उन्होंने हमारे सामने एक आदर्श के रूप में प्रस्तुत किया था, उनके बारे में अब जो कुछ जानने में आया है, उसे हर मौके पर उनके सामने लाया जाना चाहिए। छह वर्ष पहले तक जो कुछ वे लिख रहे थे, उसे सामने लाकर उनसे उसका खुलासा करने को कहा जाना चाहिए। जिस झूठ को वे दोहराते हैं उससे हमें केवल इसलिए कन्धे नहीं झाड़ लेने चाहिए कि वह वही पुराना झूठ है। हमें हर बार, जितनी बार वे उसे दोहराते हैं, उतनी बार प्रमाण जुटा कर उसका भण्डाफोड़ करना चाहिए। उसी तरह हर उस अर्द्धसत्य का भी भण्डाफोड़ किया जाना चाहिए जिसके ज़रिए हमें एक बार फिर हमें फुसलाकर वे अपनी कारगुज़ारियों से हमारा ध्यान हटाने की कोशिश करते हैं।

तीसरा, जिस वजह से वे अपनी मनगढ़न्त बातों को प्रचारित-प्रसारित कर पाए हैं, वह है, जैसा कि हमने भारतीय इतिहास अनुसन्धान परिषद् के उदाहरण

से देखा, उनका संस्थाओं पर चला आ रहा नियन्त्रण। उन्होंने इन संस्थाओं का इस्तेमाल देश के लिए नहीं किया है। उन्होंने इनका इस्तेमाल एक-दूसरे को बढ़ावा देने के लिए किया है, अपनी सुख-सुविधाओं के लिए किया है। लेकिन उनके वास्तविक अपराध की तुलना में उनका ऐसा करना एक दुराचरण मात्र है : और वह अपराध यह है कि उन्होंने इन संस्थाओं का इस्तेमाल हमारे लोगों के मानस में आत्म-घृणा के बीज बोने के लिए किया है। ऐसी संस्थाओं पर उनके कब्ज़े का विरोध किया जाना चाहिए।

ऐसा करने के लिए हमें अपने कानूनों में, और जिस तरह के प्रोत्साहन दिए जाते हैं, उनमें परिवर्तन लाना होगा, ताकि ग़ैर-सरकारी व्यक्तियों और समूहों में बहुत से न्यासों और संस्थाओं को स्थापित करने का उत्साह पैदा हो। जो परिवर्तन किए जाने हैं, वे मामूली से हैं और वे स्पष्ट हैं। ज़रूरत है तो इस बात की कि हम दूसरे लोगों में अपनी आस्था पैदा करें कि हम समाजवादी दिनों के प्रभाव से खुद को मुक्त करें और यह विश्वास रखें कि जो लोग सरकारी तन्त्र के बाहर हैं, वे भी देश का भला करने के लिए आतुर हैं। दूसरा, हमने इन लब्धप्रतिष्ठ महानुभावों के नियन्त्रणाधीन जिन-जिन वर्तमान संस्थाओं का ज़िक्र किया है उन पर इनकी पकड़ को हमें ढीला करना चाहिए। और इसके लिए यह ज़रूरी है कि इन महानुभावों ने पिछले बीस वर्षों के दौरान इन संस्थाओं का जो हाल किया है, उसके बारे में हम लोगों को जागरूक करें।

मैं एक बार फिर कहूँगा कि इस सीख का नकारात्मक पहलू भी उतना ही महत्त्वपूर्ण है, जितना कि सकारात्मक पहलू। यदि इन संस्थाओं से ऐसे ठेकेदारों को निकाल देने के बाद कोई नया समूह उसी किस्म के लोगों को उनमें भर दे और संस्थाओं का उसी तरह से इस्तेमाल करने लगे, तो संस्थाओं को, अनुसन्धान कार्य को और अन्ततः उस उद्देश्य को, जिसे बढ़ावा देने के लिए वह कार्य किया जा रहा है, उतना ही नुकसान पहुँचेगा। उत्साहियों के लिए यह एक चेतावनी है, और हममें से बाकियों के लिए यह आश्वासन है कि अपहृत संस्था जल्द ही अपनी विश्वसनीयता खो देती है, और उसके साथ-साथ वह नुकसान पहुँचाने की क्षमता भी खो देती है।

इसके बावजूद एक समस्या फिर भी बनी हुई है। तीस-चालीस वर्षों के बाद अब अनुसन्धान कार्य इस ढंग से होने लगा है कि तथ्यों को यथातथ्य रूप में प्रस्तुत किया जाने लगा है। लेकिन अभी उसे ज़्यादा लोगों तक नहीं पहुँचने दिया जा रहा है। उसका कारण सीधा-सा है : अधिकतर मीडिया, बहुत-से विश्वविद्यालय, अधिकतर नियन्त्रक निकाय अब भी उन्हीं प्रगतिशीलों के हाथों में हैं, भले ही वे स्वयं निष्प्रभाव हो चुके हैं। यह व्यवस्था पचास वर्षों की विकृत लोकचर्चा और राजनीति नियत पदावधियों, और इन प्रगतिशीलों द्वारा एक-दूसरे को सत्ता के पदों

पर नियुक्त करने, और उनकी एक ख़ासियत—तन्त्र-योजना का परिणाम है। नियुक्तियों के मामले में भी नियमों का उल्लंघन साफ़ दिखाई देता है। इन संस्थाओं से जुड़े बहुत-से व्यक्ति अकेले में सच बोलते हैं, लेकिन दूसरों की मौजूदगी में सच बोलने का साहस अभी उनमें नहीं है। यह कायरता एक दिन अचानक भंग हो जाएगी, जब नियुक्त व्यक्तियों की संख्या एक संकटपूर्ण सीमा को छू जाएगी, जब कोई सांयोगिक घटना यह उद्घाटित कर देगी कि ऐसे व्यक्तियों की संख्या कितनी है। किन्तु फ़िलहाल इन संस्थाओं पर पुराने बौद्धिक आतंकवादियों की पकड़ नए अनुसन्धान के प्रसार में बाधा बनी हुई है।

यहाँ पर आकर बहुत से कौशलों और विभिन्न संसाधनों को एक-दूसरे के साथ जोड़ने की ज़रूरत पड़ेगी। ऐसे संसाधन जिनके ज़रिए उन नई अनुसन्धान संस्थाओं की स्थापना की जा सके, जो कि प्रगतिशीलों की निरोधक सत्ता से परे हों। संसाधनों की ज़रूरत ऐसे नए प्रकाशन आरम्भ करने के लिए भी पड़ेगी जिनके वितरण को वह बौद्धिक कायरता रोक न पाए। नई आधुनिक विपणन पद्धतियाँ अपनानी होंगी, जिनके ज़रिए नए प्रकाशनों को पाठकों के एक व्यापक दायरे तक पहुँचाया जा सके।

और जिस अगले कदम की हमें ज़रूरत पड़ेगी, वह है विभिन्न प्रतिभाओं और अलग-अलग किस्म के संसाधनों के बीच इस प्रकार सामंजस्य बैठाना कि वे एक-साथ सुचारु रूप से काम कर सकें।

अनुक्रमणिका

●●●